마음,

어떻게 움직이는가

마음,
어떻게 움직이는가

박찬욱 기획, 김종욱 편집 | 미산·한자경·윤원철·최화·김종주·이정모 집필

운주사

마음에 대한 바른 이해를 통하여 행복이 증진되기를 소망하며

대부분의 현대인은 바쁜 삶을 살아가고 있습니다. 각자 원하는 바를 성취하기 위하여 분주한 일상을 보냅니다. 급변하는 사회 환경에 적응하고, 무한경쟁에서 낙오되지 않기 위하여 주마가편走馬加鞭하지 않을 수 없는 형편입니다. 그런데 눈앞에 주어진 과업에 몰두하다 보면 자신을 보살피는 일에 소홀하게 되어 본말本末이 뒤바뀐 삶을 살기도 합니다.

우리의 모든 행위는 궁극적으로 행복한 삶을 지향하고 있다고 여겨집니다. 물질문명과 상업주의의 발달로 인하여 현대인이 추구하는 행복은 오감五感을 통해 얻어지는 감각적 만족에 많이 치우쳐 있다고 생각됩니다. 하지만 세상의 모든 것이 그렇듯이 감각적 즐거움도 변화하기 때문에, 감각적 행복감을 삶의 목표로 삼게 되면 항상 갈증을 느끼게 됩니다. 진정한 행복을 위하여 우리는 마음에 대한 깊은 이해를 토대로 자신의 마음을 잘 관리해야 합니다.

행복한 삶을 영위하기 위한 지식과 지혜를 정리해 보는 작업의 일환으로, 작년에는 '욕망'과 '나(자아)'에 대하여 사계斯界의 전문가들

6

이 옥고玉稿를 준비하여 한 자리에서 논의하는 기회를 가진 바 있습니다. 금년에는 나를 '마음'과 '몸'으로 대별하여 두 차례에 걸쳐 공부하는 기회를 마련하고자 합니다. 먼저 마음에 대하여, 불교의 여러 종문宗門 중 초기불교 및 상좌부불교, 유식불교, 선불교의 관점과 서양철학, 정신의학, 인지과학의 입장을 함께 조명해 봄으로써, 각자의 삶을 성찰해 보는 계기를 마련하고, 학제적學際的 소통을 통하여 학문적 상생을 도모하고자 이 책과 학술연찬회를 기획하였습니다.

이 책을 편집하고 학술연찬회에서 좌장 역할을 하시는 김종욱 교수님, 해당 분야의 연구 성과를 논문으로 정리하고 학술연찬회에서 주제발표와 토론을 하시는 미산 스님, 한자경 교수님, 윤원철 교수님, 최화 교수님, 김종주 원장님, 이정모 교수님의 노고에 감사드립니다. 특히 병환 중임에도 불구하고 원고 작성에 최선의 노력을 기울여 주신 이정모 교수님께 특별한 감사를 표합니다. 그리고 〈밝은사람들 총서〉 출판을 흔쾌히 맡아 주신 도서출판 운주사 김시열 사장님과 2008년 6월의 제5회 학술연찬회부터 주제발표와 토론 내용을 녹화하여 방영하는 불교TV(www.btn.co.kr)에 깊은 사의를 표합니다.

일상에서 늘 행복하시길 기원하며

2009년 5월

밝은사람들 연구소장 담천湛泉 박찬욱朴贊郁

마음은 어디로 어떻게 움직이는가?

- 연기와 공 그리고 평상심 -

옛부터 사람이 사람을 알고자 할 때는 그의 마음을 보고자 했다. 심묘한 마음 작용이야말로 동물과 다른 인간만의 특질인 이상, 마음 작용을 아는 것은 인간의 본질을 간파하는 것이 되기 때문이다. 그래서 춘추전국 시대 이래 중국에서 인간 본성의 탐구〔人性論〕는 인간 마음의 탐구〔心性論〕가 되었고, 신적 권위로부터 인간적 자율성을 확보하고자 한 유럽의 근대에서는 고도의 사유 능력으로서 이성과 그 담지자로서의 자아를 절대적 실체로 간주하고 싶어했다. 특히 서양에서 인간 마음의 탐구는 아리스토텔레스가 『영혼론』을 집필한 이래 이를 계승한 중세 기독교 사상에 이르기까지 영혼의 탐구가 되었고, 근대 철학에서는 이성적 인식론의 일부로 탐구되었다.

그러나 근대야말로 과학을 표준 학문으로 여긴 시대였기에, 마음의 탐구도 영혼론과 인식론을 벗어나 소위 객관적이고도 정량화된 방법론으로 접근해야 한다는 요구가 비등하게 되었다. 이런 배경에서 19세기 중반 탄생한 것이 심리학이고, 이때의 심리학은 분트의 실험심리학을 말한다. 하지만 분트의 심리학이 실험적이라는 점에서 제법 과학적인 것 같았으나, 실제로 그가 심리 연구에서 사용한 방법은 내성(內省, introspection)이라는 비구체적 방식이었다. 이것은 내면의 심리 연구가 과연 어디까지 과학적일 수 있는가 하는 물음을 낳았고, 이는 '무의식'이라는 의식 너머의 것이 제기되면서 그 혼란이 가중되었다. 이러는 와중에서 일종의 종합과학으로서 인지과학이 등장했다. 인지과학은 기존의 심리철학, 심리학, 인공지능학, 대뇌생리학, 언어학 등에서 이루어 놓은 마음 이론에 관한 성과들을 융합하려 하지만, 그 주류는 마음은 곧 뇌라고 보는 경향이라고 할 수 있다.

이렇게 볼 때, 서양에서의 마음 연구는 마음이 영혼이 아니라 몸(뇌)의 문제이고, 의식만이 아니라 무의식도 중요하다는 방향으로 전개되어 왔음을 알 수 있다. 그런데 인간의 구성 기능인 오온五蘊 중에 신체를 뜻하는 색온色蘊이 분명히 포함되어 있고, 상좌부불교의 존재지속심이나 유식불교의 알라야식은 심층의 잠재의식으로 해석될 가능성이 있다는 점에서, 불교의 마음 연구는 서양의 연구 성과와 충분히 교류 가능하다고 볼 수 있다. 실제로 불교야말로 마음에 관한 연구의 가장 유구한 전통을 가지고 있다.

그러나 불교는 궁극에는 해탈과 열반이라는 구원을 지향하는 종교라는 점에서, 불교의 마음 연구는 단지 마음의 움직임을 현상적으로 기술하는 것만이 아니라, 그 마음이 어디로 움직여야 하고 그렇게 움직이지 않는 이유는 무엇인가를 탐문하는 상당히 가치론적인 방식을 취하는 것도 사실이다. 일례로 유식불교에서는 제6식까지의 의식현상 서술과 제7식에서의 자아개념 발생 분석에도 치밀하지만, 이 모든 식들의 근원이 되는 제8아뢰야식을 정분淨分과 염분染分이라는 이상과 현실의 구조에 맞춰 고찰하는 것 역시 정밀하게 진행하고 있다.

그렇다면 마음에 대한 온전한 이해는 마음의 작용에 대한 정확한 서술과 아울러 마음 작용의 바람직한 상태에 대한 논의도 필요로 한다고 하겠다. 바로 이 대목에서 서양철학과 심리학과 인지과학의 마음 연구가 불교의 찬연한 심식 연구의 전통과 만나야 하는 이유가 성립하는 것이다. 이 책은 바로 이런 이유에서 기획되었고, 그래서 초기불교와 상좌부불교와 유식불교와 선불교의 심식론과 아울러, 현대철학과 정신의학과 인지과학의 심리론을 함께 개진하는 글들로 구성되었다.

먼저 미산 스님의 글 「변화무쌍한 마음을 어떻게 바로잡아야 하는가」는 초기불교와 상좌부불교에서 마음의 전개와 마음의 수행을 찰나 심식설을 중심으로 논의하고 있다. 중생의 마음은 하루 24시간 동안 대략 5만 가지를 생각한다고 할 정도로 산란하게 변화, 요동치고 있다. 초기불교에선 이런 마음을 가리키는 말로 쩻따(citta, 心)와 마노(mano, 意)와 윈냐나(viññāṇa, 識)를 사용했다. 이 셋은 대체로 동일한 것으로 간주되었지만, 심心이 마음 자체를 의미한다면, 의意는 인식작용이 나타나는 기능(根, indriya)이나 장소(處, 入, āyatana)를 뜻하고, 식識은 인식기관과 인식대상이 만나 생기는 앎을 의미하는 것으로 구분되기도 한다. 초기경전에서 이런 심·의·식이란 용어가 주로 쓰이게 되는 경우는 존재를 물질세계와 정신세계로 분류할 때, 정신영역과 관련된 존재현상의 교설에서 자주 볼 수 있다. 붓다는 인간존재를 포함한 모든 연기된 존재를 주로 5온五蘊이라는 용어로 표현했고, 경우에 따라서 12처十二處 혹은 18계十八界라 설하기도 했는데, 여기서 중요한 것은 일체법이 모두 '연기한 것(paṭiccasamuppanna)'이라는 점이다.

　인간을 오온으로 설명할 때, 색(色, rūpa)은 지地·수水·화火·풍風으로 이루어진 육체를, 수(受, vedanā)는 육체가 받는 유쾌와 불쾌의 느낌과 정신이 받는 괴로움과 즐거움의 느낌을, 상(想, saññā)은 앞서 감수작용에 의해서 받은 느낌을 이미 축적된 관념과 연관지어 개념화하는 것을, 행(行, saṅkhāra)은 의지적 마음작용과 이를 통한 의업意業의 형성력을, 식(識, viññāṇa)은 나누어서 아는 분별과 판단 작용을 뜻한다. 그런데 이런 오온이 '연기한 것'이라는 말은, 오온 중 수상행식으로 이루어진 '마음'의 특징이란 그것들이 원인과 조건에 의해 일어난 현상이기에 그것들의 힘이 다하면 사라지게 된다는 것을 의미한다. 즉 마음은 생성(uppāda)·지속(ṭhitassa aññathatta)·소멸(vaya)한다는 것인데, 마음의 이런 생生·주住·멸滅 양상을 유위법有爲法의 삼상三相이라고 한다. 그런데 이렇게 마음이 생성·지속·소멸한다는 것은, 마음이 영원불변하지 않다는 것, 즉 무상無常하다는 것을 뜻하고, 무상하다는 것은 마음이 매순간 계속 변화한다는 것을 뜻한다. 그래서 초기불교의 무상설은 부파불교와 상좌부불교의 찰나(刹那, khaṇa)설로 발전한다.

　찰나설이란 모든 존재현상은 항구불변의 실체가 없이 계속 찰나찰나 변하고 있으며, 존재들의 물질현상과 정신현상은 상호 복합적 연기緣起 구조 속에서만 그 지속적인 정체성을 유지하게 된다는 이론이다. 따라서 인식 현상은 찰나생 찰나멸刹那生 刹那滅하며 조건에 의해서 일어나는데, 전찰나와 후찰나는 틈이 없이 조건화되어[等無間緣] 흘러

가기 때문에 그 변화가 감지되지 않을 뿐, 실제로 마음은 매우 빠르게 움직이고 있다. 이런 마음은 대상을 조건으로 하여 일어나기도 하지만, 마음(心, citta)은 그에 속하는 마음부수(心所, cetasika)와 함께 일어나고 함께 소멸한다. 마음은 마음부수와 결합되기 전에는 단지 대상을 아는 것에 불과하며, 마음이 대상을 알 때 수반되는 여러 가지 심리적 조건들이 함께하여 비로소 다양한 마음을 만들어 내는 것이다.

이렇게 다양하게 만들어지면서 중생의 마음은 입태에서 죽음까지 찰나찰나 생성·지속·소멸(生·住·滅)의 양상으로 흐르는데, 이런 한 생의 흐름 전체에 걸쳐 그 존재의 삶을 존속시켜 주는 역할을 하는 것이 '존재지속심(存在持續心, bhavaṅga-citta)'이다. 유분식有分識이라고도 번역되는 존재지속심은 생애 전체의 인식활동을 연결하고 지탱해 주는 '생명 지속식(life-continuum consciousness)'으로서, 한 생을 마칠 순간에는 죽음식(cuti-viññāṇa)의 기능을 하고, 죽음 직전에는 업에너지(業力, kamma-vega)와 관계 속에서 그 업의 조건에 맞는 곳에 재생할 수 있도록 이 생에서 다음 생으로 연결시켜 주는 재생연결식(paṭisandhi-viññāṇa)의 역할을 하며, 살아 있는 동안에는 개개인 고유의 성격, 성향, 습관 등을 나타내고 자기정체성을 유지시켜 주는 역할을 하기도 한다.

이런 존재지속심은 한 인식과정에서 다음 인식과정으로 넘어갈 때 극히 짧은 순간 동안에 일어났다가 사라지는데, 아라한의 경우엔 감각영역과 마음영역을 통해서 입력된 모든 정보들이 지혜의 안목으로 여과되어 들어오기 때문에, 탐貪·진瞋·치痴 삼독심이 일어나지 않고, 그래서 아라한의 마음은 항상 평정심(平靜心, upekkhacitta)이

유지되어 마음이 본래의 맑은 상태로 밝게 빛난다. 다시 말해 범부처럼 여섯 가지 인식기관을 통해서 들어오는 여섯 가지 인식대상을 자아관념의 필터로 굴절시키지 않고 있는 그대로 받아들이므로, 아라한에게는 투명한 인식활동이 일어나는 것인데, 이때의 마음은 업보를 낳는 원인을 갖지 않고 단지 작용만 하는 기쁜 마음(somanassasahagata-kiriya citta)이고 항상 미소 짓게 하는 마음(hasitauppāda citta)이다.

이상에서 볼 때, 초기불교와 상좌부불교에서 마음은 근과 경과 식, 심과 심소가 상호 의존하는 연기적 작용을 통해 생성과 지속과 소멸을 찰나찰나 거듭하는 과정으로 전개해가며, 일생 동안의 존재지속심이 재생연결식이 되어 내생의 윤회로 이어지기도 하지만, 아라한의 경우에는 평정심의 상태에서 항상 미소 짓는 마음을 유지한다고 할 수 있다.

이런 초기불교와 상좌부불교의 입장과는 달리 유식불교에서 마음의 전개를 탐색한 것이 한자경 교수의 글 「마음 활동의 두 층위」인데, 여기서는 표층의 마음과 심층의 마음이 본심(本心, 公心)과 망심(妄心, 私心)이라는 측면에서 다루어지고 있다. 표층의 마음이란 개체적 몸(根/有根身)에 매인 일상의 마음을 말하는데, 여기에는 전5식, 제6의식, 제7말나식 등이 해당한다. 전5식前五識은 안이비설신眼耳鼻舌身 등 5근이라는 감각능력과 색성향미촉色聲香味觸 등 5경이라는 감각자료가 화합하여 일어난 다섯 가지 감각(眼識, 耳識, 鼻識, 舌識, 身識)을 말한다.

그리고 이런 5근이라는 감각능력 너머에 인간이 가지고 있는 제6근

이 바로 사유능력으로서의 의근意根인데, 의근은 감각내용들을 종합
정리하여 개념적으로 사유하고 판단하는 능력이고, 이 의근이 자신의
대상인 법경法境을 파악하는 것을 제6 의식意識이라 한다. 그런데
전오식의 단계에서는 우리에게 주어지는 감각자료에 대해 주객, 자타,
또는 내외 등의 분별이 아직 행해지지 않지만, 제6의식의 단계에서는
식의 내용을 식 바깥의 객관대상의 내용으로 객관화해서 이해하는
일이 비로소 발생한다. 그렇기 때문에 제6의식을 사량 분별하는 대상
의식이라 한다.

제6의식이 이렇게 주객, 자타의 사려분별을 일으키는 까닭은, 의근
이 의식내용을 대상의 내용으로 의식함으로써 대상의식인 제6의식으
로 작용하게 된다는 점에 있는데, 이처럼 의근이 의식내용을 대상의
내용으로 의식하게 되는 것은, 의근이 스스로 자기 자신을 의식내용과
구분되는 것으로 이미 의식하고 있기 때문이다. 다시 말해 의근이
의식대상과 구분되는 나의 의식, 즉 의근 자신의 자기의식을 이미
갖고 있기 때문이다. 따라서 대상의식인 제6의식의 기반에는 이미
자기의식이 놓여 있다고 할 수 있는데, 이렇게 제6의식의 기반이
되는 자기의식, 즉 의근意根의 자기의식 내지 자아식自我識을 의意의
산스크리트 마나스manas를 그대로 음역하여 '말나식末那識'이라고 한
다. 말나식은 의식을 일으키는 의근이 스스로를 자아라고 여기는
식으로서, '나'라는 의식, 즉 아견我見과 아만我慢과 아애我愛의 식이다.
따라서 제6의식이 식의 내용을 자신 아닌 대상의 내용으로 객관화하여
의식하는 '대상의식'이라면, 제7말나식은 그렇게 의식하는 자를 자아
로 여기는 '자기의식'이며, 대상의식인 제6의식은 자기의식인 제7말나

식에 기반하는 것이다.

그런데 의식이 의근에 근거하고 의근이 의식을 일으킨다고 할 때, 의식이라는 생각을 일으키는 것은 분명 그 전의 생각이니, 앞의 생각이 뒤의 생각을 불러일으킨다고 볼 수 있고, 따라서 제6의식을 일으키는 의근은 바로 이전 순간의 의식이 된다. 이처럼 생각을 일으키는 것이 의근인데, 의식은 끊겼다가도 다시 이어지는 것이 사실인 이상, 그러한 의근에는 단지 바로 이전 순간의 의식내용만이 아니라 한참 이전의 의식내용도 포함되어야 한다. 이렇게 의식에서 표면적으론 사라지고 도 다시 의근으로 작용할 수 있게끔 남아 있는 의식내용들은 어떤 방식으로든 심층의 마음 차원에서 존재하고 있어야 한다. 이렇듯 감각이나 대상의식이나 자아의식 너머에 심층의 마음으로서 남아 있는 것이 제8아뢰야식이다.

이 제8아뢰야식은 저장과 이숙과 전변의 기능을 한다. 본디 '저장'이라는 뜻의 알라야(ālaya)에서 음역된 것이 아뢰야식阿賴耶識이다. 원래 제6의식이나 제7말나식의 활동은 일종의 업業이고, 업은 보를 낳기까지 자신의 힘을 유지해야 하는데, 이처럼 업이 남겨 놓은 세력이나 힘으로서의 업력을 종자種子라 하고, 이런 종자들을 심층의 흐름 차원에서 저장하고 있는 것이 제8아뢰야식이다. 또한 이 업종자의 세력에 따라 중생은 천상, 인간계, 축생계, 지옥계 등 어느 곳에 어떤 몸으로 태어나는가가 결정되어 육도윤회하게 된다. 업은 선 또는 악이지만 그 결과의 보報는 락 또는 고의 성격을 갖기에 '다르게 성숙했다'는 뜻에서 이숙異熟이라고 하는데, 이처럼 업력에 따라 상속하는 이숙식이 곧 제8아뢰야식이다.

그리고 의식이나 말나식의 현실적 활동(現行)에 의해 종자가 아뢰야 식에 심겨지는 것이 '현행훈종자現行熏種子'이고, 아뢰야식 안에서 종 자가 성장 변화하는 것이 '종자생종자種子生種子'이며, 그렇게 아뢰야 식 안에서 생장하던 종자가 인연이 닿아 다시 구체적 현실태로 전개되 는 과정이 '종자생현행種子生現行'이다. 이처럼 종자생종자가 원인이 되어 종자생현행의 결과로 나타나는 것을 식의 전변轉變이라고 한다. 우리가 자아 자체라고 생각하는 유근신有根身이나 우리가 세계 자체라 고 생각하는 기세간器世間은 모두 아뢰야식의 이런 전변 결과이다. 따라서 자아와 세계는 식을 떠난 실유가 아니니, 일체가 식일 뿐이다. 즉 만법은 '유식唯識'일 따름이다.

더욱이 유근신과 기세간은 둘 다 종자로부터 의타기依他起한 것이기 에 무자성無自性의 공空이니, 우리가 자아라고 집착하는 유근신이 공이라는 데서 아공我空이 성립하고, 우리가 세계라고 집착하는 기세 간이 공이라는 데서 법공法空이 성립한다. 이처럼 자신과 세계를 공의 마음으로 자각하고 나면, 자신이 바라보는 일체 현상세계가 모두 자기 마음 안에 그려지는 마음의 변현이라는 것(一切唯心造)을 알게 된다. 그리하여 전체를 마음의 변현으로, 또는 아뢰야식의 식소변으로 자각하여 아는 우주적 각성이 있게 되는 것이다. 이것은 개별적 유근신 과 그 개별자들을 포괄하는 전체 기세간을 개체적인 의근의 관점에서 가 아니라 심층 아뢰야식의 관점에서 바라보고 있다는 것을 뜻하고, 우리 안에 하나의 보편적·우주적 일심一心이 깨어 있다는 것을 의미한 다. 이런 보편적 일심인 본심本心은 개체적 유근신의 한계를 넘어선 마음이기에, 자기만의 유근신의 고락에 집착하지 않고 그것으로부터 일어나는 애증의 느낌을 넘어서며, 만물을 모두 동근원적·우주적 마음의 발현으로 자각하기에, 모든 생명체에 대해 공감하는 능력인 자비의 마음을 갖는다. 이렇게 볼 때, 유식불교에서 마음은 일체법의 공성空性과 유식성唯識性을 자각함으로써 망심妄心에서 본심本心으로, 개체적 사심私心에서 보편적 공심公心으로 전개된다고 할 수 있다.

이처럼 알라야식을 바탕으로 망심에서 본심으로 전개되는 것과는 달리, 선불교 특유의 돈오와 자성청정심과 평상심의 차원에서 마음의 전개를 다룬 것이 윤원철 교수의 글「마음을 가져와라」이다. 마음의 문제야말로 선불교의 일대사一大事로서 선불교의 핵심 주제이다. 여기서 "마음을 가져와라"라는 말은 "마음을 가지고 오라. 편안하게 해주리라(將心來與汝安)"는 보리달마의 주문에 제자 혜가가 "마음을 찾아도 얻을 수가 없습니다(覓心了不可得)"라고 답한 데서 유래한다. 이를 통해 알 수 있는 것은 편안하거나 편치 않거나 하는 그 마음이라는 것이 사실은 그런 식으로 실체가 있는 게 아닌 공空이므로, 마음이 편안하다 또는 편치 않다는 것도 이미 근거 없는 분별이니, 마음을 깨치고 말고 하는 것도 실상은 그런 일이 없다고 하는 것이다.

그렇다면 마음의 진상은 깨달으면 비로소 그렇고 아니면 그렇지 못한 그런 게 아니라, 깨닫건 말건 늘 그대로라고 할 수 있다. 선에서 주제로 삼는 마음이란 이렇게 원래 늘 그러한 마음, 즉 자성청정심自性淸淨心이다. 이 자성청정심이야말로 가장 본래적이고 근원적인 마음이고, 자신의 마음의 본질이며 본래의 자기이다. 그리고 이렇게 자신의 마음의 본질이 원래 편하거나 편치 않은 데 해당되지 않는 것이라면,

마음의 본래 진상이 현전現前하는 데에는 아무런 매개媒介도 필요 없고 부분적이거나 점진적으로 전개되는 과정도 필요 없게 된다. 그러므로 마음의 진상에 대한 깨달음은 돈오頓悟이며, 따라서 사람 마음의 본성을 직접 가리켜〔直指人心〕, 본래의 자기 성품을 깨치면 바로 성불하는 것이니〔見性成佛〕, 언어 문자에 입각해 매달려선 안 되고〔不立文字〕, 고착화된 교의를 넘어서 마음에서 마음으로 달리 전달될 수밖에 없다〔教外別傳〕.

그런데 '직지인심 견성성불 불립문자 교외별전'이라는 선의 기본 입장을 가능케 하는 자성청정심은 '심성본정 객진번뇌'라는 불교 심성론의 지침에서 유래한 것이다. '심성본정 객진번뇌心性本淨 客塵煩惱'란 마음의 본성은 본래 깨끗한데 번뇌가 밖으로부터 와서 더럽힐 뿐이라는 말이다. 여기서는 진심眞心과 망심妄心, 청정심淸淨心과 염오심染汚心, 부처와 중생, 보리菩提와 번뇌煩惱, 불생불멸의 진여眞如와 생멸의 무명無明 등이 본래성과 비본래성으로 대비를 이루며 하나의 문장으로 통일되어 있다. 진심·청정심·보리·진여 등의 부처의 경지에 이를 수 있는 가능성이 인간의 본래 성품이지만, 현실은 망심·염오심·번뇌·무명이라는 중생의 비본래적 삶에 머물러 있고, 그럼에도 불구하고 본래성과 비본래성은 오직 한 마음〔一心〕의 양면으로 이중적으로 혼재하고 있다는 것이다. 불교사상사 속에서 이런 이중적 혼재의 조화는 여래성과 은폐성의 통일로서 여래장如來藏, 정분淨分과 염분染分의 통일로서 알라야식, 불생불멸不生不滅의 심진여心眞如와 심생멸心生滅의 통일로서 일심 등으로 나타났다.

그런데 선불교에서는 이런 중도적 통일성이 역동적 운용성이 됨을 더욱 강조하고 있다. 일심이 곧 중생심衆生心, 즉 살아 있는 생명체가 각자 가지고 운용하는 일상적인 의미의 마음이기도 함을 강조하는 것인데, 이는 자성청정심과 번뇌가 체體와 용用인 불일불이不一不二의 관계에 있음을 인정한 토대 위에서 무념無念을 적극 운용하라는 것이다. 육조 혜능이 무념無念을 종宗으로 하고 무상無相을 체體로 하며 무주無住를 본本으로 삼는다고 했을 때, 무주란 "모든 법 위에 순간순간 생각이 머무르지 않아 얽매임이 없음〔於一切法上念念不住卽無縛也〕"이고, 무상이란 "상相에서 상을 떠남〔於相而離相〕"이며, 무념은 "생각에 있어서 생각하지 않음〔於念而不念〕"을 의미한다. 특히 '아무것도 생각하지 않음'이 아니라, 어디까지나 '생각에 있어서 생각하지 않음'이라는 것은, 무념에서는 '보고 듣고 느끼고 아는(見聞覺知)' 일체의 생각을 끊는 것이 아니라, 올바르게 생각을 일으키는 것이 목표가 된다는 점을 보여준다.

올바르게 생각을 일으킨다 함은 경계와 상相에 휘둘려 생각을 일으키는 게 아니라, 진여자성眞如自性으로부터 생각을 일으키는 것이고, 개별자로서의 자아가 일으키는 자기중심적이고 이기적인 생각(妄心, 私心)으로 사는 것이 아니라, 보편적이고 연기적인 존재 또는 부처로서의 자기의 본래 성품이 일으키는 작용(眞心, 公心)으로서 생각을 발휘하면서 사는 것을 말한다. 이런 진심으로서의 무념 무심은 조작이 없고, 시비가 없고, 취사取捨가 없고, 단상斷想이 없으며, 범부와 성인이 따로 없는 늘 그러한 평상의 마음이니, "평상심이 곧 도(平常心是道)"라 하는 것이다. 평상심이란 생사심生死心의 작용으로서의 작위와 지향, 각종 분별이 없는 것이고, 생사심이란 개체로의 자아나 주객主客의 구도를 바탕으로 작용하는 것이다. 따라서 평상심이 곧 도라는 것은, 평상심으로서의 진심이란 현상적으로는 엄연히 다른 개체들과 구별되는 한 개체이면서도 주객의 구도가 아니라 체용의 구도로써 자기 자신과 다른 모든 존재들 사이의 관계를 보고 그에 합당하게 작용하면서 운용하는 마음을 가리킨다는 점이다. 이상에서 볼 때, 선불교에서 마음은 자성청정심에 바탕을 두고 생사심에서 평상심으로 전개되는 것이라고 할 수 있다.

지금까지 불교사상에서 마음의 전개를 본 것과는 달리 서양철학의 관점을 소개한 최화 교수의 글 「생명의 능동적 운동」은 베르크손에서 마음의 전개에 관한 것이다. 베르크손은 마음의 전개를 만물의 변화와 생명의 운동이라는 좀더 포괄적인 차원에서 다룬다. 우리가 헤라클레이토스의 유명한 "만물은 흐른다"는 말을 들을 때, 계속되는 변화만 떠올리기 쉽지만, 베르크손은 여기서 변화 속에서도 불변함을 찾고자 한다. 변화란 다른 것으로 되는 타자화 과정이라고 한다면, 베르크손에게 생명의 운동은 이렇게 타자화되어 가는 과정을 거꾸로 거슬러 올라가, 변화함에도 불구하고 자기 동일성을 잃지 않는 운동, 즉 지속(durée)을 의미한다. 지속이란 이처럼 변화 속의 불변, 타자화 과정 속의 자기 동일성이다. 그런데 불변이 동일한 것의 이어짐이라는 점에서 '연속'을 뜻하고 이런 연속이 생명의 진화를 가리킨다면, 그리고 변화가 종래 안 보이던 것의 생겨남이라는 점에서 '불연속'을 뜻하고 이런 불연속이 비약과 창조를 가리킨다면, 불연속적 연속 혹은 연속적 불연속으로서 지속은 '생의 비약(élan vital)'이나 '창조적 진화

(évolution créatrice)'라 부를 수 있다.

이렇게 지속의 운동을 하는 생명은 그 경향성(마비, 본능, 지성)에 따라 식물과 동물과 인간으로 분류된다. 식물은 공간 운동을 포기하고 붙박이로 사는 '마비'를 택하는 대신에, 무기물로부터 직접 영양분을 섭취할 수 있는 길을 택한다. 이에 비해 동물은 무기물로부터 직접 필요한 양분을 생산하지 못하므로 그것을 전적으로 식물에게 의존해야 하고, 그래서 동물은 식물이나 그 식물을 먹고 사는 동물을 찾아 움직여야 하므로 신경 계통을 발전시키는데, 이때의 신경 계통은 '본능'에 따르는 '감각-운동 체계(système sensori-moteur)'이다. 그러나 동물과 달리 인간은 본능에 따라 몸이 시키는 대로만 따라 가지 않고, 지능과 '지성'을 사용하여 자유로운 운동을 한다.

이처럼 인간은 지성을 특징으로 하는데, 지성(intelligence)은 공간과 그 속의 정지체를 지향한다. 왜냐하면 인간은 생존을 위해 물질을 이용해야 하고, 그러기 위해선 물질을 고정된 정지체라는 불변의 측면에서 보는 것이 유리하기 때문이다. 따라서 지성의 주요 대상은 무기적인 고체이다. 즉 지성은 물질의 불연속적인 측면과 그것의 부동성만을 특별히 강화하여 표상한다. 이렇게 볼 때 세계에는 물질성과 정신성의 두 방향의 과정이 있는 바, 지성은 그 중 물질성의 방향에 따른다고 할 수 있다. 그리하여 정신성의 긴장의 방향으로의 운동이 이완되면 공간성의 방향으로 가게 되고, 정신의 그런 경향은 더 이완되어 있는 물질에 의해 강화되어 둘은 상호 적응하며, 결국은 지성이 순수 공간을 표상하게 되고 그 공간의 그물을 물질에 다시 투사한다.

이렇게 물질이 지성에 의해 파악될 때 기억이 개입한다. 물질은 그 자체 유동(flux)이다. 물질은 그 속을 깊이 들어가면 원자나 분자들로 이루어졌고, 그 원자들은 다시 핵과 전자들로, 핵은 또 쿼크들로, 쿼크는 또 끈 이론의 끈들로 등등 무한히 계속된다는 점에서, 단절 없이 끊임없이 진동하는 유동일 따름이다. 물질의 이런 유동하는 진동은 우리 몸을 통해 받아들여질 때 뇌를 통해 기억과 연결되고, 그 기억은 우리의 몸을 통해 다시 밖으로 나가 물질에 투영된다. 여기서 기억은 우리의 행동에 맞게 물질 주변의 유동을 자른다. 따라서 눈을 열면 우리에게 여러 형태와 색채를 가진 것으로 들어오는 지각의 세계는 사실은 순수 물질의 모습이라기보다는 우리의 기억이 동원되어 유동을 잘라낸 결과들이다. 저기 앞에 있는 돌과 나무는 그 표면에서 일 초에도 몇 조 번을 진동하고 있으나 우리의 지각이 그것을 응축하여 모종의 색채와 형태로 그린 것이고, 그 응축 자체는 이미 수 조 번의 진동을 기억한 결과이다. 그렇다면 지각의 세계란 물질과 기억이 만나는 과정이며, 기억의 본성은 타자화하는 운동을 거슬러 올라가 자기 동일성을 확보해 주는 데 있다고 볼 수 있다. 이렇게 볼 때 베르크손에게 마음은 불연속적 연속, 혹은 타자화 과정 속 자기 동일성의 확보로서 직관과 지성, 또는 지각과 기억의 상호 작용으로 전개된다고 할 수 있다.

김종주 원장의 글 「무의식을 통한 마음의 흐름」은 프로이트와 라깡의 정신의학에 본 마음의 전개를 다룬다. 철학을 비롯한 대부분의 일반 학문에서 마음은 곧 의식이다. 그러나 프로이트 정신의학에서 마음은 의식과 동의어가 아니다. 의식은 마음 가운데 빙산의 일각일 뿐이고, 나머지 대부분은 무의식(das Unbewuβte)을 가리키기 때문이다. 따라서 마음에 대한 이해는 무의식의 흐름을 통해서만 가능하다. 프로이트에게서 마음은 '의식'·'전의식'·'무의식'이라는 세 가지 정신적 지역으로 나뉘며, 이는 달리 표현하면 '자아'·'초자아'·'이드'라는 세 가지 기관으로 나뉜다. 여기서 자아와 초자아도 일부 무의식적인 부분을 갖고 있기는 하지만, 무의식과 주로 관련을 맺게 되는 것은 이드(Id)이다. 이드는 '그것'(das Es)이라는 뜻인데, 우리를 살아가게 하는, 그렇지만 우리가 통제할 수는 없는 어떤 힘으로서의 '그것'을 가리킨다. 다시 말해 '그것'은 리비도(libido)나 욕동의 에너지 혹은 원초적인 본능적 충동 에너지의 커다란 저장소이다.

프로이트는 이런 리비도의 발달 단계에 맞춰 정신 발달을 '구강기'·'항문기'·'남근기'·'잠복기'의 단계로 구분한다. 구강기는 출생과 함께 시작되어 이유기에 끝나는데, 구강수준에 고착된 사람은 입이 최우선의 성감대가 되기 때문에, 스트레스를 받을 때마다 줄담배를 피우든가 반복된 음주 행태를 보이고, 신체질환으로는 소화성궤양과 비만증, 알코올중독과 마약중독을 앓게 된다. 항문기에 고착된 사람은 강박적인 항문인격을 보이는데, 이런 인격의 소유자에겐 만성적인 적개심이 문제가 되고, 그 결과로 가학증과 피학증을 보이며, 정신생리성 증상으로 고혈압, 편두통, 신경성 대장염, 두드러기를 앓게 된다. 남근기는 일명 오이디푸스기로서, 3-5세 사이에 오이디푸스 콤플렉스가 출현하는 시기를 말한다. 살부혼모殺父婚母로 상징되는 오이디푸스 콤플렉스의 해소는 동성의 부모를 동일시하고 이성의 부모를 포기함으로써 이뤄지는데, 이 단계에 고착되면 흔히 자신의 부모를 닮은 배우자를 선택하게 되며, 이 시기에 각종 신경증적 방어가 나타난다.

이처럼 성적 리비도에 맞춰 정신 발달을 성 발달로 간주한 데서도 알 수 있듯이, 프로이트에게서 무의식은 전적으로 성적인 '본능의 자리'로 환원되고 있다. 그러나 프로이트를 비판적으로 계승한 라깡은 무의식이 원초적이거나 본능적인 것도 아니고 원래부터 언어적이라고 주장한다. 무의식은 말로 표현되어 그 부분이 설명될 때 비로소 무의식으로 파악되기 때문이다. 따라서 무의식은 내면적인 것이 아니며, 말과 언어를 통한 외면적인 것이면서도 초개인적인 것이다. 만약 무의식이 내면적인 것으로 보인다면 이는 주체와 대타자의 관계를 가로막고 대타자의 메시지를 전도시키는 상상계의 결과일 뿐이다.

이렇게 본능을 언어로 대체하는 라깡은 성적 본능의 리비도에 입각한 프로이트의 정신발달론도 '본능적 성숙의 신화학(mythology of instinctual maturation)'이라고 하여 비판한다. 구강기·항문기·성기기와 같은 프로이트의 단계들은 시간적 순서에 따라 정해진 단계가 아니고 사후적으로 과거에 투사되는, 본질적으로 시간과는 무관한 구조들이라는 것이다. 즉 그것들은 오이디푸스 콤플렉스의 사후작용에 의해 구성된 것들로서, 오히려 사후적으로 성인의 경험에서 출발한 것들이다. 더욱이 프로이트가 오이디푸스 콤플렉스를 3-5세라는 특정한 나이에 국한시키는데 반해서, 라깡은 오이디푸스 콤플렉스를 시간과 무관한 주체성의 삼각구조로 생각하며, 이 때 중요한 것이 이른바 거울단계(stade du miroir)이다.

여기서 주체성의 삼각구조란 상상계와 상징계와 실재계라고 하는 라깡의 정신분석에서의 세 가지 범주들을 가리킨다. 상상계(l'imaginaire)

는 주로 거울단계에 해당한다. 거울단계란 생후 6개월 내지 18개월
된 어린아이가 거울 앞에서 비로소 자기 몸이 모두 연결된 전체라는
것을 거울의 이미지를 통해서 상상하게 되는 것을 말한다. 이때 어린이
는 그 전까지 보아왔던 '조각난 몸(corps morcelé)'이라는 모습에서
벗어나 거울에 비친 자신의 총체적인 모습을 보게 된다. 이것은 파편화
에서 통일화로 나아가는 것이며, 거울상을 통해 게슈탈트적 전체상이
파악되는 것인데, 이로 인해 비로소 자아 개념과 주체성이 발달하기
시작한다. 그러나 상상계에서 어린이는 아직 자신과 타인을 제대로
구분하지 못한 채 자신을 타자와 동일시하고, 자기와 어머니를 동일시
하기도 한다. 상상계는 이러한 상상적 오인을 특징으로 하기 때문에,
상상계에서 형성되는 주체성은 결국 허구적일 뿐이며, 타자와의 동일
시로 인해 인간의 욕망은 타자의 욕망이 된다.

상징계(le symbolique)란 어린 아이가 언어를 사용하는 질서의 세계
로 뛰어드는 것, 즉 언어와 문화로 이루어진 상징적인 보편 질서체계
안으로 진입하는 것을 말한다. 인간은 외부 세계를 받아들일 때,
한 사물의 이미지를 그 사물의 이름으로 전치하게 되는데, 예를 들어
'하얀 액체 음식'이라는 외부 물질의 이미지가 '우유'라는 언어로 표현된
다는 것을 알게 되는데, 이러한 과정은 어린이가 마음대로 할 수
없는 강압적인 것이고, 이런 억압의 과정에서 무의식이 생긴다. 더욱이
언어는 차이와 부재의 무한한 과정에 불과한 공허한 것인데, 이런
공허한 세계로 추방당한 어린 아이는 이제 무한한 언어적 연쇄를
따라 하나의 시니피앙(signifiant, 記標)에서 다른 시니피앙으로 이동할
뿐이다. 이러한 시니피앙들의 무한한 운동이 '욕망'이며, 언어 자체가

결핍(차이와 부재)이기 때문에 인간의 욕망은 채울 수 없는 결핍의 욕망이 된다. 그리고 이런 욕망의 세계인 상징계에 진입한 아이는 외부 존재인 아버지(사회)라는 금기를 받아들임으로써, 오이디푸스 콤플렉스를 겪으면서 어머니에 대한 욕망을 아버지의 법으로 전치하게 된다.

그런데 언어를 사용한다는 것은 항상 상징적 의미 작용 너머에 존재하는 실재의 영역과 분리된다는 것을 뜻한다. 이렇게 상징적 질서의 바깥에 존재하는 실재의 영역이 바로 실재계(le réel)이다. 상징계야말로 이런 실재계를 이해할 수 있는 유일한 매개체이지만, 결국에는 '말하기가 불가능한 것(l'impossible à dire)'이라는 점에서 실재계는 상징화에 저항하는 경험의 한계로 남게 된다. 상상계가 게슈탈트의 특성을 지니고 상징계는 차이의 개념에 그 기반을 두는 데 반해서, 실재계는 이렇게 부정과 한계를 특징으로 한다. 즉 실재계는 상상적이지도 않고 상징적이지도 않아서, 환상의 영역으로부터 제외되고 말에 관계하지도 않는다. 따라서 실재계는 말의 경험인 분석치료의 범위를 넘어서는 것으로 이해될 수 있으며, 상징계의 오토마톤automaton을 넘어서는 조우(tuché)의 우연성에 맡겨지게 된다.

이상에서 보듯, 라깡에게서 마음은 상상계와 상징계와 실재계라는 주체성의 삼각구조 속에서 전개된다. 그런데 상징계의 기능인 무의식은 시니피앙의 상징적 역사라는 점에서 일종의 기억이며, 시니피앙의 표명이라는 점에서는 상징적 지식, 즉 본식(本識, savoir)이다. 그렇다면 역사와 기억과 본식이라는 특성에서 볼 때, 라깡의 무의식은 과거의 누적된 업의 역사를 종자의 형태로 기억하여 저장하는 근본식根本識인

유식불교의 알라야식과 유사하다고 할 수 있다.

이정모 교수의 글 「뇌-몸-환경의 상호작용으로서 마음」은 인간 마음의 작용을 인지심리학과 인지과학의 관점에서 고찰한 글이다. 기존 서양의 전통 사상에서는 몸과 마음의 관계를 영혼론과 인식론의 분야에서 탐구했는데, 그들 대부분은 마음을 몸과 독립적인 실체로 개념화하였다. 이런 경향의 대표는 물론 데카르트이다. 그에게서 마음은 '사고하는 실체(res cogitans)'로서 공간적 분할이 불가능한 반면, 몸은 공간에서 기하학적으로 분할될 수 있는 '연장延長된 실체(res extensa)'였다. 따라서 몸은 무한히 쪼갤 수 있으나, 마음은 그 다양한 능력이나 기능과 심적 작용에도 불구하고 분할 불가능한 단일의 통일적 실체가 된다. 이것은 몸을 동물적 기계로 보고, 마음은 그것을 넘어서는 상위의 것으로 보는 심신이원론이다.

그런데 이렇게 물리현상과 심리현상이 이원적으로 분리될 경우, 물리현상에는 수학을 적용할 수 있지만 심리현상에는 수학을 적용할 수 없기에 심리학이 과학이 될 수 없다는 칸트의 관점이 정당화된다. 칸트의 이런 논박을 넘어 심리학이 학문으로서 성립하기 위해선, 심리학을 실험과학으로 독립시킬 필요가 있었는데, 이를 수행한 이가 분트이다. 그는 의식의 기본 요소를 분석하는 구성주의(structualism) 접근 방식을 채택했는데, 자극을 제시할 때는 엄격한 실험법을 사용했지만, 자극에 대한 의식 내용을 분석할 때는 주관적 방식인 내성법을 사용했다. 그러나 심리학이 보다 엄밀한 학문이 되기 위해선 의식과 관련된 이런 주관적 방식을 가급적 배제할 필요가 있었는데, 이런 주장을 편 것이 행동주의(behaviorism) 심리학이다. 그들은 객관적으로 관찰 가능한 외적인 '자극-반응'과 연관된 '행동'을 기능적으로 기술하는 것만이 심리학의 할 일이라고 보았다.

그러나 이렇게 될 경우 마음의 탐구인 심리학에서 오히려 마음이나 의식이 비객관적이라는 이유로 배제되는 일이 벌어지게 된다. 이런 행동주의의 협소한 과학화에 반발하여 심리학을 명실공히 '마음의 과학'으로 정립하고자 하는 움직임이 1970년대 이후에 나타났는데, 이것이 바로 인지심리학 또는 인지과학이다. 이전에는 행동주의 같은 심리학 내부 진영에서도 심리현상은 비물리적 현상이므로 과학적으로 접근할 수 없다고 생각했는데, 인지과학은 다른 물리현상과 마찬가지로 인간의 뇌와 마음과 행동 현상을 자연화하여 과학적으로 연구할 수 있다는 자연주의적 입장을 취한다. 그들에게서 심리학은 '인간의 마음이 어떻게 작용하는가'를 연구하는 학문인데, 인지심리학은 이를 '인간의 마음이 어떻게 환경과 자신에 대한 앎을 갖게 되는가'로 이해한다. 이런 앎이 인지(cognition)이고, 이것이 마음의 본질로 간주된다. 이런 인지과학과 인지심리학 진영은 인지현상을 설명함에 있어 그들이 선호하는 인지 관련 역할 모델을 '컴퓨터'·'뇌'·'몸' 중 어느 것으로 보느냐에 따라, '인지주의'·'연결주의'·'체화론'으로 나뉜다.

컴퓨터를 모델로 하는 인지주의(cognitivism)는 인간과 컴퓨터를 유사한 정보처리적 원리를 지닌 시스템으로 여기고, 이 정보처리시스템의 정보처리 과정과 구조를 밝힘으로써 마음의 문제에 접근할 수 있다고 본다. 그들에게 있어 마음이란 '정보를 해석하고 조직하며 결정하고 스스로를 점검하는 역동적인 상징조작체계', 즉 한마디로

'정보처리체계'(information processing system)이다. 그런데 이들은 추상적 정보처리 원리의 중요성을 강조한 나머지, 그 정보처리 원리가 구현되는 물리적 실체는 중요하지 않다고 보아, 정보처리체계가 구현되는 실체가 뇌이건, 전자칩이건 별로 중요하지 않다는 입장을 전개하였다. 이럴 경우 뇌를 비롯한 인간 마음 구현의 신경적 기초는 철저히 무시된다.

이를 극복하기 위해 1980년대 중반에 대두된 연결주의(connectionism)는 앞서의 인지주의와는 달리, 마음의 작동이 그 신경적 기반 구조인 뇌의 특성에 의하여 결정된다고 보고, 뇌의 기본 단위인 세포들 간의 연결을 중심으로 마음의 작동 특성을 개념화하였다. 연결주의는 인지주의처럼 미리 내장된 알고리즘적 규칙이나 지식표상을 전제하지 않으며, 신경망의 확률적 계산에 의한 정보처리 메커니즘을 강조하였다. 그러나 이들은 실제의 뇌의 특성을 중심으로 모델을 전개하였기보다는 추상화된 이상적 뇌의 특성을 중심으로 마음의 작동 메커니즘을 모델링하였다는 한계점을 지니고 있었다.

연결주의가 인지주의와 같은 형식적 계산주의의 입장을 벗어나지 못하고 있다는 결함을 극복하기 위해, 마음의 작동 원리를 뇌만이 아닌 신체 전체의 생물적·사회적 바탕에 기초하도록 하는 움직임이 1980년대 후반부터 나타나기 시작했다. 그들은 인간의 마음이란 '구체적 몸'의 활동에 의해 물리적·사회적 환경에 적응하는 상호작용 행위상에서 비로소 존재하게 되는 것으로 여긴다는 점에서, 일종의 체화(embodiment)이론을 주장했다. 이것은 뇌라는 그릇 속에 환경과는 독립된 표상적 정보처리체계로서 개념화했던 종래의 마음에 대한

이론적 틀을 수정하여, 문화적·사회적·진화역사적 환경에 체화되어
서 환경과 함께 작동하는 신체로서의 마음을 개념화한 것이다. 이제
마음은 뇌의 신경적 상태에 국한되는 것이 아니라, 뇌의 신경적 상태를
비롯하여 비신경적 신체, 생태와 환경 등의 전체상에서 이루어지는
실시간적 활동, 즉 뇌와 몸과 환경이 연결된 총체적인 현상이 된다.
이렇게 마음을 총체적 연결체로 볼 경우, 마음 작용의 핵심은 상호의존
성(interdependence)에 있게 되는데, 이것이 곧 불교의 연기緣起를
함축한다는 것이 바렐라를 비롯한 체화이론가들의 공통된 생각이다.
연기이므로 무자성無自性 공空이듯이, 상호의존하므로 비실체적이기
때문에, 마음과 몸과 환경을 임의의 경계선으로 구획되지 않는 통합체
로 보는 이런 새로운 존재론은 마음과 몸을 주체와 객체로 실체적으로
구분하는 데카르트적 패러다임을 완전히 넘어서는 것이라고 할 수
있다.

지금까지의 논의를 종합해 볼 때, 현대 학문에서 마음은 지각과
기억의 상호 작용 속에서, 상상계와 상징계와 실재계라는 주체성의
삼각구조 속에서, 그리고 뇌와 몸과 환경이 연결된 총체적인 구조
속에서 움직이는 것이라고 할 수 있다. 그런데 이런 다층적 구조
작용의 핵심 원리는 상호의존성이고, 이것이 불교의 연기이다. 이런
관계성에 입각해, 불교에서는 마음을 근과 경과 식, 심과 심소가
상호 의존하는 연기적 작용을 통해 생성과 지속과 소멸을 찰나찰나
거듭하는 과정으로 보고 있다. 그리고 이 과정은 유식성과 공성에
대한 자각을 통해 알라야식을 바탕으로 망심에서 본심으로, 자성청정

심을 바탕으로 생사심에서 평상심으로 나아가야 하는 것으로 보고 있다. 그렇다면 마음의 작용은 상호의존성을 원리로 하며, 이 상호의존성이 비실체적 공성임을 통찰함으로써 마음의 작용은 무념의 평상심이라는 바람직한 상태에 이를 수 있다고 결론을 내릴 수 있다. 결국 연기와 공, 그리고 평상심이 화두였던 것이다.

목멱산 기슭에서 편집을 마치며
이당 김종욱

기획자 서문 · 5

마음에 대한 바른 이해를 통하여 행복이 증진되기를 소망하며

편집자 서문 · 7

마음은 어디로 어떻게 움직이는가?

초기불교와 상좌부불교에서 마음의 전개 │
변화무쌍한 마음을 어떻게 바로잡아야 하는가?　　　미산 · 37

1. 변화무쌍한 마음의 움직임 · 37

2. 초기경전에 나타난 마음과 존재현상의 분류 · 39

　1) 심 · 의 · 식의 의미와 용법 · 39

　2) 5온 · 12처 · 18계에 나타난 마음 · 40

　3) 청정심과 객진번뇌의 문제 · 48

3. 사념처 수행에서의 마음작용 · 51

　1) 신 · 수 · 심 · 법의 수관 · 53

　2) 열심히 정진함 · 55

　3) 마음챙김과 알아차림 · 55

　4) 탐착과 혐오의 분별심 버리기 · 57

4. 상좌부에서 본 마음과 존재현상의 분류 · 58

　1) 법의 체계적 분류 · 58

　2) 마음의 분류 – 심 · 심소법의 체계화 · 60

5. 상좌부의 심식설 · 64

　1) 마음이 움직이는 양상–찰나설의 확립 · 64

　2) 인식과정과 존재지속심 · 67

6. 상좌부의 마음수행론 · 73

　1) 선정수행에서의 마음 변화 · 73

　2) 관찰수행에서의 마음변화 · 80

3) 출세간의 수행계위와 마음변화 · 85

7. 아라한의 미소 짓게 하는 마음 · 87

유식불교에서 마음의 전개 | 마음 활동의 두 층위   한자경 · 92

1. 어디까지가 마음인가? · 92

2. 표층 마음: 전5식(감각), 제6의식(대상의식), 제7말나식(자기의식) · 94

3. 심층 마음 : 제8아뢰야식 · 99

1) 아뢰야식의 전변 · 99

2) 아뢰야식의 전변 결과 · 106

4. 꿈에서 깨어나기 : 진여지각에 이르는 길 · 110

1) 아뢰야식은 개체적 다多인가, 보편적 일―인가? · 111

2) 아뢰야식의 각성이 있는가, 없는가? 각覺인가, 불각不覺인가? · 116

5. 마음의 두 차원: 본심과 망심, 공심公心과 사심私心 · 120

6. 사심(망심)에서 공심(본심)으로 · 124

선불교에서 마음의 전개 | 마음을 가져와라   윤원철 · 127

1. 마음, 선불교의 일대사―大事 · 127

2. 직지인심 견성성불 · 133

1) 직지인심直指人心 · 133

직지 · 133/ 인심 · 137/ 무명번뇌 · 140

2) 견성성불見性成佛 · 141

본각 · 142/ 성불 · 144/ 불가득不可得 – 밖에서 찾지 말라 · 148

근본무명 · 150

3. 불립문자 교외별전 · 152

1) 불립문자不立文字 · 152

언어문자와 분별 · 152/ 분별을 넘어 연기로 · 155/ 인언견언因言遣言 · 157

2) 교외별전敎外別傳 · 160

이심전심 · 160/ 마음, 만법의 근원 · 161/ 중생심 · 164

4. 돈오 · 165

본각과 돈오 · 165/ 초시간 · 원만 · 무소의 · 167

도는 닦고 말고 하는 게 아니다 · 171/ 돈수와 점수 · 173

5. 간화선 · 177

1) 간화 · 177

2) 삼요三要 · 179

3) 사자상승師資相承 · 182

6. 마음의 체용 · 183

1) 자성청정심과 번뇌 · 184

2) 무념무심과 평상심 · 187

3) 의단의 마음 · 190

4) 역의 합일, 그 활발발한 역동성 · 192

서양철학에서 마음의 전개 | 생명의 능동적 운동 　　　　최화 · 196

1. 생명의 운동방식 – 연속과 불연속 · 196

2. 생명의 갈래들 – 마비, 본능, 지성 · 202

3. 지성과 물질의 상호작용 – 긴장과 이완 · 207

4. 개별 영혼의 운동 – 지각과 기억 · 213

정신의학에서 마음의 전개 | 무의식을 통한 마음의 흐름 　　　　김종주 · 222

1. 무의식과 정신분석 · 222

정신분석에서 의식의 문제 · 223

의식 · 전의식 · 무의식과 자아 · 초자아 · 이드의 관계 · 225

2. 도라: 프로이트의 깜찍한 환자 · 228

　　도라의 사랑 이야기 · 228/ 도라의 히스테리 증상 · 233

　　도라의 꿈 분석 · 237/ 프로이트의 실수 · 242/ 라깡의 해석 · 246

3. 프로이트의 정신 · 성 발달단계와 라깡의 세 가지 범주 · 250

　　정신 · 성 발달단계 · 250/ 발달개념에 대한 라깡의 비판 · 252

　　라깡의 남근개념 · 255/ 상상계 · 상징계 · 실재계 · 259

4. 프로이트에서 해결되지 않은 아버지의 문제 · 267

　　아버지와 관련된 세 가지 신화 · 267/ 상징적 · 상상적 · 실재적 아버지 · 269

　　자아이상과 초자아 · 273

5. 무의식과 기억과 자유의지 · 278

　　본식과 기억 · 278/ 무의식과 자유의지 · 282

6. 도라 사례는 위대한 문학작품이다 · 284

인지과학에서 마음의 전개 | 뇌-몸-환경의 상호작용으로서 마음　　이정모 · 290

---

1. 마음에 대한 고전적 접근 – 고대로부터 20세기 중반까지의 시도 · 291

　　1) 구성주의적 접근(Structualism) · 293

　　2) 심리역동적 접근(Psychodymamic approach) · 294

　　3) 행동주의적 접근(Behaviorism) · 294

　　4) 고전적 인지주의적 접근(Classical Cognitivism) · 295

　　5) 인지주의적 접근(Connectionism) · 296

　　6) 인지신경과학적 접근 · 296

2. 고전적 인지주의에서 보는 마음: 인지과학, 인지심리학의 관점 · 297

　　1) 인지적 접근 – 정보처리적 패러다임 · 297

　　2) 인지과학과 인지심리학 – 분야 간의 관계 · 301

　　인지과학 · 301/ 인지심리학 · 304

3) 고전적 인지주의의 과학적 성과 - 인지심리학을 중심으로 · 305

3. 마음 개념의 재구성 시도 - 1980년대 이후의 인지과학 · 313

4. 계속되는 탈-데카르트적 추세 : 21세기의 철학과 인지과학의 움직임들 · 322

　　1) 인지과학 일반에서 '마음＝뇌' 동일시 관점의 비판 · 322

　　2) 철학에서 마음 개념 재구성의 시도 · 326

　　3) 21세기 초 현재 인지과학의 마음 개념 재구성의 시사 · 328

5. 마음과 몸, 환경의 연결: 체화된 마음 접근 · 330

　　1) 체화된 마음 접근의 요체 · 330

　　2) 체화된 마음 접근의 두 형태 · 333

6. 마음 개념의 재구성과 환경자극의 역할 · 334

7. 인지과학에서 서구적 마음 개념 재구성의 지향점 · 340

참고문헌 · 345

주 · 360

변화무쌍한 마음을 어떻게
바로잡아야 하는가?

미산(중앙승가대 포교사회학과)

1. 변화무쌍한 마음의 움직임

마음은 어떻게 움직이는가? 마음은 순간순간 바뀌면서 천태만상의 모습을 나타낸다. 잠시도 쉬지 않고 움직이는 것이 우리들의 마음이다. 마음은 변화무쌍한 현상들을 따라 시시각각 움직이며, 좋으면 끌어안고 싫으면 밀쳐내는 양상으로 끊임없이 변화한다. 하루에도 수없이 애증이 교차하는 것이 인간의 감정이다. 애증으로 범벅된 생각이 잡념이며, 잡생각은 밑도 끝도 없이 떠오르는 특성을 가지고 있다. 특히 부정적인 생각들이 꼬리에 꼬리를 물고 일어나 마음을 온통 혼란하게 만든다. 현대인들의 복잡한 삶은 이런 잡념으로 가득 차 있다.

그렇다면, 과연 사람들은 하루에 몇 가지의 생각을 할까? 우리말에

'오만 가지 생각이 다 난다'는 표현이 있듯이 사람은 한 시간에 2천 가지, 즉 하루 24시간에 대략 5만 가지를 생각한다고 한다. 그런데 문제는 그 생각 중에서 85퍼센트는 부정적인 생각이며, 단 15퍼센트 만이 긍정적인 생각이라고 한다. 우리는 하루의 대부분을 부정적인 생각과 싸우면서 살아가고 있는 셈이다.[1] 잘 될 것이라는 믿음보다는 잘 안 될 것이라는 생각, 남을 칭찬하는 마음보다는 헐뜯고 흉을 보는 마음, 감사하는 마음보다는 불평하는 마음, 기쁜 마음보다는 섭섭한 마음, 신뢰하는 마음보다는 불신하고 의심하는 마음, 존경하는 마음보다는 무시하고 시기 질투하는 마음, 원망, 심술, 짜증, 불안, 초조, 번민, 거만, 허황, 간사 등 무수한 부정적인 마음이 삶을 황폐하게 만든다.

붓다(Buddha)는 일찍이 인간의 이런 심리적 양상을 간파하고 이를 오염된 마음(upakkilesa)이라고 했다. 이 오염된 마음이 어떻게 끊임없 이 괴로움을 재생산하고 그 결과 인간의 삶이 온통 괴로움으로 가득한 지를 여실히 보도록 했다. 붓다가 '마음이 어떻게 움직이는가'를 면밀히 보게 된 동기는 바로 괴로움이 어떻게 발생해서 삶을 오염시키는가를 관찰하기 위함이었다. 붓다는 삶에서 끊임없이 일어나는 괴로움의 원인을 살펴서 온전한 삶의 이치를 체득한 것이다. 삶은 마음을 축으로 천태만상으로 전개되며 이를 체계적으로 설한 가르침이 '마음'에 대한 교설이다. 따라서 이 글은 초기경전에 나타난 '마음'에 관한 붓다의 교설을 정리(제2장, 제3장)함과 아울러, 초기의 교설을 좀더 정치精緻 하게 분석하고 종합한 남방 상좌부의 심식설心識說[2]을 중심으로 마음 에 관한 논의(제4장, 제5장, 제6장)를 하고자 한다.

2. 초기경전에 나타난 마음과 존재현상의 분류

붓다가 '마음'에 대해 어떤 입장으로 교설을 전개했는지를 알아보기
위해서 먼저 초기경전과 주석서에 나오는 '마음'이란 단어의 의미와
용법을 살펴보고, 법(dhamma)의 분류, 즉 존재현상의 분류 속에 나타
난 '마음'에 대한 교설을 정리하고자 한다.

1) 심·의·식의 의미와 용법

일반적으로 사용하는 '마음'이라는 단어에 해당하는 초기불교 술어는
쩻따(citta, 心)와 마노(mano, 意)와 윈냐나(viññāṇa, 識)이다. 『상윳따
니까야Saṃyuttanikāya』에 "비구들이여, 쩻따라고 불리는 것은 또한
마노라고도 하고 윈냐나라고도 한다"[3]라는 언급이 있다. 초기경전에
서 동의어처럼 쓰이고 있지만 경우에 따라서 용처가 다름을 알 수
있다. 한역에서 심心으로 옮긴 쩻따(citta, Sk. citta, √cit)는 마음 자체를
의미하고, 의意로 옮긴 마노(mano, Sk. manas, √man)는 주로 인식작용
이 나타나는 기능(根, indriya)이나 감각장소(處, 入, āyatana)의 뜻으
로 쓰인다. 또한 인식기관과 인식대상이 만날 때 생기는 윈냐나
(viññāṇa, Sk. vijñāna, vi+√jñā)는 식識으로 옮겼으며 눈·귀·코·
혀·몸·뜻[6識]이 빛·소리·냄새·맛·감촉·법[6境]을 아는 것을 의
미한다. 하지만 서로 밀접한 관계가 있는 용어들이기 때문에 초기경전
에는 혼용되고 있음이 사실이다. 『맛지마니까야』의 「마하웨달라숫따
Mahāvedallasutta」는 "(대상을) 알기에 식이라 한다"[4]며 단어 자체의
의미로 정의하고 있지만, 『상윳따니까야』에는 "마노로 법을 안다"[5]고

되어 있다. 즉 마노라는 도구로 대상을 아는 것이라고 설명하고 있다. 나아가 주석문헌들에서는 대상을 아는 것이 마음이고 의이며 식이라고 주석하고 있다. 예를 들면 『담마상가니 주석서(Dhamma-saṅgaṇi Commentary)』에는 "대상을 사량하므로 마음이라 한다. 즉 (대상을) 안다는 뜻이다"[6]라고 했고 『이띠붓따까 주석서(Itivuttaka Commentary)』에는 식은 대상을 식별한다고 했다. 이처럼 심·의·식은 명칭은 다르지만 같은 맥락에서 사용되고 있음을 상좌부의 아비담마와 주석문헌을 통해서 알 수 있다. 이 점에 있어서는 다른 부파불교와 입장이 비슷하다고 볼 수 있다. 설일체유부에 의하면 마음은 단일하지만 작용하는 상태에 따라 각기 달리 불린다고 본다.[8]

2) 5온·12처·18계에 나타난 마음[9]

초기경전에서 심·의·식이란 용어가 주로 쓰이게 되는 경우는, 존재를 물질세계와 정신세계로 분류할 때 정신영역과 관련된 존재현상의 교설에서 자주 볼 수 있다. 붓다는 인간존재를 포함한 모든 연기된 존재를 주로 5온五蘊이라는 용어로 표현했고 경우에 따라서 12처十二處 혹은 18계十八界라 설하기도 했다. 연기된 모든 존재현상을 나타낸다 하여 일체법一切法이라 한다. 여기서 주목할 점은 연기된 존재현상, 즉 존재의 법칙인 연기법에 의해 생겨난 현상들이라는 점이다.

경전은 모든 존재현상의 연기성을 여러 방법으로 설한다. 교설을 듣는 대상과 상황에 따라 다른 설명이 필요하기 때문이다. 포괄적이고 종합적인 방법으로 설하기도 하고 세부적이고 분석적인 방법으로 설하기도 한다. 예를 들면, 자연과학도들에게는 12처와 같이 물질을

위주로 한 분석적인 접근이 쉬울 것이고, 인문학도들에게는 5온처럼
정신을 위주로 한 종합적인 설명이 더 설득력이 있을 것이다. 또한
두 가지 성향을 다 갖춘 사람은 18계처럼 정신과 물질의 현상을 균등하
게 설명하는 것이 필요했을 것이다. 일체법을 이해하는 사람의 성향이
나 능력, 또는 수준에 따라 다른 설명들이 필요한 것이다. 이 글에서는
정신현상인 심·의·식과 관련된 부분을 일체법을 중심으로 살펴보고
자 한다.

물질을 포함한 모든 정신현상은 영구불변하는 실체가 아니라 연기
하는 존재임을 보여주는 교설이 『상윳따니까야』에 나온다. "아난다!
색(色, rūpa), 수(受, vedanā), 상(想, saññā), 행(行, saṅkhāra), 식(識,
viññāṇa)은 무상(anicca)하며, 조건지어졌으며(saṅkhata), 연기하는
것(paṭiccasamuppanna)이다."[10] 존재는 이와 같이 5가지 무더기가 함께
모여 형성되어 연기적으로 이루어진 것임을 여실히 보여 주는 경구이
다. 물질현상을 나타내는 색과 정신현상을 표현하는 수·상·행·식이
존재현상이라는 것이다. 그리고 좁은 의미로는 인간 존재를 가리키며,
넓은 의미로 쓰일 때는 일체 존재를 의미한다. 일체법의 뜻으로 쓰일
때에는 색은 물질 전체를, 그리고 수·상·행·식은 정신 일반을 뜻한다.
인간 존재를 의미할 때 색은 지地·수水·화火·풍風으로 이루어진 육체
를 의미하며, 수·상·행·식은 정신현상을 나타낸다. 인간 존재만을
특별히 구별해서 말할 때는 5온이라는 말 대신에 5취온五取蘊이라는
표현을 사용하기도 한다. 오온으로 이루어져 연기하는 심신의 현상을
고정불변의 자아로 착각하여 취착取着한다는 의미에서이다. 색이 몸
과 눈·귀·코 등의 인식기관을 형성하는 것이라면 수受는 육체가 감각

42

적으로 받는 유쾌, 불쾌의 느낌과 정신이 지각적으로 느끼는 괴로움과 즐거움 등의 감수感受작용이다. 상想은 앞의 감수작용에 의해서 받은 느낌을 이미 축적된 개념과 연관지어 개념화한다. 지위고하, 빈부격차, 아름다움과 추함 등 인간사회의 상대적 개념을 형성하는데 주된 역할을 하는 정신작용이다. 행行은 위의 두 가지 감수작용과 개념작용 그리고 다음에 언급할 인식작용을 제외한 일체의 의지적 마음작용을 말한다. 물론 의업意業을 형성하기 때문에 형성력形成力이라 번역하기도 하지만, 기억·상상·추리 등의 지적작용과 의지작용이 주된 역할이다. 마지막으로 5온의 식識은 나누어서 아는 것, 분별, 판단, 인식의 작용을 뜻한다. 위의 정신작용들의 기저基底에서 인간이 역동적인 인식활동을 할 수 있는 근거를 제공한다.

5온은 인간존재를 가리키든 일체의 만물을 지칭하든, 5가지의 유형의 현상들이 모여 존재를 이루며, 이는 실체가 없고 항상 변하면서 연기하고 있다는 것을 보여 주는 가르침이다. 5온설은 이처럼 물질영역은 색色 하나로 간단히 언급하고 정신영역은 4가지 유형의 의식현상을 구체적으로 설명한다.

5온과 마찬가지로 12처의 교설도 일체법의 연기성을 가르치기 위한 것이다. 5온설이 물질영역보다 정신영역에 초점을 맞추어 설명했다면, 반대로 12처설에서는 정신영역은 의처意處와 법처法處로 간단히 설명하고 나머지 10처에서 물질영역에 대한 설명을 더 구체적으로 하고 있다. 12처란 6가지 감각기관과 6가지 감각대상을 합친 것을 말하는데, 12입十二入 또는 12입처十二入處라고 부르기도 한다. 안眼·이耳·비鼻·설舌·신身·의意와 이들 인식기관에 상응하는 색色·성聲·

향香·미味·촉觸·법法을 말하는 것으로 눈·귀·코·혀·몸·뜻과 그 대
상인 빛·소리·냄새·맛·촉감·법이다. 여기서 보는 작용은 눈을 통해
서 이루어지고, 듣는 작용은 귀를 통해서, 냄새 맡는 것은 코를 통해서,
맛보는 것은 혀를 통해서, 감촉은 몸 각 부위의 피부를 통해서 이루어진
다. 6근에서 제6의 의근意根은 기능은 존재하지만 다른 5기관들처럼
직접 눈에 보이는 두뇌와 같은 구체적인 기관은 아니다.[11] 그러나
여기서 의식이 생기므로 전통적으로 일종의 정신적 기관으로 간주한
다.[12] 마지막 의근의 대상은 마음으로 생각할 수 있는 모든 것 혹은
일체 현상[法]을 말한다. 즉, 12처 가운데 11처에 포함되지 않은 모든
현상이다.

　18계설에서는 일체의 존재를 인식기관[6根]과 인식대상[6境], 그리
고 인식작용[6識]으로 분류한다. 눈을 통해서 빛깔이나 형상을 보기
때문에 그것을 식별하는 작용이 일어나게 된다. 그것을 안식眼識이라
한다. 귀로써 소리를 듣기 때문에 이식耳識이, 코로써 냄새를 맡기
때문에 비식鼻識이, 몸으로 무엇을 접촉하기 때문에 신식身識이, 마음
으로 무엇을 생각하기 때문에 의식意識이 일어나게 되는 것이다. 이것
을 6식六識이라 한다. 이처럼 18계에 '이것이 있음으로 저것이 있다'는
연기법의 원리가 그대로 적용되고 있음을 알 수 있다. 즉, '6근으로
인하여 6경이 있고, 6근과 6경으로 인연해 6식이 있으며, 6식으로
인하여 6촉六觸이 있으며……'로 이어지는 연기법의 형태를 보여 준다.
일체법이라고 하는 것은 별것이 아니라 우리의 감각기관과 그 대상의
화합에 의해서 생기는 연기된 인식에 불과하다는 것이다. 그러므로
인식주체나 객체, 여기서 생기는 인식은 그 실체가 있어 홀로 존재하는

것이 아니라 서로 의존해서 생겼다 사라지는 연기적 존재라는 것을 잘 보여 주고 있다. 18계설에서도 결국 정신이든 물질이든 모든 현상은 영구불변의 실체가 아니며 연기하여 존재할 뿐이라는 사실을 강조하고 있다.

5온·12처·18계에 나타난 마음의 특징은 무엇일까? 원인과 조건에 의해 일어난 현상이기에 그것들의 힘이 다하면 사라지게 되어 있다. 『상윳따니까야』에서는 다음과 같이 설한다. "아난다, 잘 대답했구나, 색, 수, 상, 행, 식의 생성(uppāda)이 분명하고 그들의 소멸(vaya)이 분명하다. 그들의 지속(ṭhitassa aññathatta)도 또한 분명하다. 마찬가지로 이러한 현상들의(dhammānaṃ) 생성·지속·소멸도 분명하다"[13] 이처럼 존재현상은 끊임없이 변하는데 그 변화의 양상이 생·멸, 혹은 생·주·멸한다는 것이 이 경의 입장이며, 이를 주석가들은 유위법有爲法의 삼상설三相說이라고 한다. 주석문헌에서 자주 인용하는 경전은 『앙굿따라니까야Aṅguttaranikāya』의 「삼상경(三相經, Tilakkhaṇasutta)」으로 초기경에서 강조하는 무상설이 부파불교와 유식불교에서 정교한 찰나설로 발전할 수 있는 토대를 마련했다고 볼 수 있다. 유위법에 속하는 모든 존재현상은 항구불변의 실체가 없이 계속 찰나찰나 변하고 있으며, 존재들의 물질과 정신현상들은 상호 복합적 연기구조 속에서만 지속적인 정체성을 유지하게 된다는 이론이 찰나설이다. 몸과 마음은 계속해서 생성·지속·소멸하는 양상으로 변한다는 것은 초기경전에 나타나는 삼법인三法印 중의 무상설에 대한 구체적인 설명이지만, 시간의 최소 단위인 찰나의 개념을 도입하여 체계적인 이론을 확립하는 상좌부의 경우 논장을 거쳐 주석서가 성립되었을 때 가능하였다.

하지만 마음의 현상들이 찰나생, 찰나멸한다는 입장은 초기경에 이미 그 씨앗이 발아되고 있었음을 알 수 있다. 상좌부의 찰나설과 인식과정에 대해서는 제4장과 제5장에서 논의하기로 하고 여기서는 5온·12처·18계에서 마음이 어떻게 전개되는지를 알아보겠다.

5온에서의 '식'이나 12처에서의 '의', 그리고 18계의 '5식계'와 '의계'와 '의식계'는 어떤 관계가 있을까? 5온에서의 식은 분별, 판단, 인식작용의 토대가 된다는 점에서 중요한 역할을 한다고 볼 수 있다. '식'을 인식의 주체로서 이해하고 나아가 다름아닌 윤회의 주체로서 이 생에서 다음 생으로 넘어가는 것이 '식'이라고 생각할 수 있다. 붓다가 직접 가르침을 펼 때에도 이에 대한 오해를 하는 제자가 있었다. 『맛지마니까야』의 「마하탕하상카야숫따 Mahātaṇhāsaṅkhaya sutta」에 보면 사띠라는 비구가 위와 같은 견해를 다른 비구들에게 주장하여 토론이 시작되었다. 결론이 나지 않자 붓다에게 여쭙기 위해 비구들이 왔을 때 사띠를 꾸짖으며 다음과 같이 '식'의 연기성을 역설하였다.

사띠야, '식'이란 무엇이냐? 세존이시여, '식'이란 말하고 느끼며, 여기저기서 선업과 악업을 짓고 그 갚음을 받는 것입니다. 사띠야, 내가 언제 그렇게 가르쳤더냐? 나는 그렇게 말하지 않았는데 네가 그렇게 말하고 있구나. 나는 다음과 같이 말한다. '식'은 조건을 말미암아 생긴다. '식'은 조건이 있으면 생기고 조건이 없으면 사라진다. '식'은 조건을 따라 생기는데 그 조건이란 눈이 형체를 조건으로 하여 생기는 것을 말하며, '식'이 생긴 뒤에는 안식眼識이라 말한다. 귀·코·혀·피부에서도 마찬가지이며, '의'가 '법'을 조건하여 생기는 것을 '의식'이라 한다. 마치 불이 조건 따라 생기는 것처럼, 석탄을 조건으로 하여 생기면 석탄불이라 하고, 장작을 인연하여 불이 생기면 장작불이라 하는 것과 같느니라.[14]

5온에서 '식'이 토대를 이루는 것처럼 12처에서도 '의처'가 인식이 일어나는 데 중요한 역할을 한다. 12처에서는 의처가 바로 식이고 마음이다. 12처에서 의처를 제외하고 인식을 하는 것은 없다. 설사 5감각기관을 통해서 5대상을 인식한다 할지라도 '의처'가 지원해 주지 않으면 인식작용이 완결되지 않는다. 5감각기관을 통하여 5대상을 인식하는 것이 바로 의처이다. 마찬가지로 18계의 '5식계'와 '의계'와 '의식계'에서도 의계가 바탕이 되어 5식계와 의식계가 있다고 볼 수 있다. 『맛지마니까야』의 「마하웨달라숫따Mahāvedallasutta」에서는 "존자여, 이러한 5감각기관은 독자적인 영역을 점유하고 있어 서로의 영역을 침범하지 않는다. 하지만 '의'는 이들의 영역을 총섭한다"[15]고 되어 있다. 상좌부의 아비담마 논서에 속하는 『위방가Vibhaṅga』에서 이러한 관계를 좀더 분명히 정리하고 있다. "대상들(dhamma)에 대해서 가장 먼저 주의를 기울이므로 이를 의계라 한다."[16] 『빠타나Paṭṭhāna』에서는 좀더 구체적으로 어떤 조건에 의해서 의계와 의식계가 전개되는지를 보여 준다. "5식은 틈 없이 뒤따르는 조건(無間緣, anantarapaccaya)에 의해 과보로 생긴 의계(vipākamanodhātu)에 의존하고 있다. 과보로 생긴 의계는 틈 없이 뒤따르는 조건에 의해 과보로 생긴 의식계(vipākamanoviññāṇadhātu)에 의존하고 있다."[17] 오온, 십이처, 그리고 십팔계의 관계를 도표와 같이 정리해 볼 수 있다.

구경법들과 5온蘊·12처處·18계界[18]

궁극적 실재	5온	12처		18계	
물질 (28)	색온(色蘊)	안처	거친 물질 (12)	안계	거친 물질 (12)
		이처		이계	
		비처		비계	
		설처		설계	
		신처		신계	
		색처		색계	
		성처		성계	
		향처		향계	
		미처		미계	
		촉처 (지, 화, 풍의 3물질)		촉계 (지, 화, 풍의 3물질)	
마음부수 (52)	수온(受蘊)	마노의 대상(法處)	미세한 물질 (16) 마음부수 (52) 열반	마노의 대상(法界)	미세한 물질 (16) 마음부수 (52) 열반
	상온(想蘊)				
	행온(行蘊)				
열반	없음				
마음 (89)	식온(識蘊)	마노의 감각장소 (意處)		안식계	
				이식계	
				비식계	
				설식계	
				신식계	
				의계	
				의식계	

　　마음은 대상이 있을 때 일어난다. 즉, 찰나생 찰나멸하며 조건에 의해서 인식현상이 일어난다. 전찰나와 후찰나는 틈이 없이 조건화되어 흘러가기 때문에 변화가 감지되지 않을 뿐 실제로 마음은 매우

빠르게 움직이고 있는 것이다. 이처럼 5온의 식과 12처의 의처, 그리고 18계의 의계는 신속히 작동하는 인식현상의 기저에서 총괄하는 역할을 한다.

3) 청정심과 객진번뇌의 문제

초기경전과 아비담마는 마음의 무상성과 찰나성을 말하고 있지만 실체성을 인정하지 않는다. 위에서 인용한 「마하탕하상키야숫따」에서 사띠라는 비구가 '식'을 윤회의 주체로서 이해한 것을 경계하며 '식'의 연기성을 설했던 것처럼, '심'과 '의'가 다른 감각기관의 영역을 총섭하고 총괄한다는 표현도 조건에 의하여 연기적으로 관계를 맺고 있음을 나타냄이지, 영원불멸의 실체로서 인식현상을 지배한다는 말은 아니다. 사실상 『상윳따니까야』에서 붓다는 당시에 사띠와 같이 '식'의 실체성을 버리지 못하고 고집하는 자들이 늘 있었음을 시사하고 있다. 어리석은 자들이 차라리 물질적 요소로 된 육신을 실체관념으로 볼지언정 심·의·식을 실체로 보지 말라고 역설하고 있다.[19] 몸의 변화는 눈으로 확인되기 때문에 쉽게 받아들일 수 있지만 보이지 않는 마음은 영원불변의 실체로서 있으리라는 관념을 가지고 그것에 집착하고 있으면 실체관념을 벗어나기가 너무 어렵기 때문이리라.

일상어 가운데 '마음결이 곱다', '마음씀이 기특하다', '마음씨가 착하다' 등의 표현들이 있다. 마음의 움직임(動), 발현(用), 모양(狀)을 나타내는 말들이다.[20] 곱고, 기특하고, 착함은 마음바탕(體)이 원래 좋아서 그렇다고 말한다. 종교나 철학에서는 마음바탕, 즉 심체론에 관한 문제를 주요한 주제로 다룬다. 부파불교에서도 심체론心體論이 대두되면서 각종 문헌을 통해서 번쇄한 논의가 진행되었다.[21] 또한 대승불교에 여래장如來藏 사상이 형성되면서 마음의 바탕은 본래 청정 〔心性本淨〕할 뿐이지만 외부에서 들어온 번뇌로 오염〔客塵所染〕되었다고 본다. 무상·고·무아에 입각한 연기론적인 입장을 견지하고 있는 초기경전은 전반적으로 심체론적인 논증을 할 만한 자료를 제공하지 않는다. 하지만 『앙굿따라니까야』 단 한 곳에 밝은 마음과 객진번뇌客塵煩惱에 대한 언급이 나온다.

비구들이여, 이 마음은 빛난다. 그러나 그 마음은 객으로 온 오염원들에 의해 오염되었다. 비구들이여, 이 마음은 빛난다. 그 마음은 객으로 온 오염원들로부터 벗어났다. 비구들이여, 이 마음은 빛난다. 그러나 그 마음은 객으로 온 오염원들에 의해 오염되었다. 배우지 못한 범부는 그것을 있는 그대로 알지 못한다. 그리하여 마음을 닦지 않는다고 나는 말한다. 비구들이여, 이 마음은 빛난다. 그 마음은 객으로 온 오염원들로부터 벗어났다. 잘 배운 성스러운 제자는 그것을 있는 그대로 안다. 그러므로 마음을 닦는다고 나는 말한다.[22]

이 경전 구절에 다양한 논의를 할 수 있겠지만 위에서 언급한 초기불교의 마음에 대한 교설 안에서 생각해 보고자 한다. 첫째, 마음은 찰나생 찰나멸하며, 둘째, 조건에 따라 연기적으로 생멸하며, 셋째, 대상이 있을 때 그 작용이 나타난다. 상좌부의 법의 분류를 다루면서 정리하겠지만, 마음〔心〕은 그에 속하는 마음부수〔心所〕와 함께 일어나고 함께 소멸한다. 하지만 마음부수와 결합하기 전의 마음 자체는 선법善法도 불선법不善法도 아니다. 불선한 마음부수가 결합하면 불선한 마음이 되고 선한 마음부수와 결합하면 선한 마음이 되는 것이다. 『증일아함경增一阿含經』에는 분노심, 교만심, 시기심, 탐심 등 21가지 오염된 마음에 대하여 언급하면서 마음이 번뇌로 가득 차 있는 것은 마치 흰 천에 때가 묻어 원하는 색대로 염색하지 못하지만, 때 묻지 않은 순수한 흰 천의 상태로 있으면 언제든지 원하는 색깔로 물들일 수 있다는 비유가 나온다.²³ 순수한 흰 천의 상태란 바로 마음부수가 결합되기 전의 마음 자체를 말한다. 흰 천과 같은 마음에 사랑, 연민, 기쁨, 평정의 마음부수가 결합하면 아름다운 마음이 되지만, 오염된 번뇌의 마음부수가 결합되면 흰 천의 기능이 사라져 오염으로 얼룩진 마음이 되는 것이다. 이처럼 초기경전 자체에서 살펴보면 청정심이란 선·불선의 마음부수에 영향을 받기 이전의 마음이며, 이는 찰나생 찰나멸하며 약간의 틈도 없이 조건화等無間緣되어 연기할 뿐이다. 초기불교 수행은 오염된 마음을 잘 관찰하여 정화하는 것임을 알 수 있다. 『잡아함경』에 보면 마음의 정화가 수행의 요체임을 다음과 같이 설한다. "마음을 잘 사유하고 관찰해야 한다. 오랜 세월 동안 온갖 탐욕과 성냄과 어리석음에 온통 물들어 있다. 마음이 번뇌롭기 때문에 중생이 번뇌롭고 마음이 청정하기 때문에 중생이 청정해지느니라. 비유하면 화사畵師나 화사의 제자가 깨끗한 종이 위에 다양한 색상으로 갖가지 형상을 마음대로 그려내는 것과 같다"²⁴

이제 위에서 언급한 『앙굿따라니까야』에 나오는 '밝은 마음과 객진번뇌客塵煩惱'에 관해 다시 음미해보자. "이 마음은 빛난다. 그러나 그 마음은 객으로 온 오염원들에 의해 오염되었다. 배우지 못한 범부는 그것을 있는 그대로 알지 못한다. 그리하여 마음을 닦지 않는다고 나는 말한다. 이 마음은 빛난다. 그 마음은 객으로 온 오염원들로부터 벗어났다. 잘 배운 성스러운 제자는 그것을 있는 그대로 안다. 그러므로 마음을 닦는다고 나는 말한다." 밝은 마음은 깨끗한 천이나 깨끗한 종이처럼 선·불선의 마음부수에 영향을 받기 이전의 마음이며, 객진번뇌란 불선한 마음부수의 결합을 의미한다고 볼 수 있다. 어리석은 자는 이런 상태를 여실지견如實知見, 즉 있는 그대로 보지 못하는 것이다. 그러나 지혜로운 이는 마음이 오염원들에 의해 오염되었음을 알고, 벗어났으면 벗어났음을 여실히 안다. 하지만 어리석은 자들은 마음에 어떤 불선한 마음이 결합하여 마음을 오염시키는지를 알아차리지 못한다. 이것이 수행하는 자와 수행하지 않은 자의 차이라고 경전은 말하고 있는 것이다. 범부와 성인의 마음작용의 차이는 무엇일까? 마음의 움직임을 어떻게 살펴야 하는가? 마음수행의 실질적인 이론과 구체적인 행법에 대해서 『대념처경(大念處經, Mahāsati paṭṭhānasutta)』 혹은 『염처경(念處經, Satipaṭṭhānasutta)』[25]을 통해서 알아보도록 하겠다.

3. 사념처 수행에서의 마음작용[26]

『대념처경』에서는 수행의 대상을 몸[身]·느낌[受]·마음[心]·법法으로 하며, 이 경이 채택하고 있는 행법은 제목에 나타나 있듯이 사띠sati, 즉 마음챙김이다. 여러 현상[法]에 대한 마음챙김을 중심축으로 하여

삼매[定]와 지혜[慧]의 수행을 하는 것이다. 다시 말하면, 『대념처경』은 사띠를 중심축으로 하여 수관(隨觀, anupassanā)과 내관의 행법이나 사마타 행법을 가르친다. 여기서 사띠를 중심으로 지혜 수행을 하는 것을 위빠싸나(vipassanā, 內觀), 즉 내관 혹은 줄여서 관(觀)이라 한다. 역시 사띠를 중심으로 삼매 수행을 하는 것을 사마타(samatha, 止)라 한다. 이 둘의 중요한 차이점은 전자는 지혜의 계발에 초점이 맞추어져 있고 후자는 마음의 고요와 평안에 역점을 두고 있는 것이다. 위빠싸나란 문자 그대로 모든 물질과 정신의 현상을 분석해서 안으로 깊이 통찰한다는 뜻이다. 좀 더 구체적으로 말하면 모든 현상의 본질을 무상·고·무아로 수관하는 것을 위빠싸나라 한다. 반면에 찰나멸·찰나생하는 마음(citta)들이 호흡이나 몸의 단일한 현상에 몰입되어 어떤 다른 대상에 의해 동요되지 않고 생멸하는 마음이 순일하게 흐르는 상태를 삼매(samādhi)라 한다. 또한 이 맑고 고요한 마음을 유지하는 것을 사마타 행법이라 한다. 불교의 마음수행법의 양대 축인 삼매행법과 지혜행법인 것이다.

사마타 행법 자체로는 번뇌를 멸해 지혜를 발현케 할 수 없다. 그러나 아주 극히 미세한 번뇌까지를 제거해 해탈에 이르는 데 최적의 조건과 환경을 만드는 매우 중요한 도구의 역할을 한다. 마음이 극도로 순일해지지 않으면 어떻게 극미세의 근본번뇌를 감지해 낼 수 있겠는가?

그러므로 예로부터 사마타와 위빠싸나의 균형 잡힌 실천은 이후 발달된 부파와 대승불교의 모든 가르침에서도 한결같이 강조되었다. 천태선과 간화선의 수행전통에서 지관균행(止觀均行)이니 정혜쌍수(定慧雙修)니 하는 언급들이 바로 그것이다.

마음수행의 초기 매뉴얼인 『대념처경』은 기본적으로 신·수·심·법을 관찰의 대상으로 한다. 이것을 4념처라 하는데, 경전은 이 4가지 염처를 기본축으로 하여 각각의 특성에 따라 세부적인 현상에 대한 관찰을 제시한다. 신념처에 14가지의 육체적 현상, 수념처에 9가지의 감각적 현상, 심념처에 16가지의 심리적 현상, 그리고 법념처에 5가지 범주의 정신·육체적 현상에 대한 관찰을 열거하고 있다.

『대념처경』의 키워드는 무엇일까? 먼저 사념처 행법의 요건과 실제의 전반적인 체계를 제시하고 있는 다음의 인용구를 살펴보자.

> 4념처, 여기서 4가지란 무엇인가? 비구들이여, 마음챙겨 알아차리고 열심히 정진하는 비구는 세상에 대한 탐착과 혐오의 (분별하는) 마음을 놓아버리고 몸에서 몸의 수관[身隨觀]을 행한다.…… 그는 느낌에서 느낌의 수관[受隨觀]을 행한다.…… 그는 마음에서 마음의 수관[心隨觀]을 행한다.…… 그는 법에서 법의 수관[法隨觀]을 행한다.[27]

이 짧은 인용구에 사념처 수행의 키워드들이 총망라되어 있다. ①신·수·심·법의 수관, ②열심히 정진함, ③마음챙김과 알아차림, ④탐착과 혐오의 분별심 버리기 등만으로 사념처 수행의 중요한 개념들을 충분히 설명할 수 있다.

1) 신·수·심·법의 수관

위의 '몸에서 몸의 수관[身隨觀]을 행한다'라는 등의 경문에서 주의해서 볼 점은 처소격으로 쓰인 몸에서(kāye)라는 단어이다. 이때 처소격은 물심현상이 일어나고 사라지는 장場을 나타낸다. 다시 말하면, 몸의 장에서의 현상들을(dhammā) 대상화하여 그 흐름을 따라 관찰하는 것이다. 마찬가지로 느낌의 장 안에서 일어나고 사라지는 현상들을 대상화하여 그 흐름을 관찰하며, 마음의 장 안에서 일어나고 사라지는 현상들을 대상화하여 그 흐름을 관찰한다. 또한 법의 장 안에서 일어나고 사라지는 현상을 대상화하여 그 흐름을 관찰하는 것이다. 여기서 대상들이란 몸 안에서 일어나고 사라지는 현상들로서 호흡, 몸의 움직임[行住坐臥], 몸 안의 각종 기관들과 부정不淨한 것들, 몸의 구성요소[四大]들, 공동묘지에 버려진 시체가 썩어 가는 모습들이다.[28] 또한 느낌 안에서 일어나고 사라지는 현상들은 즐거움, 괴로움, 즐겁지도 괴롭지도 않음 등 순간순간의 감각과 감정들이다.[29] 조건에 의해서 순간순간 일어나고 사라지는 총체적인 마음의 현상들이란 탐냄, 성냄, 그리고 어리석음의 부정적인 의식 상태와 베풂, 관용, 지혜와 같은 긍정적인 의식 상태이다. 마지막으로, 법 안에서 일어나고 사라지는 현상들은 초기불교의 주요 교설인 오개五蓋, 오온五蘊, 십이처十二處, 칠각지七覺支, 사성제四聖諦이다.[30] 여기서 주목해야 할 점은 앞서 말한 몸, 느낌, 마음에 대한 현상들도 다름 아닌 법法, 즉 담마dhamma라는 것이다. 법념처에는 수행의 전 과정이 요약, 정리되었음을 알 수 있다. 이처럼 사념처 수행은 이러한 교리들에 대해서 이론적으로 사량 분별하는 것이 아니라, 구체적인 수행과정 속에서 실제적으로 그 담마를 체험해 가는 것이다.

2) 열심히 정진함

첫 번째 행법이 관찰법이라면 이것은 집중정진법의 이미지를 준다.
'햇볕', '열기'의 뜻인 ātāpa에서 파생된 용어인 ātāpī란 '열성적인',
'열중하는', '에너지가 충만한'이란 뜻이다. 인도에서 건기 동안의 강렬
한 햇빛과 사방에 불을 피워 놓고 고행(tapas)을 하는 브라만교의
집중과 삼매의 명상 정진 문화를 연상하게 하는 단어이기도 하다.
하지만 불교경전에서의 이 단어의 용법은 고행이나 중도를 벗어난
자학행위가 아니라 위리야viriya, 즉 정진이란 의미를 가진다. 거문고
줄을 조율하듯 치우치지 않고 꾸준히 조화롭게 정진하여 방일하거나
급하게 서두르지 않는 것이다.

3) 마음챙김과 알아차림

마음챙김과 알아차림은 위에서도 말했듯이 초기불교 관법 수행의
가장 핵심적인 개념이며 삼매수행과 지혜수행의 중심축의 역할을
한다. 지금 여기의 순간순간의 현상들을 포착하여 놓치지 않고 명료하
게 알아차리는 것이다. 사실상 이 수행법의 수련장은 명상센터나
깊은 산중의 선원뿐만이 아니라 언제 어디서나 지금 각자가 처해
있는 구체적인 삶의 현장에서 행할 수 있다. 대인 관계에서 의견
충돌로 화가 치밀어 오를 때, 대부분의 사람들은 순식간에 성냄의
노예가 되어버린다. 화가 치밀어 오르는 상황에서 사념처 수행이
가능할까? 고속버스를 타고 여행을 가면서 짐을 두고 내리지 않을까
신경을 쓴다거나, 혼잡한 곳에서 돈지갑을 잃어버리지 않을까 노심초
사하여 짐과 돈지갑을 잘 챙겨야 하는 불안한 상태에서 어떻게 염처

수행을 해야 할까?

먼저 성냄에 대해서 생각해 보자. 성냄은 탐·진·치라는 근본번뇌에 해당하는 매우 강력한 부정적 심리 에너지이다. 이것은 심념처心念處 수행의 영역이다. 이 행법의 요체는 깨어있는 마음으로 어떤 현상에 대해서라도 대상화하여 마음을 챙겨 알아차리는 것이다. 진심이 일어나면 진심이라고 알아차리면 된다. 알아차리게 되면, 생겨난 진심이 어떻게 변화해 가는지 스스로 알게 될 것이다. 수행의 힘이 약한 일상의 마음으로는 진심이 일어나고 있다는 것을 알아도 그 진심을 다루는 법에 능숙하지 못하므로 순간적으로 몰려오는 성냄의 불길에 휩싸이게 된다. 하지만 마음챙김과 알아차림의 힘을 어느 정도 갖추고 있다면, 진심이 일어나는 순간 알아차릴 수 있고, 그 다음 순간 진심의 세력은 약해져 마침내 사라지게 되는 것이다. 이것이 수행에 의해 생겨난 지혜의 힘에 의해서 번뇌가 제어되는 과정이다. 진심과 같은 부정적인 마음뿐만 아니라, 진심이 없는 마음이라는 긍정적인 마음도 정확하게 알아차려야 한다. 즉, 진심을 알아차린 후 진심이 사라졌으면, 진심이 사라졌음을 분명히 파악해야 한다. 알아차림이라는 마음의 작용에 의해서 부정적인 마음들은 사라지고, 긍정적인 마음, 청정한 마음이 생겨나게 된다. 이때 주의해야 할 점은 긍정적인 마음에도 집착해서는 안 된다는 것이다. 부정적인 마음이 사라짐으로써 생겨난 긍정적인 마음도 집착의 대상이 된다면 결국 또 다른 번뇌인 탐착심(부정적인 마음)이 생겨나는 결과를 초래하기 때문이다. 긍정적인 마음이 생겨나면, 생겨났음을 바로 알아차려야 하는 이유가 여기에 있다. 뒤에 자세히 논의하겠지만, 부정적인 마음도 긍정적인 마음도 거부나

집착의 대상이 아니라 정념과 정지(마음챙김과 알아차림)의 대상이
될 때, 수행은 제대로 진행되는 것이다. 이와 같은 원리를 그대로
다른 상황의 예에도 적용시킬 수 있다. 고층 건물에 올라갔을 때
미리 조심스레 살펴 만약의 사태에 대비하는 것은 긍정적인 태도이며
두려움에 떨어 안절부절 안정을 취하지 못하는 것은 부정적인 마음
상태이다. 마찬가지로 혹시 짐을 놓고 내리지나 않을까, 돈지갑을
잃어버리지 않을까 생각하여 미리미리 대비하여 잘 챙기는 것은 긍정
적인 상태의 마음이며 노심초사하여 지나치게 불안해하는 것은 부정
적인 태도이다. 그 어떠한 마음 상태가 되더라도 생겨나고 경험된
것은 알아차림의 대상이지, 집착의 대상은 아니다. 부정적인 요소가
없어지고 긍정적인 요소가 생겨나는 것은 좋은 일이다. 하지만 긍정적
인 요소에도 집착하지 않는 것이 수행의 바른 길이다. 수행을 하는
과정에서 경험되는 좋은 마음의 순간들은 수행이 향상되고 있음을
말해준다. 향상된 마음에 집착하지 않고 마음을 잘 챙겨 깨어있음을
지키는 것은 바른 수행의 첩경이다.

4) 탐착과 혐오의 분별심 버리기

마지막으로, 인간의 이분법적인 심리상태를 극복해야 바른 사념처
수행의 길로 들어갈 수 있음을 강조한 부분이다. 세간의 일상생활을
잘 살펴보면 항상 '좋다-싫다', '아름답다-추하다', '나의 것이다-너
의 것이다' 등 분별의식 속에서 살아간다. 사념처 수행의 관문을 통과할
수 있는 첩경은 탐착해서 끌어들이거나 혐오하여 밀쳐내는 인간들의
고질적인 분별습관을 없애는 것이다. 경문에서 탐착(abhijjhā)은 자신

에게 이롭다고 생각되는 것은 강하게 탐착하여 끌어들이는 심리 에너지이고, 혐오(domanassa)는 자신에게 해롭다고 판단되면 무조건 거부하고 밀쳐내는 심리 에너지이다. 이런 심리적 에너지가 우리들의 삶 전체에 점철되어 있어, 이 에너지의 강한 소용돌이 속에 휘말려 있는 상태에서는 그 누구도 고통과 번민의 늪에서 헤어날 수 없다. 모든 불교수행의 목적은 우리의 의식 속에 깊게 뿌리내린 '자아'라는 강한 철옹벽을 녹여 없애는 데 있으며, 자아중심의 분별심에서 생긴 좋고 싫음의 두 극단을 지양하여 지혜의 발현과 자비의 실천을 꾀하는 데 있는 것이다. 지금까지 초기경전에서 본 마음에 대한 교설을 정리하고, 『대념처경』의 서문에 나타난 키워드를 중심으로 사념처 수행에 있어서의 마음작용을 살펴보았다. 다음 장에서는 이 교설을 바탕으로 좀더 분화된 개념과 분류체계를 사용해 마음의 교설을 논의한 상좌부의 심식설을 알아보고자 한다.

4. 상좌부에서 본 마음과 존재현상의 분류

1) 법의 체계적 분류

초기경전의 존재현상(法)에 대한 설명방식은 단순하고 직접적이다. 존재현상을 5온·12처·18계로 분석한다. 이것들의 특성은 무상·고·무아이다. 초기경전은 모든 존재현상은 각각의 원인과 다양한 조건들이 만들어 낸 결과로써 연기적 산물임을 명료히 한다. 하지만 인도의 유구한 종교 지성사적인 맥락을 고려할 때 초기경전들의 이런 설명방식은 좀더 정교하고 정치한 분석이 필요했고, 이것은 시대적 요구였다.

그 결과 존재현상을 좀더 면밀하게 분석하고 체계화한 논의 형식을
마련하게 된다. 그것이 설일체유부를 중심으로 한 북방 아비다르마
abhidharma 논장論藏이며, 상좌부를 중심으로 한 남방 아비담마
abhidhamma 논장이다. 후자의 경우 잘 알려진 『법구경(法句經,
Dhammapada)』, 『숫따니빠따』 등과 4부 『니까야』로 대표되는 경장經
藏이 붓다의 원음을 간직하고 있는 전적들이라면, 논장은 붓다의
가르침에 대한 존재현상의 분류와 이런 법들의 체계화의 산물이다.
물론 법의 분류와 체계화된 설명 방식의 모색은 경장 자체 내에서
붓다 자신과 사리뿟따나 깟짜야나와 같은 유능한 직계제자들에 의해
서 시도되었다. 『맛지마니까야』의 여러 가지 위방가 계통의 경들이
이를 잘 보여 주고 있으며, 『디가니까야Dīghanikāya』의 「상기띠숫따」
(D.33)와 「다숫따라숫따」(D.34)는 법 체계화를 위해 고심한 흔적을
잘 보여 주는 경들이다.

논장에 있어서 법을 체계화하고자 하는 목적은 '나'라고 하는 주관세
계를 중심으로 전개되는 객관세계를 각각의 현상에 따라 분석하고
계열화하여, 실체로서 착각하는 '나'가 상호관계 속에서 형성되어
존재하는 것임을 여실히 보여 주고자 함이다. 앞에서 살펴 본 12처,
18계의 교설을 예로 들면, 이는 5가지 감각기관을 통해서 들어온
5가지 감각정보가 어떻게 '의'에 의해서 총섭되어 '의식'으로 전개되는
지를 좀더 구체적으로 세분화해서 정리한 것이다. 감각기관과 감각정
보는 물질적 현상이고 이것들은 인식하는 것은 정신적 현상이다.
초기경전에서처럼 물질을 지·수·화·풍 사대四大로 분석하는 것에
그치지 않고 구체적인 것과 추상적인 것, 생성되는 원인에 따라 온도,

마음, 업 등 다양한 관점에서 물질의 특징과 역할을 규명하려고 했다. 정신 현상도 마찬가지로 각각의 심리 현상들이 어떤 공간적 환경에서 형성되었으며 어떤 심리적 요인들이 함께 결합했는지를 분석적으로 정리하려고 했다. 즉, 마음과 마음부수의 결합 형태에 대한 체계적인 분석과 해명이 복잡한 심리구조를 밝혀내는데 좋은 도구로 활용되었음을 알 수 있다.

상좌부 아비담마에서는 물질, 마음, 마음부수, 열반이라는 법의 4가지 범주를 설정하고, 다시 82법 혹은 추상물질 10가지를 제외한 72법으로 세분하였다. 다음에서 마음과 마음부수법을 체계화한 상좌부의 심식설을 살펴보고자 한다.

2) 마음의 분류-심·심소법의 체계화

마음은 하나이지만 하나인 마음(心, citta)은 그 속성인 다양한 마음작용, 즉 마음부수(心所, cetasika)와 분리되어 있지 않다. 따라서 마음은 마음부수와 함께 이해해야 한다. 마음은 마음부수와 결합되기 전에는 단지 대상을 아는 것이다. 각자가 머물고 있는 환경의 영향과 마음이 대상을 알 때 수반되는 여러 가지 심리적 조건들이 함께하여 다양한 마음을 만들어 낸다. 이런 심리적 현상들과 조건들을 마음부수라 한다. 앞에서 언급한 5온의 예를 들자면 '식'은 마음이고 '수·상·행'은 마음부수이다. 대상에 대한 느낌, 지각과 표상화, 개념화를 수·상이라 한다면, 행은 의도를 중심으로 일어나는 다양한 심리현상들이다. 다시 말하면 행은 50가지 마음부수로 분류되며 갖가지 조합으로 마음과 함께 일어나는 것이다. 또한 마음과 마음부수가 결합하여 일어나는 마음의 양상을 89가지 또는 121가지로 분류[31]하고 있다. 세간심과 출세간심을 큰 틀로 하여 세간심은 모든 생명체의 존재 세계인 욕계, 색계, 무색계의 마음으로 분류하며, 출세간심은 열반을 대상으로 향해 가는 성자들의 마음세계로 나누어진다. 세간심은 81가지이고 출세간심은 8가지 또는 40가지인데, 특수한 상황과 조건에 따라 일어나는 마음들이다. 세분하면, 12가지 유형의 욕계 해로운 마음, 욕계의 원인 없는 18가지 유형의 마음, 욕계의 선한 24가지 유형의 마음, 색계의 15가지 유형의 마음, 무색계의 12가지 유형의 마음, 그리고 출세간의 8가지 유형의 마음으로 전부 89가지 혹은 121가지 마음 유형의 분류가 있게 되는 것이다.

이해를 돕기 위해 12가지 유형의 욕계 해로운 마음의 예를 실생활 속에서 들어 보자. 세속에는 낚시를 취미로 하는 사람들이 있다. 낚시하는 것을 즐겨, 기쁜 마음으로, 살생이라는 행위가 아무런 과보도 가져오지 않는다는 생각으로, 자기 스스로 결정하여 낚시터에 간다고 생각해 보자. 이때의 마음 유형은 첫째, 세속의 마음이며, 둘째, 욕계에 속한 불선한 마음으로, 셋째, 탐심에 뿌리를 둔 마음이며, 넷째, 기쁜 느낌을 수반하며, 다섯째, 살생을 해도 괜찮다는 잘못된 견해의 마음이며, 여섯째, 다른 사람으로부터 영향을 받지 않고 자발적으로 하는 마음의 행위이다. 이것이 89가지 마음 중에 1번 유형의 마음이다. 만약 친구의 권유로 낚시할 마음을 냈으면 2번 유형의 마음이다. 살생해도 괜찮다는 잘못된 견해 없이 자발적으로 했다면 3번 유형의 마음이며, 권유로 했으면 4번 유형의 마음이다. 기쁜 느낌 대신 평정의 마음상태에서 자발적으로 했다면 5번 유형의 마음이며, 권유로 했다면

6번 유형의 마음이다. 평정의 느낌으로 잘못된 견해 없이 자발적으로
했으면 7번 마음이고, 권유로 했다면 8번 마음이다. 여기까지가 탐심에
뿌리를 둔 마음 유형이라면, 다음은 진심과 치심에 바탕을 둔 마음이
다. 아내하고 다투어 홧김에 낚시할 마음을 냈다면 진심에 뿌리를
둔 불만족스러운 느낌과 아내에 대한 반감 때문에 자발적으로 한
행위이다. 이것이 9번 유형의 마음이며, 기분도 좋지 않은데 낚시나
가자고 하여 친구의 권유로 낚시할 마음이 생겼다면 10번 유형의
마음이다. 게을러서 하는 일 없이 집에서 노는 사람이 낚시할 마음을
내었지만 살생해도 괜찮을까라는 의심의 마음이 있을 수 있다. 이것은
치심에 뿌리를 둔 평정의 느낌과 의심이 결합된 자발적인 마음으로
11번 유형의 마음이다. 마지막으로 살생해도 괜찮을까라는 의심 대신
에 들떠 있는 마음이 함께 하고 있다면 12번 유형의 마음이다.

욕계의 해로운 마음-12가지 유형

	뿌리	느낌	결합됨	자의적/타의적
1	탐심	기쁨	사견	자극
2	탐심	기쁨	사견	자극있음
3	탐심	기쁨	X	자극
4	탐심	기쁨	X	자극있음
5	탐심	평정	사견	자극
6	탐심	평정	사견	자극있음
7	탐심	평정	X	자극
8	탐심	평정	X	자극있음
9	진심	불만족	반감	자극
10	진심	불만족	반감	자극있음
11	치심	평정	의심	자극
12	치심	평정	들뜸	자극

위와 같은 방식으로 마음에 어떤 마음부수가 어디서 어떻게 결합했느냐에 따라서 다양한 마음 유형이 형성된다. 여기서는 89가지 마음을 전부 설명하지 않겠지만,[32] 위에서처럼 구체적인 예를 들어 사유해 보면 복잡한 것 같은 상좌부 아비담마의 마음분류를 좀더 명확하게 이해할 수 있다.[33]

이처럼 마음이 대상을 알 때는 심리현상들, 즉 마음부수와 함께 일어난다. 마음이 일어날 때 반드시 함께 일어나는 심리현상 7가지와 때때로 일어나는 6가지와 해로운 심리현상 14가지와 유익한 심리현상 25가지의 총 52가지 마음부수들이 있다. 특히 마음이 대상을 알아차리기 위해서는 반드시 7가지 심리현상들의 작용이 있어야 한다. 첫째, 마음이 일어날 때는 반드시 감각기관과 감각대상의 접촉이 있어야 한다. 이것을 촉(phassa, 觸)이라 한다. 즉, 근根, 경境, 식識의 만남을 의미한다. 둘째, 접촉이 일어난 곳에는 좋거나 싫거나 무덤덤한 느낌(vedanā, 受)이 함께 일어난다. 셋째, 대상의 특징을 파악하여 지각하고, 인지하고, 대상들을 범주로 나누어 개념화하는 마음부수가 인식(saññā, 想)이다. 넷째, 선업·불선업과 같은 업을 짓는 마음부수가 의도(cetanā, 思)이다. 다섯째, 집중(ekaggatā, 心一境)은 대상에 마음을 고정시키는 것이다. 약간의 순간이라도 마음이 하나로 모이지 않으면 대상을 알지 못한다. 여섯째, 생명기능(jīvitindriya, 命根), 즉 정신적 생명이 없으면 마음은 의미있는 행위를 할 수 없게 된다. 일곱째, 주의 기울이는(manasikāra, 作意) 마음부수가 없으면 마음은 역시 대상을 알아차릴 수 없다.

구체적인 예를 들어보자. 건널목에서 길을 건널 때 신호등을 보고 횡단 여부를 판단하게 된다. 빨간불이 들어 왔을 때, 감각기관인 눈이 신호등이라는 대상과의 접촉[觸]이 있으면 안식이 함께 한다. 새로운 신호등이 설치되었다면 좋다는 느낌이 있겠지만 늘상 보는 신호등이라면 무덤덤한 느낌[受]이 있을 수도 있다. 순간적으로 빨간색을 지각하고 인지하며 빨간색 신호는 보행금지 표시라는 범주화된 개념[想]을 상기시킨다. 그래서 건너지 않겠다는 의도[思]가 있는 행위를 하게 된다. 만약에 다른 생각을 하느라 빨간불을 보지 못하고 길을 건너고 있다면 대상으로 향하는 주의[作意]와 마음을 모으게 하는 마음부수[心一境]의 기능이 작동하지 않은 것이다. 마지막으로 정신적 생명기능[命根]이 있으므로 마음이 신호 체계를 이해하는 등 정상적인 심식활동이 전개된다고 볼 수 있다. 이와 같이 마음과 7가지 마음부수는 항상 함께 일어나는 것이다. 왕이 밖에 나갈 때 늘 따라다니는 신하가 있기도 하지만 특수한 업무가 있을 때만 왕을 모시고 다니는 신하도 있다. 이처럼 마음이 가는 곳에 심리현상이 따라다니지만 마음부수의 역할이 분화되어 있어 '반드시', '때때로', '해로운', '유익한' 등 기능이 달라지는 것이다.[34]

5. 상좌부의 심식설

1) 마음이 움직이는 양상-찰나설의 확립[35]

상좌부 아비담마에서는 어떤 목적으로 이처럼 세밀하게 마음을 분석하고 해체했을까? 신속히 움직이는 마음을 낱낱이 알아차려서 마음과 마음부수가 어떻게 형성되고 머물다 사라지는지를 보기 위함이다. 다시 말하면, 마음의 현상은 조건들에 의해서 생성, 유지, 소멸하는

것으로 무상하며 영구불변의 실체가 존재하지 않는다는 것을 여실히
보기 위해 마음을 해체해 본 것이다. 마음의 이런 변화 양상을 찰나의
관점에서 분석한 것을 찰나설이라 한다. 설일체유부를 비롯한 부파불
교와 유식불교 등은 체계화된 찰나설을 확립하였고, 불교교설을 해석
하는 유용한 도구로 사용하였다. 상좌부의 찰나설도 역시 심식이론의
토대가 되었으며 매우 독특한 방식으로 찰나이론을 설명하고 있다.
부파불교의 찰나설을 개관하기 위해 먼저 『잡아함경』에 소개되어
있는 다음의 게송을 살펴보자.

제행은 참으로 상주하지 않으니,
생멸을 그 본성으로 하기 때문이다.
생기하는 것은 필히 소멸하니,
생멸이 없는 것, 이것이 즐거움이다.[36]

이 게송은 설일체유부의 아비달마abhidharma 교학에서 유위有爲와
무위無爲의 달마dharma 분석의 토대가 되었다. 앞의 2구가 유위, 뒤의
2구는 무위를 나타낸다. 유위적 현상에 대한 무상의 인식이 『구사론俱
舍論』에서는 "일체의 유위는 유찰나有刹那이다"[37]라고 하여 설일체유
부의 찰나멸 사상을 체계화했다. 특히 이 찰나멸의 사상은 유부 아비달
마의 철학적 세계관의 기본 전제가 되었다. '찰나'는 시간의 극소
단위로서 순간을 의미하지만, 『구사론』에서는 이를 "체體를 얻을 사이
없이[無間] 멸하는 것"[38]이라고 정의한다. 이처럼 찰나를 갖는 법을
'유찰나'라 하며, 유찰나의 유위법을 찰나멸로 파악한다. 『구사론』의

다음 구절에 이런 입장이 잘 표현되어 있다.

온갖 유위법은 모두 유찰나이지만 그 이치는 지극히 잘 성립하니
후찰나에 반드시 멸진滅盡하기 때문으로, 말하자면 유위법의 소멸
은 원인에 근거하지 않는 것이다.[39]

유위법의 찰나멸 이론과 삼세실유三世實有 법체항유法體恒有의 달마
이론이 연결되어 있는 점이 유부 아바달마의 철학적 세계관의 기본적
인 특징이다. 유부의 논사들은 만물은 항상성이 없다는 제행무상의
도리를 정밀하게 추구하다보니 법이 찰나찰나 생성, 소멸된다는 전제
를 하게 되었다. 하지만 법체, 즉 드라비야dravya는 과거, 현재, 미래에
걸쳐 항존한다는 입장을 취하게 되었다. 이들은 법체항유이므로 제행
무상이 성립될 수 있다고 생각한다.[40] 그러나 이런 유부의 입장은
다른 부파들로부터 직접적인 비판을 받았다. 대승불교의『중론中
論』에서는 법체항유설은 무상설과 모순되며 드라비야라고 하는 실체
를 인정하는 것이므로 무아설과도 배치되는 비불교적인 견해라고
지적하고 있다.

남방상좌부에서도 위와 같은 유부의 입장을 온전히 받아들이지
않는다. 삼세실유설에 대해서는『논사(論事, Kathāvatthu)』에서 비판
하고 있지만,[41] 이들도 무상설을 찰나멸의 관점에서 분석하였다. 그러
나 유부의 찰나설과 본질적인 차이가 있다.[42] 상좌부의 찰나설은 약
1-2세기경『위방가 주석서(Vibhaṅga Commentary)』등에 나타나기
시작하여, 12세기 경에 쓰여진『아비담마타상가하』에 이르러 심식설

의 근거가 되는 이론으로 정착된다. 설일체유부나 경량부의 찰나설은 훗날 인도의 인명논리와 유식설의 이론적 기초를 마련해 주는데 반하여 상좌부의 찰나설은 인지심리학적인 성향을 띠며 독자적으로 발전했다. 예를 들면, 다른 부파들은 외계의 물질과 정신 현상이 변하는 양상은 생生·주住·이異·멸滅로 1:1의 속도를 유지하며 찰나찰나 변한다고 본다. 1찰나는 시간의 최소단위인데 현대의 시간단위로 환산하면 약 0.013초(=1/75초)이며 모든 물심현상은 같은 속도로 변한다고 보았다. 그러나 상좌부는 외계의 물질과 그것을 인식하는 마음은 근본적으로 다른 양상으로 변하며, 물질은 마음보다 느린 템포의 변화가 진행된다고 보았다. 지혜의 눈으로 관찰할 수 있는 감각정보의 최소 물질단위를 깔라빠kalāpa라고 하며, 물체를 구성하고 있는 하나의 깔라빠가 1찰나 생성, 지속, 소멸할 때, 마음은 생·주·멸을 17찰나 동안 반복한다. 즉 마음찰나와 물질찰나의 변화 속도비율은 1:17이며, 17찰나가 외부에서 들어온 물질감각 정보를 정확하게 인지하는 인식과정(cognitive process)의 기본 시간단위이다. 현대의 단위로 환산하면 바깥 사물을 인식하는데 걸리는 물리적 시간은 약 0.2초가 된다. 위와 같은 상좌부의 찰나설은 심식설과 밀접한 관계가 있으며, 찰나설은 심식설의 기초가 되었다. 또한 이 찰나설은 초기불교의 무상설에 바탕을 두고 있다.

2) 인식과정과 존재지속심

상좌불교의 심식설은 인식의 논리적인 구조나 심리철학적 체계에 대한 관심보다도 실제 수행에서 경험되는 심식활동의 법칙을 이해하는 데 중점을 두고 있다. 대승불교의 논리학에서처럼 지각의 대상과 인식의 주관을 정치精緻한 논리적 언어로 논증하려고 하지 않고, 마음의 분석과 성찰을 통해서 얻어진 자료를 심리적 언어로 서술하고 있다.

마음은 매 순간 어떤 양상으로 전개되고 있을까? 상좌부 아비담마는 마음이 매 순간 변화하는 양상을 크게 인식과정(vīthicitta)과 인식과정에서 벗어남(vīthimutta)으로 분류하고 있다. 인식과정에서 벗어남이란 마음이 6가지 감각기관을 통해서 인식활동을 하는 것을 제외한 마음의 기능을 말한다. 즉, 한 생을 통해 볼 때 인식활동을 하지 않을 때의 마음 양상과 생의 중요한 순간인 탄생과 죽음을 맞이할 때의 마음의 양상을 설명하기 위한 것이다. 인식활동에서 벗어난 자유로운 상태의 마음을 '바왕가bhvaṅga'라고 하는데 한역은 '유분식有分識'[43]이며, '잠재의식' 혹은 생애 전체의 인식활동을 연결하고 지탱해 준다는 의미로 '생명지속식(life-continuum consciousness)'이라 번역하기도 한다. 또한 삶을 통해서 존재를 지속시켜주는 마음이라는 뜻으로 '존재지속심'이라 번역할 수 있다. '유분식'은 의미를 확실히 드러내지 못하는 번역어이고, '잠재의식'은 현대의 프로이트 심리학에서 쓰는 용법과 혼동하여 오해할[44] 소지가 있는 용어이다. 이 글에서는 원음 그대로 '바왕가' 혹은 '존재지속심'[45]이라는 용어를 사용하고자 한다. 특히 요즈음 컴퓨터가 보편화되고 인지심리학의 영역이 확대됨으로써 일반 용어처럼 쓰이는 말들(예: 입력, 출력, 저장, 정보처리, 인식과정)은 원래의 뜻에 크게 어긋나지 않는 범위 내에서 활용하였다.

상좌부의 심식론을 이해하는 데 중요한 바탕을 이루는 존재지속심은 존재의 삶을 존속시켜 주는 역할을 하며 입태에서 죽음까지 찰나찰나(khaṇa) 생生·주住·멸滅의 양상으로 흐른다. 한 생을 마칠 순간에는 죽음식(cuti-viññāṇa)이라는 기능을 한다. 또한 죽음 직전의 업에너지(業力, kamma-vega)와 관계 속에서 그 업의 조건에 맞는 곳에 재생할 수 있도록 이 생에서 다음 생으로 연결시켜 주는 재생연결식(paṭisandhi-viññāṇa)의 역할을 한다. 업에너지는 업(kamma), 업의 표상(kamma nimitta), 태어날 곳의 표상(gati nimitta)으로 나눈다. 존재지속심은 전생의 과보로 생긴 마음이며, 현생의 죽음식, 현생의 재생연결식과 동일한 대상을 가진다. 다시말해, 전생에 죽기 직전, 지혜를 동반한 탐욕과 성냄이 없는 선근(善根, kusala-mūla)을 대상으로 타고 났다면, 금생의 존재지속심도 똑같은 대상을 가지게 되며 팔정도 수행을 통하여 바로 이 생에 깨달음을 얻을 수도 있다. 또한 존재지속심은 개개인 고유의 성격, 성향, 습관 등을 나타내며 자기정체성을 유지시켜 주는 역할을 한다. 인식과정에서 다음 인식과정으로 넘어갈 때 극히 짧은 순간 동안에 바왕가가 일어났다 사라진다. 깊은 잠에 들어 있을 때에나,[46] 선정의 사이사이에 존재지속심의 상태가 된다.[47] 아라한의 경우엔 감각영역과 마음영역을 통해서 입력된 모든 정보들이 지혜의 안목으로 여과되어 들어오기 때문에(yoniso manasikāra), 탐·진·치 삼독심이 일어나지 않는다. 아라한의 마음은 항상 평정심(平靜心, upekkhacitta)이 유지되므로 마음이 본래의 맑은 상태로 밝게 빛난다.[48]

인간은 살아 있는 동안 끊임없이 인식활동을 한다. 깊은 잠에 들어 있거나 위에서 언급한 경우를 제외하고 인식과정을 벗어난 상태의

삶보다 인식상태의 삶이 더 빈번하다는 것을 알 수 있다. 심지어
꿈을 꿀 때조차도 의식이 작동하고 있는 것으로 보아 일반적인 삶은
대부분 인식과정 속에서 이루어진다고 볼 수 있다. 인식과정이란
삶에서 감각기관을 통해서 보고, 듣고, 냄새 맡고, 맛보고, 촉감을
느끼고, 추리, 상상, 분별하는 것을 말한다. 외부의 물질감각 정보가
감각기관을 자극하기 시작하여 정보처리를 마칠 때까지 17찰나의
시간이 걸린다. 앞에서 알아본 것처럼, 지혜의 눈으로 관찰할 수
있는 감각정보의 최소 물질단위가 1찰나 생성, 지속, 소멸할 때, 마음은
생·주·멸을 17찰나 동안 반복한다. 즉 마음찰나와 물질찰나의 변화
속도비율은 1:17이며, 17찰나가 외부에서 들어온 물질감각 정보를
정확하게 인지하는 인식정보처리의 기본단위이다. 감각영역과 마음
영역에 아무런 정보도 입력되지 않을 때, 존재지속심의 흐름이 계속된
다. 구체적인 예를 들어 생각해 보자.

　사랑을 고백하려고 갑돌이가 가져온 빨간 장미꽃을 보는 순간,
갑순이가 이 꽃을 인지하는 데 걸리는 시간이 얼마나 될까? 물론
극히 짧은 순간이라는 것은 누구나 상식적으로 알 수 있지만, 정확히
몇 초나 걸릴까 되물어 보면, 아무도 확실한 대답을 할 수 없을 것이다.
요즈음 신경심리학자들은 외부의 시각정보가 눈에 접촉되어 시신경을
통해 뇌까지 가는 데 걸리는 시간, 정보를 신경부호로 바꾸어 처리하는
시간, 연속되는 인식단위들 간의 간격(interval)들의 시간 등을 비교적
정확하게 측정해 내고 있다. 신경심리학적 설명에 비하면 소박하지만,
앞에서 언급했듯이 상좌불교의 심식설에서는 자극이 아주 강한 감각
정보를 처리하는 데 걸리는 시간을 17찰나로 본다. 이를 현대의 단위로

환산해 보면 약 0.2초이다.[49] 그렇다면 이 짧은 시간 동안에 어떤 과정을 통해 감각정보가 처리되는가.

감각정보는 5감각기관을 통해 들어오게 되는데, 모두 비슷한 방법으로 설명되므로 시각영역의 정보처리에 대해서만 살펴보겠다. 감각정보를 처리하는 과정을 편의상 4단계로 나누어 설명할 수 있다. 첫째는 준비단계인데, 장미꽃을 보기 직전의 존재지속심의 상태로부터 정보입력을 위한 모드의 변환이 완료될 때까지의 3찰나를 말한다. 대상이 나타나는 순간 1번째 찰나의 바왕가가 흘러가 버리는데, 이것을 지나간 바왕가라 한다. 바로 이어서 2번째와 3번째 찰나에 바왕가의 동요와 끊어짐이 생긴다. 둘째는 입력단계로, 다음 3찰나 동안에 5감각기관 중의 하나인 눈을 통해서 정보를 입력·수용한 상태이다. 이 경우에는 장미꽃에 대한 초기 시각정보만 처리하여 받아들인 단계이므로 아직 장미꽃에 대한 완전한 인지가 이루어지지 않았다. 불교 심식학의 언어로 말하면, 단지 안식眼識이 일어나 대상을 인지의 영역에 받아들인 것이다. 그래서 4번째 찰나는 오문전향五門轉向, 5번째는 안식의 일어남, 6번째 찰나는 수용이다. 셋째는 검토·결정단계로 2찰나에 걸쳐 이미 형성되어 있는 정보와의 비교 검토를 통해 정보의 성격을 확인·결정하는 과정이다. 이때 비로소 '이 장미꽃은 빨간색이며 가시가 있다'와 같은 정보가 구체적으로 지각, 인지되면서 장미꽃에 대한 개념화가 이루어진다.

마지막 단계는 처리·저장단계인데, 이 가치판단을 근거로 7찰나의 처리 과정과 2찰나의 저장단계를 거쳐 한 단위의 인식정보처리를 완료한다. 7찰나의 처리과정을 팔리어로 javana(자와나)라고 하는데,

원래의 뜻은 '신속히 달려감'이다. 그래서 속행速行이라 번역하기도 한다. 앞 단계에서 검토·결정해 준 정보를 신속히 처리하여 정보의 내용에 따라 좋음과 싫음, 즐거움과 쓸쓸함, 편안함과 불편함, 재미있음과 지루함, 기쁨과 노여움, 사랑과 혐오, 아름다움과 추함 등, 오만가지 마음의 반응작용이 일어난다. 사랑을 고백하기 위해 갑돌이가 가져온 빨간 장미꽃을 보는 순간, 만약에 갑순이도 갑돌이를 사랑한다면 감동과 기쁨의 마음이 가득하겠지만, 싫어한다면 당연히 불편함과 부담감을 갖게 될 것이다. 이처럼 똑같은 장미꽃을 보고 자와나 처리과정에서 좋거나 싫은 반응이 나타나게 되는 것이다. 그래서 자와나의 정보처리가 인식과정 중에서 가장 중요하며 이 단계에 몸·말·생각을 통해서 입력된 정보가 좋거나 나쁜 업에너지로 남게 되는 것이다. 정보가 역동적으로 업화業化된다는 의미에서 영어로 impulsion(추진, 충동)이라 번역하기도 하지만 적절한 번역어는 아니라 생각된다. 업화된 자와나의 내용을 대상으로 하여 그 결과를 저장하는 과정이 2찰나의 따아람마나(tatārammaṇa)인데, 직역하면 '그것을 대상으로 함'이란 뜻이다. 지금까지 설명한 내용을 도표로 정리해 보면 다음과 같다.

　마음영역의 정보처리는 위에서 본 감각영역에서의 처리과정보다 단순하다. 예비·변환단계의 존재지속심이 자극(bhavaṅga-calana)되는 순간에 1찰나의 마음영역의 입력단계(manodvāra-āvajjana)를 거쳐 바로 자와나·저장단계로 된다. 감각영역에서와 마찬가지로 업 형성처리는 7찰나, 저장은 2찰나 동안 일어난다. 마음영역의 정보들은 크게 두 가지 경로를 통해서 입력된다. 첫째는 감각영역을 통한 입력이

인식과정의 4단계

I. 예비 · 변환단계	1. 인식과정 직전의 존재지속심(atīta-bhavaṅga) 2. 존재지속심의 자극(bhavaṅga-calana) 3. 존재지속심의 변환(bhavaṅga-upaccheda)
II. 입력 · 수용단계	4. 오감문五感門의 정보입력(pañcadvāra-āvajjana) 5. 오식五識의 정보전달(pañca-viññāṇa) 6. 수용(sampaṭicchana)
III. 판단 · 결정단계	7. 검토(santīraṇa) 8. 결정(votthapana)
IV. 처리 · 저장단계	9-15. 자와나(javana) 16-17. 저장(tatārammaṇa)

고, 둘째는 마음영역에 직접 입력된 것이다. 후자는 학습된 내용의 기억, 추리, 상상, 추론, 신념 등 여러 가지 경로를 통해서 일어난다. 특히 입정과 출정의 인식정보처리와 선정 상태에서의 인식은 직접 마음영역에서 일어나지만 일반적인 인식정보처리와는 달리 특수한 인식현상이다. 입 · 출정과 선정 상태의 인식정보처리에 대해서 살펴보자.

6. 상좌부의 마음수행론

1) 선정수행에서의 마음 변화[50]

신경의학자인 제임스 오스틴은 『선과 두뇌(Zen and Brain)』라는 책에서 약 20여 년 동안 간화선을 수행하여 얻은 명상 체험을 자신의

74

전공분야의 지식을 통해 분석하여 객관적인 검증을 시도하고 있다.[51] 펜실바니아대의 앤드루 뉴버그와 그의 공동 연구자들은 깊은 삼매 체험을 하고 있는 8명의 티베트 불교 수행자들과 기도에 몰입한 프란체스코회 수녀들로부터 처음으로 뇌 이미지 사진을 찍는 데 성공했다. 이 연구는 명상을 하면 뇌파가 변한다는 사실을 밝혀낸 1960~70년대의 기초 연구의 차원을 넘어서 왜 뇌파가 변하는지, 뇌의 어떤 부위가 그 변화를 일으키는지에 대해서 알아냈다.[52] 깊은 삼매 체험을 할 때에 시간과 공간 정보를 관장하는 명상자의 뇌의 특정 부분이 어두워졌는데, 이것은 몰입된 상태에서 모든 감각 정보를 차단하고 있기 때문에 뇌의 활동이 현저히 감소한 것이라고 한다.

　불교 선정수행의 필수요건 중의 하나는 감각정보를 차단하고 마음 영역에 있는 하나의 명상 대상에 집중해 들어가는 것이다. 잡다한 생각이 일어나지 않기 때문에 자연히 뇌의 활동이 줄어들고 평소와는 다른 특수한 경험이 일어나게 된다. 상좌부의 주석문헌은 이 상태의 인식정보처리 과정과 이런 특수 체험을 할 때의 마음상태의 변화를 자세히 설명하고 있다. 『청정도론』은 삼매의 종류를 그 특징에 따라 3가지로 분류한다. 3가지 삼매란, 명상 대상에 대해 ①온전한 몰입으로 가는 근접삼매(近行定, upacāra-samādhi), ②몰입삼매(安止定, appanā-samādhi), ③순간적 몰입의 찰나삼매(刹那定, khaṇika-samā-dhi)이다.[53] 어떤 삼매를 통하느냐에 따라 아라한과에 이르는 2가지의 수행과정이 있는데, 첫째는 순수 위빠사나(純觀, suddha-vipassanā)로 4선정 등의 과정을 거치지 않고 바로 찰나삼매를 바탕으로 가는 방법이다.[54] 둘째는 접근삼매와 몰입삼매를 근거로 4선정이나 8해탈을

성취해 아라한과에 도달하는 과정인데, 이 논의는 후자를 중심으로
한다.

대부분의 생각은 감각기관을 통해서 일어난다고 하지만, 명상을
한다고 앉아보면 감각정보를 차단했는데도 마음속에서 잡다한 생각들
이 일어났다 사라진다. 그렇지만 포기하지 않고 '법法에 대한 믿음'을
갖고 명상 대상에 대한 마음챙김과 집중을 통해 지혜롭게 정진해
가면, 많은 시행착오를 거친 후에 비로소 삼매에 접근해간다. 이
상태에서 집중을 더욱 더 정미精微롭게 해가면 간헐적으로 선정의
5요소(禪支, jhananga)가 일어난다. 선정의 상태에 나타나는 다섯 가지
특수한 마음의 현상들(心所, cetasika)을 5선지라 한다. 5선지는 위따까
(vitakka, 尋), 위짜라(vicāra, 伺), 희열감(喜, pīti), 행복감(幸, sukha),
통일감(心一傾性, ekaggatā)인데, 이 마음현상은 정결한 마음상태
(kusalacitta)와 함께 일어나는 것이다. 이런 안온하고 고요한 상태에서
몰입삼매에 들게 된다. 『청정도론』은 몰입삼매에 들어갈入定 때의
인식정보처리 과정을 다음과 같이 설명한다.

> 명상정보가 마음영역에 입력된다.…… 이 명상정보를 대상으로 곧이
> 어 4 내지 5찰나의 자와나가 신속히 흐른다. 이 가운데 맨 끝의
> 1찰나는 색계에 속하고 나머지 앞의 찰나들은 욕계에 머무는 것
> 인데 일반적인 느낌보다는 강한 '위따까', '위짜라', '희열감', '행복
> 감', '통일감'을 나타낸다.…… 지혜(abhiññā)의 날카롭고 둔함의
> 정도에 따라 예비단계(parikamma)를 생략하는 경우가 있다. 따라서
> ① 예비단계, ② 접근단계(upacāra), ③ 적응단계(anuloma), ④ 전

환단계(gotrabhū)로 분류되거나. 혹은, ①접근단계, ②적응단계,
③전환단계로 된다. (전자의 경우엔) 다섯 번째가 (후자의 경우엔)
네 번째가 몰입(appanā)의 자와나 단계이다. 바로 이 마지막 단계에
서 몰입으로 들어간다. 곧이어 자와나가 사라지면서 존재지속심의
흐름의 모드로 된다.[55]

위에서 보는 것처럼, 명상의 대상에 의해서 자극을 받은 존재지속심
은 수동의 상태에서 모드를 바꾸면서 명상정보가 마음영역에 입력된
다. 지혜의 성숙의 정도에 따라, 곧이어 4 내지 5찰나의 자와나가
일어나는데 각 자와나 단계마다 특정한 기능을 나타낸다. 왜냐하면
삼매가 깊어지면서 욕망의 세계〔欲界〕에서 미세한 물질의 세계〔色界〕
로 수행의 계위가 향상되기 때문이다. 지혜가 아직 성숙되지 못한
명상자의 경우를 보면, 첫번째 자와나는 욕계에서 색계로 전환하기
위한 예비단계, 그리고 두번째와 세번째 자와나들은 각각 색계로
접근하여 적응하는 단계이며, 네번째 자와나는 전환하는 단계
(gotrabhū)이다. 다섯 번째 자와나는 몰입의 단계로 이제 막 색계에
진입했음을 나타낸다. 바로 이 아빠나자와나appanā-javana의 상태에
서 일단 존재지속심의 흐름으로 모드가 바뀌던지, 아니면 하루종일
자와나의 상태로 머물 수도 있다. 『청정도론』에 의하면, 처음으로
위와 같은 몰입삼매의 정보인식처리 과정(appanāsamādhi-vīthi)을 경
험하는 명상자에게는 아빠나자와나는 오직 한 찰나만 일어났다가
바로 존재지속심의 모드로 된다고 한다. 다시 말하면, 끊임없는 집중수
련을 통해서 선정을 방해하는 많은 장애들이 제거되고 마음이 번뇌에

물들지 않고 청정해졌을 때에 비로소 몰입삼매의 자와나가 오래 지속
된다는 것이다. 이 지속된 자와나는 다음 수행의 방향 설정에 따라
새로운 수행의 단계로 들어가는 발판이 된다고 한다. 『섭아비달마의론
의 복주(複註, Abhidhammatthavibhāvinī-ṭīkā)』에 의하면, 이 자와나
단계에서 명상자의 의도에 따라 지(止, samatha)의 수행을 통해서
색계 4선과 4무색정을 거쳐 아라한과를 성취할 수도 있고, 바로 관(觀,
vipassanā)의 수행으로 아라한과를 성취하는 단계로 들어갈 수도 있
다.[56]

　　몰입삼매에 자유롭게 들어가는 수행자는 아빠나자와나의 순간들이
상당 시간 동안 지속된다. 출정 후에 선정의 5요소〔禪支〕를 확인하여
이것들이 선명하다면, 제1선정의 상태로 들어간 것이다. 제1선정의
인식과정은 아빠나자와나의 순간들을 의도한 대로 조절할 수 있다는
점을 제외하고는 위에서 살펴본 몰입삼매의 초기 인식정보처리 과정
과 같다. 다음의 도표를 통해 정리해 보자.

몰입삼매의 초기 인식과정

```
                                          欲界 ←   ⊢ 色界
    자극→ 변환→ 입력→ 준비[j1]→ 접근[j2]→ 적응[j3]→ 전환[j4]→ 몰입[j5]→ 존재지속심
                                                        ∧
    아라한과 성취단계←4무색정←색계4선←止   觀→아라한과 성취단계
```

제1선정의 인식과정

```
                              欲界 ←┤  ├→ 色界
   자극→ 변환→입력→ 준비[j1]→ 접근[j2]→ 적응[j3]→ 전환[j4]→ 몰입[j5]지속
                                                    ⌣ 5 禪支의 확립
   • [j1]-[j5]는 지혜가 성숙되지 않은 명상자의 5마음찰나의 javana를 나타낸다.
```

　선정수행의 실제에 있어서 『청정도론』에서 강조하고 있는 몇 가지 주의사항 중의 하나는, 낮은 단계의 선정을 완전히 마스터하기 전에는 다음의 높은 선정단계로 옮기지 않는 것이다.[57] 몰입삼매에서 제1선정으로 들어가고, 거기서 더 깊은 선정의 단계인 제2·3·4선정으로 나아간다. 제2선정에서는 위따까와 위짜라가 사라지고 희열감, 행복감, 통일감이 남는다. 제3선정은 희열감이 사라지며 행복감과 통일감이 지속된다. 제4선정에서는 행복감이 평온으로 바뀌면 아주 맑은 마음챙김과 통일감이 남게 된다. 제1선정을 완전히 마스터하기 전에는 제2선정으로 옮기지 않는 것이 선정을 성취하는 중요한 요령 중의 하나이다. 『청정도론』은 선정의 각 단계를 마스터하는 다음 5가지 요령을 제시한다. 수행자는 원하면 언제든지 ①선정상태에서 나올 수 있어야 하고(出定, vuṭṭhānavasī), ②출정한 후에 선지禪支로 유도할 수 있어야 하며(誘導, āvajjanāvasī), ③선지를 반조할 수 있고(返照, paccavekkhaṇāvasī), ④다시 선정상태로 들어갈 수 있으며(入定, samāpajjanāvasī), ⑤선정의 지속 시간을 임의로 조절할 수 있어야 한다(操切, adhiṭṭhānavasī). 출정한 후에 선지禪支로 유도되는 과정을 제1선정의 경우를 예로 들면, 출정 후 먼저 위빠사나를 통해 마음영역의 정보처리가 유도되면 존재지속식이 능동의 모드로 바뀐다. 연이어

바로 이 위빠사나를 대상으로 하여 4 내지 5찰나의 자와나가 일어난 후 2찰나 동안 존재지속식이 흐른다. 나머지 4가지 선지들도 같은 처리 과정을 거친다.[58] 또한 반조의 인식정보처리도 이와 비슷한데, 경우에 따라 4, 5, 6, 7찰나의 빠짜웨카나자와나paccavekkhaṇā-javana 가 일어난다.[59] 이 정보처리 과정들을 도표로 나타내면 다음과 같다.

5선지(禪支)로 유도되는 인식정보처리 과정

```
1. vitakka╲
2. vicara╲
3. pīti→     유도→ 변환→ J1→ J2→ J3→ J4→ J5→ B1→ B2
4. sukha╱
5. ekaggatā╱
```

5선지禪支 반조의 인식정보처리 과정

```
1. vitakka╲
2. vicara╲
3. pīti→     유도→ 변환→ J1→ J2→ J3→ J4→ J5→ J6→ J7→ B1→ B2
4. sukha╱
5. ekaggatā╱
```

• J1-J5는 5마음찰나의 Javana이며, J1-J7는 7마음찰나의 Javana임. B1-B2는 2마음찰나의 Bhavaṅga임.

위와 같은 요령으로 선정단계를 숙달하면 점진적으로 깊은 선정에 도달하게 되고 각 단계마다 동일한 인식정보처리가 이루어진다. 지금까지 좀 복잡해 보이는 선정수행의 인식정보처리 과정을 알아보았다. 다음은 관찰수행, 즉 위빠사나 수행계위에서의 마음변화를 살펴보자.

2) 관찰수행에서의 마음변화

수행이론은 열반이라는 목적지에 도달하는 데 필요한 이정표와 같은 것이다. 불교의 여러 전통들은 수행의 방법에 따라 나름대로의 수행이론을 정립하고 이에 상응하는 실천체계를 세워 놓았다. 위에서 정리한 선정수행을 포함한 관찰수행에서의 마음변화에 대한 체계적인 수행이론이 상좌부의 주석문헌에 잘 정리되어 있다. 상좌부의 수행이론 체계의 확립에 가장 큰 영향을 미친 선지식은 붓다고사이며, 그의 저서 『청정도론』은 5세기 이전의 상좌부 수행이론을 총망라했다는 점에서 큰 의미를 지닌다. 『청정도론』은 계戒·정定·혜慧 3학三學과 8정도 수행을 기본골격으로 하여 『마짓마니까야』의 「라타위니따숫따 Rathavinītasutta」에[60] 나오는 7청정(satta visuddhi)의 구조를 사용해 수행이론을 종합적으로 서술하고 있다. 특히 위빠사나 수행, 즉 관찰수행을 통해 증진되는 지혜의 개발 과정을 다음과 같이 16단계로 설명한다.

① 계 청정: 청정한 계를 지키는 것(sīla visuddhi)은 수행의 시발점이며 모든 불교 수행의 근간이다. 수행의 삶을 시작하기 위해서 우선 생활을 도덕적으로 정화해야 한다. 여기에서는 계의 4가지 청정성을 언급한다. 즉 근본계목(pāṭimokkha)의 준수, 다섯 감관[五感]의 지킴, 정법에 따르는 올바른 삶, 검소한 생활이다.[61]

② 마음 청정: 고요하고 맑은 마음상태를 유지하게 하는 삼매수행(citta visuddhi)이다.[62] 앞에서 자세히 살펴보았듯이 마음을 한 곳에 모아 번뇌가 일어나지 않게 하는 수련법이며 마음의 정화법이다. 삼매를 우선으로 닦는 사마타 수행자(止行者, samathayānika)는 40가지의 선정

수행 주제(業處, kammaṭṭhāna)를 중심으로 근접삼매와 몰입삼매를 닦아 4색계선과 4무색계정을 성취하도록 한다. 물론 순수 위빠싸나(純觀, suddha vipassanā)를 닦는 수행자는 위와 같은 선정의 차제를 거치지 않고 바로 찰나삼매를 통해서 지혜의 발현을 위한 청정 수행으로 나아가게 된다.[63]

　통찰지의 토양이라 할 수 있는 오온, 십이처, 십팔계, 연기, 근, 사성제에 대한 깊은 성찰을 통해서 다음 16단계의 지혜 청정을 성취하게 된다.

③ **견 청정**(diṭṭhi visuddhi)[64]: 이 단계에서는 정신과 육체의 현상을 구별하는 지혜(nāmarūpapariccheda ñāṇa)가 발현된다. 정신과 물질의 특징을 개념으로 보는 것이 아니라 있는 그대로 보는 것이다. 이는 위빠싸나 수행을 통해 얻는 지혜의 첫 단계이다.

④ **의심을 극복함에 의한 청정**(kaṅkhāvitaraṇa visuddhi)[65]: 현재의 정신과 육체는 어떤 절대적인 주체자나 신에 의해서가 아니라 조건에 의해서 일어났다 사라지는 것일 뿐이라는 지혜(paccayapariggaha ñāṇa)을 얻는 것이다. 정신과 물질들의 조건을 파악하는 지혜로서 모든 현상을 연기적으로 파악하여 존재의 기원에 대한 의심을 극복하는 단계이다.

⑤ **도와 도 아님에 대한 지와 견의 청정**(maggāmaggañāṇa dassana visuddhi)[66]: 본격적인 위빠싸나의 수행단계로써 현상들의 무상·고·무아에 대한 분명한 이해의 지혜(sammasana nāṇa)가 형성되며, 이어서 생멸의 지혜(udayabbay ānupassanā ñāṇa)가 일어나기 시작한다. 그러나 생멸 현상에 대한 완전한 지혜가 아니라 아직은 피상적인 지혜의 단계에 머물고 있기 때문에 위빠싸나 수행의 초기에 일어나는 특이한 체험들

82

에 현혹될 우려가 있다. 이 특이한 체험들을 위빠싸나 우빠낄레사
(vipassanā upakkilesā)라고 하는데, 다음과 같은 10가지 현상으로 분류
된다.[67] ㉠마음속에서 강한 빛을 경험하기도 하고(obhāsa), ㉡예리한
이해력이 생겨 경전이나 교리의 깊은 의미를 꿰뚫듯이 이해하기도
하며(ñāṇa), ㉢몸의 전율을 느끼는 희열이 생기기도 하고(pīti), ㉣몸
과 마음은 아주 안정되어 편안해지며(passaddhi), ㉤마음에서 강렬한
즐거운 느낌을 느끼기도 하며(sukha), ㉥강한 신심이 생겨나기도
하고(adhimokkha), ㉦더욱 더 수행에 전념하여 정진을 하며
(paggaha), ㉧흔들림 없는 마음챙김이 뚜렷하게 항상 자리잡고 있기도
하고(upaṭṭhāna), ㉨생겨났다가 사라지는 현상들에 대해서 마음은
더욱 더 평온해지며(upekkhā), ㉩이러한 제 현상들에 대하여 미세한
집착과 욕망이 일어난다(nikanti). 이와 같은 10가지 유사 열반체험을
극복하면서 바른 길과 바르지 못한 길을 구분하여 정도의 길로 나갈
수 있는 지혜를 갖추는 것이다.

⑥ 도를 닦음에 대한 지와 견의 청정(paṭipadāñāṇadassana visuddhi)[68]: 이것
은 다음의 9가지 지혜의 단계로 구성되어 있다. ㉠생멸에 대한 지혜
(udayabbayānupassanā ñāṇa)가 명료해지며, ㉡무너짐의 지혜(bhaṅga
ñāṇa), ㉢소멸 관찰을 통해 나타나는 공포의 지혜(bhayatupaṭṭhāna
ñāṇa), ㉣두려움 관찰을 통해 나타나는 위험함에 대한 지혜
(ādīnavānupassanā ñāṇa), ㉤위태로움 관찰을 통한 역겨움에 대한
지혜(nibbhedānupassanā ñāṇa), ㉥역겨움의 관찰을 통한 해탈하기를
원하는 지혜(muccitukamyatā ñāṇa), ㉦삼법인을 재성찰하며 깊이 숙
고하는 지혜(paṭisaṅkhānupassanā ñāṇa), ㉧유위의 현상을 평정한 마

음으로 대하게 되는 행에 대한 평온의 지혜(saṅkhārupekkhā ñāṇa)이며, 마지막으로 ㉒ 출세간의 길을 향해 수순하는 지혜(anuloma ñāṇa)이다. 이처럼 완전히 바른 길의 궤도에 들어 안목이 성숙됨으로 해서 범부의 종성種姓을 벗어버리고 성인의 종성을 얻게 되는 전환의 단계에 이르게 되는데, 이것을 세간에서 출세간으로 전환하려는 것에 대한 종성의 지혜(種姓智, gotrabhū ñāṇa)라 한다. 이 경지는 여섯 번째 청정에서 일곱 번째 청정의 중간에 일어나는 현상이므로 그 어느 쪽에도 속하지 않는 과도기적인 지혜의 단계라고 할 수 있다.

㉗ **지와 견의 청정**(ñāṇadassana visuddhi)[69]: 삶을 보는 안목이 완전히 전환된 상태로 사성제에 대한 깨침을 얻어 출세간적인 정견을 갖추게 된다. 이것을 4가지 출세간도(수다원, 사다함, 아나함, 아라한)에 대한 지혜(magga ñāṇa)라고 한다.

이러한 계정혜와 팔정도 수행의 결과로서 4가지 과에 대한 지혜(phala ñāṇa)가 이어지며, 다시 의식이 현상계로 돌아온 뒤에 방금 전에 경험했던 도의식, 과의식, 열반 등을 반조해 보는 반조의 지혜(paccevekhana ñāṇa)가 나타난다. 이상의 설명을 도표로 정리해 보면 다음과 같다.

계·정·혜, 팔정도, 칠청정七淸淨, 지혜의 16단계[70]

삼학	팔정도		칠청정	수 행
계(戒)	정어 정업 정명	1	계 청정(戒淸淨)	네 가지 청정한 계 (계목의 단속, 감각기관의 단속 생계, 생필품)
정(定)	정정진	2	마음 청정(心淸淨)	근접삼매

	정념 정정			본 삼매(색계 4선, 무색계 4선)
			통찰지의 토양 (오온, 십이처, 십팔계, 연기, 근, 사성제)	
혜(慧)	정견 정사유	3	견 청정(見淸淨)	①정신과 물질을 있는 그대로 보는 지혜
		4	의심을 극복함에 의한 청정(度疑淸淨)	②정신과 물질의 조건을 파악하는 지혜
		5	도와 도 아님에 대한 지와 견의 청정 (道非道知見淸淨)	③분명한 이해의 지혜
				④생멸의 지혜(약한 단계)
				위빠사나의 오염원을 장애라고 파악함으로써 도와 도 아님을 정의하는 것
		6	도 닦음에 대한 지와 견의 청정 (行道知見淸淨)	④생멸의 지혜(성숙된 단계)
				⑤무너짐의 지혜
				⑥공포의 지혜
				⑦위험의 지혜
				⑧역겨움의 지혜
				⑨해탈하기를 원하는 지혜
				⑩깊이 숙고하는 지혜
				⑪행에 대한 평온의 지혜
				⑫수순하는 지혜
			6과 7 사이에	⑬종성의 지혜
		7	지와 견의 청정 (知見淸淨)	⑭네 가지 도에 대한 지혜 (수다원도, 사다함도, 아나함도, 아라한도)
			⑮네 가지 과에 대한 지혜, ⑯반조의 지혜	

3) 출세간의 수행계위와 마음변화

상좌부의 수행계위를 보면 지혜수행에 대한 비중이 크다는 것을 알수 있다. 특히 지혜가 향상되는 과정에서 중요한 전환점들이 있다. 즉, 생멸의 지혜, 무너짐의 지혜, 행에 대한 평온의 지혜, 그리고 종성의 지혜이다. 이 전환지轉換智들 중에도 삶의 질적인 변화가 일어나는 순간의 성숙된 지혜를 "종성의 지혜"라고 한다. 즉, 범부의 혈통에서 성인의 혈통으로의 질적인 지혜의 변화가 생기는 순간이다. 곧이어 사성제를 몰록 체득하게 되어 성인계위의 첫 단계인 예류도預流道에 들게 된다. 여기서부터 성자의 출세간적인 수행계위가 시작된다. 다양한 형태의 세속적인 욕망, 아만과 아집으로 무장된 강한 자기중심성과 타인부정, 선입관과 편견, 이해의 결핍과 무지, 이런 부정적인 심리 방어기제(Psychological Deffense Mechanism)들이 하나하나 해체되면서 성인의 계위에 드는 것이다. 그렇지만 비록 성인의 영역에 들어왔다 할지라도 일상적인 관찰의 힘으로는 감지하지 못했던 미세한 번뇌들이 남아 있게 된다.

초기경전과 상좌부 아비담마에서는 미세하게 왜곡되어 자유롭지 못한 마음 상태를 결박 혹은 족쇄(saṃyojana)라고 한다. 이것을 10가지로 분류해 각각의 수행계위가 상승됨에 따라 결박으로부터 자유로워지며, 왜곡되고 오염된 상태에서 밝고 맑은 상태로 바뀌는, 보다높은 단계로 나아가게 된다. 가장 수승한 경지를 체득한 자를 아라한 Arahat이라 한다. 아라한은 완전한 성인, 즉 존경받고 공양받을 만한분이라 하여 응공應供이라 한역된다. 아라한은 존재를 욕망의 세계[欲界]에 묶어두는 번뇌인 5가지 하위의 결박(orambhāgiya-saṃyojana)[71]

뿐만 아니라, 미세한 물질세계〔色界〕와 그 물질조차도 존재치 않는 정신세계〔無色界〕에서 일어나는 번뇌인 5가지 상위의 결박(uddham-bhāgiya-saṃyojana)[72]까지도 모두 소멸하여 어떤 번뇌도 남아 있지 않은 마음의 상태를 유지하는 자를 말한다.

이런 아라한의 경지에 들기 위해서는 일단 성인의 수행영역에 들어 하위의 미세번뇌들을 제거해야 한다. 즉, 5가지 하위의 결박 번뇌 중 처음 3가지인 ① 유신견有身見, 즉 오온을 영원한 자아라고 보는 견해(sakkāya-diṭṭhi), ② 수행의 완성에 대한 회의적인 태도(vicikicchā), ③ 계율, 금기사항, 종교적 의식에 대한 집착(sīlabbata-parāmāsa)을 극복해야 한다. 이 세 가지 번뇌를 제거한 자를 수다원(sotāpanna) 혹은 예류과預流果에 든 자라고 한다. 위의 3가지 번뇌는 소멸되었으나 아직 4번째와 5번째 번뇌인 ④ 성적 쾌감에 대한 미세한 욕망(kāma-rāga)과 ⑤ 미미하게나마 진심의 성향을 띤 거친 마음(vyāpāda)이 남아 있는 경우는 사다함(sakadāgāmī) 혹은 일래과一來果에 든 자라고 한다. 위의 5가지 번뇌를 온전히 제거했지만 아직 상위의 5가지 번뇌인 ① 미세한 물질세계를 추구하는 욕망(rūpa-rāga), ② 순수 정신세계를 추구하는 욕망(arūpa-rāga), ③ 스스로 존귀롭다고 착각하는 아만심(māna), ④ 오염·결박으로 인해서 미세하게 들떠있는 심리적 동요(uddhacca), ⑤ 모든 존재 현상을 있는 그대로 밝게 보지 못하는 진리에 대한 근원적인 무지(無明, avijjā)가 남아 있는 경우, 이를 아나함(anāgamī) 혹은 불환과不還果를 얻은 자라고 한다. 이 열 가지 번뇌를 전부 해결하여 다시 윤회의 세계에 오지 않는 경우, 이를 탐·진·치 삼독의 번뇌를 모두 해결하여 열반을 성취한 자, 즉 아라한이라 한다. 지금까지 논의한 내용을 정리하면 다음과 같다.

욕계의 5가지 결박번뇌	색계와 무색계의 5가지 결박번뇌
① 유신견	⑥ 색계에 대한 욕망
② 회의적 의심	⑦ 무색계에 대한 욕망
③ 계율, 종교적 의식 등에 집착	⑧ 아만
④ 감각적 욕망	⑨ 들뜸
⑤ 악의	⑩ 어리석음(無明)

4부류의 성인과 10가지 결박번뇌의 소멸[73]

성인	10가지 족쇄의 소멸
수다원	①-③의 소멸
사다함	①-③의 소멸, ④-⑤의 약화
아나함	①-⑤의 소멸
아라한	①-⑩의 소멸

　수다원, 사다함, 아나함, 아라한, 이 네 부류의 성인들은 각각 순간적인 깨침의 길(道, Magga)로 들었다가 곧바로 깨침의 결과(果, Phala)를 성취한다. 즉, 수다원도/수다원과, 사다함도/사다함과, 아나함도/아나함과, 아라한도/아라한과, 8부류 4쌍의 성인[四雙八輩]들이 있게 되며, 위와 같은 미세한 번뇌들을 단계적으로 소멸하게 된다. 이 성인들의 수행의 과정과 결과를 4향4과四向四果라고도 한다.

7. 아라한의 미소 짓게 하는 마음

마음은 어떻게 움직일까? 특히 아라한의 마음과 범부의 마음이 전개되는 양상의 차이는 무엇일까? 아라한은 무아적 삶을 실천하는 자이다.

강한 집착심을 중심으로 탐착하거나 혐오하지 않으므로 삶을 왜곡하지 않고 있는 그대로 본다. 하지만 범부는 어떤 존재현상이든 자아관념에 대한 집착심을 바탕으로, 좋으면 안으로 끌어들여 탐착하고 싫으면 밀쳐내어 혐오하는 마음으로 삶을 왜곡하여 있는 그대로의 존재의 참모습을 보지 못한다. 그 결과 늘 고통의 삶이 전개된다. 아라한과 같은 성인은 왜곡이 없는 삶을 살아간다.

아라한에게서 일어나는 수많은 작용만 하는 마음 중의 하나인 미소 짓게 하는 마음이 있다. 『청정도론』은 이런 마음을 하시따우빠다칫따hasituppāda citta라고 한다. 여기서 미소 짓게 하는 마음은 항상 일어나는 것은 아니지만, 어떤 상황에서 이 마음이 일어날 때 아라한들의 입에서 미소가 일어난다고 한다. 이 마음은 "기쁨이 함께하고 원인을 갖지 않은, 단지 작용만 하는 마음이다. 이것은 여섯 가지 대상을 아는 특징을 가진다"[74]고 설명하고 있다. 마음수행을 해 마친 성인은 욕계 세상에 살더라도 업식이 아닌, 단지 작용만 하는 기쁜 마음(somanassasahagata-kiriya citta)으로 살아간다. 범부처럼 여섯 가지 인식기관을 통해서 들어오는 여섯 가지 인식대상을 자아관념의 필터로 굴절시키지 않고 있는 그대로 받아들이므로 투명한 인식활동이 일어나는 것이다. 탐·진·치라는 오염원의 영향을 받지 않고 원인이 없이 일어나는 마음이므로 과보를 생산하지 않는다.

지금까지 초기불교와 상좌부의 교설을 중심으로 마음의 전개 양상을 살펴보았는데, 이제 이상에서 논의된 사항들을 정리해 보도록 하겠다. 초기경전에서는 모든 존재현상의 연기성을 보여 주기 위해 오온, 십이처, 십팔계의 존재분석 방식을 택하여 물질과 정신을 분류하였다. 존재의 분석을 통해서 보니 느낌, 개념, 의지, 분별하는 정신작용들은 대상이 있을 때 연기적으로 일어났다 사라지는 것이지 어느 곳에도 고정된 마음의 실체가 존재하지 않음을 초기경전은 강조하고 있다. 단지 『앙굿따라니까야』에 나오는 '밝은 마음과 객진번뇌'에 관한 언급은 대승불교의 여래장 사상의 입장으로 해석할 수 있는 여지를 남기고 있지만, 여기서 밝은 마음이란 깨끗한 천이나 깨끗한 종이처럼 선·불선의 마음부수에 영향을 받기 이전의 마음이며, 객진 번뇌란 불선한 마음부수의 결합을 의미한다고 보았다. 탐·진·치라는 오염원이 결합된 상태의 마음은 혼탁하고 빛나지 않겠지만 아라한의 마음처럼 무탐·무진·무치 상태의 마음은 청정하고 밝은 마음이라 할 수 있을 것이다. 이런 마음을 닦아가는 것이 사념처 수행이며, 마음과 관련하여 수념처와 심념처, 그리고 몸과 마음의 현상을 두루 살피는 법념처 수행을 통해 탐·진·치의 오염원으로부터 온전히 자유로워지는 것이다. 사념처 수행의 핵심은 역시 존재현상을 무상·고·무아의 관점에서 여실히 봄으로써 매순간 깨어있는 마음을 챙겨서 번뇌로부터 벗어나는 것이다.

상좌부 아비담마에서는 존재현상을 좀더 체계적이고 조직적인 태도로 분석한다. 마음을 마음과 마음부수로 세분하여 다양한 심리현상을 면밀하게 조명한다. 어느 공간에서 마음에 어떤 마음부수가 어떤 형태로 결합하느냐에 따라 89가지 혹은 121가지 양상의 마음 종류가 있다고 한다. 이런 마음들이 매 순간 변화하는 양상을 크게 '인식과정'과 '인식과정에서 벗어남'으로 분류한다. 인식과정에서 벗어남이란 한 생을 통해 볼 때 인식활동을 하지 않을 때의 마음 양상과 생의 중요한 순간인 탄생과 죽음을 맞이할 때의 마음의 양상을 뜻한다. 이것을 설명하기 위해 '바왕가bhvaṅga'라는 존재지속심의 개념을 도입한다.

또한 인식과정에 상좌부 특유의 찰나설을 적용하여 물질현상과 정신현상의 관계성을 설명하고 있다. 물질현상이 생성·지속·소멸될 때 마음현상은 17찰나 생성·지속·소멸을 반복한다고 한다. 17찰나는 사물을 인식할 때 소요되는 시간으로, 현대의 시간 단위로 환산하면 약 0.2초 정도이다. 이것이 인식의 한 단위이며 무수한 인식작용이 매우 신속하게 반복적으로 일어나고 있음을 시사하고 있다. 상좌부에서 이런 인식설을 시설한 이유는 신속히 움직이는 마음을 낱낱이 알아차려서 마음과 마음부수가 어떻게 형성되고 머물다 사라지는지를 보기 위함이다. 즉, 무상, 고, 무아의 관점에서 마음의 전개 양상을 여실히 보기 위해 인지심리학적 인식설을 도입했다고 볼 수 있다.

찰나설과 결합된 인식설은 상좌부의 마음수행론에도 철저히 적용되고 있다. 선정수행에 있어서 마음이 어떤 양상으로 변하고, 관찰수행을 통해서 마음이 어떻게 달라지며, 출세간의 성인들의 마음은 어떻게 번뇌의 오염원들로부터 자유롭게 되는지를 소상히 밝히고 있다. 특히 아라한은 업식을 일으키지 않는 마음으로 살아가므로 범부와 똑같이 삶을 살더라도 인식의 내용이 다름을 보여 주고 있다. 아라한의 삶은 존재현상을 있는 그대로 보고 느끼며 그곳에 좋고 나쁨의 분별의식이 일어나지 않음을 나타낸다. 범부는 좋다·나쁘다, 아름답다·추하다 등의 비교하는 생각을 멈추지 못하고 있기에 참으로 괴로운 삶을 면치 못하고 있다는 것이다.

한시도 가만있지 않고 흔들리는 마음, 변화무쌍하게 움직이는 마음을 어떻게 바로잡아야 하는가? 잠시 『법구경』 33게송을 음미하며 이 글을 맺을까 한다. "마음이란 잠시도 가만 있지 못하고 변덕스러워 지키기 어렵고 제어하기 어렵지만, 마치 활을 만드는 장인이 화살을 곧게 하듯이 지혜로운 이는 그것을 바르게 할 수 있다."[75] 활을 잘 만드는 명인이 화살을 곧게 하듯 마음을 바르게 하는 것이 변덕스럽고 제어하기 어려운 마음을 다루는 것이라고 한다. 조금이라도 바르지 못한 화살은 과녁을 정확히 맞추지 못한다. 지혜로운 이는 마음을 잘 다루어 곧은 마음[直心]을 쓰기 때문에 변화무쌍한 번뇌가 일시에 사라지는 것이다. 마치 과녁의 한 중심을 곧은 화살이 정확히 맞출 수 있는 것과 같이, 곧은 마음은 잡다한 생각들에 의해 왜곡되거나 굴절되지 않기 때문에 마음 과녁의 한 중심을 꿰뚫어 내면의 깊은 고요와 평온, 기쁨과 행복, 지혜와 자비가 미소처럼 번져나게 하는 것이다.

마음 활동의 두 층위

—표층의 망심(사심)과 심층의 본심(공심)—

한자경(이화여대 철학과)

1. 어디까지가 마음인가?

마음은 어떻게 움직이는가? 내 마음이 어떻게 움직이는지에 대해서는 내가 대충 안다. 나는 밥을 좋아하고 빵을 싫어한다. 그래서 음식점을 가게 되면 밥집으로 가려고 하지 빵집으로 가려고 하지 않는다. 이처럼 내 마음은 내가 좋아하는 것을 취하려는 방향으로 움직이고 싫어하는 것을 피하려는 방향으로 움직인다. 다만 내가 뭘 좋아하고 뭘 싫어하는가는 내 '마음대로'다. '마음대로'라는 말은 더 이상 이유나 근거를 댈 수 없다는 말이다. 엿장수가 일분에 가위질을 몇 번 하는가? 이에 대한 대답이 바로 '엿장수 마음대로'이다. '마음대로'라는 것은 마음의 활동에서 어떤 규칙이나 법칙도 찾아낼 수 없어 일반적 설명이나 예견이 불가능하다는 것이다.

그런데도 우리는 '마음은 어떻게 움직이는가?'를 묻고 있다. 이것은 마음이 법칙 없이 마음대로 움직이는 것이 아니라 마음을 움직이는 일정한 법칙이 있다고 전제하며, 그 법칙이 무엇인지를 묻는 것이다. 오늘날 우리들은 대개 그 법칙을 의학이나 생리학이 해명할 것이라고 여긴다. 내가 무엇을 좋아하고 싫어하는가가 유전인자나 호르몬 분비 또는 자연환경이나 먹은 음식 등에 의해 결정된다고 여기면서 마음의 움직임을 물리화학적 법칙에 따라 설명하려 한다. 마음을 포함하여 일체 존재가 물리세계의 자연법칙에 따라 규정된다고 보는 과학적 유물론이 오늘날 우리의 상식이 되어 버린 것이다. 불교는 마음의 움직임을 인연에 따른 것이라고 보며 연기법칙으로 설명한다. 마음의 괴로움과 편안함, 싫어함과 좋아함이 모두 지난 업으로부터의 업력 또는 습기에 따라 일어나지 아무 인연 없이 그냥 일어나는 것이 아니라고 보는 것이다.

그런데 이러한 유사성에 근거해서 불교를 오늘날의 상식적 세계관에 따라 해석하다 보면, 불교의 연기법칙이 물리적 인과법칙으로 해석되고 마음의 활동을 일으키는 종자식인 아뢰야식이 물리적 두뇌로 해석되고 만다. 그렇게 되면 우리의 마음은 결국 개체적 두뇌와 물리세계의 인과법칙에 따라 규정되는 수동적 산물로만 간주되고 만다.

그러나 이렇게 이해된 마음은 불교가 논하는 마음의 전부가 아니다. 그것은 오히려 우리가 그로부터 벗어나야 할 마음, 개체적 몸(근/유근신)에 매인 마음, 탐진치에 물든 염오의 마음일 뿐이다. 유식불교는 유근신과 그 몸을 둘러싼 기세간을 오히려 그보다 더 크고 더 깊은 마음인 아뢰야식의 전변 결과라고 본다. 따라서 유근신과 기세간, 자아와 세계, 아와 법이 모두 무자성, 비실유의 공空임을 강조한다. 유식은 깊은 선정을 통해 마음 심층에서 아뢰야식의 활동을 발견하고 는 그에 기반하여 일체 아와 법의 공성과 유식성을 논한 것이다. 그러한 심층 마음의 활동성을 자각한 마음, 공성 내지 유식성을 자각한 마음이 바로 매임을 벗은 마음, 탐진(번뇌장)을 벗고 치(무명/소지장) 을 벗은 해탈의 마음이다.

　본고에서는 유식불교에서의 마음은 표층의 마음과 심층의 마음 둘로 구분된다는 것을 논할 것이다. 표층 마음이 심층 마음을 자각하지 못하는 한, 우리는 우리 자신의 마음을 근에 매인 마음, 욕탐에 매인 마음, 한마디로 망심妄心으로 알고 그렇게 살아가게 된다. 반면 심층 아뢰야식의 활동성을 깨달아 공성과 유식성을 자각하게 되면, 우리는 자신의 마음이 본래 개체적 근에 매이지 않는 마음, 욕탐으로부터 자유로운 마음이라는 것을 깨닫게 된다. 근에 매이지 않는 마음이 바로 개체적 경계를 벗어나 일체 유정을 자신과 하나로 느끼는 자비의 마음이다.

2. 표층 마음: 전5식(감각), 제6의식(대상의식), 제7말나식(자기의식)

우리는 인간을 몸과 마음의 결합체로 생각한다. 그중 일단 몸은 다른 사물들과 마찬가지로 눈에 보이고 코로 냄새가 맡겨지며 손으로 만질 수 있다. 즉 우리의 감각대상이 된다. 그러나 우리가 몸을 다른 사물들 과 구분해서 몸이라고 할 때 그 몸은 감각대상으로서의 몸이 아니라 그런 감각활동을 할 수 있는 능력 내지 기관으로서의 몸이다. 감각활동을 할 수 있는 능력 내지 기관을 근根이라고 한다. 그래서 불교는 몸을 '근을 가진 몸'이라는 의미에서 '유근신有根身'이라고 한다. 지렁이나 책상 둘 다 보이거나 만져지지만 지렁이는 몸이라고 하고 책상은 몸이라고 하지 않는 것은 지렁이는 근을 가지고 책상은 근을 가지지 않기 때문이다.[1] 근은 보거나 듣는 능력이지 그 자체가 보이거나 들리는 대상이 아니다. 이처럼 보이지도 들리지도 않는 능력으로서의 근을 '수승한 의미의 근'이란 뜻에서 '승의근勝義根'이라고 한다. 그리고 근이 능력을 발휘하기 위해 구체적 몸에 형태화되어 나타난 기관으로서의 근을 '부진근扶塵根'이라고 한다.

인간은 여섯 가지 근을 갖고 있는데, 그중 안이비설신 5근은 감각능력에 해당한다. 안이비설신 5근은 각각 자신만의 대상을 따로 가지는데, 그것이 바로 색성향미촉 5경이다. 오경은 오근에 감각자료로 주어진다. 감각능력 너머 인간이 가지고 있는 제6근이 바로 사유능력으로서의 의근意根이다. 의근은 감각내용들을 종합 정리하며 개념적으로 사유하고 판단하는 능력이다.[2] 이 의근의 대상을 법경이라고 한다. 오근이 각각의 오경을 포착하는 것을 전오식이라고 하고, 제6의근이 법경을 파악하는 것을 제6의식이라고 한다.

오근:안이비설신(감각능력) ──── (전5식:감각) ──→ 오경:색성향미촉(감각대상)
제6근: 의근(사유능력) ──── (제6의식:사유) ──→ 제6경:법경(사유대상)

유식에서는 우리가 보고 듣는 감각대상으로서의 세계를, 유근신의

유정들이 그 안에서 그것에 의거해서 사는 터전 내지 그릇과 같다는
의미에서 '기세간器世間'이라고 부른다. 전오식의 단계에서는 우리에
게 주어지는 감각자료에 대한 주객, 자타 또는 내외분별이 아직 행해지
지 않는다. 식의 내용을 식 바깥의 객관대상의 내용으로 객관화해서
이해하는 것은 제6의식의 단계에서 비로소 발생하는 것이다.[3] 즉
눈이 바라본 빨간색을 눈 앞 장미의 색깔로 알고, 손 끝에 느껴지는
부드러움을 손 바깥에 있는 장미의 부드러움으로 분별하여 아는 것은
감각적 전오식이 아니라 사량 분별하는 제6의식이다.

> 현량으로 증득할 때는 외적인 것이라고 집착하지 않는다. 이후의
> 의意가 분별하여 망령되게 외적인 것이라는 생각을 일으킨다.[4]

그렇다면 제6의식은 왜 주객, 자타의 사려분별을 일으키게 되는
것일까? 의식은 의근에 의거해서 일어나는 식이다. 의근이 의식내용
을 대상의 내용으로 의식함으로써 대상의식인 제6의식으로 작용하게
되는 것이다. 그렇다면 의근은 의식내용을 왜 대상의 내용으로 의식하
게 되는가? 이것은 의근이 스스로 자기 자신을 의식내용과 구분하기
때문이다. 즉 자신을 의식내용과 구분되는 것으로 이미 의식하고
있기 때문이다. 예를 들어 내가 장미꽃을 바라보면 장미꽃이 내 의식을
채우고 나는 장미꽃만을 의식하게 되지만, 그렇다고 나는 내가 곧
장미꽃이라고 생각하지는 않는다. 장미꽃이 내 의식을 채우지만 나는
장미꽃을 나 아닌 대상으로 의식하는 것이다. 왜인가? 이것은 의근이
의식대상과 구분되는 나의 의식, 의근 자신의 자기의식을 이미 갖고

있기 때문이다.[5] 이처럼 제6의식 근저에는 의근의 자기의식이 놓여 있다. 모든 대상의식에는 대상을 의식하는 자기 자신에 대한 자기의식이 이미 작용하고 있는 것이다.

따라서 유식에서는 대상의식인 제6의식의 기반에 이미 자기의식이 놓여 있다고 주장한다. 제6의식의 기반이 되는 자기의식, 즉 의근의 자기의식 내지 자아식을 유식에서는 의意의 산스크리트어 마나스 manas를 그대로 음역하여 '말나식'이라고 한다. 대상의식인 제6의식은 자기의식인 제7말나식에 기반한 것이다.[6]

의근 —————(제6의식: 대상의식)—————→ 법경
　　(제7말나식: 자기의식)

대상의식인 제6의식이나 자기의식인 제7말나식은 둘 다 의의 식이지만 그 성격이 서로 다르다. 제6의식은 식의 내용을 자신 아닌 대상의 내용으로 객관화하여 의식하는 대상의식이고, 제7말나식은 그렇게 의식하는 자를 자아로 여기는 자기의식이다. 어떤 생각을 할 때, 그 생각의 내용은 제6의식의 대상으로 주어지며, 그 아래 깔려있는 '생각하는 나'의 의식이 곧 제7말나식이다. 말나식은 의식을 일으키는 의근이 스스로를 자아라고 여기는 식이며, 따라서 '나'라는 의식, 즉 아견과 아만과 아애의 식이다. 이러한 의근의 자기의식인 말나식에 근거해서 제6의식은 자신의 의식내용을 대상의 내용으로 의식하면서 주와 객, 안과 밖의 분별을 행하는 것이다. 그렇다면 이처럼 주객분별, 안팎분별의 근거가 되는 말나식의 의는 과연 어떤 존재인가? 제6의식을 일으키는 나, '생각하는 나'로 의식되는 의근은 과연 무엇인가?

의근을 의식이 의거하는 근이라고 하는 것은 곧 의근이 의식을 일으킨다는 말이다. 의식을 일으키는 것은 무엇인가? 우리가 무슨 생각을 할 때 그 생각을 일으키는 것은 무엇인가? 현상적으로 보면 분명 생각이 생각을 불러일으킨다. 일련의 생각을 연속적으로 이어서 할 경우 앞의 생각이 뒤의 생각을 불러일으킨다는 것은 우리가 일상적으로 경험하는 바이다. 이전 순간의 제6의식의 내용이 바로 그 다음 순간에 제6의식을 일으키는 것이다. 그러므로 생각이 이어질 경우 제6의식을 일으키는 의근은 바로 이전 순간의 의식이다.[7]

그러나 우리의 생각이 언제나 연속적으로 이어지는 것은 아니다. 즉 이전 생각이 반드시 다음 생각으로 이어지지는 않는다. 의근이 단지 이전 순간의 의식일 뿐이라면, 한 순간 의식이 멎는 경우 그 다음 순간 의근이 없게 되고 따라서 의식을 일으키지 못해 다시는 의식이 일어날 수 없게 될 것이다. 그러나 현실적으로는 그렇지 않다. 꿈도 없는 잠이나 기절이나 무념삼매를 보면, 의식은 끊겼다가도 다시 이어진다. 이것은 의근이 이전 순간의 의식만으로 성립하는 것이 아니라는 것을 말해준다. 즉 현재 순간 의식을 일으키는 의근은 이전 순간의 의식만으로 성립하는 것이 아니라, 그것을 포함하는 다른 근거를 가지는 것이다. 그렇다면 의근을 성립시키는 다른 근거는 무엇인가?[8]

오늘 한 순간 나의 의식에 떠오르는 생각은 바로 그 이전 순간의 생각이 일으킨 것일 수도 있지만, 어제 했던 생각, 아니면 3년 전 어느 날 길을 걷다 우연히 했던 생각이 일으킨 것일 수도 있다. 즉 생각을 일으키는 것이 의근인데, 그러한 의근으로 작용하는 것은 단지 바로 이전 순간의 의식내용에 그치는 것이 아니라 한참 이전의 의식내용일 수 있는 것이다. 이렇게 보면 우리 의식에 떠오르는 의식내용들은 의식에서 사라져도 어딘가 존재하다가 다시 의식을 불러일으키는 의근으로 작용할 수 있다는 말이 된다. 그렇다면 의식에서 사라지고도 다시 의근으로 작용할 수 있게끔 그렇게 남아 있는 의식내용들은 과연 어디에 어떤 방식으로 존재하는 것일까? 이 물음을 통해 우리는 감각이나 대상의식이나 자아의식 너머 그보다 더 심층의 마음으로 나아가게 된다.

3. 심층 마음 : 제8아뢰야식

1) 아뢰야식의 전변

제6의식이나 제7말나식의 활동은 일종의 업業이다. 몸 신身이나 입 구口로 하는 신업이나 구업은 아니지만, 그런 것들을 가능하게 하는 의근의 의意가 짓는 업인 의업이다. 그런데 업은 반드시 보를 낳기 마련이다. 아무 작용력 없이 존재하는 것은 없기 때문이다. 업은 자신의 보를 곧 이룰 수도 있지만, 인연이 닿기까지 기다렸다가 이룰 수도 있다. 그러자면 업은 보를 낳기까지 자신의 힘을 유지해야 하는데, 이처럼 업이 남겨 놓은 세력이나 힘 또는 에너지를 업력이라고 한다. 유식은 이 업력을 종자種子라고 부른다. 종자는 업에 의해 생겨난 후 자체 유지되다가 인연이 갖추어지면 그 보를 일으키는 업력이다.

유식은 이러한 업력의 종자들, 즉 업이 남긴 에너지의 흐름이 우리 마음 가장 심층에 하나의 식을 형성하며 흐르고 있다고 보고, 이를 제7말나식 다음의 '제8아뢰야식'이라고 부른다. 아뢰야는 함장을 뜻하며 따라서 아뢰야식은 종자를 함장한 식을 의미한다.[9] 의식이나 말나식의 현실적 활동(현행)에 의해 종자가 아뢰야식에 심겨지는 것이 '현행훈종자'이고, 아뢰야식 안에서 종자가 성장 변화하는 것이 '종자생종자'이며, 그렇게 아뢰야식 안에서 생장하던 종자가 인연이 닿아 다시 구체적 현실태로 전개되는 과정이 '종자생현행'이다. 식의 전변은 종자생종자가 원인이 되어 종자생현행의 결과로 나타나는 것이기에, 전자를 인능변, 후자를 과능변이라고 부른다.

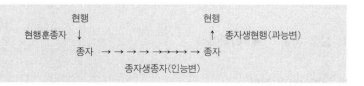

종자로부터 현행으로의 식능변은 곧 다른 것(종자)을 연하여 일어나는 의타기이며 연기이다. 아뢰야식 내에 함장되어 있는 종자의 종류에 따라 그 종자가 현행으로 바뀌는 방식은 두 가지로 구분된다. 『섭대승론』은 이를 연기의 두 종류로 설명하고, 『성유식론』은 이를 과능변인 전변의 두 종류로 설명한다.

연기는 대승에서 극히 미세하고 아주 심오하다. 간단히 설하면 두 가지 연기가 있다. 하나는 분별자성연기(자성을 분별하는 연기)이고, 다른 하나는 분별애비애연기(애비애를 분별하는 연기)이다. 그 중 아뢰야식에 의지해서 제법이 생기하는 것을 분별자성연기라고 한다. 능히 갖가지 자성을 분별하는 것이 연기의 성품이 되기 때문이다. 그리고 12지연기를 분별애비애연기라고 한다. 선악에 따라 능히 애비애의 갖가지 자체를 분별하는 것이 연기의 성품이 되기 때문이다.[10]

과능변은 두 종류의 습기(등류습기와 이숙습기)의 힘에 의해 8식이 생겨나 갖가지 양상을 나타내는 것이다. 등류습기가 인연이 되어 8식의 체상이 다르게 생겨난다. 이것을 등류과라고 하는데, 결과가 원인과 같은 종류이기 때문이다. 이숙습기가 증상연이 되어 제8식을 불러오는데, 인업의 힘에 따라 항상 상속하기에 이숙이라고 부른다. … 결과가 원인과 다르기 때문이다.[11]

이상 두 인용을 연결하여 정리하면 다음과 같다.

〈전변1〉 등류습기: 인연 ──(분별자성연기)──→ 등류과: 제법(8식)

〈전변2〉 이숙습기: 증상연 ──(분별애비애연기)──→ 이숙과: 이숙(제8식)

이 중 두 번째 연기인 분별애비애연기(전변2)부터 보면, 이숙습기는 제6의식의 선업이나 악업에 따라 남겨지는 업종자를 뜻한다. 이 업종자의 세력에 따라 중생은 천상, 인간계, 축생계, 지옥계 등 어느 곳에 어떤 몸으로 태어나는가가 결정되어 육도윤회하게 된다. 이처럼 업력에 따라 상속하는 이숙식이 곧 제8아뢰야식이다. 업은 선 또는 악이지만 그 결과의 보는 락 또는 고의 성격만을 갖기에 다르게 성숙했다는 뜻에서 이숙이라고 부른다. 이와 같이 의식의 선업 또는 악업에 따라

업종자가 쌓여 이숙의 제8아뢰야식이 윤회하게 되는 과정을 나타내는
것이 바로 12지연기이다.

<전변2> 무명→ **행**→ **식** → **명색** → **육입처** → 촉→ 수→ 애→ 취→ 유→ 생→ 노사
　　　　　　업　아뢰야식　의근·오근　육근

　행(업)으로부터 업력이 쌓여 아뢰야식을 이루고, 그 아뢰야식으로
부터 명색을 거쳐 육입처(육근)로 나아가는 단계가 곧 업에 따라
육근을 가진 유근신의 개별자아가 형성되는 과정이다. 이처럼 12지연
기는 업종자에 따라 아뢰야식이 다른 중동분으로 태어나 윤회하게
되는 과정을 보여주며, 이는 유식 이전 원시근본불교에서부터 논해지
던 것이다.

　유식이 새롭게 밝혀내는 것은 첫 번째 연기인 분별자성연기(전변1),
즉 등류습기로부터 등류과로의 능변이다. 여기서 등류습기는 인과
같은 종류의 과를 내는 종자를 뜻하며, 『섭대승론』은 이를 명언훈습종
자라고도 부른다. 분별자성연기를 『섭대승론』은 아뢰야식으로부터
18계의 생성으로 설명하고, 『성유식론』은 아뢰야식으로부터 견분과
상분의 이원화로 설명한다.

　무엇이 의타기상인가? 아뢰야식이 종자가 되어 허망분별에 포섭되
는 일체 식이다. … 그중 신식, 신자식, 수자식, 피소수식, 피능수식
… 등은 명언훈습종자로부터 생겨난다. … 그중 신식, 신자식,
수자식은 안계 등 육내계라는 것, 피소수식은 색계 등 육외계라는

것, 피능수식은 안식계 등 육식계라는 것을 마땅히 알아야 한다.[12]

아뢰야식의 행상(견분)과 소연(상분)은 무엇인가? 알기 어렵다고 말한 집수와 처와 료가 그것이다. 료는 요별을 뜻하며 그것이 곧 행상이다. 식이 요별을 행상으로 삼기 때문이다. 처는 처소를 뜻하는데, 그것이 곧 기세간이다. 유정들이 의지하는 처소이기 때문이다. 집수에는 둘이 속한다. 모든 종자와 유근신이 그것이다.[13]

『섭대승론』에서 신식은 오근, 신자식은 염오의, 수자식은 의근을 의미하는데, 염오의는 의근의 다른 뜻이기도 하므로 이 셋은 결국 오근과 의근을 합한 육근(육내계)을 의미한다. 그리고 그 육근에 의해 받아들여지는 피소수식은 육경(육외계)이고, 육근에서 능히 받아들이는 피능수식은 육식(육식계)이다. 이는 다음과 같이 정리될 수 있다.

```
〈전변1〉                        ┌ 6내계(신식·신자식·수자식) = 6근
         등류습기(명언훈습종자) ──→│  6외계(피소수식) = 6경
                                └ 6식계(피능수식) = 6식
```

『성유식론』에서 식의 전변은 식 자체의 견분과 상분으로의 이분화를 뜻한다. 상분은 식에 의해 연해지는 객관 대상이기에 소연이라고 하고, 그 상분을 연하여 보는 견분은 식의 주관적 활동 모습이기에 행상이라고 한다. 아뢰야식의 전변결과인 견분과 상분을 정리해 보면 다음과 같다.[14]

이처럼 『성유식론』은 6근과 6경을 아뢰야식의 상분으로 설명한다. 그중 의근의 자체 식이 제7말나식이고 6근과 6경 사이에 생기는 식이 6식이므로 결국 6근·6경·6식의 18계가 모두 아뢰야식의 상분의 영역 안에서 설명되고 있다고 볼 수 있다.

아뢰야식에서 유근신의 자아가 형성된다는 것을 보여 주는 것이 12지연기(전변2)라면, 유근신뿐 아니라 그에 상응하는 기세간까지도 모두 아뢰야식의 식소변으로서만 존재한다는 것을 보여 주는 것이 유식이 새롭게 강조하는 아뢰야연기이며 이것이 곧 분별자성연기(전변1)이다. 이 부분까지를 12지연기에 함께 표현하자면 다음과 같다.

이와 같이 제법(육근·육경·육식)으로 변현하는 아뢰야식의 전변(전변1)은 6근인 유근신으로의 전변과 6경인 기세간으로의 전변을 다 포함한다. 그런데 아뢰야식에서 유근신으로의 전변은 앞서 업종자(이숙습기)에 따른 분별애비애연기(전변2)로 설명되었다.[15] 이렇게 보면 유식의 아뢰야연기(전변1)는 12지연기(전변2)를 포함하고 있으며, 따라서 〈전변1〉에서 〈전변2〉를 뺀 나머지 부분, 즉 아뢰야식에서 6경의 기세간으로 변현하는 과정만을 다시 〈전변3〉이라고 할 수 있겠다. 등류습기(명언훈습종자)는 엄밀히 말해 6근·6경·6식으로 전변하는 종자 전체가 아니라 6경의 기세간으로 전변하는 종자만을 뜻한다고 볼 수 있다. 『섭대승론』과 『성유식론』은 아뢰야식 전변에서 유근신으로 전변하는 〈전변2〉의 종자와 기세간으로 전변하는 〈전변3〉의 종자를 다시 다음과 같이 세분하여 논한다.

> 아뢰야식에는 공상이 있고 불공상이 있다. 즉 무수생종자상(생을 받지 않는 종자)이 있고 유수생종자상(생을 받는 종자)이 있다. 공상이란 기세간종자를 말하고, 불공상은 각각 다른 내처종자를 말한다. 공상이 곧 무수생종자이고, 불공상이 곧 유수생종자이다. … 또 유수진상(받음이 다함이 있는 상)과 무수진상(받음이 다함이 없는 상)이 있다. 유수진상은 이미 이숙과를 성숙시킨 선불선종자를 뜻하며, 무수진상은 명언훈습종자를 뜻하는데, 무시이래로 갖가지 회론이 유전하여 종자가 되기 때문이다.[16]

> 처(기세간)라는 것은 이숙식(아뢰야식)이 공상종자의 성숙력에 의해 색 등 기세간의 모습으로 변현한 것이다. 외적 사대종과 그것으로 만들어진 색법이 그것이다. … 유근신이란 것은 이숙식이 불공상종자의 성숙력에 의해 색근(승의근)과 그 근이 의지하는 처(부진근)로 변현한 것을 말한다. 내적 사대종과 그것으로 만들어진 색법이

그것이다.[17]

생을 받는 유수생종자는 근을 가진 유정의 생명체로 태어나게 하는 종자, 즉 유정세간을 형성하는 종자이며 그렇게 이숙과를 받게 함으로써 다함이 있는 선불선종자를 뜻한다. 이것이 곧 앞서 분별애비애연기를 일으키는 이숙종자 내지 업종자에 해당한다. 이 업종자에 의해 개별적인 유근신이 형성되는 것이다. 생을 받지 않는 무수생종자는 비생명체로 존재하는 기세간을 형성하는 종자이며 기세간이 유지되는 만큼 종자 또한 다함이 없는 종자이다. 종자가 다함이 없는 것은 무시이래로 행해진 개념적 분별에 따라 훈습된 종자이기 때문이며, 따라서 이를 명언훈습종자라고 한다. 이상은 다음과 같이 정리될 수 있다.

〈전변2〉 ┌ (불공상/유수생종자/유수진상/선불선종자)⟶ 유근신
　　　　　아뢰야식
〈전변3〉 └ (공상/무수생종자/무수진상/명언훈습종자)⟶ 기세간

이와 같이 아뢰야식은 자체 내의 불공상종자에 따라 유근신으로 전변하고 자체 내의 공상종자에 따라 기세간으로 전변한다. 6근과 6경, 유근신과 기세간, 자아와 세계는 모두 아뢰야식 내 종자의 변현 결과일 뿐이다.

2) 아뢰야식의 전변 결과

유식에서 18계를 모두 아뢰야식의 전변 결과라고 설명하는 것은 우리

가 자아 자체라고 생각하는 유근신이나 우리가 세계 자체라고 생각하는 기세간이 모두 아뢰야식의 식소변이라는 것, 즉 식을 떠난 실유가 아니라는 것을 논하는 것이다. 이 점에서 일체가 식일 뿐이라는 '유식'唯識이 성립한다. 유근신과 기세간은 둘 다 종자로부터 의타기한 것이기에 무자성이며, 식소변으로서 식을 떠난 객관 실유가 아니기에 비실유이다. 둘 다 무자성이고 비실유이므로 공空이다. 우리가 자아라고 집착하는 유근신이 공이라는 데서 아공이 성립하며, 우리가 세계라고 집착하는 기세간이 공이라는 데서 법공이 성립한다.

아뢰야식 내 종자	──(전변)──→	아뢰야식의 식소변		
불공상종자	〈전변2〉	유근신	―	아공
공상종자	〈전변3〉	기세간	―	법공

이처럼 유근신과 기세간은 모두 아뢰야식의 식소변이다. 그런데 12지 연기에 따라 유근신을 아뢰야식의 식전변 결과로 이해하는 것은 어렵지 않다. 우리는 아뢰야식을 각자의 업종자에 따라 형성되고 각각의 중생을 윤회하게 하는 각자의 식 흐름으로 이해하기 때문이다. 불교의 업보 및 윤회사상은 각자의 아뢰야식 내 업종자로부터 각자의 개별적인 유근신인 육입처가 형성된다는 것을 말해 주며, 이것이 곧 아공이다. 문제는 유식이 새롭게 주장하는 바 기세간까지도 아뢰야식의 식소변이 되는 법공이다.

기세간은 아뢰야식의 전변 결과인 6경으로서 6근을 떠나 따로 있는 것이 아니다.[18] 이처럼 경이 근을 떠나 있지 않다는 점에서 기세간의 공성이 성립한다. 즉 안근을 가진 존재에게만 색깔의 세계인 색경이 있고, 이근을 가진 존재에게만 소리의 세계인 성경이 있다. 우리 인간같이 의근이 있는 존재에게만 사려분별세계인 법경이 있다. 우리가 보고 생각하는 세계는 우리의 오근과 의근에 의해 그렇게 보여지고 들리고 분별된 세계이지, 시력이 없는 박쥐의 세계는 우리의 세계와 완전히 다를 것이며, 눈도 귀도 없고 촉각만 있는 지렁이의 세계는 또 완전히 다를 것이다. 이런 상황을 유식은 '일수사견一水四見'으로 논한다. 인간에게 물은 그 안에 살 수는 없고 단지 마시고 만질 수 있는 액체이지만, 물고기에게 물은 마치 우리의 공기와 같을 것이며, 아귀에게 물은 마치 피고름 같고, 천상존재에게 물은 마치 보석처럼 빛날 것이다. 이처럼 각자가 사는 세계는 각자의 근에 상응하는 경의 세계이다.

그러므로 기세간이 인간 모두에게 공통적인 하나의 세계라고 해서, 그것이 인간 근을 떠나 그 자체로 실재하는 것은 아닌 것이다. 지옥이나 천당이 지옥중생이나 천당중생의 마음이 그린 것이고 그 마음에 대해서만 존재하는 것처럼, 인간이 그 안에 사는 이 기세간도 인간 중생의 마음을 떠나 따로 있는 것이 아니다. 세계가 그것을 인식하는 마음을 떠나 따로 존재하지 않는다고 하는 것은 세계를 마음 안에 그려진 홀로그램우주나 꿈의 세계로 보는 것과 같은 말이다. 따라서 일체가 식이라는 유식을 말하면서 『섭대승론』이나 『성유식론』은 일체가 꿈과 같음을 강조한다.

일체 식(육근·육경·육식)이 모두 오직 식일 뿐이며 (식 바깥에)

대상이 따로 없다. 그럼 무엇처럼 현시顯示하는 것인가? 꿈 등과 같이 현시한다는 것을 마땅히 알아야 한다. 꿈속에는 실재하는 대상이 없고 오직 식만 있을 뿐인 것과 같다. 비록 각종 색성향미촉과 집과 숲, 땅과 산이 대상처럼 영상으로 나타나지만, 그중 어디에도 실재하는 대상은 없다.[19]

색 등의 대상은 색이 아니면서 색인 것처럼 현현하고 외부대상이 아니면서 외부대상인 것처럼 현현한 것이다. 마치 꿈의 대상을 집착해서 실재하는 외부의 색이라고 할 수 없는 것과 같다. … 유唯를 말하는 것은 단지 어리석은 범부가 집착하여 모든 식을 떠나 색이 실제로 존재한다고 집착하는 것을 부정하기 위한 것이다.[20]

이처럼 우리는 꿈을 꾸듯 기세간을 형성하지만, 이때의 꿈은 각자의 서로 다른 표층 마음인 제6의식이 임의적으로 각각 꾸는 것이 아니라 심층의 제8아뢰야식이 함께 꾸는 꿈이다. 꿈꾸는 의식 너머 꿈의 세계가 따로 없듯이, 기세간으로 전변하는 우리의 아뢰야식 너머 기세간 자체가 따로 있지 않다. 마치 꿈에서, 꿈꾸는 의식이 꿈의 세계를 그려내지만, 꿈속 의식은 그 세계가 꿈인 줄을 모르고 실재하는 세계처럼 여기듯이, 우리의 현실에서도 아뢰야식이 기세간을 그려내지만, 우리의 현실 의식은 기세간이 식소변인 줄을 모르고 실재하는 세계처럼 여기면서 살아간다. 꿈이 꿈인 줄을 모르는 한에서만 꿈이 계속되듯이, 기세간이 식소변인 줄을 모르는 무명無明이 지속되는 한에서만 기세간을 헤매는 육도윤회가 계속된다. 꿈이 꿈인 줄 알기 위해서는 꿈에서 깨어나는 것이 필요하듯, 기세간이 식소변이라는 것을 알기 위해서는 무명에서 벗어나는 것이 필요하다. 무명에서 벗어나는 이 지혜를 참된 지혜의 깨달음이라는 의미에서 "진지각眞智覺" 또는 "진여지각眞如智覺"이라고 한다.

> 만일 깨어 있을 때에도 일체 시간과 공간의 모든 것이 꿈과 같이 단지 유식일 뿐이라면, 꿈으로부터 깨어나면 꿈속의 모든 것이 단지 식일 뿐임을 알게 되는데, 왜 깨어있을 때에는 그와 같은 깨달음이 오지 않는가? 진지각이 있으면 그런 깨달음이 온다. 꿈 안에 있을 때에 그런 깨달음이 오지 않고 꿈에서 깨어나야 비로소 그런 깨달음이 오듯이, 진지각을 얻지 못하면 그런 깨달음은 오지 않고, 진지각을 얻어야 비로소 그런 깨달음이 온다.[21]

꿈에서 깨어나지 못하는 한, 즉 진여지각을 얻지 못하는 한, 우리는 일체가 꿈과 같이 식소변이며 가유라는 것을 알지 못한다. 그러다가 꿈에서 깨어나면 비로소 꿈속 세계 전체가 오직 내가 그린 영상이었음을 알게 되듯이, 진여지각을 얻으면 비로소 우리는 우리가 경험하는 기세간 전체가 아뢰야식의 식소변이라는 것, 일체가 유식이라는 것을 알게 된다.

4. 꿈에서 깨어나기 : 진여지각에 이르는 길[22]

그렇다면 우리는 어떻게 무명을 벗고 진여지각에 이를 수 있는가?

우리는 왜 깨어나지 못하고 계속 꿈꾸는 것일까? 나는 꿈을 꿀 때 꿈꾸는 의식으로서 꿈의 세계를 그려내고 다시 그 안에 꿈속 나를 그려 넣는다. 내가 나 자신을 꿈속 나로 알고 있는 한 꿈은 유지되지만, 내가 나를 꿈꾸는 의식으로 알게 되면 나는 꿈에서 깨어나게 된다. 마찬가지로 깨어있을 때 나의 아뢰야식은 전변하여 기세간을 그려내고 그 안에 개별 유근신인 나를 그려 넣는다. 내가 나를 유근신으로 알고 있는 한, 나의 꿈은 유지되지만, 내가 나를 아뢰야식으로 알게 되면 나는 그 꿈에서 깨어나게 된다.

그렇다면 내가 나를 개별 유근신이 아니고 아뢰야식으로 안다는 것은 무엇을 의미하는가? 아뢰야식의 정체는 무엇인가?

1) 아뢰야식은 개체적 다多인가, 보편적 일一인가?

유식에 따르면 유근신과 기세간, 자아와 세계는 둘 다 심층 아뢰야식이 변현한 식소변일 뿐이다. 그러나 그러한 심층 마음의 식전변 과정을 알지 못하는 우리의 표층의식에는 그 각각이 그 자체로 존재하는 실유처럼 주어진다. 그래서 유근신을 그 자체로 존재하는 나 자신으로 여겨 아집을 갖고, 그 근에 상응하는 경인 기세간을 나와 무관한 객관세계 자체라고 여겨 법집을 갖게 된다.

표층의식 차원:	유근신:말나식/의식	↔	기세간
심층마음 차원:		아뢰야식	

아뢰야식이 각각의 유근신으로 전변한다는 것을 보면 그렇게 전변하는 아뢰야식 자체도 서로 다른 각자의 식인 것 같은데, 그 아뢰야식이 전변하여 하나의 공통의 기세간이 된다는 것을 보면 그렇게 전변하는 아뢰야식이 서로 동일한 하나의 식인 것 같다. 그렇다면 어떻게 아뢰야식이 서로 다른 것이면서 또 동시에 하나일 수가 있는가? 유식은 이것을 아뢰야식에 함장된 종자를 통해 설명한다.

아뢰야식 내 종자	──(전변)──→	아뢰야식의 식소변
불공상종자		유근신: 서로 다른 개체
공상종자		기세간: 서로 같은 세계

각각의 아뢰야식 안에 포함된 종자가 서로 다른 업에 따라 심겨진 서로 다른 불공상종자이기에 서로 다른 유근신으로 전변하게 된다는 것은 12지연기가 말해준다. 그런데 그 각각의 아뢰야식 안에 공상종자가 있어 하나의 공통의 기세간이 형성된다는 것은 어떤 의미인가? 우리 모두가 그 안에 함께 살고 있는 이 하나의 기세간을 어떻게 나의 아뢰야식의 식소변이라고 할 수 있을까? 각자의 아뢰야식인데 그 아뢰야식의 소변인 기세간이 하나가 되는 것이 어떻게 가능한가? 유식은 이것을 등불의 비유를 들어 설명한다.

처(기세간)라는 것은 이숙식(아뢰야식)이 공상종자의 성숙력에 의
해 색 등 기세간의 모습으로 변현한 것이다. … 비록 제 유정에
의해 변현된 것이 각각 다르지만, 그 모습이 유사하므로 처소에
차이가 없다. 마치 여러 등이 각각 비추지만 두루 하나가 되는
것과 같다.[23]

각각의 아뢰야식을 여러 등불에 비유한 것이다. 각자의 식의 변현이
되 변현된 결과가 하나의 세계가 되는 것이 마치 각각의 등불의 빛이지
만 그 비춰진 빛이 두루 하나가 되는 것과 같다는 것이다. 우리는
흔히 전체 빛(기세간)에 대해 나의 등불 빛(아뢰야식)은 너무 미미하고
제거해도 표가 안 나겠기에 전체 빛을 나의 불빛과 상관없이 그 자체로
존재하는 것처럼 여기지만, 그러나 전체 빛은 나와 같은 등불 빛
이외의 다른 것이 아니다. 모두가 밖에 따로 빛이 있다고 생각하며
자기 등불 빛을 끈다면, 전체 빛은 사라질 것이다. 각각의 아뢰야식이
전변하지 않는다면, 기세간은 존재하지 않는다. 이처럼 기세간은
그렇게 전변하는 식을 떠나 따로 있는 것이 아니다. 그러나 등불
비유에서는 아직도 기세간을 이루는 전체 빛과 나의 등불 빛의 강도가
크게 다르며 전체는 마치 부분의 합처럼 생각되고 있다.

공상은 기세간종자를 말하고 불공상은 각각 다른 내처(유근신)종자
를 말한다. … 대치(대하여 다스림)가 발생할 경우 오직 불공상만
대치되어 멸한다. 공상은 다른 유정의 분별에 의해서도 유지되며
단지 청정하게 보게 된다. … 무수진상(공상)은 명언훈습종자를

뜻하는데, 무시이래로 갖가지 희론이 유전하여 종자가 되기 때문이다.[24]

여기서는 기세간을 형성하는 전체 빛과 나의 등불의 빛이 그 강약에 있어서조차 그다지 다르지 않음을 보여준다. 기세간을 형성하는 나의 아뢰야식 내 명언종자는 나의 개별적 유근신에 근거한 제6의식이나 제7말나식의 분별에 의해 훈습된 종자만이 아니라 그 이전 무시이래의 희론으로부터 훈습된 일체의 분별 종자이다. 나의 아뢰야식 안에 무시이래의 명언종자가 다 훈습되어 있어 그 작용력이 끝이 없기에 받음에 다함이 없는 종자라고 하는 것이다. 그리고 또 그만큼의 무시이래의 명언종자가 다른 이의 아뢰야식 안에도 훈습되어 있다. 무시이래의 희론이란 무시이래로 인간이 행해온 언어적이고 개념적인 분별, 견문각지의 분별을 뜻한다. 개념적으로 사유하고 분별하는 공통의 업으로부터 우리 모두의 아뢰야식 안에 공통의 업의 종자가 심겨지는 것이다. 공통의 업으로부터 심겨진 종자이기에 '공업종자'라고도 하고, 공통의 개념적 분별을 낳는 종자이기에 '공상종자'라고도 한다. 바로 그 공통의 종자로부터 공통의 기세간이 형성되는 것이다. 수행을 통해 염오의가 청정의로 전의되는 과정에서 대치되어야 할 것은 불공상종자이지 공상종자가 아니다. 유근신을 형성하는 불공상종자가 청정한 정문훈습종자로 대치될 경우에도 공상종자로 형성되는 기세간은 그대로 남겨지며, 따라서 수행자도 그 기세간을 바라볼 수 있다. 다만 의근의 염오성이 제거되었기에 기세간을 청정하게 바라보게 되는 것이다.

공업에 의해 각자의 아뢰야식 안에 공업종자가 남겨지고 그 공업종
자로부터 우리에게 공통적인 하나의 기세간이 형성된다는 것은 결국
우리의 아뢰야식이 유근신처럼 그렇게 개별적 존재가 아니라는 것을
말해준다. 오히려 공통의 업을 공유하고 그 결과 하나의 공통의 세계를
형성할 수 있을 만큼 우리는 마음 심층에서 서로 다르지 않은 하나의
마음으로 존재하는 것이다. 이와 같이 아뢰야식은 서로 다른 각각의
식이기에 다多이면서도 변현 결과 하나의 세계를 형성하는 식이기에
결국 일一이다. 바로 이 지점에서 대승불교가 지향하는 '일즉다 다즉일'
의 진리, '월인천강月印千江'의 진리가 성립한다. 아뢰야식은 각자의
식이란 점에서 다이지만, 이것은 전체인 일을 이루는 각각의 부분으로
서의 다가 아니라 전체의 일을 반복하는 다이며 따라서 일과 다르지
않은 다이다. 우리는 흔히 각자의 마음은 서로 상이한 다多를 이루고
그 마음이 바라보는 세계는 하나인 일一이라고 전제하지만, 유식이
기세간을 우리 마음의 변현으로 본다는 것은 곧 우리 마음이 그 심층에
서는 다이면서 또 일이라는 것을 표현하는 것이다. 우리가 보는 세계가
일이 될 수 있는 기본 조건이 바로 세계를 보는 마음의 일인 것이다.
우리 각자의 마음은 보여진 세계만큼 크고 보여진 세계만큼 하나이다.
그래서 일체가 식임을 논하는 유식은 결국 한마음, 일심을 말하게
된다.

그러므로 도처에서 오로지 일심일 뿐이라고 설한다.[25]

우리는 의식 표층에서 서로 다른 각각의 유근신으로 살아가므로

그 심층에 있어서조차 서로 다른 아뢰야식이라고 생각하지만, 아뢰야식은 전체 우주를 그려내는 인간 모두에게 공통적인 '하나의 우주적 마음'이라고 할 수 있다.[26] 이는 누구에게나 공통적인 보편적 마음이므로 곧 '공심公心'이다. 하나의 기세간에 사는 우리는 모두 하나의 아뢰야식, 하나의 우주적 마음을 공유하고 있는 것이다. 하나의 마음을 공유하였기에 하나의 기세간 안에 살 수 있는 것이다.

2) 아뢰야식의 각성이 있는가, 없는가? 각覺인가, 불각不覺인가?

우리의 심층 마음이 하나의 우주적 마음인 아뢰야식이고 유근신과 기세간이 모두 그 심층 마음인 아뢰야식의 변현이라면, 우리는 왜 스스로 그 사실을 자각하여 알지 못한단 말인가?

일체가 식이라는 것은 우리가 보는 모든 것이 아뢰야식의 식소변, 마음이 그린 영상 이외의 다른 것이 아니라는 것이다. 그러므로 "식이 보는 것은 오직 식이 변현한 것일 뿐이다"[27]라고 말하게 된다. 우리는 마음 바깥의 세계를 본다고 생각하지만, 실제로는 그 세계가 마음의 변현일 뿐이므로 결국 마음이 마음을 본다는 말이 된다. 따라서 이렇게 묻게 된다.

어떻게 이 마음이 다시 이 마음을 취할 수 있는가?[28]

그것은 마음이 일어날 때에 마음의 변현으로서의 영상이 함께 현현하기 때문이다. 이에 『섭대승론』은 다시 비유로 답한다.

마치 면(질)을 연으로 삼아 돌이켜 면을 보면서 '나는 영상을 보고
있다'고 말하고 '면을 떠나 보여진 영상이 따로 있어 현현하는 것이
다'라고 말하는 것과 같다. 이 마음도 이와 같아서 마음이 일어날
때 그와 같이 다르게 보여지는 영상이 현현한다.[29]

면을 보면서 면 아닌 영상을 본다고 말하는 것은 어떤 경우인가?
벽면에다 손그림자를 만들면 우리는 그 그림자를 보고 있다고 말하지
벽면을 보고 있다고 말하지 않는다. 벽면과 구분되는 그림자가 거기
나타나기 때문이다. 필름을 투사해서 스크린에 청색이나 황색의 영상
이 그려지면 우리는 청색이나 황색의 영상을 본다고 말하지 스크린을
본다고 말하지 않는다. 스크린 위에 스크린과 구분되는 색깔 있는
영상이 그려지기 때문이다. 여기서 벽면이나 스크린은 곧 마음을
의미한다. 유식이 말하고자 하는 것은 우리가 보는 그림자는 결국
벽이 만든 그림자, 마음이 만든 영상이며, 우리가 그림자를 볼 때
우리는 사실 벽, 우리 자신의 마음을 보고 있다는 것이다. 청색이나
황색 등 색깔 있는 세계, 우리의 기세간은 우리 마음이 우리 마음
안에 투사해 놓은 세계이다. 그러므로 색을 보는 것이 곧 빈 스크린,
공을 보는 것이고, 결국은 마음을 보는 것이다.

이렇듯 우리는 이미 언제나 자신의 마음을 보고 있다. 그림자를
보면서 그림자만 보고 있다고 생각하고 색의 세계를 보면서 색만
보고 있다고 생각하지만, 사실은 그림자가 곧 마음의 그림자이고
색이 곧 마음이 그린 색이기에 우리는 언제나 마음을 보고 있는 것이다.
그렇다면 마음을 보고 있으면서도 왜 우리는 그 사실을 알지 못하는

것일까?

그것은 마음이 우리가 바라보는 전체이기 때문이다. 벽면 위의 그림자는 변화하고 바뀌는 것, 한계지어진 것, 유한하고 상대적인 것이기에 우리는 그것을 보면서 그것이 없지 않고 있다는 것, 그것이 다른 것이 아니라 그것이라는 것을 안다. 색의 차이를 통해 다른 것들과 구분되는 상대적인 것들에 대해서는 그것이 거기 있다는 것을 안다. 그러나 그림자의 바탕이 되는 벽면, 색깔이 거기 그려지는 스크린이 우리가 바라보는 전체라면, 우리는 그 전체의 바탕을 분별하여 알 수가 없는 것이다. 무경계의 전체는 그것을 그것 아닌 것으로부터 구분해 줄 경계가 없으며, 따라서 그것이 없지 않고 있다는 것을 분별할 수 없기에, 우리는 그것을 그것으로 분별하여 알지 못한다. 그처럼 경계 없는 무경계, 분별을 넘어선 무분별을 우리는 공空으로 이해한다.

그러나 그 공은 단지 추상적인 빈공간, 우리가 그것에 대해 아무 감각도 가질 수 없는 그런 무가 아니다. 그 보여지는 벽면이나 스크린이 곧 보고 있는 마음 자체이기에, 그 무경계와 무분별의 전체가 바로 마음 자체이기에, 우리는 이미 그 전체에 대한 각성, 마음 스스로의 자각성을 갖고 있는 것이다. 다만 우리가 그런 전체 의식 내지 자기 각성을 가지고 있다는 사실을 분별하여 알지 못할 뿐이다. 이것은 마치 언제나 물 안에 살면서 한 번도 물밖에 나가본 적이 없는 물고기는 그러기에 물을 가장 잘 알고 있으면서도 또 바로 그렇기 때문에 자신이 물을 안다는 사실을 알지 못하는 것과 같다. 물고기에게는 물이 곧 전체이며 자신을 물로부터 분리시킬 수 없기에, 물고기는 물 아닌 것을 경험한 적이 없으며, 따라서 물을 물로 분별하여 알지 못한다.[30] 그렇듯 일체가 오직 식일 뿐이기에 우리는 식을 추상하여 식 바깥으로 나아갈 수 없으며, 따라서 식을 식으로 분별하여 알지 못한다. 그러나 그렇다고 식에 대한 각성, 자신의 마음에 대한 각성이 아예 없는 것은 아니다.

이 무분별 전체에 대한 각성, 마음의 자기 자각성을 『대승기신론』은 본각本覺이라고 부른다. 이것이 곧 원효가 강조한 대로 우리의 일심이 갖고 있는 '성자신해性自神解'이며, 지눌이 논한 '공적영지空寂靈知'와 다르지 않다. 이처럼 우리는 누구나 공으로 드러나는 진여 또는 일심의 자기 자각성을 갖고 있다. 다만 우리는 우리가 그런 본각을 가지고 있다는 것을 분별하여 알지 못할 뿐이다. 즉 시각始覺이 없고, 따라서 시각을 거친 구경각究竟覺이 없을 뿐이다. 자신의 마음 바깥으로 나가 본 적이 없기에 일반 범부는 자신의 마음을 그런 것으로 분별하여 알지 못하지만, 그럼에도 불구하고 전체가 곧 자신의 마음이기에 그 전체에 대한 각성을 갖고 있다.

이처럼 자신을 공의 마음으로 자각하고 나면, 자신이 바라보는 일체 현상세계가 모두 자기 마음 안에 그려지는 마음의 변현이라는 것을 알게 된다. 전체를 마음의 변현으로, 또는 아뢰야식의 식소변으로 자각하여 아는 우주적 각성이 있게 되는 것이다. 유식이 논하는 아뢰야식의 료了가 바로 이러한 전체의식 내지 우주적 각성에 해당한다. 료는 아뢰야식이 식전변하여 상분으로 현현한 유근신과 기세간을 그 자체로 바라보는 아뢰야식의 견분이며, 이 료의 활동은 제7말나식의 견분이나 제6의식의 견분과는 구분된다. 제7말나식(자기의식)의 견분인 사량은 의근이 의근 자신의 관점에서 의근 자신을 바라보는 것이고, 제6의식(대상의식)의 견분인 요별은 의근이 의근의 관점에서 기세간을 대상으로 바라보는 것이다. 사량과 요별 둘 다 개별적 유근신의 의근에 기반해서 그 의근의 관점에서 자신과 세계를 바라보는 활동인 것이다. 반면 아뢰야식의 견분인 료는 그 유근신과 기세간 자체를 아뢰야식의 관점에서 바라보는 것이다.[31] 개별적 유근신과 그 개별자들을 포괄하는 전체 기세간을 우리가 개체적인 의근의 관점에서가 아니라 심층 아뢰야식의 관점에서 바라보고 있다는 것은 우리 안에 하나의 우주적 일심이 잠들어 있는 것이 아니라 깨어 있다는 것을 의미한다.

5. 마음의 두 차원: 본심과 망심, 공심公心과 사심私心

아뢰야식의 전변은 불공상종자에 따라 각각의 개별적 유근신으로 바뀌는 것(전변2)이 다가 아니다. 유식이 강조하는 것은 그러한 각각의 유근신이 의거해 사는 하나의 공통의 기세간까지도 모두 우리 각각의 아뢰야식의 전변(전변3)의 결과라는 것이다. 이로써 유식은 우리 각각의 심층마음인 아뢰야식은 무시이래의 희론의 공업에 따라 공상종자를 공유한 하나의 식이고 하나의 마음이라는 것을 논한다. 우리 마음을 표층에서 보면 우리는 각각의 유근신의 의근이 일으키는 개별적 의식만을 갖고 있는 것 같지만, 마음 심층에서 보면 우리는 하나의 마음, 하나의 아뢰야식을 갖고 있다.

우리 각각의 심층 마음이 모두 하나의 아뢰야식이기에 우리는 모두 하나의 기세간을 그려내고 그 하나의 기세간 안에 살아간다. 그러면서도 그 사실을 망각하고 자신을 기세간 안에 그려진 개별적 유근신인 줄만 알고 살아간다. 마치 꿈속에서 자신이 꿈의 세계 전체를 그려내는 꿈꾸는 의식임에도 불구하고 그 사실을 모르고 자신을 그 꿈의 세계 속의 일부분인 꿈꾸어진 자기로만 알고 있는 것과 같다. 그래서 아뢰야식의 활동은 꿈꾸는 의식에 비유된다.

그러나 우리에게 우리 자신의 심층 마음인 아뢰야식에 대한 자각성이 아예 없는 것은 아니다. 우리의 마음 심층에 하나의 기세간, 하나의 우주를 그려내는 하나의 우주적 마음이 작용하고 있기에 우리는 누구나 그 마음의 자각인 우주심, 일심, 본심, 공심을 갖고 있는 것이다. 이 일심 내지 공심을 자각하는 순간 인간은 누구나 자기 개인의 사적 관점이 아닌 보편의 관점에서 사태를 보고 느낄 줄 안다. 본심 내지 공심은 유근신의 근에 매이지 않는 마음이다. 의근이 갖고 있는 아상과 아애와 아만을 떠난 마음, 우주적 마음이다.

그런데 우리는 우주적 마음을 그런 것으로서 자각하지 못하고 그것을 그 우주적 마음에 의해 그려진 유근신이 일으키는 마음으로 간주하고 그 유근신의 관점에서 자아와 세계를 다시 사량 분별한다. 유근신의 관점에서의 사량 분별은 곧 의근의 제7말나식이 갖는 아상과 아집에

122

물든 의식작용이다. 이와 같이 개체적 유근신의 관점에서 일어나는 마음은 더 이상 보편심이 아닌 개별심이며, 본심이 아닌 망심이고, 공심이 아닌 사심이다. 우리가 대개 자기 개인의 이익만을 추구하는 이기적 사려분별에 머무르고 마는 것은 자신의 본심인 공심을 유지하지 않고 개체적 유근신을 자아라고 집착하면서 그 망심인 사심의 관점에서 사유하기 때문이다. 망심은 근에 매인 마음이고 주객분별의 마음이다. 누구나 보편적인 하나의 본심을 갖고 있고 그 본심에 의해 하나의 기세간 안에 살게 되지만, 다시 그 기세간 안에 그려진 각각의 유근신에 따라 개체적인 망심 또는 사심을 갖게 되는 것이다.

개체심=망심/사심:주 ↔ 객:객관세계

보편심=본심/공심

이처럼 우리 안에는 보편적 공심인 본심과 개체적 사심인 망심이 함께 작용하면서 우리 안에 복잡한 느낌과 생각을 불러일으킨다. 그렇다면 개체적 유근신의 한계를 벗어나지 못하는 개체심으로부터 일어나는 느낌과 그러한 한계를 벗어난 보편적 우주심으로부터 일어나는 느낌은 어떤 차이가 있는가?

유근신에 매인 느낌은 무명과 탐진에 휩싸인 상태에서 일어나는 느낌이며, 이는 일차적으로 세상과의 부딪침에서 주어지는 고락의 느낌이다. 그리고 이 고락의 느낌은 곧 애증의 느낌을 불러일으킨다. 부딪침에서 오는 느낌을 순수한 보報로서의 수동적 느낌이란 의미에서 몸의 느낌이라고 한다면, 그로부터 자동 이행되는 애증의 느낌은 탐욕에 물든 탐진치의 마음의 느낌이다. 이는 아집과 법집에 머무른 상태에서 갖게 되는 느낌이므로 개체적 유근신의 관점에서 일어나는 느낌이라고 볼 수 있다. 개체적 유근신을 자아라고 여기는 망심에서는 유근신에게 즐거운 것을 좋아하게 되고 그 유근신에게 괴로운 것을 싫어하게 되는 애증을 느낌을 갖게 된다.

반면 보편적 마음인 본심은 개체적 유근신의 한계를 넘어선 마음이기에 자기만의 유근신의 고락에 집착하지 않고 그것으로부터 일어나는 애증의 느낌을 넘어선다. 본심은 유근신의 한계를 넘어 우주 만물을 모두 동근원적 우주적 마음의 발현으로 자각하기에 모든 생명체에 대해 공감하는 능력을 갖는다. 이러한 공감의 느낌, 만물일체의 느낌이 곧 대자대비의 느낌이다. 본심인 공심은 우주의 전 생명체에 대해 공감하는 자비의 느낌을 갖는다.

> 망심(사심=개체심)의 느낌 - 사적 느낌, 탐진치의 욕망의 느낌
> 본심(공심=보편심)의 느낌 - 보편적 느낌, 감정이입과 공감, 자비

생각도 망심인 사심이 일으키는 생각과 본심인 공심이 일으키는 생각은 서로 차이가 있다. 사심이 일으키는 생각은 유근신에 매인 생각, 자신의 의근에 입각한 생각이며 이는 주객분별과 자타분별에 근거해서 대상을 객관화해서 거리를 두고 파악하는 생각이다. 자신에게 즐거움을 주는 것을 취하고 괴로움을 주는 것을 피하려는 의지작용을 따라 자기 이익을 좇아가며 계산하는 분별적 생각이라고 할 수 있다. 의근의 작용에 따라 업을 지음으로써 연기의 유전문을 따라

124

윤회하게 되는 생각, 즉 망상이다.

반면 공심이 일으키는 생각은 개별적인 사적 관점을 지양하고 보편의 관점에서 사태를 이해하려는 생각이라고 볼 수 있다. 아애, 아견, 아집의 염오적 의근이 일체 허망분별의 근원이므로, 그러한 의근에 매이지 않고 공심에 따라 사유한다는 것은 일체의 분별을 떠난 무분별 경지를 지향하는 사유라고 볼 수 있다. 근에 매이지 않음으로써 매임을 벗은 해탈의 사유이며, 유전문을 벗어나 환멸문에 이르게 하는 사유가 된다.

사심이 일으킨 생각 - 사량분별적 생각, 유전문을 따르는 생각, 매인 생각, 망상
공심이 일으킨 생각 - 분별지양적 생각, 환멸문을 따르는 생각, 해탈적 생각, 정사유

6. 사심(망심)에서 공심(본심)으로

우리는 일상적으로 각각의 몸인 유근신을 자아로 여기고 유근신 바깥의 세계를 그 자체로 실재하는 객관적 실유로 여기며 살아간다. 그것이 바로 아가 공임을 모르는 아집이고, 법이 공임을 모르는 법집이다. 이에 반해 유식은 우리가 자아로 여기는 유근신이나 우리가 세계로 여기는 기세간이 모두 우리 각자의 심층 마음인 아뢰야식이 식전변한 결과일 뿐이라고 말한다. 유근신과 기세간은 모두 아뢰야식 내 종자가 변현한 의타기의 산물이며 식소변이다. 그렇게 무자성이고 비실유이며 따라서 공이다.[32] 일상의식에게 마음이 세계 또는 신체 속 마음일

뿐이라면, 유식은 우리의 마음이 자신의 신체나 세계보다 더 크고
더 깊다는 것을 논하는 것이다.

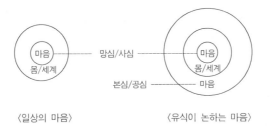

〈일상의 마음〉   〈유식이 논하는 마음〉

우리 일상 범부는 마음을 표층 제6의식으로만 이해한다. 따라서
마음은 세계나 신체의 물리적 자연법칙에 의해 규정되는 수동적이고
제한적인 마음으로만 간주된다. 자신을 개체적인 유근신으로 간주하
므로, 마음을 근에 매인 마음인 망심 또는 사심으로만 알고 살아가는
것이다.

반면 그러한 물리적 자연법칙의 세계와 그 안의 개별 유근신을
심층 마음인 아뢰야식의 전변결과로만 간주하는 유식은 마음을 표층
의 제6의식이 아닌 심층 아뢰야식, 하나의 보편적 우주적 마음으로
간주하고, 그 마음을 여실지견하고 실현하는 길을 모색한다. 본래의
마음을 근에 매이지 않는 마음, 자유로운 해탈의 마음으로 여기는
것이다.

우리는 전통적으로 이 하나의 우주적 마음을 불성이나 진여성으로
또는 만물일체의 천지지심으로 알고 살아가며 그 마음을 함양하고
실현하는 것을 삶의 과제로 삼아왔을 것이다. 그러나 오늘날 우리들은
더 이상 그 하나의 마음을 너나 나의 마음으로 실감하며 살지 못한다.
오히려 마음의 활동을 물리세계나 신체 조건에 의해 규정된 마음,

두뇌활동에 의해 야기되는 부수적인 마음, 탐진치의 욕망에 이끌리는 마음, 근에 매인 마음으로만 알고 살아간다. 이에 본고는 유식을 통해 그런 망심(사심)을 넘어서는 본심(공심)을 우리 자신의 진정한 마음으로 밝혀본 것이다.

마음을 가져와라

―돈오와 평상심의 수증론―

윤원철(서울대 종교학과)

1. 마음, 선불교의 일대사―大事

선사들의 어록을 보면 보리달마菩提達磨라는 인물의 이미지를 빌어 선의 입장을 표명하는 대목이 많다. 인도로부터 중국으로 선법禪法을 전하여 선종禪宗의 초조初祖가 되는 인물이므로 그 권위를 빌리는 것이다. 마조 도일(馬祖 道一, 709~788)의 어록에 보면 보리달마가 전한 가르침의 요체를 다음과 같이 말한다.[1]

달마대사가 남천축국南天竺國에서 중국에 와 상승上乘인 일심법―心法을 전하여 그대들을 깨닫게 하였다. 그리고는 「능가경楞伽經」을 인용하여 중생의 마음바탕을 확인[印]해 주셨으니, 그대들이 완전히 잘못 알아 이 일심법이 각자에게 있음을 믿지 않을까 염려하였던 것이다. 그러므로 「능가경」에서는 '부처님 말씀은 마음[心]으로 종宗을 삼고, 방편 없음[無門]으로 방편[法門]을 삼는다. 그러므로 법을 구하는 자라면 응당 구하는 것이 없어야 하니, 마음 밖에 따로 부처가 없으며, 부처 밖에 따로 마음이 없기 때문이다'고 하셨다.[2]

"일심법"이 그 요체라는 얘기인데, 보조국사普照國師 지눌(知訥, 1158~1210)의 『권수정혜결사문勸修定慧結社文』 첫머리에 좀더 자세한 설명이 나온다.

삼가 듣자니, '땅에 걸려 넘어진 자는 땅을 딛고 일어나야지 땅을 떠나 일어날 수는 없다'고 한다. 한마음에 어리석어 가없이 번뇌를 일으키는 자가 중생이요 한마음을 깨쳐 가없이 묘한 작용을 일으키는 이가 부처님들이다. 어리석음과 깨달음이 비록 다르지만 결국에는 그게 다 한마음에서 유래하니, 마음 이외에 다른 곳에서 부처를 찾는다면 이 또한 있을 수 없는 일이다.[3]

마음의 진상을 모르는 어리석음으로 온갖 번뇌를 일으키면서 사는 것이 범부중생凡夫衆生이고, 마음의 진상을 깨달으면 곧 부처님으로서 온갖 신묘한 일을 할 수 있다는 얘기이다. 좀더 평이하게 말하자면, 우리가 잘못 살아가는 것은 마음을 잘못 써서 그런 것인데, 올바르게 되는 것 또한 바로 그 마음에 달렸다는 뜻이다. 굳이 "한마음", 즉 "일심一心"이라 한 것도 모든 문제의 원천과 궁극적인 해결책이 모두 같은 "바로 그" 우리의 마음에 있다는 뜻이라 하겠다. 종교도 마치 의술醫術과 같아서 병病을 진단하고 약藥을 처방하는 것이라 할 수 있는데, "마음"이 병이자 또한 약이라는 얘기인 셈이다. 이는 지눌의 독창적인 가르침이 아니라 예나 지금이나 선사禪師들이 늘 하는 얘기이다. 그만큼 "마음"이라는 주제는 선의 알파요 오메가이다. "오로지 한마음만을 전할 뿐 그밖에 다른 것은 없다"고 할 정도이다.[4]

마음이라는 주제와 관련해서 선에서 가장 널리 알려진 이야기 가운데 하나가 보리달마의 이른바 안심법문安心法門 또는 안심문답安心問答이다. 인도에서 중국으로 건너와 선법을 처음 전했다고 해서 선종에서 초조, 즉 첫 번째 조사祖師로 모시는 인물이 보리달마이다. 보리달마와 그의 제자 혜가慧可 사이에 오고 갔다는 대화인데, 다음과 같다.

"저는 마음이 편치 않습니다. 부디 편안하게 해주십시오."
"마음을 가지고 오라. 편안하게 해주리라."
"마음을 찾아도 얻을 수가 없습니다."
"내가 네 마음을 이미 편안케 했다."[5]

언뜻 보면 불안한 마음을 가라앉힐 방법을 묻는 제자의 요청을 스승이 기발하고 재치 있는 답변으로 회피해 버리는 말장난 정도로 읽힐 수도 있다. 그러나 이 문답이 하필 선종의 초조初祖와 그 법통法統을 이은 이대조사二代祖師 사이의 대화로 간주되고 하나의 공안公案이 되기에 이른 것은 이 이야기가 무엇인가 중요한 뜻을 품고 있음을 말해준다. 심지어는 선불교의 핵심 교의教義가 이 간단한 대화에 이미

다 들어 있다고까지 할 수 있다.[6]

우선 앞에 인용한 지눌의 글에서 말하듯이 마음의 문제가 선의 초점임을 이 문답에서 다시 한번 확인할 수 있다. 아울러, 그 문제에 대한 선 특유의 입장을 암시하고 있기도 하다. 야나기다 세이잔은 이 문답에 대해서 다음과 같이 해설한다.

혜가가 달마에게서 구한 것은 단순히 마음을 진정시키는 방법이나 그 원리가 아니라, 현재의 자신의 마음을 단번에 안정시키는 것이었다. 달마는 확실히 혜가의 마음을 편안하게 했다. 그는 단순한 방편이나 일시적인 위안이 아니라, 가장 본래적이고 근원적인 상대의 마음 자체를 적나라하게 내보이게 했다.
마음은 편안하지도, 편안하지 않은 것도 아니다. 찾아도 얻을 수 없다는 말은 단지 마음이 발견되지 않는다는 절망의 표시가 아니라, 자신의 마음의 본질을 이해한다는 자기확신을 의미한다.
종래의 불교는 모두가 응병여약應病與藥의 방편불교에 머물렀다. 불안한 마음을 안정시키는 방법의 탐구에만 매달려 시종하고 있었던 것이다. 확실히 그것은 필요하다. 그러나 더 중요한 것은 약이 필요 없는 본래의 자신을 발견하는 것이다.[7]

즉 혜가는 단순히 마침 그때 무슨 이유에선가 편치 못한 마음을 스승에게 하소연하고 진정시킬 방법을 가르쳐 달라고 요청한 게 아니라, 편안하거나 편안하지 않거나 하는 데 '끄달리지 않는' 본래의 마음자리, "가장 본래적이고 근원적인" 마음 자체에 대한 가르침을 구한 것이라는 얘기이다. 이에 대한 달마의 응대는 다음과 같은 뜻으로 새길 수 있을 것이다. '그건 네 것인데 왜 내게 묻느냐? 아무튼 그래도 어쨌든 기왕이 말이 나왔으니, 굳이 내 의견을 듣고 싶다면 어디 한번 보자. 네 마음을 가져와라.' 야나기다가 지적하듯이 찾아봐도 얻을 수 없다는 제자의 답변은 당황과 절망에서 하는 소리라기보다는 이로써 이미 단박에 "자신의 마음의 본질을 이해"했음을 토로한 것이라 볼 수 있다. 그리고 스승의 마지막 코멘트는 '거봐라, 워낙 그런 거라니까!'라는 뜻이겠다.

그러니까 이 문답에서 읽을 수 있는 선의 입장을 정리해 보자면 다음과 같다.

첫째, 위에서 지눌의 글을 인용하며 언급했듯이, 마음의 문제는 선불교의 핵심 주제이다.

둘째, 편안하거나 편치 않거나 하는 그 마음이라는 것이 실상은 그런 식으로 실체가 있는 게 아니다. 공空이요 무자성無自性이다. 그러니까 마음이 편안하다, 또는 편치 않다는 것도 이미 근거 없는 분별이다.[8] 마음을 깨치면 부처요 못 깨치면 중생이라 할 정도로 중요한 문제인 바로 그 마음에 대해서 실체가 없다고 하는 것이다. 그렇다면 마음을 깨치고 말고 하는 것도 실상은 그런 일 없다고 하는 셈이다. 제자의 마음을 가지고 오라는 스승의 요구에 찾아봐도 "얻을 수 없다"고 한 답변의 원문 "불가득不可得"은 마음에 대해서만 적용되는 게 아니라 깨달음에도 적용된다.

셋째로, 마음의 진상에 대한 깨달음은 자기 자신이 스스로 해야 할 일이다. 그 마음이라는 것이 개념의 일상적인 의미 그대로 각자 자기의 마음이기 때문이다. 이 점을 재치 있게 표명한 일화로 조주 종심(趙州 從諗, 778~879)의 이른바 요시소사尿是小事 이야기가 있다. 급하고 절실한 일에 대해 말씀해 달라고 했더니, "오줌 누는 것이 작은 일이긴 하나 내가 몸소 가야만 되는 일"이라고 답변한다.[9] 묻고자 했던 급하고 절실한 일이란 물론 깨달음이었을 터이다.

넷째로, 마음의 진상은 깨달으면 비로소 그렇고 아니면 그렇지 못한 그런 게 아니라, 깨닫건 말건 늘 그대로이다. "네 마음을 이미 편안케 했다"(爲汝安心竟)는 완료형의 선언이 이를 표현한다.

다섯째, 그러니까 선에서 주제로 삼는 마음이란 자성청정심自性淸淨心이다. 이 문답에서는 이를 바로 앞에서 언급한 완료형의 선언으로 표현하였다. 그리고 위에 인용한 야나기다의 해설에서 "가장 본래적이고 근원적인" 마음이라거나 "자신의 마음의 본질", 또는 "본래의 자신"이라 지칭한 것도 바로 이를 가리킨다고 할 수 있겠다.

여섯째이자 마지막으로, 마음의 문제에 대한 궁극적인 해결은 "단번에" 이루어진다. 달리 말하자면, 본래 편하거나 편치 않은 데 해당되지 않는 마음의 본래 진상이 현전現前하는 데에는 아무런 매개媒介도 필요 없고 부분적이고 점진적으로 전개되는 과정도 필요 없다. 그러므로 마음의 진상에 대한 깨달음은 돈오頓悟이다.

지금까지 지눌의 법문, 그리고 보리달마와 혜가 사이에 오갔다는 문답을 빌미로 해서 마음의 문제에 관한 선불교의 기본적인 입장 몇 가지를 꼽아보았다. 이제부터는, 선불교의 수증론修證論을 압축한 잘 알려진 구호인 직지인심 견성성불直指人心 見性成佛 불립문자 교외별전不立文字 敎外別傳을 단서로 해서 이에 대해 좀더 자세히 살펴보고, 아울러 간화선看話禪, 돈점頓漸 문제 등과 관련해서도 논의해 보기로 한다.

2. 직지인심 견성성불

1) 직지인심直指人心

직지

무엇인가를 곧바로 가리킨다는 말이 "직지"인데, 그러니까 "직지인심直指人心"이라 하면 이것저것 다른 것을 집적거릴 필요가 없이 곧바로 사람의 마음을 문제 삼는다는 뜻이겠다. 여기에서 살펴 보아야 할 사항은 우선 왜 "직지"할 것을 강조하는지, 그리고 왜 하필 사람의 마음인가이다.

"직지"라는 구호에는 이것저것 다른 데 한눈 파는 행태에 대한 비판이 담겨 있다. 마음의 문제, 즉 마음의 진상을 깨치는 '대사大事' 이외에 그 어떤 다른 일에 매달리거나, 그 일에 곧장 달려들지 않고 우회하는 행태가 모두 이에 해당한다. 그중에서도 선종이 일차적으로 비판한 것은 경전공부에 몰두하는 행태였다.

선종이 기존의 여느 종파와 구별되는 자기의 정체성을 내세울 때 가장 흔히 강조한 특징은 '우리는 교종敎宗이 아니다'라는 점이다. 이것은 다음에 살펴볼 "불립문자 교외별전"이라는 구호와도 관계가 있으니 앞으로 차차 더 이야기할 기회가 있을 것이다. 아무튼, 그렇다고 해서 교종이라 하는 이름을 가진 특정 종파가 따로 있지는 않았다.

'우리는 교종'이라고 자처하는 종파가 있지도 않았다. 선종 측에서 기존의 종파들을 싸잡아서 일컫기를 교종이라 하였고, 그것은 경전에 매달리는 무리라는 뜻이었다.

하지만 경전은 곧 부처님의 가르침을 담은 문서이니, 불자의 신행으로서 그것을 열심히 공부하여 부처님의 가르침을 알아차리려고 하는 것은 칭찬을 받으면 받았지 비판받을 일은 아니다. 게다가 선승들도 경 공부를 열심히 한다. 그런데도 이율배반적인 이야기를 그토록 힘주어 한다면 거기에는 반드시 어떤 이유가 있을 것이다.

선종이 그 모든 종파를 교종이라고 싸잡아 부르면서 퍼부은 비판의 핵심은, 경전공부에 매달리다보니 정작 자기가 직접 깨달음을 이루어 성불成佛하는 일은 뒷전에 둔다는 것이다. 경전공부를 하면 깨달아 성불하는 데 방해가 된다고 하는 셈이다. 하지만 경전이라는 것이 부처님의 입에서 직접 나온 말씀이라는데, 선사들이 경전 그 자체, 또는 경전을 공부한다는 것 그 자체를 문제 삼았을 리는 없다. 그보다는 경전에 대한 태도, 경전공부를 하는 태도에 시비를 걸었다고 보는 것이 옳다.

무엇보다도, 경전의 기원이라든가 배경, 구조, 주요 개념, 그리고 불교의 주제에 대한 그 경전의 전반적인 입장이 무엇인가 등을 초점으로 경전 그 자체를 지적 관심의 '대상'으로 삼음으로써 경전을 '객체화'하는 태도, 또는 지식 그 자체를 목적으로 하는 태도를 비판하였다. 경전에서 깨달음에 대해 뭐라 하는지를 아는 것과 자신이 깨달음을 체험하는 것은 전혀 다른 문제라는 것이 선의 입장이다. 여느 모든 존재나 현상과 마찬가지로 경전, 즉 부처님의 가르침도 무자성無自性

이고, 그저 무엇인가를 드러내려고 마련된 것이다. 하지만 경전 그
자체를 목적으로 하고 접근하면, 다시 말해 경전 그 자체를 알기
위해서 공부하는 이들에게는 그것이 드러나지 않는다. 경전을 투과해
야지만 그것을 체득할 수 있다.[10]

『전심법요』에서 황벽 희운은 다음과 같이 말한다.

> 지금 사람들은 하많은 알음알이를 구하고, 널리 글의 뜻을 캐면서
> 그것을 "수행"이라고 하지만, 넓은 지식과 견해 때문에 도리어
> 장애가 된다는 사실을 알지 못하기 때문이니라. 이는 마치 어린아이
> 에게 젖만 많이 먹일 줄 알지 소화가 되는지 안 되는지 도통 모르는
> 것과 마찬가지니라.…… 이른바 알음알이가 녹아내리지 않으면
> 모두가 독약이 된다는 것이니라.[11]

그러니까 지식을 위해서 경전을 공부하지 말고, 다시 말해 경전을
객체로 대하면서 들여다보고 생각하고 하는 식으로 읽지 말고, 경전
그 자체를 뚫고 지나서 그것이 제시하는 진실을 소화해야 비로소
경전을 제대로 공부하는 셈이라는 얘기이다.

그러한 지적은 경전공부에만 해당하는 게 아니다. 앞에서 마음의
진상에 대한 깨달음은 자기 자신이 스스로 해야 할 일이라고 했는데,
그런 '주인 노릇'을 망각하고 외부의 무엇인가를 의지처로 삼으려
한다면 다 그런 비판의 적용을 받는다. 무소의無所依라거나 "방편
없음으로 방편을 삼는다"는 방침이 그런 입장을 표현한다.

부처든 경전이든 조사든 간에 의지하는 대상이 되는 순간 주인 노릇의 걸림돌이 된다. 부처, 경전, 조사는 불교인이 가장 기초적인 신앙고백으로서 귀의처로 삼는 불법승佛法僧 삼보三寶를 대변하는 것이다. 삼보에의 의지依支까지 부인한다는 점에서 선은 불교라는 종교까지도 부인하는 셈이다. 제도화, 규격화, 전통화되어 사유와 행위에 틀을 지우는 것으로 작용한다면 아예 신앙 그 자체를 버려야 한다는 것이다. "주인 노릇"이 외부의 어떤 것에 의해 매개될 수 있는 것이 아니며, 오히려 그 모든 "소의所衣"를 떨쳐 버려야만 자기 자신의 본래 정체가 워낙 그러한 그대로 주인 노릇을 하게 된다는 것이다.[12]

선사들의 어록에서 가장 자주 마주치는 구절 가운데 하나인 밖에서 찾지 말고 자기 자신의 마음을 들여다보라는 당부도 바로 그런 취지에서 나온 얘기일 터이다. 지금 당장 바로 여기에서 스스로 자기의 마음을 깨치는 일이 중요하지, 까마득한 옛날에 죽어 지금은 세상에 없는 부처님이 무슨 말씀을 했는지, 옛 사람들이 그것을 어떻게 해석했는지가 중요한 문제가 아니라는 것이다. 그런 것을 철저히 다 공부하고 나서 마음 깨치는 일에 들어가려고 한다면 엉뚱한 길로 가는 셈이어서 엉뚱한 곳에 도달한다고 질책한다. 선사들이 흔히 쓰는 표현을 빌리자면, "동쪽으로 간다면서 서쪽으로 가는 셈"이다. 돌아가더라도 어쨌든 목적지까지 가기만 하면 될 것 아니냐고 할 수도 있겠지만, 선사들은 그런 생각에 대해 더욱 강한 어조로 오금을 박았다. 털끝만큼의 차이가 곧 하늘과 땅 사이라는 것이다.[13] 선불교는 깨달음을 출발점과 방향,

방법, 과정, 그리고 목적지를 다 싸잡아서 제로섬의 문제로 보는 것이다.

인심

그 모든 것을 다 담고 있어 "부처님으로부터 역대 조사에 이르기까지 모두가 다른 것은 말하지 않으셨고, 오직 한마음만을 말했을 뿐"이라고 하는 그 일심一心의 정체는 무엇인가?[14] 이에 대해 『완릉록』에 다음과 같이 말한다.

마음이 곧 부처이니라. 모든 부처님으로부터 아래로는 꿈틀거리는 벌레에 이르기까지, 모두 다 불성이 있어서, 동일한 마음의 본체를 지녔느니라. 그러므로 달마스님이 인도로부터 오셔서 오직 한마음의 법만을 전하셨으니, 일체 중생이 본래 부처임을 곧 바르게 가르쳐 주신 것이다.[15]

그러니까 사람뿐만 아니라 모든 생명이 다 가지고 있는 불성佛性, 즉 부처로서의 정체성을 가리키는 것이 일심이라는 개념이다. 모든 중생이 이미 부처라는 말은 선사들이 흔히 하는 얘기이다. 그러나 따져보면 이것은 참으로 황당한 얘기이다. 중생이라고 하면 워낙은 그냥 뭇 생명이라는 뜻이지만 흔히 부처와 반대말로 범부凡夫와 같은 뜻으로 쓰이기도 한다. 그런데도 중생이, 그것도 모든 중생이 이미 부처라고 하는 것이다.

'모든 중생이 이미 다 부처'라는 선종의 대전제에 대한 빌미는 불성佛

性이라는 개념이 마련해준다. 『대반열반경大般涅槃經』 등에 "일체중생실유불성一切衆生悉有佛性", 즉 모든 생명체에게는 부처의 성품, 부처로서의 성질이 있다고 하는 말이 나온다. 그리고 이것은 모든 중생은 부처가 될 가능성을 지니고 있다는 뜻으로 이해되었다. 중생과 부처라는 말의 용법을 보자면 대개 부처가 아닌 뭇 생명을 중생이라 하고 중생 중에서 진리를 깨쳐 해탈한 이를 부처라 하므로, 모든 중생이 부처의 성품을 가지고 있다고 함은 곧 누구나 부처가 될 소양을 본질적으로 가지고 있다는 뜻으로 해석하는 것이 순조로웠다.

이른바 여래장如來藏 개념도 이와 관련이 있다. 중생에게는 여래, 즉 부처로서의 성품이 있는데, 그것이 가려지고 감추어져 있다는 것이다.[16] 장藏이라는 말이 감추어져 있다는 뜻을 담고 있다.[17] 부처로서의 성품이 무명無明, 즉 중생의 어리석음에 가려 드러나고 발휘되지 못한다는 것이다. 그 대신에, 이를테면 중생성만 발휘하면서 살고 있다는 것이다. 이것은 좀 달리 말하자면 모든 중생이 워낙은 다 부처로서의 정체성을 가지고 있는데 다만 어리석음 때문에 부처로서 살지 못하고 중생으로 살고 있을 뿐이라는 이야기가 된다. 그러니까 어리석음만 뺀다면 모든 중생이 워낙은 이미 다 부처라는 것도 말이 된다.

그러나 선종은 거기에서 더 나아가, 모든 중생이 더도 덜도 없이 이미 다 부처라고 선언한다. 어리석음을 쓸어내야만 부처가 된다고 보는 것이, 즉 불성을 부처가 될 가능성으로 이해하는 것이 순조로울 텐데, 부처와 중생을 가르는 결정적인 요소인 어리석음은 무시해버리는 셈이다.

여기에서 중요한 것은 중생과 부처 사이의 관계를 과연 어디에 초점을 두고 얘기하느냐 하는 점이다. 중생이 워낙 부처로서의 성품을 가지고 있다는 쪽을 강조하면 중생과 부처 사이의 연속성을 역설하게 되고, 무명번뇌에 무게를 두면 중생과 부처의 차이를 부각시키는 셈이 된다.

여래장사상, 불성사상에서 말하는 성불은 중생이 완전히 환골탈태해서 몸과 마음이 완전히 바뀌고 전혀 새로운 존재가 되는 것이 아니다. 물론 그렇게 완전히 새로운 존재가 되는 것이라고 해설해도 안 될 것은 없다. 그러나 여래장이니 불성이니 하는 것 자체가, 중생이 원래 부처로서의 성품을 가지고 있다가 온전히 발현하게 되는 것이 성불이지 전에 없던 어떤 자질이 새로 생긴다는 이야기가 아니어서, 이미 중생과 부처 사이의 어떤 근본적인 연속성이 있음을 강조하는 개념이다.

그렇다면 선종에서 중생이 그대로 이미 부처라고 하는 것은 여래장사상, 불성사상이 말하는 중생과 부처 사이의 연속성을 극단적으로 표현한 방편설일 뿐인가? 어차피 모든 언설을 방편이라고 보기도 하니까 그렇게 말해도 안 될 것은 없다. 그러나 선종의 그 이야기에는 단순히 중생 교화를 위한 기술적인 편의 이상의 의미가 깔려 있다. 어리석음의 정체에 관한 견해가 거기에 전제로 깔려 있는 것이다. 한마디로 어리석음, 즉 무명번뇌는 워낙 그 실체가 없다고 보는 견해이다. 중생과 부처를 가르는 장벽인 무명번뇌가 원래 없으니 중생과 부처는 이미 같다는 논리이다.

무명번뇌

고승대덕高僧大德의 법문을 많이 접한 이들은, '번뇌 하나 더하고 덜고 할 것 없이 중생이 있는 그대로 부처'라는 식의 표현을 들어본 적이 있을 것이다. 번뇌 하나 더하고 덜고 할 것 없다는 것은 번뇌라는 게 원래 없다는 뜻이다. 하긴 번뇌가 원래 있는 게 아니라면 그것을 없애고 말고 할 것도 없을 터이다. 그러나 무명번뇌가 원래 없다니, 그게 무슨 소리인가?

불교의 교리 개념으로 아주 간단하게 답변할 수도 있다. 모든 것이 공空이니, 무명번뇌도 공이라는 것이다. 공이라는 개념을 이해하는 편리한 방법 하나는, 그것이 사물에 대한 우리의 인식을 문제 삼는 개념이라고 보는 것이다. 사물에 대해 우리가 느끼고 판단하는 내용이 헛되다는 의미에서 공이라 하는 것이라고 보면 된다. 우리는 우리의 느낌과 판단을 사물에 덮어씌워 그것이 그 사물 자체의 속성이라고 철석같이 믿는다. 그리고 우리가 사물에 대해 알고 있는 내용은 사물 자체와는 별도로 모두 그렇게 우리가 사물에 덮어씌운 인식일 뿐이라고 보는 것이 공사상의 입장이다.

매트릭스(The Matrix)라는 영화를 보면, 우리가 현실이라고 철석같이 믿어 의심치 않는 모든 경험이 사실은 다 가짜라고 설정한다. 그 영화에서는 인공지능이 만든 거대한 컴퓨터 프로그램으로 짜인 것이 우리가 현실로 믿는 이 세상이요 그 속에서의 삶이라고 설정한다. 예를 들어 좋은 품질의 잘 구운 스테이크 한 점을 입에 넣고 씹으면 배어 나오는 국물이 구수하고 씹는 느낌이 맛깔스럽게 느껴지는데, 그게 다 그렇게 프로그램이 되어 있어서 그럴 뿐 스테이크의 실제

속성과는 아무 상관이 없고 그 스테이크 자체도 워낙 실체가 없다는
것이다.

무명번뇌도 이처럼, 당연히 실체인 듯 여겨져도 어디까지나 우리가
그렇게 여기는 것일 뿐이다. 그리고 그렇게 여기는 사고방식, 그것이
바로 무명이요 온갖 번뇌의 발단이다. 그렇게 보면 무명번뇌 그 자체가
아니라 우리의 인식이 문제의 초점이 된다. 그래서 직지인심直指人心,
즉 다른 것 가지고 왈가왈부할 필요 없이 바로 사람의 마음을 문제
삼는다는 이야기이다.

그러니까 선불교에서는 세상의 근본문제를 결국에는 우리 마음의
문제로 수렴시켜 진단한 것이다. 세상의 가장 근본적인 문제는 생사의
문제이고, 생사의 근원은 무명번뇌라는 것이 십이연기설로 대변되는
불교 일반의 진단이다. 선종에서는 그 모든 문제의 근원을 우리의
마음이라고 더 꼭 집어서 말한다. 무명번뇌가 일어나는 곳이 바로
우리의 마음자리이며, 무명번뇌 그 자체가 지금 우리의 마음이기도
하다. 그런가 하면 무명번뇌를 없애는 것도 우리의 마음에 달려 있고,
그것이 없는 경지 또한 우리의 마음자리에서 펼쳐진다. 모든 것을
개체와 개별 현상으로 분별하고 분절적인 틀로만 보면 생사가 엄연히
있다. 그러나 삼라만상을 다 싸잡아 보듬는 전체의 장에서 보면 개체의
생사, 개별 현상의 생멸은 다 그 속에 녹아버리고 모두가 연기緣起일
뿐이다.

2) 견성성불見性成佛

그처럼 생사를 비롯한 모든 문제의 비밀과 열쇠가 사람 마음에 들어

있으니 바로 그것을 들여다보아야 한다는 것이 직지인심이라는 선종의 교의이다. 거기에 함께 붙는 견성성불見性成佛이라는 말도 그 연장 선상에서 이해할 수 있다.[18] 견성은 견자본성見自本性, 즉 자신의 본래 성품을 본다는 말을 줄인 것이다.[19] 여기서 "자신"이란 나 자신을 포함하여 모든 중생을 가리킨다.

모든 중생의 본래 성품이 무엇이기에 그것을 보면 부처가 된다고 할까? 앞의 글에서도 언급했듯이, 중생의 본래 성품은 불성佛性이라는 것이 대승불교 사상의 중요한 축 가운데 하나이다. 중생의 본래 성품은 부처의 성품이라는 얘기이다. 그렇다면 중생이 본래 부처라는 얘기가 된다. 어찌하여 중생이 본래 부처라는 건가? 중생과 부처가 다른 근본적인 연유는 무명번뇌에 있다. 그런데 우리가 엄연히 개별적인 실체라 여기는 모든 존재와 현상이 실상은 공空이듯이, 무명번뇌도 마찬가지로 공이다. 즉 중생과 부처를 가르는 근본적인 연유가 본래 없다는 것이고, 따라서 중생과 부처는 본래 다를 바 없다는 이야기로 귀착된다.

본각

그런 뜻을 담은 개념이 이른바 본각本覺이다. 중생은 본래 깨쳐 있다, 즉 본래 부처라는 것이다. 헌데, 중생이 본래 부처라 해도 지금은 엄연히 중생일 뿐이 아니냐는 의심도 든다. 아무리 무명번뇌가 본래 공이요 중생이 본래 부처라고 해도, 중생이 부처가 아니라 중생으로 살고 있음은 부인할 수 없이 분명한 현실이 아니냐는 것이다. 하기는 그렇다. 중생이 부처의 성품을 가지고 있다고 해도, 앞에서도 이야기했듯이 그것은 숨어 있고 가려져 있다고 한다. 그래서 중생이 자신이 본래 부처임을 알지 못하고 중생인 줄로만 알고 중생으로서만 마음을 쓰며 살아가고 있다. 불각不覺, 즉 깨치지 못한 상태에 빠져 있는 것이다. 그러므로 본래 부처인 그 정체를 발현시키기 위해서는 그 불각의 상태를 타개하는 사건이 필요하다. 그 사건을 일컬어 시각始覺이라고 한다.[20]

그러면 시각에서 깨치는 것은 무엇인가? 다른 그 어느 것도 아니고 본각, 즉 그저 자신이 본래 깨쳐 있었음을, 본래부터 부처였음을 깨칠 뿐이다.[21] 다시 말하자면 부처가 아니었다가 깨침으로써 비로소 부처가 되는 것이 아니라 본래부터 부처였다는 자신의 정체를 알아차릴 뿐이다. 견성성불, 즉 '자신의 본래 성품을 보면 부처가 된다'는 말은 그러니까 말을 좀 바꾸면 '자신이 본래 부처임을 알아차림으로써 그야말로 부처로서 살아가게 된다'는 뜻이다.

본각 개념에서 아리송한 것은 '본래'라는 말이다. 그 말이 가지는 뉘앙스가 묘하다. 중생이 곧 부처이다! 더 이상 할 말 없다! 네가 그것을 알건 모르건 아무튼 간에 너는 부처다! 더 이상 무슨 얘기가 필요하다는 말인가? 이러고 말 수도 있다. 한편으로, '본래는 그렇지만 지금은 아니다'라는 어감도 있다. '아니다'까지는 아니더라고, '모르고 있다'는 사정을 암시하고 있다. 하기는, 『대승기신론』에서는 본각이니 불각이니 시각이니 하는 말도 원래 필요 없다고 지적한다. 하지만 말로 설명을 하려다 보니 할 수 없이 짐짓 그런 구별하는 개념들을 동원할 뿐이라고 하였다. 본래 부처인 자기 정체를 그대로 살면 되는데도 그것을 알지 못한 채 말로 된 설명을 요구하는 사정, 설명을 듣고도 아리송해하는 사정, 바로 그것이 중생의 근본적인 역설을 나타낸다.

성불

모든 중생이 본래 부처라고 하는 본각의 차원에서 보면, 중생이니 부처니 할 것도 없고 깨쳤느니 못 깨쳤느니 하는 말도 의미가 없다. 본각이라는 말조차 필요 없다. 그저 본래 부처인 자기 정체 그대로 살면 된다.

하지만 도저히 그렇게 여겨지지 않는다는 데 문제가 있다. 무슨 이유에서인지 우리는 우리 자신이 부처임을 도무지 인정하지 못한다. 선종에서는, 가장 근본적인 번뇌망상이 바로 그것, 즉 자기가 부처가 아니라는 생각이라고 본다. 번뇌망상이라고 하면 온갖 번잡한 고뇌와 그릇된 생각이니 우리가 보고 듣고 경험하는 일상적인 사례들을 떠올리게 된다. 하지만 그런 모든 번뇌망상은 지엽적인 것이요, 자기가 부처인 줄을 모르는 근본적인 어리석음에서 파생되었다고 한다. 그래서 선종에서는 십이연기설에서 생사의 궁극적인 연유로 지목한 무명無明도 바로 그런 상태, 즉 자기가 부처인 줄을 모르는 근본적인 어리석음을 가리킨다고 풀이한다.

그러면, 그런 근본적인 어리석음은 어디에서 오는가? 어떻게 해서 생기는가? ―이런 의문을 품을 수 있겠다. 그러나 불교 교리에서 이에 대한 직설적인 답은 없다. 석가모니는 이 세계가 무상無常한지 아닌지, 유한有限한지 무한한지, 영혼과 신체는 같은지 다른지, 죽은 뒤의 삶이 있는지 없는지 하는 등 외도外道의 사상가들이 제기한 열네 가지 형이상학적인 문제에 대해 침묵을 지켰다고 한다. 그런 문제를 가지고 이렇다 저렇다 논변을 펼쳐보았자 끝없는 논쟁만 벌이게 될 뿐이어서, 해탈에 도움이 되지 않고 오히려 방해가 되기 때문이다. 이를 일컬어 무기無記라고 한다. 무명은 언제 어디서 왜 어떻게 생겼느냐 하는 문제가 그 열네 가지에 포함되어 있지는 않았지만, 이것 또한 그런 종류의 문제에 속한다고 할 수 있다.

무명은 개체로서의 생명체의 존재에 기본적으로 따라 붙는 것이다. 생명체라 하면 이미 개체요 개별자이다. 개체로서 존재한다는 것은 곧 자기 이외의 개체들 및 세계와 분리된, 그것들을 객체로 삼는, 하나의 주체로서 살아가는 것이다. 무명은 존재의 그런 기본조건을 가리킨다. 그렇다면 무명의 기원에 대한 물음은 곧 존재의 기원에 대한 물음이다. 세계가, 그 속의 삼라만상 및 생명체들이 언제 어떻게 생겼는가 하는 문제는 위에서 말했듯이 무기無記의 문제에 해당한다. 그래서 무명의 기원은 불교에서 직설적으로는 다루지 않는 문제이다. 그냥 무시이래無始以來, 즉 "시작이 없는 때부터"라거나 무시무종無始無終, 즉 "시작도 없고 끝도 없이" 있는 것이라고만 한다.

지금까지의 이야기에 의하면, 중생은 이미 부처이기도 하고 또 한편으로는 이미 무명을 지니고 태어난 존재이기도 하다. 이를테면 양면적이라 할까, 모순이라 할까, 역설적이라 할까, 그런 아리송한 존재이다. "역逆의 합"이라는 말이 있다. 라틴어 coincidentia oppositorum을 번역한 말인데, 고대 문헌에 이미 등장하니 매우 오래된 개념이다. 반대되는 양극兩極이 한데 모였음을 가리킨다. 한데 모였다고 해서, 양극이 합쳐서 뭔가 중간의 것이 생성되고 양극은 없어진다는 뜻은 아니다. 파란색과 빨간색이 합쳐서 보라색이 만들어지고 파란색과 빨간색은 없어지는, 그런 식을 말하는 것이 아니라는 얘기이다. 어느 한 극이 없으면 다른 쪽 극도 의미가 없어지므로 늘 양극이 쌍으로 함께 성립하는 것을 말한다. 즉, 양극이 서로 늘 상대를 동반함을 뜻한다. 예를 들어 남자라는 개념과 여자라는 개념은 반대되는 양극을 가리키는데, 그 둘은 늘 함께 따라다니는 것이지 따로 떼어놓으면 어느 쪽도 성립할 수 없으며, 의미도 없고 쓸모도 없다.

종교학자들은 종교상징, 종교적 세계관의 특징 가운데 하나로 이역의 합을 거론한다. 성聖과 속俗이라든가 조물주造物主와 피조물被造物 등 대척對蹠되는 양극이 함께 함으로써 종교라는 현상이 펼쳐지게 되고, 그러한 역의 동반 내지 역의 합이 종교의 사상과 신행에 주요한 모티브로 작동한다. 각覺과 불각不覺, 부처(깨달은 이)와 중생(못 깨달은 이)도 그러한 양극의 관계이다. 그리고 중생이 이미 부처라고 하는 얘기나, 불각인 듯해도 실상은 모두 본래 깨쳐 있다고 하는 본각개념은 그 양극의 합을 말하고 있는 것이다.

그런데, 본래 부처라는 쪽은 내버려둔 채 무명만 발동시키고 무명에만 의지하며 살아간다는 데 중생의 문제가 있다. 앞에서도 언급했지만 무명이라 하면 "밝지 못하다", "보지 못한다"는 뜻이니, 인생과 사물의 진상을 모른다는 것이다. 그러면 알아야 할 인생과 사물의 진상이 뭐냐? 불교 교리에서 이에 대한 가장 기본적인 답이 되는 것은 무아無我와 무상無常이다. 무상이란 모든 존재와 현상은 영원하지 않고 늘 변하며 생겨났다 없어지곤 한다는 뜻이고, 무아란 그러므로 모든 존재와 현상은 아我라고 할 만한 고정된 불변의 실체가 없다는 뜻이다.

혹자는 "나는 무아니 무상이니 하는 얘기는 숱하게 들어 이미 알고 있다"고 생각할지도 모르겠다. 그러나 말이 쉬워 아느니 모르느니 하는 것이지, 머리로 아는 것과 그것을 그대로 실행하며 사는 것은 전혀 다른 문제이다. 여기에서 무아와 무상의 이치를 아느냐 모르느냐 하는 것은 그 이치를 온몸으로 살아가느냐 못하느냐는 뜻이지, 머리로 아느냐 아니냐는 정도를 문제 삼는 게 아니다. "당신은 부처님이요"라고 아무리 일러주어도, 그런 얘기 많이 들어보았으니 일단 고개를 끄덕인다고 해도 속으로는 도저히 믿을 수 없어한다. 일상생활에서 부처님으로서 산다는 것은 더더욱 엄두가 안 나고 그게 과연 어떻게 하는 것인지 알 수도 없다. 그러니 "바로 당신이 그대로 부처님이요"라고 일러주면 속으로는 "앞으로 성불할 수도 있다"는 뜻이겠거니 하고 생각하는 것이 고작이다. 그래서 "안다"는 정도로는 안 되고 견견見, 즉 "보라"고 한 것이다. 견성見性, 즉 자신의 본래 성품을 "본다"는 것은 자기가 본래 부처라는 정체를 온전하게 확인한다는 뜻이다. 그러므로 여기에서 성불成佛이란 부처가 아니었다가 부처가 되는 것이 아니라 워낙 부처이어 왔음을 확인할 뿐이라는 뜻이다.

성불成佛이라 하면 "부처를 이룬다"는 말이니 "부처로서의 경지를 이룩한다"는 뜻이겠고, 그냥 간단하게 말하자면 "부처가 된다"고 하면 되겠다. 그러나 선禪에서 말하는 견성성불의 성불은 부처가 아니었다가 비로소 부처가 된다기보다는 자기가 워낙 이미 부처였음을 확인하는 것이다. 달리 말하자면 자기의 본래 정체를 깨닫는 것이다. 자기에게 없던 새로운 정체성을 획득하는 것이 아니다.

불가득不可得 — 밖에서 찾지 말라

선불교에서 깨달음 또는 성불을 두고 불가득不可得 또는 무소득無所得이라고 하는 이유가 바로 거기에 있다. 깨닫는다, 성불한다 하여도 실상은 깨달음을 얻는다거나 부처의 경지를 이룩하는 것이 아니라는 말이다. 깨달음 또는 부처의 지위는 얻고 말고 하는 문제가 아니라는 뜻이다. 자기에게 없던 것을 밖으로부터 가지고 와서 새로 얻게 되는 것이 아니라, 자기에게 이미 있던 것을 알게 되고 확인할 뿐이라는 얘기이다.

선사들의 어록에 가장 많이 나오는 말 가운데 하나가 부처를, 또는 깨달음을 바깥에서 구하지 말라는 말이다. 그 예는 무수하게 들 수 있다. 『육조단경六祖壇經』에서는 "부처는 자기의 성품이 지은 것이니, 몸 밖에서 구하지 말라"고 하였다.[22] 마조(馬祖, 709~788)와 대주혜해大州慧海가 나눈 이야기도 한 예가 된다. 혜해가 처음 마조를 찾아와 참례하니 마조가 혜해에게 뭘 찾아왔느냐고 묻는다. 불법佛法을 구하려 한다고 대답하자, 마조는 다음과 같이 대답한다. "자기의 보배창고는 살피지 않고서 집을 버리고 사방으로 치달려 무엇하려느냐." 그러자 혜해가 다시 묻는다. "무엇이 저의 보배창고라는 말씀입니까?" 이에 대한 마조의 대답은 다음과 같다. "바로 지금 나에게 질문을 하는 바로 그놈이 그대의 보배창고이다. 거기에 이미 일체가 다 갖추어져서 조금도 부족함이 없고 작용이 자유자재하니 어찌 밖에서 구할 필요가 있겠느냐?"[23]

지눌知訥이 강조한 회광반조迴光返照 또는 반조자심返照自心라는 개념도 바로 그런 뜻이다.[24] 우리는 모든 것을 늘 자기 밖에서 구하는

버릇이 있다. 그래서 촉각을 잔뜩 곤두세우고는 관심을 바깥으로만
내뻗는다. 부처의 경지나 깨달음에 대해서도 마찬가지이다. 나는
깨닫지 못했으며 부처가 아니라는 도무지 깨지지 않는 확신을 가지고,
깨달음과 부처를 저 밖의 어디에 있는 것으로만 여긴다. 그렇게 밖으로
만 치닫는 서치라이트 빛을 되돌려 자기 자신을 비추어보라는 것이
회광반조의 뜻이다. 바로 거기에 이미 깨달음을 지니고 있으며本覺
이미 부처로서의 정체佛性를 담고 있는 보배창고가 있는데 왜 자꾸만
바깥으로 나돌아 다니며 수고를 하느냐는 것이다. 그래서 직지인심
견성성불, 즉 여기저기 집적거릴 필요 없이 곧바로 자기 자신의 마음으
로 질러 들어가 자신의 본래면목을 보니 바로 자기 자신이 그대로
부처라고 하는 선종의 구호가 성립한 것이다.

그러니까 세상과 인간의 온갖 문제에 대해서 그 궁극적인 원인과
해결책을 개인의 마음가짐에서 찾는 선종의 기본 입장을 단적으로
표현하는 것이 직지인심 견성성불이라는 구호이다. 우리가 안고 있고
겪고 있는 모든 문제의 원인이 바로 우리 자신에게 있고 그 해결책도
우리 자신에게 있다는 것이다.

이처럼 세상살이의 문제를 진단하고 그 해결책을 찾는데 개인의
마음가짐에 관심의 초점을 두는 것은 불교뿐만 아니라 고전종교와
고전사상의 일반적인 특징이다. 여기에서 고전종교와 고전사상이라
함은 독일의 실존주의 철학자 칼 야스퍼스(Karl Jaspers, 1883~1969)가
말한 이른바 축軸의 시대(axial age)에 중국, 인도와 그리스, 로마
등의 지역을 중심으로 해서 일어난 사상과 종교를 말한다.[25] 축의
시대란 기원전 8세기에서 2세기까지 즈음을 가리키는데, 서양의 소크

라테스, 플라톤, 아리스토텔레스, 그리고 동양의 석가모니와 공자, 노자를 비롯한 여러 사상가들이 모두 이 시대에 일제히 태어났다. 현재까지 인류가 가진 제반 사상과 종교의 중요 가치관들은 모두 이들 축의 시대 인물들이 만들어 놓은 것에서 별다른 진전을 보지 못하고 있으며, 적어도 사상과 종교에서는 그 뒤로 아직까지 그만한 혁명적인 변화가 일어나지 않았다. 선종에서 말하는 "직지인심 견성성불"도 그 연장선상에 있는 사상이다.

근본무명

선사들의 법문을 보면 모든 문제를 망념망상으로 수렴시켜서 이야기를 한다. 모든 중생이 본래 부처라는 전제를 내세우고 이야기를 풀어가는데, 그런데도 중생은 공연히 스스로 망념을 일으켜서 시끄럽게 괴로움을 일으키며 산다는 것이다. 그리고 나와 부처 사이에 간격을 두고 지금의 나는 부처가 아니라고 여기는 것이 최후의 망상이다. 제 몸과 마음을 잘 다스리고 추슬러서 뭇 사람들이 일상적으로 흔히 발동하는 거친 망념망상을 다 가라앉혔다고 해도, 나는 아직 부처가 아니라고 하는 생각만은 참으로 떨치기 어렵다. 부처가 되겠다고 불도佛道를 닦는 이들에게 막바지까지 남는 분별은 자기가 아직 부처가 아니라는 의식일 터이다. 선禪에서 성불이란 나는 부처임을 확인하는 것이요 그것은 달리 말하자면 나와 부처 사이의 분별을 남김없이 떨쳐버리는 것이다. 분별은 사실 중생이 자신의 삶을 지탱하는 무기이다. 우리는 분별을 하지 않으면 살아가기 힘들다고 여긴다. 사려분별思慮分別이라는 말도 일상에서는 좋은 뜻으로 쓰인다. 선사들이 흔히 하는 백척간두百尺竿頭에서 진일보進一步하라는 말도, 그 모든 분별, 즉 삶의 무기를 버리고 벼랑 끝에 섰을 때 그래도 붙들고 있는 삶의 의미, 즉 부처가 되겠다는 분별까지 버리라는 뜻으로 이해할 수 있다.

그 모든 분별 가운데 가장 근본적인 분별, 다른 모든 분별을 파생시키는 원천이 되는 분별은 나 자신과 바깥세상 사이의 분별이다. 달리 말하자면 주객主客의 구분이다. 우리가 살아가면서 발동하는 모든 분별은 그 가장 근본적인 분별을 바탕으로 해서 이루어진다. 그리고 어디까지나 자기를 위주로, 즉 나 자신을 주主로 삼고 바깥세상의 모든 것을 객客으로 삼아 온갖 분별을 일으킨다.

그런 분별 자체는 이상하다 할 것도 잘못이라고 할 것도 없이 오히려 당연한 일이라고 생각될 수 있다. 우리는 워낙 삼라만상 가운데 하나, 즉 개별자로서 이 세상에 태어나 살아가고 있어 나와 나 아닌 것의 구분을 존재의 가장 기본적인 틀로 삼을 수밖에 없기 때문이다. 하지만 불교의 근본교리에서는 그런 불가피한 분별조차 잘못된 것이라고 하는 듯한 대목이 있다. 윤회의 사슬에 매어 한 개별자로 태어나 존재한다는 것 자체가 뭔가 잘못되어서 그렇다고 보는 것이다. 불도佛道 수행의 궁극적인 목표라는 해탈이란 곧 윤회로부터의 해방이다. 윤회로부터 해탈한다는 것은 우리가 생각하는 그 어떤 존재의 양상에도 해당하지 않는다. 우리가 알거나 상상할 수 있는 존재 양상은 언제나 개별자로서의 존재뿐이기 때문이다.

문제는 우리가 각자 자기 자신을 위주로 해서 모든 개체를 분별할 줄만 알았지 나 자신을 포함해서 삼라만상이 모두 연기적緣起的인 존재라는 점은 보지 못한다는 데 있다. 자신을 연기적인 존재로 본다는 것은 곧 기왕의 자아관념을 철저하게 버림을 뜻한다. 달리 말하자면 주主로서의 '나'가 죽어야 연기적인 존재로서의 '나'를 보게 되는 것이다. 그것이 바로 벼랑 끝에서 한 걸음 더 내딛는 일이다. 성불하겠다고 불도를 닦는 이로서는 부처가 아닌 나, 부처와 구별되는 나를 죽이는 것이니 성불할 수 있다는 믿음, 성불하겠다는 삶의 마지막 의미까지 내려놓아야 하며, 바로 그때에 이미 부처인 나의 정체가 비로소 살아난다는 얘기이다. 그러니까 백척간두에서 한 발 더 내딛으라는 말은 개별자로서의 자아를 죽이라, 무아의 이치를 깨달으라는 얘기이다. 그래야 연기적인 존재로서의 자기정체성이 현전現前하기 때문이다.[26] 그것이 견성, 즉 자신의 본래 성품을 본다는 말의 뜻이다.

3. 불립문자 교외별전

1) 불립문자不立文字

언어문자와 분별

불립문자不立文字는 직역하자면 문자를 세우지 않는다는 말인데, 문자를 세우지 않는다고 함은 문자를 인정하지 않는다는 뜻이겠다. 여기에서 문자라고 한 것은 글만을 가리키는 게 아니라 말까지도 포함한다. 그래서 불교문헌에 보면 흔히 둘을 붙여서 '언어문자'라고 하여 하나의 단어로 취급하기도 한다.

그러면 말과 문자를 인정하지 않는다 함은 무슨 뜻일까? 말이고 글이고 간에 도무지 믿을 것이 못되므로 글을 전혀 쓰지도 않고 읽지도 않겠다거나, 말을 전혀 안 하고 듣지도 말고 살아야 한다거나, 글을 모조리 없애버려야 한다는 뜻일까? 언어문자를 인정하지 않는다고 함은 일상적으로 살아가는 자리에서 언어문자를 배척한다는 뜻은 아니다. 깨달음을 이루고 전하는 일에서는 언어문자가 아무런 쓸모가 없고 거기에 의지할 수 없다는 뜻이다.

언어문자는 그 속성과 기능의 핵심이 분별에 있다. 분별하는 의식과 판단을 표현하는 도구이자 또 한편으로는 분별 의식을 만들어내는 장치가 언어문자이다. 게다가 그 분별은 진상을 충실히 가려내는 분별이 아니라 우리의 탐욕이 반영된 자의적인 분별이라고 본다. 더욱이, 일단 어떤 사물에 자의적인 분별을 담은 말이 갖다 붙으면 우리는 그만 그 말에 휘둘려서 그 말을 통해서 사물을 재단해 버린다. 선불교는 그런 입장을 아주 극단적으로 밀고 나갔으며 그것을 단적으로 표명한 것이 불립문자라는 구호이다.

우리는 대개 언어란 우리의 체험과 인식, 판단을 표현하는 도구라고 여긴다. 한마디로 우리의 사유를 표현하는 도구로 본다. 그러나 현대 언어학에서는 그렇지만은 않다는 점을 역설한다. 언어는 우리의 사유를 규정하는 틀로 작용한다는 것이다. 그리고 특정 사물에 어떤 특정의 이름이 붙은 것은 필연적이 아니라 다분히 임의적이라는 점, 이름의 의미는 그것이 가리키는 사물의 고유한 특징에서 나오는 것이 아니라 다만 다른 이름과의 구별에서 나온다는 점도 현대 언어학에서 밝힌 바이다.[27] 예를 들어 '나무'라는 말은 고정된 의미를 가지고 있지 않다. 버드나무를 가리키며 '저건 나무야'라고 말할 때에는 산이나 물, 건물 같은 것과 구별되는 것으로서의 나무를 말한다. 한편, 책상을 가리키며 '저건 나무야'라고 할 때에는 철제나 플라스틱이 아닌 목재라는 뜻이다.

그러니까 언어는 그 자체가 사물의 진상을 그대로 가리키는 것이 아니라 분류체계의 문맥 속에서만 의사소통의 도구로서 한정된 역할을 한다.

사물에 대한 우리의 인식과 의사소통은 모두 그런 분류체계를 바탕으로 해서 이루어진다. 그런데 문제는 그러한 분류체계와 이름이 사물의 진상을 그대로 반영하지는 않는다는 데 있다. 하지만 우리는 학습된 분류체계와 이름, 나아가 거기에 관습적으로 부여된 의미라든가 가치판단을 그대로 철석같이 진리라고 믿어 의심치 않는다. 이것이 더 큰 문제이다. 적어도 불교의 입장에서는 그렇게 본다.

불교에서 특히 문제 삼는 분별은 보다 근본적인 분별이다. 즉 나 자신을 세상의 다른 모든 존재와 철저히 구별해서 독립되고 고유한 개체로만 보는 의식이 근본적인 문제이다. 아상我相이라든가 아집我執 등의 개념이 그것을 가리킨다. 내가 나 이외의 개체와 구별되는 존재임은 엄연한 사실이 아닌가? 내가 나를 중심으로 해서 모든 것을 인식하고 판단하고 살아간다는 것은 너무나 당연한 일이며 불가피한 일이 아닌가? 한 개체로 태어난 이상 그 이외로 살아가는 방법은 없는 것 아닌가? 그런데 어찌하여 그것을 문제로 삼는가? 전적으로 틀렸다고는 할 수 없는 항변이다. 우리가 존재하고 살아가는 현실의 양상에서는 다 옳은 항변이다. 불교에서도 그 엄연한 현실을 부인하는 것은 아닐 터이다. 다만, 불교의 입장에서 보면 모든 존재는 그런 개체성 너머 또 다른 면의 진상을 담고 있음을 역설하는 것이다.

분별을 넘어 연기로

그 또 다른 면의 진상이란 앞에서도 여러 번 언급했듯이 연기緣起라는 개념으로 지칭된다. 즉, 다른 개체들과 서로 철저히 구별되어 독립된 존재로만 보이는 나 자신이 사실은 다른 모든 개체들, 나아가 세상 전체에 철저하게 의존하는 존재라는 것이다. 나만이 아니라 세상의 모든 개체가, 세상 전체가 그런 존재라고 본다. 모든 것을 구별하는, 특히 나를 중심으로 해서 주객主客의 관계로만 보는 분절적인 사고방식과 생활방식이 애초부터 우리에게 너무나 깊이 박혀 있어서, 우리는 그것만이 세상의 진상이라고 철석같이 믿는다. 하지만 그렇지 않다는 것을 들이미는 것이 불교의 세계관이다. 경전에 보면 "연기緣起를 보는 이는 법法을 보고, 법을 보는 이는 곧 연기를 본다"고 했고,[28] "법을 보는 이는 나를 보고, 나를 보는 이는 법을 볼 것"이라고 했다.[29] 여기에서 법이란 세상의 온갖 존재와 현상, 또는 그 진상을 가리키며, 둘째 구절에서 '나'란 부처를 가리킨다. 그러니까 세상의 진상인 연기법을 보는 이가 부처라는 이야기이다. 다시 말하자면 부처란 연기법을 깨달은 이라는 얘기이며, 성불하기 위해서는 우리가, 나 자신이, 고립된 개체가 아니라 다른 모든 존재와 세상 전체에 의존하는 연기적인 존재라는 그 진상을 깨달아야 한다는 얘기이다. 그렇기 때문에 불교에서 분별을 근본적인 문제점으로 꼽으면서 분별의 기제인 언어를 불신하는 것이다.

분별의 기제로서는 말보다도 문자가 더 센 위력을 발휘한다. 월터 옹Walter J. Ong이라는 학자가 그 문제에 대해 본격적으로 연구하였다. 그에 따르면, 구술문화와 문자문화에는 서로 매우 다른 '정신역학'이

작용한다. 쉽게 말하자면 사고방식이 매우 다르다는 것이다. '축의 시대' 사상가들이 글쓰기, 문자문화에 대해 비판한 사례를 몇 가지 소개하기도 하는데, 예를 들어 플라톤의 『파이드로스Phaidros』에는 소크라테스가 글쓰기를 비판하는 이유가 서술되어 있다. 첫째로, 글쓰기는 인간 정신의 내면에 있는 것을 정신 밖에다가 설정하는 짓, 즉 사물화事物化하는 짓이라는 점에서 비인간적으로 만들어낸 제품이다. 둘째로, 쓰기는 기억을 파괴한다. 외적인 수단에 의지하기 때문에 내면의 일을 정신 속에 각인하는 데 방해가 된다는 것이다. 셋째로, 글로 쓰인 텍스트는 아무것도 대답하지 않는다. 넷째로, 실제 의 말과 사고는 언제나 실제 인간끼리 주고받는 맥락에서 이루어지는 데, 쓰기는 그러한 맥락을 떠나서 비현실적이고 비자연적인 세계 속에서 수동적으로 이루어진다. 그러니까 소크라테스는 글쓰기가 인간 정신활동의 중요한 무엇인가를 파괴한다고 본 것이다.[30]

플라톤이 소개하는 소크라테스의 사상을 보면, 글쓰기에 대한 그의 비판을 다음과 같은 방식으로도 정리할 수 있다. 글은 말의 복사물이 다. 말은 사유 속 개념의 복사물이고, 개념은 사물의 복사물이다. 모든 사물은 각자의 본질(idea)이 지각 또는 감각되는 형태로 복사된 것이고, 그 각 사물의 본질은 우주 전체의 궁극적인 원리(Idea)가 복사된 것이다. 그러니 글이라는 것은 세상 전체의 궁극적인 원리로부 터 몇 단계나 멀리, 한참이나 멀리 떨어진 것이어서 문제가 많다는 얘기이다.

그런 맥락에서 보면, 소크라테스는 우주 전체의 궁극적인 원리를 제대로 아는 것이 인간 정신활동의 궁극적인 본령이라고 여겼다.

그 이데아란 평이한 말로 하자면 세상 모든 것을 일이관지一以貫之하며 모든 것을 수렴하는 원천, 모든 것을 포괄하는 원리이다. 삼라만상의 개체성이 다 그 하나로 수렴되므로, 오직 하나이면서도 보편적인 원리이다.

개체성 너머 그런 궁극적이고 포괄적이며 보편적인 하나의 원리를 찾는 것이 고전사상의 공통된 특징 가운데 하나였다. 인도 우파니샤드 사상의 일자一者, 중국의 천天과 도道, 유대·기독교 전통의 야훼, 그리고 불교의 정법正法이 다 그런 것을 표현하는 개념이다. 그것을 종교학에서는 궁극적 실재(Ultimate Reality)의 개념이라고 일컫는다.

그런 포괄적이며 보편적이고 궁극적인 어떤 하나의 실재를 바라보는 사상에서는 삼라만상의 개체성에 얽매인 사고방식이 큰 문젯거리로 여겨진다. 서로 다르고 구별되는 모든 것이 결국에는 하나에 다 들어가는 그 궁극적인 실재를 체득하려면, 모든 것을 구별하고 분류해야지만 비로소 그것을 인식하고 이해할 수 있는 사고방식의 틀을 넘어서야 하기 때문이다. 다 서로 다르게 보이고 구별되지만, 그런 차별성, 개체성만이 전부가 아니라 눈에 안 보이는 그 뒤의 일체성도 보아야 하는 것이다. 불교 용어로 말하자면 불이不二의 입장이다.

인언견언因言遣言

주제가 추상적인 것이나 내면의 체험으로 갈수록 의사소통이 정확하게 되기가 어렵다. 특히 세상의 통합성에 대한 내면의 체험, 즉 불이적不二的인 체험을 온전히 말에 담아 전달하는 것은 도저히 불가능하다. 의사소통을 가능케 하는 어법의 틀 자체가 이미 분별적이기 때문이다.

158

분별을 바탕으로 해서 작동하는 어법을 구사하여 분별을 넘어서는 체험을 온전하게 전달하는 것은 불가능하다. 언어도단言語道斷, 즉 말의 길이 끊기는 것이다. 그래서 아예 침묵을 선택하는 경우도 있다. 유마힐維摩詰이 불이법不二法에 대해 침묵으로 설법했다는 것이 유명한 한 예이다.[31] 석가모니의 경우에도 그 유명한 염화시중拈華示衆의 설법 이야기가 전해진다. 말 대신에 몸짓으로 설법한 셈이라 할 수 있겠다. 그 설법을 가섭迦葉이 알아듣고 미소를 지었다고 한다.[32] 그런 일화들은 특히 선불교에서 의미심장하게 받아들인다.

그런 이야기는 언어문자를 통하지 않고도 의사소통이 온전하게 이루어질 수 있다는 취지를 담고 있다. 심지어는, 언어문자를 통하지 않아야 제대로 전달된다는 뜻을 담고 있다. 언어문자는 전하려는 내면의 체험을 온전하게 담지 못하며 왜곡하기 일쑤이기 때문이다.

경전의 문구라고 해서 석가모니의 육성을 얼마만큼 충실하게 담고 있는지 도저히 알 수가 없다. 어느 종교에나 경전의 문자 하나하나를 절대시하여 글자 하나하나를 좇아서 문자 그대로 해석하는 이른바 축자적逐字的인 태도의 전통이 있는가 하면, 또 한편으로는 문구 그 자체에 얽매이기보다는 거기에 담긴 메시지의 취지를 해독하고 이해하는 데 주력하는 입장도 전통으로 형성되어 왔다. 선禪은 분명히 뒤의 경우이다. 그리고 불립문자不立文字 교외별전敎外別傳이라는 구호를 통하여 그런 입장을 아예 공식 입장으로 표명하였다.[33]

그러면 도대체 가르침은 어떻게 받으라는 말인가? 피와 살을 가지고 살아 있는 선지식에게서 직접 대면하여 가르침을 받을 것을 강조한다. 사람과 사람이 대면하는 현장에서 가르침을 주고받는 것이다. 그래서 선에서는 글보다는 말을 더 신뢰한다. 실은 말도 그다지 신뢰하지 않는다. 여기에서 말이란 그럴 듯한 명제, 논리적인 설명, 조리 있는 설득 같은 것을 뜻한다. 선에서는 그런 말을 신뢰하지 않는다. 오히려 말에 휘둘리지 않도록 하는 말로 가르침을 전하려고 한다. 이른바 선문답禪問答이라는 것이 바로 그런 언어를 구사하는 예이다. 언어에 구속이 된 의식의 흐름을 언어의 사슬에서 풀어내주는 언어가 선문답이다. 『대승기신론』에 보면 인언견언因言遣言, 즉 말로써 말을 여읜다는 구절이 나오는데, 바로 그런 취지를 담은 개념이다.[34] 말로는 안 되는 이야기지만 그게 말을 넘어서는 이야기임을 알게 하기 위해서 할 수 없이 말을 한다는 뜻이다. 즉, 일상적인 분별의 구도를 넘어선 세상의 통합성, 그 불이적不二的인 진상은 언어로는 도무지 온전하게 표현하고 전달할 길이 없는 언어도단의 주제이지만, 그게 그렇다는 것을 알게 하자니 어쩔 수 없이 언어에 의지한다는 뜻이다. 또는, 일단 말을 제대로 잘 알아듣고, 나아가 마침내는 그 말에 다 담을 수 없었던 언어 너머의 메시지까지 파악해야 한다는 뜻이라고 풀이할 수도 있겠다.

그러니까 근본적인 취지가 보통의 말과는 다른 말이 있는 것이다. 우리가 일상생활에서 보통 하는 말은 그 말 자체의 뜻을 내세우는 그런 말이다. 하지만 인언견언의 말은 그 자체에 대한 부정을 이미 전제하고 풀어내는 말이다. 그 말을 팽개칠 수 있어야만 그 말을 제대로 이해한 셈이 된다. 그런데 문제는 종교적인 가르침을 풀어내 놓는 그 체험의 경지를 우리가 공유하지 못하기 때문에 말씀 그 자체의 현장을 벗어나지 못하고 그 안에서만 맴도는 경향이 있다는 점이다.

2) 교외별전敎外別傳

이심전심

종교체험, 특히 불이적 진상의 체험을 전달하는 데에는 말과 글의 논리와 조리가 오히려 함정이 될 수 있다. 우리는 말과 글에 매달려서 그것만 가지고 이러쿵저러쿵 따지느라 분주해지는 습관에 젖어 있다. 심지어는 말과 글 그 자체를 금과옥조金科玉條로 여기고 떠받드느라 바쁘다. 그러다보니 정작 성인이 그 말과 글로 억지로 표현한 종교체험의 경지는 관심 밖으로 밀어놓기 일쑤이다.

불교의 역사에서도 실제로 그런 일이 많이 벌어졌고 지금도 벌어지고 있다. 선불교는 이에 대하여 신랄한 비판을 퍼부었다. 앞에서도 언급했듯이 경전을 해석하고 여러 경전의 취지를 비교하며 그 위치를 가늠하는 일에 몰두하는 것을 선종은 모두 한마디로 교종敎宗이라고 싸잡아 불렀다. 그리고 부처님의 진정한 가르침, 즉 깨달음의 체험은 경전의 글귀를 통해서 전달되는 것이 아니라고 지적하였다. 그것은 글귀로 표현된 가르침, 즉 교敎 이외에 별도로 전해진다고 주장하였다. 그래서 교외별전, 즉 '가르침 밖에서 따로 전한다'는 구호가 나온 것이다.

그러면 도대체 무엇을 통해서 전달되는가? 교외별전이라는 개념과 흔히 함께 붙어 나오는 것이 이심전심以心傳心이라는 말이다.[35] 직역하자면 '마음으로써 마음을 전한다'는 뜻이겠고, 대개는 굳이 말이나 다른 수단을 통해 표현하지 않아도 속마음이 전달되어 서로 알아준다는 뜻으로 쓴다. 일상생활에서 사람과 사람 사이에 흔히 있는 일이다. 흔한 정도가 아니라, 가만히 생각해보면 우리가 의식하지 못하는 사이에도 엄청난 양의 의사소통이 이심전심으로 이루어진다.

'교외별전 이심전심'으로 전하는 것은 가르침이 아니요, 언어문자는 더더욱 아니다. 그것은 바로 마음이다. 즉, 부처님이 가르침을 편 취지는 마음을 전하기 위해서이지 가르침을 펴는 것 그 자체가 목적이 아니라는 얘기이다. 그 점이야 누구나 다 아는 상식이다. 그러나 선사들이 보기에는 불교인들이 너무나도 오랫동안 그 점을 망각하고 엉뚱한 데에다가 힘을 다 쏟고 있었다. 부처님이 그 많은 설법을 통해서 전하려고 한 것은 그 숱한 까다로운 개념이나 교리 그 자체가 아니라 당신의 깨달음 체험이 아니겠느냐는 새삼스러운 이야기를 선불교 사람들이 힘주어 되풀이한 이유가 거기에 있다.

선종에서 늘 강조하는 것이 석가모니로부터 가섭迦葉으로, 그 다음에는 아난阿難을 거쳐 쭉 내려와 달마達摩로 이어지고, 달마가 중국으로 와서 또 계속해서 등불을 전했다는 이른바 전등傳燈의 역사이다. 그 전등과 전심傳心은 아마 같은 것일 터이고, 선의 비즈니스는 곧 '마음으로써 마음을 전하는 일'이다.

마음, 만법의 근원

설명의 편의를 위하여 일단 굳이 구별하자면 '마음으로써'에서의 마음은 개별 생명체의 마음이고 '마음을 전한다'에서의 마음은 보편적이고 포괄적인 그 어떤 진상을 가리킨다. 앞의 의미는 쉽게 납득이 되는데 뒤의 것은 아리송할 것이다. 예를 들어 『마조어록』에서는 "일체법은 모두가 마음법이며, 일체의 명칭은 모두가 마음의 명칭이다. 만법은 모두가 마음에서 나왔으니 마음은 만법의 근본"이라고 한다.[36] 그건 과연 어떤 마음인가?

마음이 만법의 근본이라는 얘기를 선종에서 처음 한 것은 아니다. 『화엄경華嚴經』에 "모든 것은 오직 마음이 지어내는 것일 뿐"이라 하고[37] 또한 "이 세상은 허망하며 다만 마음이 지어내는 것일 뿐"이라고 한 것이나,[38] 『대승기신론』에 "마음이 일어나면 온갖 것이 생기고 마음이 스러지면 모든 것이 다 스러진다"고 한 것도 다 같은 취지이다.[39]

마음이 만법의 근본이라는 취지의 이야기는 불교의 기본교리에도 이미 들어 있다. 육근六根이니, 육처六處 또는 육경六境이니, 육식六識이니 하는 개념들이 말하고자 하는 것은, 우리는 사물과 현상이 우리가 감각하고 지각하는 그대로인 듯이 철석같이 믿어 의심치 않는데 우리가 사실 그대로라고 여기는 그 모습들은 실제로는 우리가 그렇게 감각하고 지각하여 인식하는 내용을 덮어씌운 것일 뿐이라는 얘기이다. 선종에서 말하는 마음이란 일단 그런 우리의 정신작용을 총칭하는 뜻도 가진다. 마음은 만법의 근본이라는 말은 그러니까 모든 것을 우리가 우리 마음에서 지어낸다는 뜻이다.

모든 것을 우리가 마음으로 지어낸다고 얘기에 대해서는 대뜸 이런 의문이 일어난다. 그 '모든 것'이 무엇을 말하는 것이냐? 내가 지금 보고 듣고 만지는 물체들이 모두 실상은 없는데 마치 정말 있는 듯이 내가 착각하고 있다는 말이냐? 그리고 또 이런 의문도 든다. 모든 것을 지어내는 것이 마음이라고 했는데, 그렇다면 이심전심以心傳心, 즉 마음으로써 마음을 전한다고 할 때는 과연 어떤 마음으로써 어떤 마음을 전한다는 말인가? 뒤의 의문은 다음에 생각해 보기로 하고, 여기서는 우선 앞의 의문을 가지고 이야기해 보기로 한다.

모든 것을 마음이 지어낸다고 할 때 그 모든 것은 말 그대로 모든 것인가? 내 앞의 풍경, 내 앞의 물건들은 아무리 곰곰 생각해 보고 또 생각해 보아도 도저히 허깨비라고 치부해버릴 수가 없는데, 엄연히 존재하고 있다고 인정할 수밖에 없는데, 그것도 내가 지어낸 가짜라는 말인가?

불교 문헌에는 마치 그렇다고 하는 듯한 이야기가 많이 나온다. 꿈의 비유가 그 한 예이다. 모든 것이 가환假幻, 즉 허깨비라고 하면서, 그 모두가 꿈속의 일이라고 한다. 꿈속에서 겪는 것은 다 실제가 아닌데도 꿈속에 빠져 있는 동안에는 그 모두가 생생한 현실이라고 여긴다. 그래서 물에 빠진 꿈을 꾸면서 금방 죽을 듯이 절박하게 허우적거리기도 하고 슬픈 일을 당하는 꿈을 꾸면서 펑펑 울기도 한다. 불교 문헌에는 중생이 무시이래無始以來, 즉 시작도 없는 때부터 길고 긴 꿈에 빠져 있다는 말도 많이 나온다. 그런 표현을 보면 아무래도 우리가 현실이라고 철석같이 믿고 있는 이 모든 것이 다 허깨비요, 현실의 세계, 꿈 밖의 세계는 따로 있다는 얘기인 듯싶다.

올챙이와 개구리의 비유에서도 같은 느낌을 받는다. 개구리가 아무리 물 밖의 세계, 즉 열반의 경지를 이야기해 주어도 올챙이는 알아들을 수 없고 기껏해야 자기의 물속 세계, 즉 중생 세계의 경험에 비추어서 이해(오해)할 뿐이라는 얘기인데, 물속의 세계와는 별도로 물의 세계가 따로 있다고 하는 듯한 비유이다.

그러나 불교에서는 허깨비 세상과 실제 세상이 따로 있다고 하지는 않는다. 꿈의 비유든 올챙이의 비유든 일단은 세상 온갖 것에 대한 우리의 인식과 판단이 사실 그 자체의 진상 그대로에 대한 인식과 판단이 아니라, 아집과 탐욕을 바탕으로 한 우리의 주관적이고 자의적인 인식과 판단이라는 취지이다.

그러면, 그런 식으로 왜곡되지 않은 진상 그대로의 사물의 모습은 어떤 것인가? 그것은 앞에서도 누차 언급했듯이 불이不二요 연기緣起라는 것이 불교의 진단이다. 불교에서 모든 것이 연기적 존재라고 할 때에는 고유한 독자적 개체성을 넘어서 전혀 다른 차원에서 보는 존재 양상을 의미한다. 무아無我, 즉 고유하고 독자적인 개체성은 없음을 전제로 한다. 그렇다고 해서 불교에서 말하는 연기법이라는 것이 개체의 존재 그 자체를 부인한다고는 할 수 없다. 세상의 삼라만상은 다 엄연한 개체로 존재한다. 다만, 모든 개체는 개체로 보일 뿐이고 기실은 그 존재 전체가 다른 개체들과의 관계 속에서만 성립한다는 얘기이다.

중생심

그러나 불교, 특히 선불교에서 말하는 마음이란 살아 있는 생명체가 각자 가지고 운용하는 그 일상적인 의미의 마음이기도 하다. 만법의 근원으로서의 마음이라 하면 깨달음, 반야般若와도 같은 뜻이고, 세상의 진상 전체를 담은 뜻이다. 하지만 그것이 개개인의 마음과 만법의 근원으로서의 마음이 별도로 존재하는 것은 아니다. 마음의 그 두 가지 뜻은 불일불이, 즉 같지도 다르지도 않다고 한다.

아무튼, 마음이 개인의 마음으로만 일하고 있을 때에는, 간혹 서로 통하는 수는 있겠지만 결코 하나가 되지는 못한다. 그러나 나의 마음이 세상의 진상 전체를 담을 때에는 어느 누구, 어느 무엇의 마음과도 통하지 못할 것이 없다.

서로 다른 개체 사이에 말이나 다른 어떤 매개도 통하지 않고 마음으로, 달리 말해 저절로 뜻이 통하려면 모두가 한마음이어야 한다. 그 한마음이란 이를테면 바로 위에서 말했듯이 깨달음, 반야, 세상 전체를 담은 진리 그 자체이다. 거기에 동참하는 이의 마음은 개인의 마음일 뿐 아니라 보편자의 마음이고 세상 전체가 공유하는 마음이니 누구와도 다 통한다.

아무튼, 이심전심이란 그러니까 경전의 문구에 매달리기보다는 자기가 직접 세상의 진상을 깨치는 체험을 하는 것이 중요하다는 뜻이다. 그 체험을 통하여 부처님의 깨달음 체험이 전해진다. 나의 깨달은 마음을 통해서 부처님의 깨달은 마음이 이어지고 재생산된다. 석가모니의 시대에서 수 천 년이 지난 뒤에 그와는 다른 인종으로 다른 땅에서 한 생을 살고 있는 사람이라도, 내가 직접 깨달음을 체험하고 깨달은 마음을 가질 때에는 석가모니의 깨달음이 고스란히 내게서 발현된다.

4. 돈오

본각과 돈오

선종에서는 깨달음을 불교의 알파요 오메가라고 여기며, 모든 신행을 깨달음의 문제로 수렴시킨다. 적어도 교의상으로는 그렇다. 그리고 깨달음은 어떤 과정을 거쳐 점차 이루어지는 것이 아니라 갑자기 단박에 터진다고 하는 점이 선종 교의의 가장 특징적인 대목이라

할 수 있다. 그 단박에 깨닫는 것을 돈오頓悟라고 한다.

단박에 깨친다는 교의의 바탕 가운데 하나는 앞에서도 언급한 본각本覺 사상이다. 실상은 중생이 모두 이미 깨달아 있는데, 다만 어리석어서 자기가 이미 깨달음을 지니고 있음을 모르고 있을 뿐이다. 그러니까 어리석음만 떨쳐버리면 된다. 특별히 새로 깨닫고 말고 할 것이 없다. 하지만 어리석음을 떨쳐버리고 진상을 알아차리는 데에도 어떤 과정이 있을 터인데 어찌 단박에 이루어진다고 할 수 있겠느냐는 의문이 든다. 그런데 불교, 특히 대승불교, 더 특히 선불교에서는 그 어리석음이라는 것이 실체가 없다고 본다. 관념으로 지어낸 허상일 뿐이다. 그러므로 사실은 떨쳐버리고 말고 할 일이 아니다. 어리석음 가운데 가장 근본적인 어리석음은 어리석음이 실체가 있다고 여기는 것이다. 그것은 지혜와 어리석음을 나누는 분별이다. 자기의 몸과 마음에서 일어나는 탐욕을 귀중하게 여기고 어떻게 해서든 그걸 채우려고 아등바등하면서 살아가는 모든 행태가 어리석음이지만, 그런 행태를 떨쳐버리지 못하는 것은 결국 나와 너를 구분하는 어리석은 분별 때문이다. 그 분별 또한 불이법不二法이라는 진상의 터전에서 보면 아무런 근거도 없고 실체도 없는 환상일 뿐이다.

그래서 앞에서도 말했듯이 이에 대해 불교의 가르침에서 흔히 등장하는 것이 꿈의 비유이다. 사바세계에서 제 한 몸 보존하고 영달하려고 아등바등하는 것이 다 꿈같이 허망하다. 그리고 꿈속에서는 그게 꿈인 줄 모른다. 다 엄연한 현실인 줄로만 안다. 물론 간혹 꿈속에서도 이게 꿈인데 하는 의식이 아련하게 들 때가 있다. 그래도 꿈속의 상황에서 허우적거리기는 마찬가지이다. 『구운몽九雲夢』을 비롯해서 꿈을 소재로 한 문학작품이 많다. 그들이 한결같이 말하는 것은, 꿈속에서 아무리 지지고 볶아도 깨보면 그 모두가 허망하고 자기는 원래 제자리에 있더라는 얘기이다. 현실에서 보자면 그 제자리에서 벗어난 적도 없고 그러므로 되돌아 길을 밟아오는 과정도 없다. 꿈은 현실이 아니니까, 현실을 말할 때에는 끼어들 데가 없다. 본각이라는 것도 그런 얘기를 하는 개념이다.

초시간·원만·무소의

그런 본각의 입장을 바탕으로 하는 돈오라는 것은 달리 말하자면 어떤 의미에서는 새삼 깨치고 말고 할 것이 없다는 얘기가 된다. 그래서 선종에서는 수행할 때에 깨달음을 기대하는 태도를 경계한다. 깨달음을 기대하는 것을 대오待悟라고 한다. 선사들의 어록이나 그 밖의 선 문헌에 보면 대오를 경계하는 말씀이 무수히 나온다. 이렇게 하면 깨달을 수 있겠지, 또는 깨달음에 조금이라도 다가갈 수 있겠지, 하는 기대를 가지고 수행을 하는 것은 잘못이라고 한다. 그것은 깨달음 이라는 것을 잘못 알고 거는 기대이기 때문이다. 본각 사상에 입각해서 보면 깨달음은 이미 온 세상에 펼쳐져 있는 것이지, 어떤 특정 조건에 따라 이루어지고 말고 하는 것이 아니다. 이러저러하게 수행을 하면 깨달음을 얻겠거니 하는 것은 다 쓸데없이 헤아리고 분별하는 생각일 뿐이다. 본각으로서의 깨달음에는 인과율因果律도 적용이 되지 않고 시간의 틀도 적용되지 않는다. 세간의 그 어떤 틀도 해당되지 않는다. 그러니까 돈오, 즉 '단박에 깨친다'고 하는 말은 시간상으로 한 순간에 깨친다는 뜻이라기보다는, 깨달음이란 시간의 틀이 적용되지 않는 초시간적인 것이라는 뜻이다.

그러니까 깨달음에 관한 한 세간의 어떤 조건을 적용해서 이러쿵저러쿵 할 길이 없다. 깨달음을 이루기 위해서 무엇인가를 하려 하는 것은 조작이요 억지이다. 그 어떤 세간의 장치도 깨달음으로 가는 통로나 매개가 되지 못한다. 오히려 세간의 장치에 의지해서 깨달음에 접근하려는 태도 그 자체가 깨달음에 장애가 된다. 그래서 선사들이 대오待悟를 경계하는 만큼이나 강조하는 것이 무소의無所依인 것이다.

앞에서도 언급했지만 무소의라 하면 의지할 바가 없다는 뜻이다. 즉 세간의 그 어떤 것도, 다시 말해 어리석은 분별로 고안해 낸 그 어떤 방법이나 장치도 깨달음을 이루기 위해 의지할 것은 없다는 얘기이다. 오히려, 우리가 이러저러하게 수행하면 되겠거니 하고 믿고 의지하는 것까지 남김없이 떨쳐 버려야 한다. 분별로 지어낸 그 무엇인가를 붙들고 있는 한 깨달음이 원래부터 이미 세상에 가득 차 있음을 깨달을 수 없다.

베르나르 포르(Bernard Faure)는 돈오의 "돈"에는 세 가지 중층적인 뜻이 있다고 파악하였다. 첫째는 신속하다(fast), 둘째는 완전하다(perfect), 그리고 셋째로 무매개(無媒介, im-mediate)라는 뜻이 복합되어 있다는 것이다.[40] 여기에서 '신속하다' 함은 빠르다는 뜻이라기보는 앞에도 말했듯이 초시간적이라는 뜻이라고 이해하는 것이 옳을 터이다. 에드워드 콘즈는 다음과 같이 설명한다.

선사들이 말하려고 한 것은, 깨달음에는 준비가 필요 없다거나, 깨달음은 짧은 순간 안에 얻어진다는 의미가 아니었다. 그들이 강조한 것은 다만, 깨달음이 '초超시간적인 순간', 즉 시간을 초월한 영원 속에서 일어나며, 그것은 우리 자신의 행동이 아니라 절대자 자신의 행동이라는 일반적인 신비적 진실이었다. 사람이 깨달음을 얻기 위해서 할 수 있는 일은 아무것도 없다. 엄격한 생활과 명상이 해탈을 가져올 것이라고 기대하는 것은 '벽돌을 갈아서 거울을 만들려는 것과 같다.' 깨달음은 단지 일어날 뿐이다. 그것은 한정된 조건이나 영향의 중재를 받지 않는, 완전히 '자유로운' 사건이다. 깨달음은 공덕을 점진적으로 쌓아서가 아니라 '문득 알아챔'을 통해 달성된다.[41]

내가, 그리고 모든 중생이 본래 깨달아 있음은 초시간적인 세상의 진상眞狀이라고 보는 것이 본각 사상이다. 본래 그러하지만 지금의 현실은 그렇지 않다거나, 지금은 현실은 그렇지 않지만 어떤 과정을 거쳐 조건이 충족되면 그 본래의 진상으로 되돌아간다거나 하는 것도 아니다. 논서論書에 흔히 말하듯이 전에 있던 것이 이제는 없어진 것도 아니요, 전에 없던 것이 나중에 새로 생기는 것도 아니다. 특히 선종에서는 지금 바로 여기 중생과 세상이 그대로 진리의 모습이라고 한다.

진리는 시작이 있고 중간이 있고 끝이 있는 게 아니다. 우리는 모든 것에다가 시간이라는 틀을 갖다 대어 인식한다. 시간이라는 것은 모든 것을 개체로 보고 너와 나를 가르는 주객主客의 구도, 그리고 공간이라는 개념과 함께 우리 사고방식의 가장 기본적인 틀이다. 그래서 진리라는 개념을 가지고도 거짓에 상대되는 것, 어느 때 어느 곳, 누구에는 없을 수도 있는 그런 것으로 여긴다. 하지만 진정으로 절대적이고 보편적이며 영원한 진리라면 그런 어떤 틀에도 제한되지 않을 터이다. 본각이란 바로 그런 진리를 표현하는 개념이다.

그러니까 단박에 깨친다는 것도 시간의 흐름 중 매우 짧은 기간에 일어나는 사건이라는 뜻이라기보다는, 시간 속의 일이 아니라는 뜻이다. 본각의 자리에서 보면 그렇다. 물론 이렇게 무명번뇌와 씨름하며 살아가는 자리에서 보면 분명히 수행의 과정이라는 게 있고, 누구는 그만큼 치열하게 수행하며 살았으니 깨친 듯하고 누구는 못 깨친 듯하다는 구분이 엄연하며 중요하게 여겨진다. 하지만 『대승기신론』에서도 말하듯이 본각이니 불각不覺이니 시각始覺이니 하는 개념들은 말로 못할 것을 굳이 말로 설명을 하자니까 짐짓 고안했을 뿐이지, 정말 본각의 자리에서 보자면 못 깨친 범부중생이라는 것도 없고 비로소 깨친다는 사건도 없다. 본래 깨쳐 있다는 말조차 쓸데없는 소리이다. 그냥 세상의 진상이 시작도 끝도 없이 펼쳐 있을 뿐이다.

돈오는 사건으로서의 깨달음을 가리킨다기보다는 깨달음의 내용이 어떤 이치인지를 말하는 개념이라고 볼 필요가 있다. 즉 진리관을 말하는 개념이지, 진리를 깨닫는 체험의 사건이 갑작스럽게 일어남을 말하자는 게 아니다. 앞에서 썼던 용어를 가지고 말하자면, 모두가 이미 부처이고 세상 전체가 워낙에 진리 그 자체라는 본각이 깨달음의 내용이라는 것이 돈오라는 개념의 뜻이지, 한 개인이 깨달음을 이루는 시각始覺의 사건이 수행방편도, 아무런 인연도 없이 단박에 뜬금없이 일어난다는 뜻은 아니다.

베르나르 포르가 '돈頓'의 또 한 뜻으로 꼽은 '완전'은 불교 용어로

바꾸자면 원만圓滿이다. 점오론은 이를테면 부분의 합이 전체가 될
수 있다는 입장에 해당한다. 수행이 진전되면서 진리를 조금씩 깨달아
가서 마침내 궁극적인 깨달음에 이른다는 것을 양적인 언어로는 그렇
게 표현할 수도 있겠기 때문이다. 또는, 산에 오를 때 아래서부터
차근히 길을 밟아 나무, 바위, 숲 하나하나를 눈에 담으며 오르고
또 오르는 데 비유할 수도 있겠다. 이에 반해, 아예 처음부터 산
전체를 보아야 산 자체를 보는 것이지 각각의 길목과 나무, 바위,
숲이 산 그 자체는 아님을 강조하는 것이 돈오론의 입장이라고 할
수 있다. 산을 오르는 길목에서 보는 풍경 하나하나를 합쳐서 산의
모습을 가늠할 일은 아니라는 입장이다. "부분의 합이 전체가 될 수
있다"기보다는, "전체는 전체를 대상으로 하여야만 참답게 전체를
볼 수 있다는 전일주의全一主義"가 돈오론의 입장이라고 하는 얘기도
그런 뜻이라 하겠다.[42]

도는 닦고 말고 하는 게 아니다

그러면 도대체 깨달음을 체험하기 위해 수행을 하고 그러다가 실제로
"한 소식"을 하고 하는 건 다 뭐란 말인가? 선불교는 모든 것을 온통
그 닦아 깨치는 문제로 수렴시키면서도, 또 한편으로는 그게 다 본각,
불각, 시각이라는 개념처럼 방편일 뿐이라고 본다. 그런 교의와 개념,
수행의 행위와 깨달음 체험의 일화가 다 이를테면 수사修辭일 뿐이라고
한다. 이렇게 얘기하면 자칫 그게 다 거짓이라는 뜻인가 보다 하는
쪽으로 생각이 갈 수도 있겠는데, 그건 또 아니다. 참이 아니면 거짓이
고 거짓이 아니면 참이 아니겠느냐는 식으로 생각하는 버릇도, 우리가

모든 것을 상대적인 틀에다가 집어넣으려고 하는 분별의 습성에 흠뻑 젖어 있기 때문에 작동한다. 본각이라는 개념, 그리고 이를 바탕으로 하는 돈오라는 개념도 그런 상대적인 관념, 분별의 틀 너머의 자리에 그 낙처落處가 있다.

『마조어록』에 "도는 닦고 말고 하는 게 아니다"라 하고,[43] 또 "도는 닦을 것 없고, 더러움에 물들지만 말라"고 한다.[44] 그러면 수행이 필요 없다, 수행하지 말라는 말인가? "도는 닦고 말고 하는 게 아니다"라는 구절 바로 다음에, "닦아서 체득한다면 닦아서 이루었으니 다시 부서져 성문聲聞과 같아질 것이며, 닦지 않는다 하면 그냥 범부이다"라고 하였다.[45] 수행의 결과로 이루는 깨달음은 무너져버릴 수도 있는 깨달음이고, 그런 깨달음은 대승불교에서 얕잡아 보는 소승불교의 성인인 성문의 깨달음일 뿐이지 부처님이 되는 깨달음이 아니라는 얘기이다. 다시 말해 수행을 해서 그 결실로서 이루는 깨달음은 진정한 깨달음이 아니라는 뜻이다. 선종에서는 그런 깨달음은 깨달음이라고 부르고 싶어 하지 않는다. 구경묘각究竟妙覺, 즉 부처님이 되는 궁극적인 깨달음, 원만한 깨달음만이 깨달음이라고 한다. 그러니 수행해서 성불할 생각은 하지 말라는 얘기인데, 하지만 수행을 하지 않으면 그냥 범부일 뿐이라고 하니 그야말로 진퇴양난이다.

『마조어록』에서도 위의 말씀을 듣고 어느 스님이 마치 우리를 대신하는 듯 질문을 한다. "어떻게 이해해야 도를 깨칠 수 있겠습니까?" 이에 대한 답변은 다음과 같다. "자성은 본래 완전하니 선이다 악이다 하는 데 막히지 않기만 하면 도 닦는 사람이라 할 것이다."[46] 바로 여기에서 우리가 지금껏 살펴본 선종의 깨달음, 즉 돈오頓悟의 뜻이

다시 확인된다. 자성이 본래 청정하다 함은 우리의 성품이 본래 깨끗하다는 말이니, 우리가 본래 부처라는 본각本覺을 말하는 것이다. 선이다 악이다 하는 데 막히지 않는다 함은 분별에 얽매이지 않는다는 말이니, 불이不二의 이치대로 사는 것을 말한다. 분별의 망상을 일으켜 그에 얽매어 사는 짓을 하지 않는 것, 그것이 도를 제대로 닦는 수행이라는 얘기이다.

돈수와 점수

성철이 지눌의 돈오점수론頓悟漸修論을 이단사설이라고 비판하면서 돈오돈수頓悟頓修가 옳은 선수증이라고 주장함으로써 이른바 돈점논쟁이 벌어졌다. 이 두 가지 수증론을 대비시키는 이야기는 『육조단경』에도 나오고 규봉圭峰 종밀宗密이 여러 가지 선종 계보의 교의를 분류하고 분석하면서 언급한 이후로 선종의 담론에서 중요한 주제 가운데 하나였다.

그런데, 점차 닦는다는 것은 지극히 당연하게 들리지만 단박에 닦는다는 말은 무슨 소리인지 아리송하다. 수행이란 것이 단박에 갑자기 이루어진다는 것은 상식적으로 있을 수 없는 일이기 때문이다. 그러니까 돈수는 실제의 어떤 특정 수행방법을 가리키는 개념이 아니다. 점차 닦아서 그 결과로 깨달음을 이룬다는 우리의 상식적인 관념을 부인하는 말일 뿐이다. 달리 말하자면, 돈수란 본각으로서의 돈오의 뜻을 다시 한번 천명하는 개념이다. 닦을 수修자를 쓰긴 했어도 기실은 수행에 관한 개념이 아니라 깨달음에 관한 개념이다. 돈오나 돈수나 같은 말이라고도 할 수 있다. 그러니까 돈수와 점수는 말로만 보면 두 가지 다른 유형의 수행방법을 가리키는 듯하지만, 실제로는 그런 게 아니다. 돈수란 수행을 부인하는 말이고, 점수는 수행을 하라는 말이다.

그러면 돈오돈수와 돈오점수는 정반대의 이론이 아닌가 싶겠지만, 그렇게 간단하게 정반대되는 구도는 아니다. 각자 서로 다른 맥락에서 깨달음과 닦음을 이야기하는 것이다. 돈오돈수란 위에서도 말했듯이 본각이라는 이치는 개인이 수행을 하거나 말거나 하는 것과 아무 상관이 없다는 뜻이다. 깨달음은 얻고 말고 하는 게 아니라는 불가득不可得의 교의, 깨달음은 수행이니 뭐니 하는 것을 매개로 해서 이루어지는 게 아니라는 무소의無所依의 교의, 그리고 이렇게 하면 깨달음을 이루겠거니 기대하고 수행하는 대오待悟의 태도를 경계하는 것 등이 모두 그런 맥락에서 나온다. 수행을 해야 하느냐 말아야 하느냐를 논하는 맥락이 아니다. 그런 맥락에서는 점차 닦아나가며 발전해가는 과정을 말하는 것은 어불성설이다.

한편으로 돈오점수는 그렇거나 어쨌거나 간에 개개인은 열심히 수행하라는 처방이다. 돈오점수라고 해서 꼭 본각을 부인하는 맥락에서 하는 이야기는 아니다. 본각을 부인하고서는 선의 종지가 서지를 않는다. 돈오점수에서도 돈오가 앞에 나오는 점에 주목할 필요가 있다. 점수돈오가 아닌 것이다. 즉, 점차 닦아나가 그 결과로 돈오를 이룬다는 얘기가 아니다. 점수돈오가 아니라 돈오점수라고 한 것은 여기에서도 돈오돈수론과 마찬가지로 본각의 이치를 전제로 걸어놓았다는 뜻이다. 본각의 이치에 입각해서 어떻게 수행할 것인가 하는 문제를 논의하는 것이 돈오점수론이다.

　그러니까 돈오돈수론이건 돈오점수론이건 선종에서 말하는 한은 다 본각을 전제로 한다. 돈오돈수론은 본각만 말하자는 것이고 돈오점수론은 본각을 전제로 하되 실제수행을 말하고자 한다. 양자의 대비는 전통적으로는 흔히 근기根機의 차이로 설명되었다. 『육조단경』에 "무엇을 가지고 점漸이니 돈頓이니 하는가? 진리는 오직 한 가지이나 그걸 보는 것이 더딜 수도 있고 빠를 수도 있다. 보는 게 더디면 점이라 하고 보는 게 빠르면 돈이라 한다. 진리에는 점차니 단박이니 하는 게 없으나, 사람에게는 영리함과 우둔함이 있는 까닭에 점이니 돈이니 하는 것이다"라 한 것이나,[47] 『육조단경』의 또 다른 곳에서는 "진리에는 돈頓이니 점漸이니 하는 게 없다. 그러나 사람은 영리할 수도 있고 우둔할 수도 있어, 어리석으면 점차 알아가지만 깨친 이는 단박에 닦는다"고 한 것이 그 대표적인 예이다.[48]

　그러나 현실적으로 단박에 닦는 사람이 도대체 어디 있단 말인가? "깨친 이는 단박에 닦는다"고 했듯이, 돈수頓修할 정도로 영리한 사람은 깨친 이뿐이다. 누차 언급했듯이 돈수라 하면 본각이라는 진상을 깨친다는 뜻이기 때문이다. 범부 중에 영리한 이와 우둔한 이가 따로 있어 수행하는 방식이 단박과 점차로 다르다는 말로 보기는 어렵다. 본각 그 자체만으로 보면 돈수지만 범부의 현실에서는 점수를 논할 수밖에 없다.

　지눌이 말했듯이, "제 마음이 바로 참 부처이며 제 성품이 바로 참 법임을 알지 못하여, 법을 구하려 하면서도 멀리 성인들에게 미루고, 부처를 구하려 하면서도 제 마음을 들여다보지 않으며, 마음 밖에 따로 부처가 있다 하고 본성 밖에 법이 있다 생각하고 부처의

도를 구하려 하는" 이들, 즉 "어리석음에 익숙한" 이들에게는 본각, 돈오, 돈수를 들이민다. 한편으로 '우리 마음이 본래 깨끗하거늘 뭣 하러 수고롭게 억지로 수행하냐?'고 하면서 무애자재행無碍自在行을 빙자하며 노닥거리는 이들은 점수의 처방을 가지고 질타한다.

그러니까 돈오돈수론의 돈오와 돈오점수론의 돈오가 근본적으로 다른 개념은 아니며, 돈수와 점수가 반대말인 것도 아니다. 지눌과 성철은 각자의 의도에 따라 나름의 뜻으로 그 개념들을 사용하였다. 그 각자의 의도란 곧 당대 수행자들의 문제에 대한 처방이다. 달리 말하자면 수행방편의 처방이다. 방편설方便說은 절대적으로 옳거나 절대적으로 틀렸다는 식으로, 절대적인 판정을 내릴 수 있는 그런 것이 아니다. 대기방편설待機方便說이라고 하듯이, 설법 대상의 근기 根機에 따라 알맞은 방법과 내용으로 가르치고 인도하는 것이 방편이 다. 근기라 하면 대개 개인의 자질, 소양, 재능을 뜻하는 개념으로 이해한다. 하지만 그뿐 아니라 그때그때의 상황, 시절인연까지도 근기에 포함된다. 그러니까 근기는 한 개인에서조차 고정되어 있는 게 아니며, 따라서 방편도 결코 일정할 수가 없다. 다만 선교방편善巧方 便이라 하여 솜씨 좋고 효과 좋은 방편인지 아닌지만 얘기할 수 있다. 더욱이 솜씨 좋다는 것, 효과 좋다는 것도 늘 일정하지 않다.

선종에서는 특히 그 점을 매우 민감하게 중시한다. 뗏목의 비유, 달과 손가락의 비유, 또 목불木佛을 쪼개 땔감으로 썼다는 일화가 말하듯이, 방편을 절대시하는 것을 아주 근본적인 어리석음으로 본다. 심지어 성불이라는 불교의 핵심 사안조차도 궁극적으로는 요의了義가 아니라 방편설로 본다.

　아무튼 지눌의 돈오점수론이건 성철의 돈오돈수론이건 성불 미만의 그 어떤 경지에도 만족해서는 안 된다는 취지에서 공통된다. 그 취지를 받들고 수행한다면, 잠깐잠깐 예불하거나 참선하거나 선행을 하고는 뭔가 해냈다는 뿌듯한 기분을 도무지 가질 수 없을 터이다. 내가 본래 부처라는데 도대체 왜 나는 지금 부처로 살지 못하고 있는가 하는 근본적인 자성自省이 늘 고개를 우뚝 들고 있는 한 도저히 수행을 쉴 수가 없을 터이다. 돈오점수론이건 돈오돈수론이건 수행에 임하는 이들에게 바로 그런 치열함을 요구하고 있는 것이다. 이 점은 고전종교에 공통된 기본적인 정신이다.

5. 간화선

1) 간화

선불교를 하나의 전통/정통 종파로 정립시킨 이른바 조사선祖師禪은 간화선의 새로운 수행전통을 정체성으로 갖게 된다. 공안公案 또는 화두話頭의 소재가 되는 이른바 선문답禪問答이나 기타 기연機緣의 일화들은 오래 전부터 조사들의 어록에 등장하고 법어에서 이용되고 있었으며, 특히 원오극근(圜悟 克勤, 1063~1135)이 그것을 모아 『벽암록』碧巖錄을 편찬했고 그 제자 대혜종고(大慧 宗杲, 1089~1263)는 공안을 책으로 엮어내는 데 그렇게 반대했다지만, 결국 공안을 가지고(선종의 말투로는 "들고") 참선하는 방법을 본격화한 장본인이라 한다. 대혜는 한 서간문에서 다음과 같이 말한다.

178

다만 전도망상顚倒妄想인 마음, 사량분별思量分別의 마음, 생生을 좋아하고 사死를 싫어하는 마음, 지견해회知見解會의 마음, 조용함을 좋아하고 시끄러움을 싫어하는 마음을 한꺼번에 꽉 누르고 그 꽉 누른 곳에서 화두話頭를 간看하라.⁴⁹

그리고는 조주의 무자無字 공안을 예로 들었다.

이 무無라는 한 글자야말로 여러 가지 비뚤어지고 잘못된 지각을 쳐부수는 무기이다. 이 무를 깨달으려면, 유무有無의 의식을 일으켜서는 안 된다. 도리로써 알려고 해서도 안 된다. 의식으로 사량思量하여 판단해서도 안 된다.…… 그렇다고 해서 아무 일 안 하는〔無事〕 상태에 머물러 있어도 안 된다. 제시된 공안을 그대로 받아들여서도 안 된다. 문자에서 실마리를 찾으려 해서도 안 된다. 오직 한결같이 하루 종일 행주좌와行住坐臥의 일상생활 가운데에서, 언제나 공안을 들고 항상 정신 차려 참구해야 한다. "개에게 불성이 있습니까?" "없다." 이 문제를 일상생활에서 잠시라도 놓지 말고 이와 같이 공부하면 한 열흘 만에 곧바로 스스로 깨닫게 될 것이다.⁵⁰

이 무자 공안은 가장 인기 있는 화두가 되었다.
그러니까 간화는 공안이라는 주어진 문제를 추론이라든가 지식 같은 그 어떤 중생적인 도구를 사용하여 차근차근 풀어나가는 것이 아니다. 자신의 의식을 관찰하여 분별망념을 차근차근 억눌러 가는 것도 아니다. 이것을 "아무런 맛이 없음〔沒滋味〕"이라고 표현하기도 한다. 그저 무조건(이리저리 따지는 재미없이) 오직 그 문제만을 들고 있음으로써 온갖 중생적인 의식의 자리를 점거해 버리는 것이다. 이것을 의단疑團, 즉 의심 덩어리라고 한다. 의식 전체가, 자기 자신 전체가, 세상 전체가 공안에 대한 의심 덩어리로만 채워져 다른 어떤 것이 가서 붙지 못하는 것이다. 심지어는 공안을 깨겠다는 기대, 깨달음에 대한 기대조차 거기 붙을 자리가 없게 해야 한다고 말한다.

2) 삼요三要

고봉 원묘(高峯 原妙, 1238~1295)는 『선요禪要』에서 그러한 공안참구의 요건을 단적으로 정리하고 있다.

> 선정에 세 가지 요체가 있다. 첫째는 확고한 믿음[大信根]이다. 분명히 알고서는 그 자리에 수미산처럼 확고하게 버티고 서는 믿음이다. 둘째는 반드시 이 일을 해결하겠다고 당장에 달려드는 의지[大憤志]이다. 자기 아버지를 죽인 원수를 만나면 당장 덤벼들어 한 칼에 결단을 내리려고 하는 것과 같이 크게 분해하는 의지가 그것이다. 셋째는 커다란 의심을 내는 것[大疑情]이다. 일생에 가장 중요한 일을 앞에 두고 어떻게 해야 할지 몰라 깜깜한 상태일 때처럼, 커다란 의심을 내는 것이다.[51]

셋째의 대의정大疑情이 바로 위에서 말한 의심 덩어리만으로 꽉 찬 상태를 말한다. 공안의 소재가 되는 이른바 선문답을 보면 "달마가 서쪽에서 온 까닭은 무엇입니까?"라든가, "불법의 요체가 무엇입니까?" 등등 제자가 스승에게 물어봄직한 진지한 질문에 대해 전혀 엉뚱하게 답변하는 것을 볼 수 있다. 이것은 추론이나 그 밖의 지적 기능이 작동 불능케 만드는, 선가의 말로 '꽉 막히게' 만드는, "개가 뜨거운 기름 솥을 보고 핥지도 버리지도 못하는 것처럼"[52] 오직 의심 그 자체만 남게 하는 것이다. 그래서 "사실 공안은 의단을 일으키기 위한 것이며, 의심이 나지 않는 공안은 의미가 없는 것이다."[53]

대분지大憤志는 이 문제를 풀지 못하면 살 수 없을 정도로 결연한 의지를 말한다. 화두참구에서는 '간절함'이 가장 중요하며, "고양이가 쥐 잡듯, 닭이 알을 품듯, 먼길 간 사람이 고향 생각하듯, 홀어미가 외아들 생각하듯, 배고픈 사람이 밥 생각하듯" 간절히, 그리고 끊임없이〔綿綿〕붙들고 있어야 한다는 요건으로 연결된다.[54] 간간이 잡념(분별)이 끼어들어서는 안 된다는 것이다.

그리고 대신근大信根, 즉 확고한 믿음이란 무엇보다도 스승의 가르침에 대한 믿음 내지 종지, 특히 '중생이 이미 부처다', 그러니까 '나는 부처다'라는 반상식적인 불이不二의 이치에 대한 믿음이라고 볼 수 있다. 박성배는 이것을 다음과 같이 풀이하였다.

'나는 이미 부처'라면 왜 수행해야 하는가? 사실상 모든 수행자는 '나는 부처가 아니다'라는 정직한 고백과 '나는 부처이다'라는 믿음 사이의 갈등을 겪는다. 다시 말하자면, 믿음과 회의, 긍정과 부정 사이의 갈등을 안고 있는 것이다. '나도 부처님이 될 수 있다'는 믿음은 '나는 아직 부처가 아니다'라는 고백을 전제하며, 따라서 '나는 이미 부처'라는 믿음에 대한 회의 또는 부정이다. 그러나 수행자가 '나는 이미 부처'라는 믿음을 붙들고 있더라도, 한편으로 그는 '나는 아직 부처님이 아니고 일개 중생일 뿐'이라고 고백하지 않을 수 없다. 믿음과 회의, 긍정과 부정이라는 양극 사이의 갈등을 안고 있는 것이다. 그 갈등을 어떻게 해결할 것인가?[55]

선 수행에서는 믿음과 회의, 긍정과 부정, '나는 부처이다'와 '나는 부처가 될 수 있다' 사이의 팽팽한 긴장이 작동하며, 그 긴장은 큰 의심이라는 행위에서 풀린다는 것이다.…… 선에서 의심이란 단순한 부정, 회의가 아니라 물음이다. 간화선이란 물음의 명상, 또는 의심덩어리(疑團)의 명상이다. 그것을 두고 단순히 믿음이라는 명제(命題, thesis)에 대한 반명제(反命題, anti-thesis)라고 이해해서는 안 된다. 고봉의 삼요에서 보듯이 의심덩어리는 사실상 지양(止揚, synthesis)에 해당하며, 확고한 믿음과 정직한 회의 사이의 갈등으로부터 비롯된다.[56]

다시 말해 여기서 확고한 믿음이란 "자신의 현재 상태에 대한 철저한 회의를 통해서 '나는 사실상 무지몽매한 중생에 지나지 않는다'고 정직하게 고백하고, 하지만 그러한 객관적 불확실성 앞에서도 자신의 불성을 긍정"하는 결단이다.[57] 그러니까 간화선의 세 요건에서 확고한 믿음이란 정태적靜態的인 긍정이나 단순한 동조가 아니다. 큰 의심이라는 것도 단순한 회의가 아니다. 여기서 의심 덩어리란 긍정과 부정, 믿음과 회의 사이의 긴장 덩어리이다. 또는 무문 혜개(無門 慧開, 1183~1260)가 말하듯이 "긍정과 부정이 함께 하는 신명身命을 잃는" 순간이다.[58] 거기에서 의심은 믿음을 부인하고 없애버리는 것이 아니라 오히려 일종의 "연료"로서의 역할을 한다. 믿음의 불꽃이 더욱 밝고 높이 타오르도록 하는 것이다. 즉 간화선은 갈등의 양극 가운데 어느 한 쪽을 선택함으로써가 아니라 오히려 끊임없는 의심을 통해서 그 갈등을 일으키고 심화시킴으로써 갈등을 해결하는 방법이다. 다시 말해 믿음과 회의 사이의 변증법적 긴장이 활성화되고 그 극점에까지 이르도록 하며, 그리하여 깨달음, 즉 공안이 깨지는 절정에 이르도록 하는 것이다. 또는, "의심이라는 의식작용이 의단이 되어 의식의 대상 이 되는 객체도 의식하는 자아로서의 주체도 사라지고 인간의 근원적 인 모순인, 주와 객이라는 이원성이 파기되어 구조적인 변화를 초래하 게 되는 것이다.…… 이것이 선에서 말하는 깨달음이라는 경험이다."[59]

3) 사자상승師資相承

"공안"이란 '공부公府의 안독案牘,' 즉 공문서公文書라는 뜻으로, 법칙을 담은 조문을 말한다.[60] 선문에서는 불조가 열어 보인 불법의 도리를 의미하며, 따라서 그 의미를 깨닫는 것이 곧 불법을 깨닫는 것이다. 또 한편으로 공안은 조사들이 정해 놓은 공적인 규칙에 따른 일종의 시험이기도 하다. 그 관문을 통과해야 사사로운 인정認定이 아니라 공적으로 인증 받을 수 있고, 그런 뜻에서 공안은 조사들이 설치해 놓은 관문, 즉 조사관祖師關이라고도 불린다.[61]

그 시험을 베풀고 채점할 수 있는 이는 오직 이른바 정안종사正眼宗 師, 즉 이미 깨달아 바른 눈이 열린 종문宗門의 스승뿐이다. 깨달은 이는 깨달은 이만이 알아볼 수 있는 것이다. 도무지 종잡을 수 없는 소위 선문답으로 이어지는 스승과 제자 사이의 공안 시험은 밖에서

보면 지극히 주관적인 것이다. 그러나 깨달은 경지는 깨달은 이만이
알아본다는 원칙과 불조가 출제한 공식적인 시험문제라는 점이 적어
도 내부에서는 그 시험이 지극히 엄정하게 객관적이라는 대전제가
내 걸리게 한다. 불조가, 시공을 초월한 영원한 진리가 정답이기
때문이다. 앞에서 언급한 이심전심의 전승이 그래서 작동할 수 있는
것이다. 그리고 선종에서 사자상승을 그토록 중시하는 이유도 여기에
있다. 부처고 조사고 간에 죽은 이는 다 소용없고, 살아 있는 스승과
제자 사이에 깨달음의 경지가 전해지고 공유되고 인가되어야 한다는
것이다.

　그리고 여기에는 또 앞에서 간화의 세 요건 가운데 하나로 언급된
확고한 믿음이 전제된다. 공안은 엉뚱한 소리가 아니라 불법의 도리를
열어 보이는 것이라는 믿음, 붙들고 씨름할 화두를 준 스승이 허튼
짓 하는 게 아니라는 믿음, 솔직히 나는 지금 분명히 중생이지만
나도 부처라고 하는 스승의 전언 내지 가르침이 옳을 것이라는 믿음,
이 공안을 타파하면 그게 곧 궁극적인 깨달음이라는 믿음 등이 그것이
다. 간화선의 효용은 그런 절대적인 믿음이 있고 그에 상응하여 치열하
고 솔직한 회의가 있을 때에만 발휘되는 것이다.

6. 마음의 체용

지금까지 설명한 선불교의 기본적인 입장을 바탕으로 하여 선불교에
서 '마음'의 전개에 대해 정리하는 것으로 글을 마무리하도록 하겠다.

1) 자성청정심과 번뇌

선불교에서 구사하는 '마음' 개념의 배경에는 여래장, 불성, 본각 등의 사상이 깔려있다는 점은 위에서 이미 언급하였다. 그리고 그러한 사상의 배경에는 심성본정心性本淨 객진번뇌客塵煩惱, 즉 심성은 본래 깨끗하며 번뇌가 밖으로부터 와서 더럽힐 뿐이라는 자성청정심自性淸淨心 개념이 있다. 『여래장경如來藏經』, 『보성론寶性論』, 『승만경勝鬘經』 등에서 볼 수 있듯이 자성청정심이 곧 그대로 여래장이라고 여긴다.

중생의 성품은 본래 완벽히 깨끗한데 그것이 번뇌로 덮여 있을 뿐이라는 자성청정심 내지 여래장의 모티브는 선불교의 언어에서도 그대로 동원된다. 『육조단경』에 다음과 같이 말한다.

> 해와 달은 항상 밝으나 다만 구름이 덮이면 위는 밝고 아래는 어두워서 일월성신을 보지 못한다. 그러다가 홀연히 지혜의 바람이 불어 구름과 안개를 다 걷어 버리면 삼라만상이 일시에 모두 나타나느니라.
> 세상 사람의 자성이 깨끗함도 맑은 하늘과 같아서, 혜慧는 해와 같고 지智는 달과 같다. 지혜는 항상 밝되 밖으로 경계에 집착하여 망념의 뜬구름이 덮여 자성이 밝지 못할 뿐이다.[62]

퇴옹성철(退翁性徹, 1911~1993)도 『선문정로禪門正路』에서 태양과 구름의 비유를 사용하였다.

> 眞如慧日의 無限光明은 항상 法界를 照耀하고 있지마는, 三細六麤

의 無明暗雲이 掩蔽하여 衆生이 이를 보지 못한다. 雲消長空하면 靑天이 現露하여 白日을 보는 것과 같이, 三細의 極微妄念까지 滅盡無餘하면 廓徹大悟하여 眞如本性을 洞見한다.[63]

진여자성眞如自性, 즉 그대로 참됨 그 자체인 중생의 본래 성품은 하늘의 태양처럼 언제나 그 모습으로 그 자리에서 비추고 있는데 중생이 스스로 일으키는 망념이 마치 구름처럼 그 해를 가려서 정작 중생 자신은 자기의 그 성품, 정체성을 보지 못한다는 것이다.

거울의 비유도 자주 쓰인다.[64] 『육조단경』에 나오는 대통 신수(大通神秀, 606?~706)와 육조 혜능(六祖 慧能, 638~713)의 유명한 게송들도 거울의 비유를 동원하고 있다.[65] 신수의 게송은 본래 청정한 심성을 드러내고 유지하려면 객진번뇌를 닦아내야 함을 강조하여, 맑은 거울과 같은 마음에 먼지가 앉지 않도록 부지런히 닦아야 한다고 얘기한다. 그런데 혜능이 이를 반박하며 내놓은 게송은 그러한 관념을 부인한다. 거울이 본래 깨끗하거늘, 더욱이 "본래무일물本來無一物"이거늘 어디에 먼지 앉을 데가 어디 있겠느냐고 한다. 이는 '심성본정'과 '객진번뇌' 모두의 공성空性을 강조하면서 자성/객진, 청정/오염의 이분법까지 부인하는 입장을 보여준다.

이를 두고 그저 불이법문不二法門에 충실한 입장이라고 간주하고 넘어갈 수도 있을 것이다. 그러나 선불교에서는 심성론心性論에 대한 교의적 논의 자체보다 그것을 수행자가 실제 수행의 현장에서 어떻게 실행해야 하느냐가 관심사이다. 선서禪書에서 누누이 볼 수 있는 '부처를 밖에서 찾지 말라'는 당부가 거기에서 도출되었다고 할 수 있다.

'심성본정 객진번뇌'라는 주제와 관련해서 또 하나 선불교에서 자주 사용되는 것으로 물결의 비유가 있는데, 언뜻 보면 거울의 비유와 같지만 중요한 차이가 있다. 예를 들어 지눌은 『원돈성불론』에서 해인삼매海印三昧에 대해 설명하면서 다음과 같이 말한다.

> 망념이 다 없어지면 마음이 깨끗하여 만물의 모양이 다 드러난다. 마치 큰 바다에 바람이 불어 물결이 일다가 바람이 그치면 바닷물이 맑고 잔잔해져서 그 어떤 모양도 거기 비치지 않는 게 없는 것과도 같다.[66]

이 바다와 물결의 비유가 거울의 비유와 다른 점은 위에서 언급한 자성/객진 이분법의 극복이다. 거울의 비유에서는 거울과 먼지가 별개이지만, 바다와 물결은 불이不二인 것이다. 이를 지눌은 진심眞心의 체용體用을 설명하는 데 동원한다.

> 용用은 체體로부터 발현되는 것이니 체와 별개가 아니다. 체는 용의 주체이니 용과 별개가 아니다. 서로 별개가 아니라는 이 이치에서 보면 (체와 용은 서로) 다른 게 아니다. 비유컨대, 물은 축축함을 체로 하며 그 체는 움직임이 없다. 그런데 물결은 움직임을 그 상相으로 한다. 바람으로 인하여 (물이 움직여) 물결이 일어나기 때문이다. 그러니까 물이라는 성性과 물결이라는 상相은 움직임이 있고 움직임이 없음에서 (서로 다르니) 같은 게 아니다. 하지만 물결 밖에 따로 물이 있지 않으며 물 밖에 따로 물결이 있는 게

아니다. 축축함이라는 성性이 한가지이다. 따라서 (물과 물결은 서로) 다른 게 아니다. 이로써 체와 용이 하나이면서도 다름을 가히 알 수 있을 것이다.[67]

그러니까 지눌이 말하는 진심眞心은 단순히 그저 깨끗한 본래 그대로 움직임이 없는 자성청정심이 아니다. 그것이 움직여서 온갖 생각을 일으키는 작용을 포함한다. 그리고 그 '온갖 생각'이란 곧 망념, 망상, 번뇌이다. 그러니까 번뇌는 밖으로부터 와서 본래 깨끗한 심성에 달라붙는 단순한 객진客塵이 아니라 심성의 작용이라는 면을 강조하는 것이다. 다시 말해 번뇌는 이를테면 구조적으로 '마음'의 일면인 셈이다.

이는 『대승기신론』의 일심이문一心二門 구도를 계승하는 입장이라고도 할 수 있다. 일심에 진여문眞如門과 생멸문生滅門이 있다는 것은, 달리 말하자면 심성본정과 객진번뇌가 일심에 구조적으로 다 포함된다는 뜻이겠기 때문이다. 한편 선불교에서는 더 나아가 그 일심이 곧 중생심衆生心, 즉 살아 있는 생명체가 각자 가지고 운용하는 일상적인 의미의 마음이기도 함을 강조한다.[68] 수행과 삶의 현장에서 자성청정심과 번뇌가 체와 용인, 즉 불일불이不一不二인 자기의 마음을 가지고 어떻게 수행하며 어떻게 살아야 하는가가 선수행자의 문제인 것이다.

2) 무념무심과 평상심

자성청정심과 번뇌가 체용의 관계라 함은 생명체에게 번뇌는 근본적으로 불가피하다는 뜻이기도 하다. 그럼에도 불구하고 선불교에서도 번뇌를 끊으라는 가르침이 누누이 나온다. 흔히 무념무심이 선의 종지宗旨라 하고, 무념이란 망상망념이 없음이요, 무심이란 망심이 없음이라는 게 일차적인 정의이다. 하지만 한 걸음 더 들어가면 그렇게 간단치만은 않다.

『육조단경』에서 혜능은 자신의 법문은 무념을 종宗으로 하고 무상無相을 체體로 하며 무주無住를 본本으로 삼는다 하고서 하나하나 설명한다. 무상이란 "상相에서 상을 떠남〔於相而離相〕"이요, 무념은 "생각에 있어서 생각하지 않음〔於念而不念〕"이며 무주란 "모든 법 위에 순간순간 생각이 머무르지 않아 얽매임이 없음〔於一切法上念念不住卽無縛也〕"이라고 정의한다.[69] 여기에서 주목되는 것은 "어於"의 의미이다. 이는 살아 있는 생명체에게는 상相, 염念, 일체법一切法에 임하는 것이 불가피한 현실임을 인정하고 다만 이에 적절하게 임할 것을 말하는 것이라고 풀이할 수 있겠다. 그러한 뜻은 무념에 대한 다음의 설명에서 더욱 분명해진다.

> 없다 함은 무엇이 없다는 것이고, 생각함이란 무엇을 생각하는 것인가?
> 없다 함은 모든 분별의 번뇌를 떠난 것이다. 진여가 이 생각함의 당체이고 생각함은 진여의 작용이다. 자성이 생각을 일으켜 비록 보고 듣고 느끼고 아는 작용을 하지만 그러면서도 그 어떤 경계에도 물들지 않고 늘 자재하는 것이다.[70]

그러니까 생각을 일으켜 견문각지見聞覺知, 즉 보고 듣고 느끼고 아는 작용을 하는 것 자체를 아예 멈추는 것이 무념이 아니다. 그런

작용을 멈춘다는 것은 살아 있는 존재로서는 불가능할 뿐더러 바람직
하지도 않다는 것이 선의 입장이다. 심성본정, 진여자성의 그 심성,
자성이 생명체의 심성이요 자성인 한 그것이 생각을 일으키며 작용함
은 당연하며 불가피하다. 그러니까 생각을 끊는 것이 아니라 올바르게
생각을 일으키는 것이 목표가 되어야 한다. 올바르게 생각을 일으킨다
함은 경계와 상相에 의하여(선가의 어휘로는 '휘둘려', '끄달려') 생각을
일으키는 게 아니라 진여자성으로부터 생각을 일으키는 것이다. 달리
말하자면 개별자로서의 자아가 일으키는 자기중심적이고 이기적인
생각으로 사는 것이 아니라, 보편자, 즉 연기적 존재 또는 부처로서의
자기의 본래 정체가 일으키는 작용으로서 생각을 발휘하면서 사는
것을 말한다고 할 수 있겠다.

『마조어록』을 비롯해서 여러 선법문에서 자주 언급되는 "평상심이
곧 도"(平常心是道)라는 명제도 그러한 정신을 말하고 있다.

> 도道는 닦을 것이 없으니 물들지만 말라. 무엇을 물들음이라 하는
> 가. 생사심으로 작위와 지향이 있게 되면 모두가 물들음이다. 그
> 도를 당장 알려고 하는가. 평상심平常心이 도이다. 무엇이 평상심이
> 라고 하는가. 조작이 없고, 시비가 없고, 취사取捨가 없고, 단상斷想
> 이 없으며, 범부와 성인이 없는 것이다.
> ......
> 지금 하는 일상생활과 인연 따라 중생을 이끌어주는 이 모든 것이
> 도道이니, 도가 바로 법계法界이며 나아가서는 항하사만큼의 오묘
> 한 작용까지도 이 법계에서 벗어나지 않는다.[71]

190

　　그러니까 평상심이란 생사심生死心의 작용으로서의 작위와 지향, 각종 분별이 없는 것이라고 정의한다. 그러나 아무 생각이 없이 고요한 상태를 말하는 게 아니다. "일상생활과 인연 따라 중생을 이끌어주는" 활동과 작용을 강조하고 있다. 생사심이란 개체로의 자아, 주객主客의 구도를 바탕으로 작용하는 마음을 말하는 것이다. 이에 반해 평상심이 곧 도이고 도가 바로 법계이며 온갖 작용도 법계라 함은 개체이면서도 또한 연기의 존재라는 이중의 정체를 불일불이不一不二의 이치 그대로 산다는 뜻이라 풀이할 수 있다. 달리 말하자면 현상적으로는 엄연히 다른 개체들과 구별되는 한 개체이면서도 주객의 구도가 아니라 체용의 구도로써 자기 자신과 다른 모든 존재들, 또 그 사이의 관계를 보고 그에 합당하게 작용하면서 사는 마음이라고 할 수 있다.

3) 의단의 마음

생사심, 즉 개체로서의 자아를 당체로 해서 일으키는 모든 분별은 망상망념이요 번뇌이다. 그러나 분별하는 생각, 분별하는 마음이 없다는 의미에서의 무념무심無念無心은 개체적 존재인 생명체로서 의식이 있는 한 불가능한 상태이다. 중생, 즉 뭇 생명체가 개체적 존재로서 생명을 유지하는 조건하에서 닦을 수 있는 최선의 동념動念으로 간화선이 처방하는 것이 의단疑團이라 할 수 있다. 원융圓融은 다음과 같이 말한다.

　　화두란…… 자성을 깨치기까지 하나의 관행觀行으로서 의식 집중의 구심점求心點 역할을 하는 소극적인 뜻뿐만 아니라, 심신 내외의 모든 분별집착과 악지악각惡知惡覺을 쳐부수는 무기[器仗]로서 역할을 한다. 그러므로 화두가 아무리 간결하고 수승한 활구活句라고 하더라도 깨치기까지는 이것도 하나의 망상이며, 깨친 다음에는 버려야 하는 '강 건넌 다음의 뗏목'인 것이다. 그러나 **깨치기 이전에는 공안을 참구하는 당자의 의식상태는 가장 정념正念에 가까운 것이다.** 왜냐하면 아무 분별망상이 없이 간절히 공안만을 참구하는 동안의 당인當人은 "대적광삼매大寂光三昧 속의 현기대용玄機大用", 곧 불조佛祖의 말후뇌관末後牢關을 향하여 밀어대는 순일무잡純一無雜함 속에 있기 때문이다.[72]

감각과 지각의 작용은 온전한 생명체로서는 불가피한 것이다. 문제는 그것이 늘 "나"를 주체로 해서 바깥의 객체들을 향하며, 그러한 주객의 근본적인 구도를 바탕으로 해서 온갖 분별을 지어내는 것을 제 작용으로 삼는다는 데 있다. 그것이 숙세宿世의 습관으로 깊이 박혀서 바깥으로부터의 조그만 자극에도 대뜸 반응하며 지·감각이 내닫는 반연攀緣을 일으키곤 한다.

이에 대한 선의 처방은 저 앞에서도 언급한 회광반조迴光返照이다. 반연을 쉬고 제 마음을 돌이켜 비춰본다는 것이다. 주객의 구도를 허물어뜨리는 셈이다. 그리고 화두는 마음이고 반연이고 간에 다 제쳐놓고 오직 의심만으로 세계를 채우게 한다. 생각은 생각이되 분별이 아닌 생각, 즉 무념에 가장 가까운 의식 상태, 마음이 지극히 활발(또는 '간절')하고 밀도 높게[密密] 움직이기는 움직이되 분별의 작용을 일으키는 게 아닌 마음, 즉 무심에 가장 가까운 의식 상태로 처방된 것이 바로 의단이다. 앞에서도 말했듯이 간화의 가장 중요한 요건은 간절함과 부단함이다. 간절함과 부단함이 바라밀다婆羅密多, 즉 그 극한까지 온전하게 이루어지는 때에 비로소 안팎의 그 무엇도 스며들 틈이 없이 온 세상이 오직 의심 덩어리로 팽팽하게 꽉 차고 마침내 온 세상이 터져버린다는 것이다.

4) 역의 합일, 그 활발발한 역동성

고전종교는 초월계와 현세, 거룩함과 속됨, 탈속脫俗과 세속世俗, 또는 출세간出世間과 세간世間 등으로 표현되는 이원적인 세계관을 바탕으로 하면서 그중에 전자前者에다가 우월한, 그리고 나아가 궁극적인 가치를 둔다. 그래서 고전종교의 신행信行은 기본적으로 그 타계적인 가치를 지향하는 데 초점을 둔다. 즉 성스러운 가치가 현세적 가치보다 우월하다고 인식하고 그것을 지향한다. 그래서 타계적인 '구원'의 추구가 종교적 관심과 신행의 핵심이자 원동력이 된다. 현세적, 인간적인 제약과 조건을 완벽하게 극복하고자 하는 무궁한 노력을 지향하는 것이다. 또한 현세를 완벽하게 성화聖化하는 것을 극단적인 정도까지 무궁하게 지향하기도 한다. 이는 사실상 단순한 이원론이 아니라 '이원론적' 진단을 전제하면서도 '일원적' 합일을 지향·추구하는 것이며, 바로 여기에 고전종교 신행의 핵심적인 특징이 있다고 할 수 있다.

일반적인 종교 신행의 행태에서는 세속과 성스러움의 구별이 엄연하며 그 두 영역을 한꺼번에 살지 못한다. 멀치아 엘리아데(Mircea Eliade)가 말하듯이 성속의 구별이 종교현상의 기본적인 특징인 것이다.[73] 그래서 잠시 성스러운 시간과 공간▒▒▒▒더라도 그러한 상황은 조만간에 끝내고 다시 일상의 세속▒▒▒돌아온다. 오고 감으로써 성속의 변증법(dialectics of the ▒▒d and the profane)이 일어나고 일시적인 성현(聖顯, hierophany)▒▒▒루어질 뿐이지 두 영역의 합일이 지속적으로 구현되지는 못한다.▒

한편, 일상으로의 복귀를 지향하▒ 않고 성스러운 상태에 지속적으로 머물고자 하는 것이 고전종▒▒ 이상이다. 그러나 이는 인간의 근본적인 조건에 어긋나기 때▒▒현실적으로는 늘 세속적인 일상과 성스러운 상태 사이의 긴장▒▒등이 빚어진다. 그 긴장이 고전종교 신행의 원동력이 된다. 달▒ 말하자면, 고전종교의 신행은 성과 속이라 는 역逆을 함께 사는 ▒▒, 즉 저 앞에서 언급한 역의 합일(coincidentia ▒ppositorum)을 ▒▒하는 삶이라고 할 수 있다. 이를 다음과 같은 ▒▒▒로 나타▒ 수 있을 것이다.[75]

〈고전종교의 이상〉

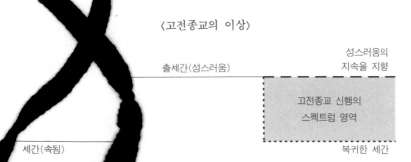

선불교▒▒▒는 자리에서 그러한 고전종교의 일반적인 이상을 언급▒▒▒유는, 그것을 극단적이고도 철저하게 표방하는 한 예가 선▒교라는 이야기를 하고자 하기 때문이다. 역의 합일을 산다는

것은, 불교 용어를 적용하자면 중도中道를 인식상으로 또 실존상으로 삶의 현장에서 구현하는 것이라 할 수 있다. 출세간의 진리를 세간의 현장에서 그대로 살아내려는, 모든 존재는 엄연히 하나의 개체이면서도 연기적인 존재라는, 중생의 마음이 그대로 청정심이고 일체법이며 진여자성이라는, 번뇌가 곧 보리요 보리가 곧 번뇌라는 역설 등 온통 근본적인 역설을 훼손 없이 고스란히 살아내고자 하는 긴장으로부터 선수행의 역동성이 우러나온다고 할 수 있다. 논리와 개념을 동원해서 설명해 버리거나 양극의 어느 한 쪽이나 그 사이 어느 지점을 선택해 버리면 긴장이 간단하게 해소되어 버리고 역동성도 더 이상 우러나오지 않는다.

선사들이 경계하는 것 중에 무기無記가 있다. 앞에서 언급했듯이 석가모니가 대답을 안 하고 침묵한 외도들의 형이상학적인 질문들을 무기라고 하지만, 선불교에서는 다른 뜻으로도 쓰인다.

…… 조심해야 될 것이 있습니다. 화두를 들다보면 몇 시간 가는 것은 순식간입니다. 그런데 모든 망상은 끊어지지만 화두가 없어지고 그냥 즐겁고 편안하기만 한 겁니다. 그것을 무기無記라고 합니다.[76]

성철의 『선문정로』 9장 「사중득활死中得活」에 그러한 승묘경계勝妙境界를 경계警戒하는 조사들의 언급들이 인용되어 있다. 아무런 번뇌도 일어나지 않아 편안하고 한가롭기 그지없거나 혹은 기특奇特한 경지를 보이기도 하지만, 이는 마치 생명이 없는 목석과 같이 죽은 상태나 마찬가지라고 한다. 망상번뇌가 끊어져서 고요하고 편안한 상태는 선불교에서 추구하는 경지가 아니다. 선불교에서 추구하는 것은 활발발活鱍鱍하게, 즉 마치 물고기가 팔딱거리는 것처럼, 생명의 기운을 한껏 발휘하며 시절時節과 인연因緣 따라 일(작용)하면서 사는 것이다. 그래서 가사假死의 상태라 할 수 있는 그 무기에 머물지 말고 대사大死하고 연후에 선지식의 인도로 대활大活하여야 한다고 한다. 그 무기라는 것이 이를테면 역설의 긴장이 해소되어 동력이 스러져버린 상태인 것이다.

　『나옹화상어록』에서 "개가 뜨거운 기름 솥을 보고 핥지도 버리지도 못하는 것처럼"⁷⁷ 팽팽한 실존적, 인식론적 긴장을 그 극치인 그대로 밀고 나가고자 하는 것, 거기에서 우러나오는 역동적인 힘으로 수행과 삶을 밀고 가는 것, 그것이 선불교에서 전개되는 마음의 요점이라고 하겠다.

생명의 능동적 운동

―베르크손에게 영혼은 어떻게 움직이는가―

최화(경희대 철학과)

1. 생명의 운동방식 - 연속과 불연속

헤라클레이토스처럼 베르크손에게도 만물은 움직인다. 그러나 역시
헤라클레이토스처럼 만물은 흐른다고 말할 수는 없다. '흐른다'는
것이 뭐가 뭔지도 모르게 끊임없이 타자화되어 가는 운동을 의미한다
면. 그러니까 베르크손에게 운동은 타자화되어 가는 과정만 있는
것이 아니라 그것을 거꾸로 거슬러 올라가서 변화함에도 불구하고
자기 동일성을 잃지 않는 운동도 있다. 여기가 베르크손 철학을 이해하
는 핵심이다.

그의 철학은 한마디로 지속(durée)의 철학이라 부를 수 있다. 그런데
지속은 진정한 운동으로서 일반적으로 생각하는 여느 운동과 다르다.
분명히 운동은 운동이므로 변한다. 변한다는 것은 달라졌다는 것을

의미하며 달라졌다는 것은 다른 것, 즉 타자로 되었다는 것을 의미한
다. 모든 운동은 필연적으로 타자화의 과정을 내포한다. 그런데 지속은
분명 운동은 운동인데 타자화되지 않는다. 그러니까 지속은 변했는데
변하지 않는 운동이라는 말이다. 어떻게 그러한 것이 가능한가? 필연
적이라는 것은 그렇지 않을 수 없다는 것이며, 따라서 지속은 그렇지
않을 수 없는 것이 그렇게 된다는 것이므로 불가능한 것이 가능하게
되는 운동이다. 이것은 논리적 모순이므로 지속은 모순을 뚫고 이루어
진다는 말도 안 되는 운동이다. 그런데 그것이 있다. 원래는 없어야
되는 것인데 있다. 그러니까 그런 운동은 설명할 수 없다는 요소가
꼭 끼어들어가는 운동이다. 비약이다. 비약이란 전건에 없던 것이
후건에 생기는 것을 말한다. 무에서 존재가 생긴다는 것은 모순이다.
그러니까 말이 안 되는 것이다. 지속이란 말이 안 되는 운동이다.

베르크손의 철학이 지속의 철학이라면 결국 그의 철학은 말이 안
되는 운동의 철학이라 할 수 있다. 말이 안 되는 운동이므로 참으로
말하기가 곤란하다. 그렇다면 말을 하지 말아야 할 것인가? 선불교는
그리로 갔다. 그러나 베르크손의 위대한 점은 말이 안 되는 것에
대하여 포기하지 않고 그래도 말할 수 있는 것을 찾으려 했다는 것이다.
그것 자체를 직접 말하는 것이 아니라 사실들의 선을 따라 가면서
그 주변을 점점 좁히면 적어도 어느 범위 내에는 그것이 있다고 말할
수 있다는 방식으로 진행해 갔다. 노력이 가상했던지 그를 따라가면
그것이 손에 잡힐 듯 보이는 경지에까지 도달했다. 그 이상을 어떻게
더 좁힐까 싶을 정도로. 그렇다면 우리도 결국 그를 따라 말할 수
있는 데까지 말할 수밖에 없다. 우선 그 길로 가보자.

198

지속은 변하면서도 자기 동일성을 유지하는 운동이라고 했다. 변하면서도 자기 동일성을 유지하려면 변하는 매 순간 그 변화를 거꾸로 거슬러 올라가서 자기 자신임을 놓지 않는 수밖에 없다. 즉 타자화의 매 순간 그 타자화를 거꾸로 거슬러 올라가서 다시 동일성을 회복하는 운동이어야 한다. 타자화의 과정을 운동이 겪을 수밖에 없는 수동적인 (겪을 수밖에 없으므로 수동적이다) 방향이라 한다면, 그것을 거슬러 올라가는 것은 능동적인 운동이라 해야 한다. 능동적 운동이란 자발적인 운동, 즉 스스로가 자기 자신을 움직이는 운동이다. 스스로가 자기 자신을 움직이는 운동은 자기 자신을 포기하지 않는다.

어떻게 이런 운동이 가능한가? 원래는 불가능한 이런 운동은 그러나 이미 25세기 전부터 플라톤에 의해 영혼의 운동이라고 알려져 왔다.[1] 이때 '영혼(psychē)'이란 단지 인간의 정신만이 아니라 생명 일반의 운동을 가리키는 것이었다. 생명 일반이 능동적, 자발적으로 움직인다. 그러므로 그것의 운동은 물질의 수동적, 필연적 운동과는 정반대의 운동이다. 물질은 자기 동일성이 없다. 그러므로 일 초 전의 이 돌멩이와 일 초 후의 이 돌멩이는 전혀 다른 돌멩이이다. 우리의 눈에는 동일한 돌멩이로 보이지만 그 내부의 분자 운동으로 보면 무수한 운동을 이미 실행한 뒤이며, 표면에서도 일 초에 몇 조 번의 진동이 일어난 뒤이므로 전혀 동일한 돌멩이가 아니다. 그 돌멩이가 동일한 것으로 보이는 것은 바로 우리가 가지고 있는 동일성을 거기에 투여해서 보기 때문이다. 그러니까 동일성의 원천은 바로 우리 자신이다. 우리는 내가 나로 남을 수 있는 자아, 즉 자기 동일성을 가지고 있다. 자발적으로, 능동적으로 움직이는 우리는 자기 동일성을 가진다.[2]

물론 그때의 자기 동일성은 죽어 있는 부동의 동일성이 아니다. 그런 동일성은 가령 플라톤의 이데아 같은 것이 가지는 동일성이다. 그것은 움직이지 않고 따라서 타자로부터 아무런 영향도 받지 않고 영원히 자기 자신임을 유지하는 동일성이다. 종래의 형이상학은 이런 종류의 동일성밖에 알지 못했기 때문에 정지체 중심의 죽어 있는 형이상학이었다. 물론 플라톤은 방금 말한 바와 같이 영혼이 자기 자신을 포기하지 않는다고 말했음에도 불구하고 그것의 진정한 의미를 전개시키지 못하고 오직 이데아적인 동일성에만 매달렸다. 그러므로 그의 분류의 위대함에도 불구하고 그는 전통 형이상학의 맹주의 위치에만 머물러 있다. 그런 철학을 뒤집은 것이 베르크손이다.

베르크손에 의하면 정적인 자기 동일성은 생명의 기능이 물질과 만났을 때 생기는 질(qualité)에 부동성을 부여한 것에 불과하다.[3] 그것은 마치 살아 있는 나비에 바늘을 꽂아서 채집상자에 고정시키는 행위와 같다. 그 순간 나비의 외형, 즉 물질적인 측면은 고정될 수 있을지 모르나 나비의 생명 자체는 사라져버린다. 아닌 게 아니라 전통 형이상학은 사물을 그 외형적 구조에 따라 분류하기를 즐긴다. 사실 이데아idea라는 말 자체가 '질'도 의미하지만 '눈에 보이는 외형(모습)'이라는 뜻이다. 거기에는 나비의 생명, 진정한 운동 자체는 없다. 사랑하는 애인을 항상 옆에 잡아두고 싶어 하는 질투 많은 연인처럼 우리는 항상 그 애인이 도망치지 않기를 바라지만, 그를 가령 박제하여 움직이지 못하게 하면 바로 그 순간 남는 것은 애인의 껍데기일 뿐, 애인 자신은 더 이상 이 세상에서 사라지고 만다. 그럼에도 불구하고 우리는 왜 항상 무언가를 고정시키려 하는 걸까? 거기에는 우리가 무시할 수 없을 정도로 뿌리 깊은 우리의 삶과 사유의 방식이 작동하고 있기 때문이다. 사랑하기 전에 우리는 먹고 입고 거처해야 하기 때문에 그 대상인 물질을 이용하도록 되어 있다. 물질을 이용하려면 물질의 존재방식에 따라 감각하고 생각하지 않을 수 없다. 그렇게 감각하고 생각하는 능력을 베르크손은 지성(intelligence)이라 부른다. 지성적 존재인 인간은 지성에 따라 살지 않을 수 없다. 지성은 공간과 그 속의 정지체를 좋아한다. 물론 물질은 그 자체 흘러가는 유동(flux)이지만 인간은 그 속에서 자기가 이용할 수 있는 면, 즉 불변하는 측면을 포착한다. 그것만이 자기가 쥐고 자르고 자기 마음대로 할 수 있는 측면이기 때문이다. 그것으로 물질을 다 포착할 수 있는가? 여기에는 많은 설명이 필요한데 그것은 나중에 보기로 하고, 하여간 대체적인 방향은 알 수 있기 때문에 그 방향의 극단까지 몰고 가면 기하학이 나오며 거기서 물질을 재단裁斷하면 원하는 대로의 사물의 모습을 획득할 수가 있다. 그러나 그 반대의 방향, 즉 생명의 방향으로 가면 지성은 전혀 맞지가 않고 점점 더 상징적으로 된다. 즉, 껍질만 남게 되어 버린다.

그렇다면 생명은 어떻게 운동하는가? 생명은 능동적·자발적으로 움직이며, 변했음에도 불구하고 변하지 않는 방식으로, 즉 자기 자신임을 놓치지 않는 방식으로 움직인다고 말했다. 그러려면 타자화한 만큼 그 타자화를 거슬러 올라가 자기의 동일성을 회복해야 한다. 그 과정이 바로 기억의 현상이다. 모든 생명체는 기억을 가진다. 그러므로 생물과 무생물을 구분하는 기준도 기억의 유무에서 찾을 수 있다. 물론 이때의 기억은 단순한 정신적 기억뿐만 아니라 신체적 기억까지 포함한 기억 전체이다.[4] 생물은 타자화한 만큼 기억에 의해 타자화한 부분을 도로 끌어안고 자기와 함께 간다. 그런 방식으로만 자기 자신임을 놓치지 않고 유지한다. 그러므로 그것의 운동은 밖으로 나갔다가도 항상 자기 자신으로 되돌아온다. 그러지 못하면 죽는다. 그러니까 그것의 운동은 타자화 되지만 그러면서도 그것을 회복하여 자기 자신으로 되돌아오지 못하면 죽는 운동이다. 이 과정은 아까도 말한 바와 같이 불가능을 극복하는 과정이므로 매우 어렵고, 언제 다시 필연으로 되돌아갈지 모르는 운동이므로 언제나 죽음을 안고 사는 운동이다.

생명은 그러므로 언제 죽을지 모르는 운동 방식을 유지하는 존재이다. 매 순간 죽음을 극복해야 하는 존재이다. 죽음을 극복한다는 것은 무로 돌아갈지 모르는 자신의 존재를 매 순간 되살려야 하는 것이므로 매 순간 창조이다. 생명은 매 순간의 창조, 즉 비약이지만 하여간 그런 생명 자체를 이어가는 것이므로, 베르크손은 그것을 '생의 비약(élan vital)' 또는 '창조적 진화(évolution créatrice)'라 부른다. 이 두 표현은 모두 동일한 의미를 가진 것으로서 각각을 구성하는 두 마디 말은 서로 모순된 것들이다. '생의'나 '진화'는 동일한 것이 이어진다는 것을 뜻하는 말로 연속을 의미하지만, '비약'이나 '창조적' 이라는 말은 건너 뜀, 또는 없던 것의 생김이라는 불연속을 나타낸다. 생을 횡단면에서 보면 동일한 생의 이어짐이요, 종단면에서 보면 매 순간의 비약, 창조이다. 생의 존재방식 자체가 연속과 단절이라는 모순된 사실들의 결합으로 이루어진다. 사실 생명의 운동 방식을 변하면서도 변하지 않는다고 했을 때 그런 모순된 결과는 이미 예견할 수 있는 것이었다.

생명은 그 존재방식, 운동방식 자체가 모순되므로 거기는 더 이상 논리학이 적용되지 않는다. 생명은 논리를 넘어선 곳에서 존재한다. 우리가 금과옥조로 삼고 있는 논리란 사실 물질의 존재방식에 근거를 둔 것이거나 또는 거기에도 엄밀히 들어맞지 않는 우리의 말이나 사유의 규칙에 불과하다. 생명이 논리를 넘어선다는 것은 이성을 넘어선다는 말이나 같다. 그럴 수밖에 없지 않은가? 이성이란 생명의 한 가지에 불과한 인간이 가진 능력이므로 이성 그 자체가 생명으로부터 온 것이지 생명이 이성으로부터 왔다고 할 수는 없지 않은가? 너무나 당연한 이 사실은 그러나 계몽이성에 젖어 있던 근대인에게는 이해될 수 없는 것이었다. 그것을 깬 것이 바로 베르크손이었고 그는 이제 이성은 어디에서 왔는가를 묻는다.

2. 생명의 갈래들 - 마비, 본능, 지성

영혼은 생명 전체의 운동방식이라고 했다. 그것은 그러나 하나의 생명체로서 살아가는 것이 아니라 여러 갈래로 나누어진다. 그것이 나누어지는 근본 이유는 그것이 만난 물질계의 성격 때문이다. 본래대로라면 하나의 생명체로 계속되기를 원했을 것이다. 그것이 생명의 단일성을 표현하기는 더 좋을 것이기 때문이다. 그러나 생명은 단일성을 가지기를 좋아하는 동시에 다양성을 가지기를 또한 좋아한다. 다양한 상황에 따라 다양한 방식으로 대처함으로써 물질의 다양한 모습에 적응하고 싶어 한다. 물론 그 단일성을 포기하지 않으면서.

물질의 다양한 모습이 그것이 쪼개지는 근본 원인이겠지만 생명 스스로도 다양한 경향성을 가지므로 그것은 이제 하나의 단일한 생명체보다는 다양한 상황에 대처할 수 있는 다양한 가지와 종으로 나누어지며, 같은 종 내에서도 다양한 개체들로 나뉘어져서 각 개체는 죽더라도 종은 유지되는 방식으로 삶을 유지한다.

물론 생명 전체는 여러 갈래로 나뉘지만 그런 나뉨은 수학적 엄밀성을 갖는다기보다는 항상 어떤 경향성으로 대표된다. 생명은 생명인 한 생명 자체의 특성을 항상 가질 수밖에 없기 때문에 한 갈래로 갔다고 해서 본래부터 가진 특성을 완전히 잊는다고 할 수는 없다. 그러므로 각 갈래의 분류는 경향성에 의해 나타나는 것이지 칼로 무 자르듯 명확히 이루어지지는 않는다.

당시까지 관찰된 생명의 분류에 따르면 생명 전체는 대체로 세 개의 큰 가지를 중심으로 나누어진다. 처음으로 나누어지는 가지는 식물과 동물이다. 식물은 공간 운동을 포기하고 붙박이로 사는 대신에, 즉 마비를 택하는 대신에, 무기물로부터 직접 영양분을 섭취할 수 있는 길을 택한다. 동물은 무기물로부터 직접 필요한 양분을 생산하지 못하므로 그것을 전적으로 식물에게 의존해야 하고, 따라서 동물은 식물이나 그 식물을 먹고 사는 동물을 찾아 움직여야 한다. 움직인다는 것은 항상 모종의 의식이 동반되어야 하므로 식물은 의식, 즉 감각을 포기하는 쪽으로 가고, 동물은 신경 계통을 발전시켜 운동하는 쪽으로 간다는 것을 의미한다. 결국 "동물에게 신경 계통을 부여한 그 동일한 힘이 식물에게는 엽록소적 기능을 부여한"(EC, 115) 것이다. 그것을 다른 말로 하면 식물은 에너지를 점진적으로 축적하는 길을 택했으며,

동물은 그 에너지를 갑자기 폭발적으로 사용하는 길을 택했다는 것을 의미한다. 동물은 에너지를 점진적으로 축적하지 않고 식물에 의해 축적된 에너지를 채집해 두었다가 어느 순간 사용하는 것이기 때문이다. 동물이 그 에너지를 사용하여 움직일 때 가장 중요한 것은 신경계통의 발달이다. 즉, '감각-운동 체계(système sensori-moteur)'를 발달시켜 운동을 가능하게 하며, 따라서 동물의 특징은 이제 '비결정성의 저장고'가 된다. 사실 생명 전체가 물질의 필연적 운동에 대항하여 세계에 비결정성을 높이려는 성향을 가지지만, 식물이 영양문제를 해결하기 위하여 그 부분을 어느 정도 포기한 반면, 동물은 그 성향을 계속 유지해 나가는 방향으로 간 것이다.

어쨌든 동물은 다시 극피동물, 연체동물, 절지종물, 척추동물 등 크게 네 가지로 나누어지지만 그중 절지동물과 척추동물이 가장 성공적이다. 절지동물, 특히 막시류膜翅類로 가는 길은 움직이기는 움직이지만 본능에 따라 몸이 시키는 대로만 따라 가면 살 길이 열리는 길이다. 그러나 척추동물, 특히 인간으로 가는 길은 운동에서 가장 큰 자유를 얻지만 그것을 위해 지능을 사용하여야만 겨우 문제가 해결되는 길이다. 그리하여 마비, 본능, 지성으로 가는 세 갈래, 즉 식물, 막시류(개미나 벌), 인간으로 가는 세 갈래의 큰 길을 따라 생명은 진화해 간다.

그렇다면 이제 본능과 지성이 무엇이냐가 문제이다. 우선 행동방식으로 보면 지성은 그 가장 본래적인 특징으로 보아 '인공적인 대상, 특히 도구를 만드는 능력'이며, 도구를 만드는 도구이다. 따라서 인간의 본질은 도구적 인간(homo faber)이다. 그러니까 지성이 비유기적 도구를 만들고 이용하는 능력이라면, 반면 본능은 유기적 도구, 즉 자신의 몸을 사용하고 심지어 만들기까지 하는 능력이다. 곤충은 몸이 시키는 대로 하면 문제가 해결되며, 특별한 경우에는 몸의 일부분을 잘라버리고도 다시 회복할 수 있다. 결국 지성과 본능은 행동이라는 동일한 문제를 해결하는 두 가지 다르면서도 '우아한' 해법이다. 둘이 다른 점은 다만 본능의 해법이 직접적이고도 불변적이라면 지성은 간접적이지만 가변적인 해법이라는 것이다.

지성과 본능은 모두 모종의 인식을 가지는데, 그 인식의 종류에서 본다면 본능의 경우 인식은 무의식적이며 실제 행해지는(joué) 것인데 반해 지성의 경우는 의식적이며 사유되는 것이다. 또 그들이 가지는 '내적 인식(connaissance innée)'의 경우, 본능은 사물과 그 내용에 대한 것이라면 지성은 관계와 형태에 대한 것이다.

이렇게 행동방식과 인식의 종류에서 지성과 본능을 이야기했지만 양쪽은 같은 것의 두 측면일 뿐이다. 도구를 만들려면 사물의 외형과 상호관계를 알아야 하고, 몸을 이용하려면 그 내용을 알아야 하기 때문이다. 사물의 외형만을 알면 그 내용은 무한히 변할 수 있게 되지만, 그 내용 자체는 모를 수밖에 없고, 내용만 알면 그 구체적 내용은 알게 되지만, 그 내용이 다른 것으로 변할 수 없게 된다. 그리하여 "지성만이 찾을 수 있지만 그 자신만으로는 결코 발견하지 못할 것이 있으며, 본능만이 발견할 수 있지만 그것이 결코 찾지 못할 것이 있다."(EC, p.152)

자연의 손을 떠날 때의 지성의 주요 대상은 무기적인 고체이다. 그것은 무기물의 불연속적인 측면과 그것의 부동성만을 명확하게 표상한다. 지성의 특징은 따라서 그런 부동의 고체를 마음대로 자르고 원하는 대로 갖다 붙이는 것이다. 그것은 바로 지성이 물질의 공간적 특성에만 주목한다는 것을 의미한다. 그러한 지성은 태생적으로 생명을 이해하는 데에는 무능하다. 그에 반해 본능이 어떤 앎을 가진다면 그것은 생명에 관한 앎일 수밖에 없으며, 따라서 지성은 본능을 이해할 수 없다. 그러므로 우리가 본능을 적극적으로 알 수 있다면 그것은 지성이 아닌 어떤 인식능력, 즉 직관에 의할 수밖에 없다. 직관이란 공감(sympathie)하는 능력이며 내적으로 아는 것이므로 공간과는 다른, 이를테면 멀리서도 아는 능력이다. 결국 지성과 본능은 그 방향이 다른 능력으로서 전자는 무기적 물질로, 후자는 생명으로 향해 있다.

생명의 진화 전체로 보면 모든 것은 마치 거대한 의식의 흐름이 물질계로 스며든 것처럼 이루어진다. 그것은 물질을 유기화했지만 그 운동은 무한히 느려지는 동시에 무한히 나누어졌다. 그런 진화의 기간 동안 어떤 것은 깊이 잠들었지만 어떤 것은 깨어났고, 한 쪽의 마비는 다른 쪽의 활동을 돕는 방식으로 이루어졌다. 깨어남은 다시 두 가지 방식으로 진행되었는데, 생명, 즉 물질을 통해 던져진 의식의 주의는 자기 자신의 운동에 대해서거나 혹은 그것이 건너는 물질에 고정되었다. 그리하여 의식의 흐름은 직관의 방향이나 지성의 방향으로 나아갔다. 그 두 방향 중 우선은 직관의 방향이 더 나은 것으로 보였는데, 왜냐하면 생명과 의식이 서로 내적이었기 때문이다. 그러나 직관은 생명의 매우 작은 부분에 관계할 뿐인 본능으로 위축되고 말아서, 그쪽으로는 지평이 곧 닫히고 말았다. 반면에 지성 쪽으로 향한 것은 물질에 집중했기 때문에 처음에는 자신과 멀어지는 것으로

보였다. 그러나 외부의 대상들에 적응했기 때문에 그것들 사이를
돌아다닐 수 있었고 별 장애 없이 그 영역을 무한히 확장할 수 있었다.
일단 자유로워지자 이제 자기 자신에게로도 눈을 돌려 자신 속에
잠자고 있던 직관의 잠재력을 깨울 수 있었다. 그런 점에서 의식은
진화의 원동력으로 보이며, 또한 동시에 진화 전체에서 인간은 특권적
인 위치를 점하게 된다. 그러니까 처음에는 도구를 만드는 능력에
불과했던 지성이 그 만든다는 능력을 확장하여 창조력 자체를 가지게
되었고 그것은 곧 다른 것을 지배할 수 있게까지 되었다. 인간의
뇌와 동물의 뇌는 처음에는 복잡성의 정도의 차이에 지나지 않았을지
모르지만, 즉 처음에는 모두 운동 습관을 형성하는 능력의 정도 차이밖
에는 가지지 않는 것이었지만, 그 뇌가 인간에 와서는 그 습관 자체를
지배하여 그를 자유롭게 하는 결과를 낳게 되었다. 지성적 인간은
이제 진정한 의미에서의 자유로운 존재가 된다.

3. 지성과 물질의 상호작용 – 긴장과 이완

인간 영혼의 운동 방식을 탐구하는 우리는 이제 유명한『창조적 진
화』의 제3장을 따라가면서 인간의 영혼인 지성이 어떻게 형성된 것인
지를 좀더 자세히 살펴볼 필요가 있다. 베르크손은 근본적으로 이원론
자이다. 우주는 생명이 그것과 대립하는 물질과 만나서 이루어진다.
다른 말로 하면 물질과, 그것의 필연적 운동에 비결정성을 집어넣으려
는 생명이 만난 것이다. 이때 생명은 크게 두 방향의 인식을 가진다.
하나는 자기 자신의 운동과 같이 가는 쪽의 인식이고, 다른 하나는

물질에 따라가는 방향의 인식이다. 전장에서 살펴본 바와 같이 전자는 본능이며 후자는 지성이다. 그런데 본능과 지성은 원래 같이 있다가 갈라진 것이다. 그러나 지성은 물질을 파악하는 능력이므로 생명에 대해서는 힘을 잃고 거기에 대해서는 다른 인식능력에 자리를 내주어야 한다. 베르크손에 따르면 지성의 인식능력을 밀고나간 것이 과학이며, 물질과 다른 것, 즉 생명의 방향에 대한 앎인 형이상학은 그것과 반대 방향의 인식능력인 직관에 따를 수밖에 없다는 것이다. 직관이 가능한 것은, 지성과 본능이 본래 같이 있다가 갈라졌기 때문에, 인간은 비록 지성적이라 해도 본능 부분을 완전히 망각하지 않고 지성의 가장자리에 어느 정도 포함하고 있기 때문이다.

그리하여 우리의 가장 내밀한 곳으로 들어갈수록 지성성이 흡수되고 그것을 넘어서는 측면이 드러난다. 반대로 거기서부터 완전히 이완되면 모든 기억이 사라지고 매 순간 새로 태어나고 없어지는 순간들의 연속이 된다. 물질은 그 자체 유동(flux), 즉 약한 지속으로 진동하므로 그런 상태와는 다르다. 그러나 대체로 물질은 이완의 방향으로, 심리상태는 긴장의 방향으로 끌린다는 것은 사실이다. 물질성과 정신성은 반대의 방향이며 후자의 역전이나 중단은 전자로 이행한다. 이때 주의할 것은 그 역은 아니라는 사실이다. 즉, 정신성이 이완되면 물질성이 나오지만 반대로 물질성의 긴장은 저절로 나오는 것이 아니라 무언가를, 즉 긴장 자체를 덧붙여야 한다. 이 점을 헷갈리면 들뢰즈와 같은 베르크손의 일원론적 해석이 타당하게 될 것이다.[5] 정신과 물질을 동일한 공간에서 왔다 갔다 할 수 있는 것으로 생각하는 것은 지성의 공간적 사유에 빠져서 정신마저도 공간적으로 생각하는 것이다. 다시 한 번 말하거니와 베르크손은 분명 이원론자이다.

어쨌든 의식을 순수 지속 상태로 잡을수록, 우리 존재의 다양한 부분들이 한 첨단으로 모이고, 그것이 바로 생이며 자유로운 행동이다. 반대로 꿈을 꾸면 자아는 흩어져 공간의 방향으로 간다. 그러니까 우주 전체로 보면 물질과 생명, 또는 이완과 긴장이라는 커다란 두 개의 반대 방향의 힘이 만나는 것이지만, 우리 인간의 정신 역시 내부에 긴장과 이완의 두 측면을 가지고 있고, 그중 물질에 적응하는 지성의 방향은 이완의 방향이며, 그것을 거슬러 올라가는 긴장의 방향은 생명 자체와 일치하는 방향이라는 것이다.

그런 정신(지성)은 자신의 이완(détente), 즉 연장(extention)으로부터 가지는 느낌 속에서 암묵적인 공간의 표상을 가질 수 있다. 그러므로 정신은 사물 속에서도 공간을 재발견하지만 자신의 고유한 운동의 역전(inversion)을 더 밀고 나갔어도 공간의 관념을 얻었을 수 있었을 것이다. 한편 물질은 정신의 시선 아래 물질성을 더 강화하는 동시에 정신을 자기의 경사면으로 내려오게 했다. 정신은 그 길을 계속 갔고, 그 끝이 순수 공간이다. 정신이 공간의 형식을 일단 가진 다음에는 그것을 물질에 던져 마음대로 조종할 수 있는 그물망으로 사용한다. 이렇게 우리의 기하학의 공간과 사물의 공간성은 상호작용과 반작용에 의해 서로를 낳는다. 물질은 펼쳐져 있지만 절대적으로 펼쳐져 있는 것은 아니며, 순수 공간은 물질이 방향만을 그리고 있을 뿐인 운동을 끝까지 밀고 나간 것이다. 그러니까 이완 쪽으로 가는 것은 물질과 정신 양쪽에 다 있는데, 그 둘은 상호작용하여 물질의 물질성을 더 강화하는 한편 정신은 물질의 이완 운동을 더 밀고 가서 순수

기하학을 표상하게 된다는 것이다. 일단 그렇게 되면 정신(지성)은 기하학을 기반으로 마음대로 물질을 재단할 수 있게 된다.

앞에서 우리는 지성이 물질을 다 파악할 수 있는지 잠깐 의문을 가졌었는데 이제 답할 수가 있다. 둘의 방향은 같으므로 대체로 다 파악이 되겠지만, 물질이 기하학으로 다 해소되지는 않는다는 점에서는 분명 지성에 다 드러나지 않는 부분이 있다고 답해야 할 것이다.

칸트는 공간의 정도차를 부정하고 그것을 이미 이루어진 것처럼 불변의 것으로 놓았기 때문에 어떻게 그것이 감각의 다양성에 적합한지를 설명할 수가 없었다. 지성을 물질로 향한 정신의 특수한 기능이라고 보면 점진적으로 물질과 지성이 서로 적응하여 공통의 형태에 다다른다고 할 수 있다. 정신의 지성성과 사물의 물질성을 동시에 창조한 것은 동일한 이완 운동이기 때문에 그런 적응은 자연스럽게 이루어진다. 그런 의미에서 지각과 과학이 물질에 대해 주는 인식은 자신의 영역을 나오지만 않는다면 실재에 관계하는 것이다. 즉, 지각과 과학은 모두 이완되는 정신의 활동의 결과인데, 그것이 물질에 대해서 주는 인식은 방향이 같으므로 모두 실재에 바탕을 둔 것이라 해야 한다.

한편 인식론은 어떻게 공간을 넘어서는 것(초지성적인 것)이 공간성으로 후퇴하는지를 따라 가야 한다. 우리 의식의 높은 곳에서 아래로 내려가면 모든 것은 공간화 한다. 반면 형이상학은 물리학과 같은 방향으로 갈 것이 아니라 물리학이 내려가는 길을 거슬러 올라가야 한다. 그리하여 형이상학은 심리학을 역전시켜 우주론을 구성하고, 물리학에서 적극적인 것은 진정한 적극성(생명의 운동)이 아니라 그것

의 역전임을 보여야 한다.[6]

우리의 지성은 물질성과 공간성과 같은 방향이다. 시인이 시를 읽을 때 그의 내부로 들어가서 그의 단순한 느낌과 불가분의 행위로 들어간다. 즉 창조는 물질성과 공간성을 거슬러 올라가서 어떤 긴장의 상태에서 생명의 목소리를 길어내는 것이다. 그러나 주의를 풀자마자 의미 속에 잠겨 있던 소리들이 문장, 음절, 음소로 분리되어 나온다. 그러면 그것들 사이의 결합의 정확성과 질서의 복잡성을 감탄하게 된다. 이것은 독창적인 운동(창조)의 전환이 어떻게 공간의 펼쳐짐과 감탄할 만한 질서를 만들어낼 수 있는가를 설명한다. 생명의 창조적 작업은 물질성과 공간성을 극복하고 이루어진 것이지만, 일단 이루어지면 이제 지성이 그 속에서 감탄할 만한 질서를 찾아낸다. 그러한 지성의 작업은 공간 표상에 내재하는 기하학을 향한다. 학적 기하학 이전에 이미 자연적 기하학이 존재하는 것이다. 순수 공간과 함께 기하학이 나오고 그것은 논리학으로 퇴락한다. 그것들은 모두 이완의 방향에서 이루어지는 것이며 다만 정도의 차이가 있을 뿐이다. 철학자들이 그렇게 생각하기 꺼리는 것은 이완에 불과한 것을 적극적인 작업이라 생각하기 때문이다.

그러나 정신성이 새로움의 창조라면 전제와 결론 간의 필연적 결정성을 가진 물질성과 반대 방향이라 해야 한다. 공간이 정신의 이완의 끝이라면 공간이 주어지면 이미 기하학과 논리가 주어진 것이다. 연역과 귀납은 모두 기하학을 이상적 한계로 가지고 있다. 끝에 공간성이 있는 운동이 정신에 연역과 귀납, 즉 지성 전체를 놓는다.[7]

그리고 그 운동이 사물에는 질서를 창조한다. 그 질서가 우리에게는 놀랍게 보이며, 지성은 거기서 자신을 보기 때문에 감탄한다. 그러나 진정으로 감탄할 것은 그런 공간적 질서가 아니라 실재 전체가 앞으로 나아가면서 행하는 끊임없는 창조이며, 수학적 질서는 그것이 이완되면서 나오는 것이다. 물질은 비연장적인 것의 연장으로의, 자유의 필연으로의 이완이며, 완전히 수학적이지 않더라도 그리로 가는 도중에 있는 것이다. 물질성을 구성하는 운동이 순수 공간으로 향하지 않는다면 물리학의 성공은 설명할 수 없는 것이 될 것이다. 수학적 질서가 적극적인 것이라면 과학의 성공은 기적이 될 것이다. 가령 자연이 적극적으로 어떤 율법을 내렸다면 그것을 발견할 확률은 거의 없기 때문이다. 그러나 수학적 질서는 적극적인 것이 아니라 중단이며, 단지 물질이 떨어지는 방향을 표현하고 있다. 공중에 던진 오뚝이가 항상 서는 것처럼 물질도 기하학의 추를 달고 있기 때문에 어떤 방식으로 떨어뜨리든 항상 수학의 틀로 떨어질 것이다.[8]

이상 『창조적 진화』의 제3장이 하는 말은 분명하다. 세계에는 물질성과 정신성의 두 방향의 과정이 있고, 정신 속에서도 지성은 그중 물질성의 방향에 따른다는 것이다. 그리하여 정신성의 긴장의 방향으로의 운동이 이완되면 공간성의 방향으로 가게 되고, 정신의 그런 경향은 더 이완되어 있는 물질에 의해 강화되고 둘은 상호 적응하며, 결국은 지성이 순수 공간을 표상하게 되고 그 그물을 물질에 도로 던진다는 것이다. 물질은 원래 유동이므로 완전히 순수 공간처럼 펼쳐지는 않은 것이지만 순수 공간으로 떨어지려는 성질을 가지고 있다. 수학적 질서라는 것도 정신성의 적극적 창조가 아니라 물질과 지성이 공히 그리고 있는 창조의 방향의 역전, 또는 중지에서 나오는

것으로 물질은 이미 수학적·공간적 추를 달고 있기 때문에 지성이
그 질서를 발견할 수 있다는 것이다.

지성은 분명 정신의 한 부분이지만 그것이 향하는 방향은 물질과
같은 방향이며, 그렇기 때문에 그것은 정신의 진정한 정신적인 부분,
또는 창조적인 부분과는 반대의 방향으로 향해 있고, 따라서 창조
또는 생명을 제대로 이해하지 못한다.

4. 개별 영혼의 운동 - 지각과 기억

지금까지 인간 영혼의 주를 이루고 있는 지성이 대체로 어떤 발생
과정을 거쳐 이루어졌으며, 그에 따라 어떤 특성을 가지게 되었는지를
살펴보았다. 이제 그런 영혼이 각 개인의 영혼으로서 작동될 때는
어떻게 움직이는지를 고찰해 보자.

인간은 몸뚱어리를 가지고 세상 속에서 산다. 하이데거나 메를로-
뽕띠가 했음직한 이 말은 그러나 베르크손이 진정한 원천이다. 베르크
손에게 몸은 무엇보다도 먼저 행동의 중심(centre d'action)이다. 대상
들은 그 몸 주위에 배열되는데, 이때 우리는 그 대상들을 지각한다.
따라서 지각은 우리 몸이 대상들에 대해 행할 수 있는 가능적 행동을
그린다. 종래의 인식론은 지각이 마치 어떤 사변적 관심에서 나온
것처럼 순수한 인식의 대상이나 장소로 취급했기 때문에 여러 불필요
한 철학적 문제를 양산했다. 그러나 우리는 철학하기 이전에 먼저
살아야 하며(primum vivere deinde philosophari), 산다는 것은 우선
행동한다는 것을 의미한다. 그러므로 지각의 내용도 주변의 물질이

우리에게 내비치고 있는 여러 성질들 중 행동에 필요한 것들만이 추출된 것이며, 행동의 필요에 따라 배열된다. 공간도 우리 행동의 멀고 가까움에 따라 대상들이 배열되는 방식에 불과하다. 뇌도 행동의 기관이지 표상을 만들어내는 것과 같은 순수 인식의 기관이 아니다.[9]

우리 몸이 행동의 중심이라는 것은, 그것에 영향을 주는 대상과 그것이 영향을 미칠 대상 사이에 끼어서 대상들의 운동을 받아들이고 그것을 운동 기관에 전달하는 역할을 한다는 것을 의미한다. 쉽게 얘기하면 주변에서 행동 꺼리를 본 다음(지각) 그에 대응하여 어떤 행동으로 나간다는 것이다. 그러므로 우리 몸은 항상 감각-운동적 (sensori-moteur)이다. 그런데 이때 반사적 행동의 경우는 곧바로 일정한 행동으로 나가지만 의지적 행동의 경우에는 선택적인 행동을 한다. 이 선택에 우리의 기억이 개입한다. 이때 기억은 운동 기관 속에 살아남거나(신체 기억) 독립적 기억(순수 기억)으로 살아남는다. 전자의 경우 기억은 바로 운동으로 이루어지지만 후자의 경우는 표상화된다. 그러나 두 경우 모두 기억은 우리 신체의 운동으로 행동화되거나 되려는 경향을 갖는다.

앞에서도 여러 차례 언급했지만 우리 몸을 둘러싸고 있는 물질은 그 자체 유동(flux)이다. 이것이 무슨 뜻인지를 잠깐 살펴보자. 가령 저기 남산이라는 하나의 산이 있다. 우리는 그것을 하나의 산이라 지각하지만 사실 그것이 어디에서 시작해서 어디에서 끝나는지 명확한 구획을 긋기가 힘들며, 좀더 가까이 가보면 하나의 산이 아니라 무수한 흙과 돌, 나무들로 이루어져 있음을 알 수 있다. 거기서 가령 하나의 나무(물질로서의)를 선택하여 들여다보면 그것 역시 무수한 잎들과 줄기, 가지로 이루어져 있다. 다시 그중 한 잎을 보면 또 무수한 잎줄기들과 다양한 엽록소 부분들로 이루어져 있다. 그 속을 더 들어가면 가령 원자나 분자들로 이루어졌을 것이고, 그 원자들은 다시 핵과 전자들로, 핵은 또 쿼크들로, 쿼크는 또 끈 이론의 끈들로… 등등 무한히 계속될 것이다. 사실 원자로부터는 아무도 그것들을 눈으로 본 사람은 없고 모두가 단지 이론적 구성물일 뿐이다. 결국 어느 하나의 사물이라고 볼 만한 것은 아무것도 없고 각 단계마다 모두 우리가 잘라서 하나의 사물로 규정한 것뿐이다. 결국 물질 그 그러한 유동의 진동은 우리 몸을 통해 받아들여지며, 그 진동은 뇌를 통해 기억과 연결되고, 그 기억은 우리의 몸을 통해 다시 밖으로 나간다. 그러니까 우리 몸이 행동의 중심이라는 것은 그것이 주변과 아무 상관없이 그 자체 즉자적으로 존재한다는 것이 아니라 주변을 받아들이고 주변으로 나가고 하는 부단한 상호 작용·반작용의 회로 속의 중심으로 있다는 것을 뜻한다.

이때 우리는 기억을 가지고 나가서 우리 행동에 맞게끔 주변의 유동을 자른다. 그러므로 눈을 열면 우리에게 여러 형태와 색채를 가진 것으로 들어오는 지각의 세계는 사실은 순수 물질의 모습이라기보다는 우리의 기억이 동원되어 나가서 유동을 잘라낸 결과들이다. 저기 앞에 돌과 나무들이 모종의 형태와 색채로 있다는 것은 그리로 곧장 내 몸을 향해 가면 부딪쳐서 나갈 수 없으므로 비켜가라는 것을 의미한다. 원래의 돌과 나무는 그 표면에서 일 초에도 몇 조 번을 진동하고 있으나 우리의 지각이 그것을 응축하여 모종의 색채와 형태로 그린다. 그 진동을 그대로 따라간다면 그 진동을 세는 데만도

25세기가 걸린다. 그것을 우리가 단 한순간에 모종의 색으로 응축한 것이다. 그러니까 그 응축 자체가 이미 수 조 번의 진동을 기억한 결과이다. 이 과정을 그림으로 표현하면 다음과 같다.

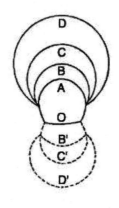

〈그림 1〉

대상 O는 기억의 장 A와 직접적 행동의 장에 들어와 있다. 그것은 부단히 왔다 갔다를 반복하는 순환의 회로이다. 우리가 기억의 장을 B, C, D로 넓혀 갈수록 대상의 의미는 B′, C′, D′로 넓혀져 간다. 그러니까 우리가 얼마나 기억의 장을 넓혀 가면서 대상을 관찰하느냐에 따라 대상의 의미도 점점 넓게 드러난다.[10] 그런 계속적 과정 속에서 우리에게 지각의 세계가 펼쳐진다. 그것은 물질과 기억이 만나는 과정이며, 그 속에서 우리가 질이라 부르는 것이 드러나고, 그것을 우리의 지성은 마치 부동의 본성인 양 고정시켜 생각하는 것이다. 그러나 진정으로 존재하는 것은 물질과 생명의 부단한 운동과 그들의 만남뿐이다.

이제 살펴보아야 할 것은 현재의 행동의 장에서 실행력을 잃은 기억이 어떻게 다시 되살아나서 현재의 지각과 관계를 맺느냐 하는 것이다. 지각이 이루어지는 장소는 우리가 사물이 있는 곳이라 지각하는 바로 그 곳에서이다. 즉 위의 그림에서 대상 O가 있는 곳에서 이루어진다. 그렇기 때문에 야구공이 날아오면 우리는 팔을 뻗어 야구공이 있는 그곳에서 공을 잡는 것이지 가령 머릿속으로 팔을 뻗는 것이 아니다. 그럼에도 불구하고 사람들은 지각상이 정신적인 것이므로 인식은 머릿속에서 이루어지는 것처럼 생각한다. 그렇게 되면 관념론은 피할 수가 없는 종착역이 되어버리고 만다. 베르크손은 무엇보다도 관념론자가 아니지만 그렇다고 외부 세계에 사물이 자신의 고유한 본성을 가지고 그 자체적으로 존재한다는 소박한 실재론자도 아님을 이미 앞에서 보았다. 우리의 지각은 감각과 기억의 상호작용에 의해서 사물이 있는 장소에서 이루어진다. 거기서 지각은 완벽하게 공간적이다. 그것이 우리 기억에 들어오면 들어올수록 공간성이 점점 빠져서 순수기억으로 된다. 그리하여 완전히 우리 속으로 들어오면 공간성이 완전히 빠지고 모든 것은 상호침투하게 된다. 그런 기억들의 총체를 우리는 보통 성격이라 부른다. 우리는 우리가 태어난 이후의 기억, 그것도 그런 기억의 일부만을 기억한다고 생각하지만, 기억의 본성이 타자화하는 운동을 거슬러 올라가 자기 동일성을 확보해 주는 것이라면 우리의 생애 전체가 완전히 기억될 뿐만 아니라, 생명 전체가 결국 동일한 운동이 갈라진 것이라면, 다시 말해 진정으로 유전되는 것은 생명 자체라면 최초의 생명으로부터 지금까지의 전 기억이 우리들 각자에게도 어딘가에 남아 있다고 해야 한다. 어쨌든 그렇게 공간성이 빠졌던 기억이 현재 지각과 관계를 맺으러 오면 다시 공간성을

218

회복한다. 다음 그림을 보자.

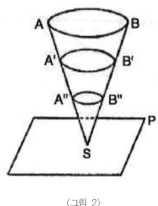

〈그림 2〉

  만약 원추 SAB가 나의 기억 속에 축적된 기억들 전체를 표현한다면, 밑면 AB는 과거에 자리 잡고 있는 반면, 계속해서 나의 현재를 그리는 꼭지점 S는 끊임없이 앞으로 나아가며, 또한 끊임없이 우주에 대한 나의 현재 표상인 움직이는 평면 P에 닿아 있다. 신체는 S에 집중된다. 그리고 그것은 평면 P에 속하므로 그 평면을 이루는 모든 대상들로부터 나오는 행동들을 받아들이고 되돌려 준다. 이 그림이 표현하는 것처럼 기억이 뇌 속에 있는 것이 아니라 뇌가 기억 속의 한 점 S의 부분으로 있다[1].

  과거의 기억은 몸이라는 감각-운동 장치에게 그의 작업을 안내해주고 경험의 가르침에 의해 암시된 방향으로 신체운동의 반응을 향하게 할 수 있는 모든 기억들을 제시한다. 그러나 다른 한편으로 감각-운동 장치는 무능한, 즉 무의식적 기억들에게 몸을 가지며, 실현되고, 현재가 될 수 있는 수단을 제공한다. 왜냐하면 한 기억이 의식에 다시 나타나기 위해서는 순수 기억의 높이에서부터 행동이 이루어지는 바로 그 점까지 내려와야 하기 때문이다. 다른 말로 하면, 기억의 응답을 요청하는 부름이 출발하는 것은 현재로부터이며, 기억이 그 열기를 빌려오는 것은 현재 행동의 감각-운동적 요소들로부터이기 때문이다.

우리의 의식은 S와 AB 사이를 끊임없이 움직인다. 점 S에 내가 내 몸에 대하여, 즉 어떤 감각-운동적 균형에 대하여 가지는 현재 지각이 있다. 밑면 AB의 면 위에 나의 기억 전체가 뭉쳐져 있다. 이렇게 결정된 원뿔 속에서 나의 사유는 꼭지점 S와 밑면 AB 사이를 계속해서 오락가락할 것이다. 그것은 S에서 신체적인 태도나 발언된 말이라는 매우 분명한 형태를 취할 것이며, AB에서 그것은 수많은 개인적인 상들이 어두움 속에서 뭉쳐 있을 것이다. 점 S로 표현된 감각-운동 기제와 AB에 배열된 기억들의 총체 사이에, 동일한 원뿔에 대한 그만큼의 분할인 A′B′, A″B″ 등에 의해 표현된 우리의 심리적 삶의 무수한 반복을 위한 자리가 있다. 감각·운동적 상태로부터 더욱 떨어져 나와 꿈의 삶을 살게 됨에 따라, 우리는 AB로 흩어지려는 경향을 가진다. 감각적 자극에 운동적 반응으로 응답하면서 현재의 실재성에 더욱 확고하게 애착을 가짐에 따라, 우리는 S에 집중되는 경향을 가진다. 사실 정상적인 자아는 그 두 극단적 지점 중 어느 한쪽에 결코 고정되지 않는다. 그것은 그 극단들 사이에서 움직이고, 중간의 분할에 의해 표현된 위치를 차례로 점하거나, 또는 그 표상들이 현재의 행동에 유용하게 협조할 수 있을 만큼 충분한 상이나 충분한 관념을 그 표상들에 준다.[12]

　　우리가 "균형이 잘 잡힌" 정신이라 부르는 사람들, 즉 삶에 완벽하게 적응한 사람들은 기억과 신체 운동 간에 굳건한 일치를 보인다. 행동적 인간을 특징짓는 것은 주어진 상황에 도움이 되도록 그와 관계된 모든 기억들을 신속하게 불러낸다는 것이다. 그러나 그것은 또한 불필요하거나 무관한 기억들이 의식의 문턱에 나타날 때 극복할 수 없는 장벽을 친다. 완전히 순수한 현재에서 사는 것과 한 자극에 대해서 그것을 연장하는 직접적 반응으로 대응하는 것은 하등동물에 고유한 것이다. 사람이 그와 같이 행동한다면 그는 충동적 인간이 될 것이다. 그러나 반면 과거에 사는 것이 즐겁기 때문에 과거에 살며, 기억들이 현재 상황에 대해 아무런 이득도 없으면서 의식에 나타나는 사람도 행동에 잘 적응하는 것이라 볼 수 없다. 그는 충동적 인간은 아니지만 몽상가이다. 그 두 극단 사이에, 현재 상황의 윤곽을 정확하게 따라갈 만큼은 충분히 온순하나, 모든 다른 부름에는 저항할 만큼은 충분한 힘이 있는, 기억의 적절한 대비상태(heureuse disposition)가 자리한다. 그것이 바로 우리가 양식이나 현실 감각으로 부르는 것이다.[13]

　　이와 같이 우리는 기억 속에서 물질의 세계와 만나고 있으며, 그 속에서 산다. 그때그때 필요한 기억이 기억의 내부에서 밖으로 나왔다가 다시 들어가고, 나왔다가 다시 들어가는 순환이 계속된다. 그러니까 정신과 물질이 만나는 곳은 무엇보다도 먼저 우리의 몸이며, 그리고 그것이 행하는 지각과 행동에서이다. 영혼은 그러한 과정에서 원하는 대로 현실에 충실하거나 과거로 침잠할 수 있다. 그것이 영혼의 움직임이다.

　이상 베르크손에게 영혼이 어떻게 움직이는지를 살펴보았다. 영혼은 근본적으로 자기 동일성을 유지하는 운동인데, 그중에서 인간의 영혼은 지성으로 특징지을 수 있는 것으로서 본래는 물질로 향해 있다. 그렇기 때문에 생명이나 창조는 잘 이해하지 못하지만 지성의 주변에 직관의 능력이 아직도 남아 있으므로 그것을 동원해 예술적·형이상학적 작업을 해나갈 수 있다. 그런 방향으로 지속적으로 공동의 작업이 이어지면 인간은 물질과 생명 모두를 파악할 수 있을 것이다.

무의식을 통한 마음의 흐름

―프로이트와 라깡의 정신분석을 중심으로―

김종주(반포신경정신과의원·라깡정신분석연구소)

1. 무의식과 정신분석

마음의 자리는 가슴이나 심장心臟이 아니라 뇌이다. 지금 현재 이
세계에서 우리들 자신이 되는 우리의 느낌을 만들어내고 있는 곳은
뇌이다. 여기서 물질이 어떻게 마음으로 되는지, 그걸 이해해 보려는
것이 심신문제이다. 과학은 심신문제를 의식의 문제로 바꾸어 놓았는
데, 따라서 "마음은 어떻게 뇌에서 출현하는가?"라는 문제는 "의식은
어떻게 뇌에서 출현하는가?"라는 문제가 되어버렸다.[1] 철학자인 갤런
스트로슨은 최근의 저서인 『정신적 실재』에서 "마음이란 무엇인가?"
라는 질문에 대해 마음과 의식은 동의어라고 결론지었다.[2] 이러한
사유는 이미 유식론에서 찾아볼 수 있다. "우리들이 보통 마음이라고
부르는 것이 '제6의식'이라고 생각하여도 좋으리라"는 것이다.[3] 그러나

마음이 의식과 동의어라는 주장은 100년 전쯤에 프로이트가 강력히 반대했던 관점이다.[4]

정신분석에서 의식의 문제

정신의학에서는 의식을 흔히 마음 가운데 '빙산의 일각'으로 비유한다. 조그만 한 모서리를 물위로 띄우려면 그 크기를 알 수 없는 거대한 빙산이 물속에 잠겨 있어야 한다는 뜻이다. 물속에 잠겨 있는 마음의 일부분으로 전의식이 포함되어 있지만, 그 대부분은 무의식을 가리킨다고 말할 수 있다.

찰스 라이크로프트는 의식을 ① 알아차리고 있는 상태(the state of being aware)와 ② 자기-인식의 능력(the faculty of self-awareness)으로 간단히 정의하고 있다.[5] 물론 '알아차리고 있는 상태'는 수면이나 마취상태나 혼수상태와 대비되고, '자기-인식의 능력'은 다른 동물들과 대비해서 인간이 소유하고 있는 것이라는 단서를 붙인다. 초심리학 (metapsychology)에 관한 논문에 포함되어야 할 의식에 관한 프로이트의 논문은 불행하게도 거기에서 빠져 있어 의식에 관한 프로이트의 견해에 대해서는 불완전하게 알고 있을 뿐이다.[6] 어찌 보면 정신분석에서 당연히 잘 알고 있을 것 같은 의식에 관한 지식이 처음부터 애매해져 버린다.

따라서 의식에 관해서는 여기저기 산재해 있는 글들로부터 재구성할 수밖에 없다. 프로이트는 「무의식」이란 논문에서, 특히 정신체계에 따라 의식과 전의식과 무의식에 대하여 설명하고 있다. 프로이트는 '의식적인 것'(being conscious)이 "우리의 모든 연구의 출발점을 형성하

224

는" 것으로 말하고 있다.[7] 그러나 정신분석은 위의 세 가지 정신체계를 받아들여야 서술적인 '의식의 심리학'으로부터 더 높은 단계로 출발할 수 있다고 한다. 또한 이 논문에서 흔히 찾아볼 수 있는 표현이 억압과 의식화(becoming conscious)라는 용어들이다.

　라깡은 두 번째 세미나에서 의식에 대한 프로이트의 언급이 무의식에 비해 훨씬 미약하다는 점을 발견했다.[8] 즉 라깡은 "그가 정신기구의 다른 부분들에 대하여는 일관되고 균형 잡힌 설명을 하고 있는데 비하여 의식에 관한 문제일 때에는 언제나 상호모순적인 조건에 직면하게" 된다고 하였다.[9] 그보다 앞서 라깡은 '프로이트가 의식을 논하면서 내보이는 문제점은 자꾸 되풀이하여 자신의 이론에 사로잡히는 것'이라고 지적해낸다. 즉 "이러한 의식체계가 초래하는 어려움은 프로이트가 이론화하는 각각의 수준에서 매번 다시 나타나는" 것이다. 특히 라깡은 프로이트의 저술에서 의식-지각 체계를 자아에 연결시키는데, 이러한 연결이 신중하게 이론화되지 않는다면 그 시도를 거부해야 한다고 말한다. 만일 자아와 의식 사이에 연결이 있다면 그것은 미끼로서 그렇다는 것이다. 충분히 자명한 의식이라는 것은 모든 정신분석 경험에 의해 전복된다. "인간에게 있어 의식이란 본질적으로 주체로부터 소외된 자아와 그로부터 근본적으로 벗어난 지각, 즉 순수한 지각(percipi)과의 사이에 일어나는 양극적인 긴장"이라는 것이다.[10] 결국 정신분석적인 입장에서는 무의식을 통하여 마음의 흐름을 살펴볼 수밖에 없다.

의식·전의식·무의식과 자아·초자아·이드의 관계

프로이트는 무의식이란 용어를 두 가지로 나눠 사용하고 있다.[11] 형용사로서의 무의식은 단순히 주어진 순간에 주체의 의식적 주의력이 없는 정신과정을 나타내고, 명사로서의 무의식($das\ Unbewu\beta te$)은 정신구조의 첫 번째 이론인 지형학적 모델의 하나를 가리킨다. 그에 따르면, 마음은 의식·전의식·무의식이라는 세 가지 세계 혹은 정신적 지역으로 나뉜다. 그러니까 무의식 체계는 단지 주어진 시간에 의식의 영역 밖에 있는 것이 아니라 억압에 의해 의식으로부터 분리되어서 왜곡 없이는 의식-전의식 체계로 들어갈 수 없는 것이다. 프로이트의 정신구조에 관한 두 번째 이론인 구조이론에서는 마음이 자아·초자아·이드라는 세 가지 기관으로 나뉜다. 그러나 이 모델에서는 어느 하나의 기관도 무의식과 동일하지 않다. 왜냐하면 자아와 초자아조차도 무의식적인 부분을 갖고 있기 때문이다.

라깡은 1950년대 '프로이트로의 회귀'를 시작하면서 무의식이 단순히 의식의 반대가 아니라고 주장한다. 그는 무의식 개념에 대한 프로이트의 독창성을 강조하는데, "의식의 특징을 제외시킨다는 의미에서 매우 당당하게 무의식으로 지시되는 많은 정신적 결과들은 그러나 프로이트식의 의미에서 무의식과는 아무런 관계도 없다"고 말한다.[12] 뿐만 아니라 라깡은 무의식을 '억압된 것'과 동일하게 볼 수 없다고 주장한다. 라깡은 프로이트의 추종자들이 무의식을 단순히 '본능의 자리'로 환원시키는 잘못을 저지르고 있다고 지적한다.[13]

라깡은 무의식이 원초적이거나 본능적인 것도 아니고 원래부터 언어적이라고 주장한다. 이는 "무의식은 언어처럼 구조화되어 있다"[14]

는 유명한 말에 집약되어 있다. 또한 무의식은 말로 표현되어 그 부분이 설명될 때 마침내 무의식을 파악할 수 있을 뿐이다. 따라서 무의식은 내면적인 것이 아니다. 그와는 반대로 말과 언어가 주체상호적인 현상이듯이 무의식도 외면적인 것, 즉 초개인적인(trans-individual) 것이다.[15] 무의식이 내면적인 것으로 보인다면 이는 주체와 대타자의 관계를 가로막고 대타자의 메시지를 전도시키는 상상계의 결과이다. "무의식은 우리의 어떤 행동도 그의 영역 밖에 남겨두지 않는" 것이고, 무의식의 법칙은 반복과 욕망의 법칙이며, 구조 그 자체로서 어디에나 존재한다.[16]

이드는 정신분석을 맨 처음 지지한 첫 번째 독일인 정신과 의사였던 게오르크 그로데크의 '그것'(das Es)이라는 용어를 프로이트가 빌려온 것이다. "우리가 우리의 자아라고 부르는 것은 삶 속에서 본질상 수동적으로 행동하고, 그리고 … 우리는 할 수 없고 통제할 수 없는 힘에 의해 '살아지고' 있다"는 그로데크의 생각에 프로이트의 관심이 끌리고 있었다.[17] 그런 힘을 '그것'이라 불렀다. 라플랑쉬와 퐁탈리스는 이드가 프로이트의 첫 번째 모델에서 무의식 체계와 대충 일치하지만, 두 개념 사이에는 중요한 차이점이 있다고 말한다. 무의식은 억압된 것과 일치한다는 것이다. 그러나 이드는 이전에 무의식이 포함하던 것은 아니다. 리비도 혹은 욕동의 에너지의 커다란 저장소라고 생각되는 이드는 자아와의 경계가 명확하게 구분되지 않는다. 오히려 자아의 밑부분은 이드와 융합되어 있다. 자아는 이드의 일부분에 지나지 않는다. 자아는 의식-지각 체계의 매개를 통한 외부세계의 직접적인 영향으로 이드의 일부가 변경된 것이다. 초자아도 완전히 자율적인 심급이 아니다. 초자아는 그 대부분이 무의식적인 것으로서 "이드 속에 합병되어 있다"[18]는 것이다.

라깡은 이드의 '알 수 없고 통제할 수 없는 힘'이 원초적인 본능적 욕구나 혹은 자연의 야생적이고 본능적인 힘이 아니라서 언어학적인 용어로 이해되어야 한다고 강조한다. "분석이 관여하는 *Es*라는 것은 실재계에 이미 존재하는 시니피앙[19]으로 구성되어 있는데, 그것은 이해할 수 없는 시니피앙이다."[20] 따라서 라깡은 이드를 언어의 무의식적 근원으로 생각하는데, 상상적 자아를 넘어선 상징적인 '거시기'(*ça*)라고 여긴다. 그로데크는 "나는 살고 있다"(I live)라는 말이 조건부로만 옳을 뿐이지 "나는 거시기에 의해 살아지고 있다"라는 근본원리의 표면적인 부분일 뿐이라고 말하는데, 라깡은 "나는 말한다"(I speak)라는 말이 "인간은 거시기에 의해 말해지고 있다"라는 근본원리의 표면적인 부분일 뿐이라고 말한다. 라깡이 이드에 관하여 말할 때 흔히 사용하는 구절은 "거시기가 말한다"(*le ça parle*)이다.

이드와 관련되고 정신분석 치료와의 관계를 보여주는 프로이트의 가장 유명한 말은 "*Wo Es war, soll Ich werden*"이다. 제임스 스트레이치는 "Where id was, there ego shall be"라는 깔끔한 영어로 번역하고 있다. 지금까지 이 수수께끼 같은 말은 의식의 영역을 확대시키는 것이 분석치료의 임무라는 뜻으로 읽었다. 그러나 라깡은 이런 독해를 정면으로 반대하고 나선다. 라깡은 '*soll*'을 윤리적인 명령으로 이해해야 한다고 주장한다. 그러니까 분석의 목표는 자아로 하여금 상징계의 자율성에 복종하도록 하는 것이다. 따라서 라깡은 프로이트의 이 말을 다음과 같이 번역하길 더 좋아한다. "거시기가 있었던 그곳에,

228

혹은 어느 누구가 있었던 그곳에 … 내가 가 있어야 하는 것이 내 의무이다."[21]

　의식적인 것이 모든 연구의 출발점이 될지는 몰라도 지금까지 알려진 정신분석 지식에 의하면, 마음의 흐름은 마음의 대부분을 차지하는 무의식부터 살펴보는 방법이 채택되고 있다. 잘 알려진 프로이트의 사례를 읽어보면 환자의 마음의 움직임을 들여다볼 수 있을 것이다.

2. 도라: 프로이트의 깜찍한 환자

프로이트의 히스테리 환자였던 도라의 사례는 요즘의 애정소설로 읽어도 손색이 없을 만한 작품이다. 프로이트가 어째서 노벨의학상이 아닌 노벨문학상의 후보였는지 짐작할 만하다. 비록 환자의 이야기지만 도라의 증상이 형성되는 무의식적인 마음의 흐름을 읽을 수 있고, 무의식으로 가는 왕도인 꿈 분석까지 곁들일 수 있어서 더욱 좋은 사례가 된다. 더구나 우리는 도라의 마음을 읽어가는 프로이트의 마음을 읽어볼 수 있고, 또한 이러한 프로이트를 재해석하는 라깡의 중요한 정신분석 개념들을 접하게 되어 새로운 문제들의 해결책을 모색해 갈 수 있다.

도라의 사랑 이야기

도라는 1900년 가을에 프로이트에게 석 달 동안 정신분석을 받은 히스테리 환자다. 그녀의 본명은 이다 바우어(Ida Bauer)로 1882년 11월 1일생이다.[22] 정신분석을 시작할 당시 도라의 나이는 열여덟 살이었다. 그녀의 주 증상은 몹시 심한 기침이었고, 목이 쉬어 목소리가 나오지 않았다. 특히 그녀의 목소리는 아빠의 친구인 K씨가 여행을 떠나 집에 없는 사이에는 나오지 않다가 되돌아올 때쯤에는 좋아지는 묘한 우연의 일치를 보이고 있었다.[23]

도라의 아버지는 직물공장을 두 개씩이나 운영하는 매우 부유하고 활동적인 실업가다. 성격도 쾌활하고 지성미를 갖추고 매력적인 데다가 사교성도 풍부한 사람이다. 반면에 도라의 어머니는 우둔한 데다가 교육도 제대로 받지 못했고 광적으로 깨끗이 치우는 청결벽이 있어서 가족들을 들들 볶아대는 여자다. 도라는 그런 엄마를 깔보고 무시하고 있었다.

오빠가 하나 있는데, 부모님들 사이에 불화가 심해서 노상 집밖으로 나돌다가도 부모들 사이에 무슨 일이 생기면 그땐 엄마 편을 들었다. 물론 도라는 아빠 편이다. 아주 어릴 때부터 도라는 아빠와 친했다. 아빠가 아플 때도 병간호는 도라가 도맡아 했다. 아빠도 도라가 간호해주길 바랐다. 도라의 아버지는 점점 시력을 잃어가는 망막박리라는 병을 앓고 있었다. 그러다가 결혼 전에 얻은 매독이 머리에까지 번져서 잠시 동안 정신이상을 보여 프로이트에게 치료를 받은 일이 있었다. 그런 인연으로 도라가 자꾸 정신을 잃고 쓰러지고 자살기도까지 하게 되자 아빠가 프로이트에게 도라의 치료를 맡기게 된다.

아버지가 폐결핵을 앓게 되어 날씨가 좋은 남쪽 휴양도시로 이사를 가게 되는데, 그곳에서 K씨네와 사귀게 된다. 그리고 그곳에서 이상한 일들이 벌어지기 시작한다. K부인이 자청해서 아빠의 병간호를 도맡게 된다. 그 대신 도라는 K씨의 두 아이들을 돌보게 된다. 처음부터 도라는 아빠와 K부인과의 사이가 심상치 않음을 알고 있었다. K부인이 마치 아빠의 정부 같았으니까. 도라도 K씨가 좋아졌다. K씨가 여행 중일 때 도라는 편지를 띄우고 K씨도 답장을 보내다가 돌아올 때에는 도라에게 선물도 사다주곤 했다. 도라와 K씨 간에 이상한 기운이 싹트고 있었다. 이때 도라는 아빠가 K부인과 자신을 맞바꾸려는 심산에서 자신을 K씨에게 주고 싶어 하는 것은 아닌지 의심을 품게 된다. 이런 의심 때문에 도라의 증상이 더욱 심해져서 결국엔 프로이트한테 치료를 받게 된다.

한번은 도라가 K씨와 단둘이서 K씨네 가게에 있을 때였다. 그때 갑자기 K씨가 도라를 껴안고 키스하려고 덤벼들었다. 하지만 도라는 재빨리 피하면서 도망쳐버렸다. 이때 도라의 나이 열네 살이었다. 그런 일이 있고 난 2년 뒤의 일이었다. 방학 동안을 이용하여 산정호숫가에 있는 산장으로 놀러갔는데, 거기서도 K씨는 도라에게 접근해왔다. 그때에는 도라가 K씨의 뺨을 때리고 도망쳐버렸다. 훗날 도라가 부모에게 이런 이야기를 털어놨지만 어른들은 그냥 얼버무리면서 지나쳐버렸다. 그저 귀여운 딸의 상상쯤으로 여기고 마는 것 같았다. 전에는 가까운 '친구'처럼 그다지도 다정하게 대해주던 K부인마저도 그 경우에는 도라의 편을 들어주지 않았다. 그러니 억울한 도라로서는 아빠가 K부인과 자신을 맞바꿔서 자신을 K씨에게 주려는 거라고 의심을 품을 만했다.

도라가 발작적인 기관지천식 기운을 보이기 시작한 것은 여덟 살부터였다. 폐결핵으로 휴양 중이던 아버지가 의사의 권고를 무시하고 여행을 떠났을 때 도라는 혼자서 산에 올라갔다가 천식 기침을 시작하게 되었다. 열두 살 때는 리드미컬한 기침을 보이기 시작했다. 이 증상은 프로이트한테 분석을 받을 때에도 계속되고 있었다. 그러다가 열네 살 때 K씨와 키스를 하고 난 뒤로는 음식을 몹시 싫어하는 또 하나의 증상이 첨가되었다. 또 열여섯 살 때 도라는 K씨의 따귀를 때린 적이 있었는데, K씨가 줬던 담배 한 개비를 태우고 나서였다. 이때 프로이트가 흥미를 갖고 있던 첫 번째 꿈이 나타난다. 이런 모든 증상들이 도라의 무의식에 자리잡고 있는 성적인 의미와 관련된다는 것이 프로이트의 해석이다.

이런 정신분석은 탐정소설과 비슷하다. 어떤 결과를 가지고 그 원인을 찾아가는 과정이 너무나 흡사하기 때문이다. 분석가를 탐정에 비유하기도 한다. 그렇다면 프로이트라는 탐정이 도라의 사랑 이야기를 어떻게 풀어 나가는지 한번 살펴볼 만하다. 이때 분석가는 정신·성 발달단계에 초점을 맞춘다. 먼저 돌 지나기 이전의 단계를 '구강기'라 부르는데, 입으로만 이 세상을 살아가는 소위 '주둥아리 시기'인 셈이다. 도라는 네 살이 될 때까지도 제 엄지손가락을 빨았다. 도라의 아버지는 그짓을 그만두게 하려고 애써보았지만 구체적으로 어떻게 해야 할지 몰랐다는 이야기를 프로이트에게 털어놓았다. 도라 자신도 마루 한 귀퉁이에 앉아서 손가락을 빤 일을 기억하고 있었다. 뿐만 아니라 그때 오른손으로는 오빠의 귓불을 만지작거리고 있었다.

두 번째 단계인 항문기에 해당될 만한 특별한 증거는 없었다고 한다. 세 번째 단계인 남근기에 해당하는 증거로는 칠팔 세 때까지 계속되어온 야뇨증이 있었다. 프로이트는 이러한 야뇨증을 자위행위와 연결시키고 있다. 말하자면, 쾌락의 원천으로서 손가락 빨기를

232

대신해서 자위행위를 하게 되었다는 것이다. 그만한 어린아이들이 성적인 긴장을 푸는 방법으로 오줌 누는 일 말고는 별다른 뾰족한 수가 없다. 물론 도라로서는 자위행위를 했던 기억이 전혀 없었다. 하지만 못 믿을 것이 사람의 기억력이다. 진짜를 감추기 위해 별 상관도 없고 별로 중요하지도 않은 일들을 장막처럼 살짝 그 앞에 설치해둔다. 그런 기억을 '장막기억'이라 부른다. 도라의 기억으로는, 야뇨증 때문에 밤마다 잠든 사이에 아버지가 찾아와서 오줌을 누고 자게 하려고 잠을 깨웠다는 것이다. 잠자리가 축축해져서 도라가 불편해지지 않도록 신경써 주는 아버지의 마음을 모르는 바는 아니다. 그러나 그런 식으로 아버지가 도라의 잠을 깨운다는 사실을 도라는 '관찰당하고' 있는 것으로 해석할 수도 있다. 그것은 바로 도라의 자위행위에 대한 감시가 될 가능성도 있다.

밤마다 아버지가 도라의 방에 갑자기 나타나게 되면 도라는 손가락을 빨다가 들켜버리는 셈이 된다. 하지만 우리의 명탐정인 프로이트는 우리가 상상하지도 못했던 장면에 착안한다. 도라는 밤마다 자기 방에 들어오는 아빠의 성기를 보았을 거라는 점이다. 이 당시 프로이트는 거세 콤플렉스에 착안하고 있던 시절이었으니까 충분히 그렇게 생각할 만하다. 여자 아이가 남녀의 성 차이를 알게 되면 곧바로 자위행위를 그만두게 된다. 사내아이에겐 이런 거세불안이 오이디푸스 콤플렉스를 억누르는 힘이 된다. 여자 아이는 조금 달라진다. 돌출된 성기가 없음을 깨닫게 되면 자위행위를 할 수도 없고 또 해서는 안 된다고 생각해버린다.

자신이 여자라는 사실을 알게 된 도라는 성기를 기다리게 되고 누군가가 성적으로 자극해 주길 바랄 수도 있다. 다시 말해, 수동적인 자세로 바뀌는데, 이런 현상을 '수동적 오이디푸스 콤플렉스'라고 부른다. 이런 수동적인 자세는 젖 먹던 어린 시절의 기억 때문에 더욱 확고해진다. 그땐 엄마의 젖으로 만족할 수 있었다. 도라는 이젠 자신이 직접 만족을 구해 나서는 것이 아니라 아빠가 만족시켜 주길 바라고 있다는 것이다. 깜깜한 밤에 잠에서 깨어 자리에 누워 있는 채로 아빠가 오길 기다린다. 뿐만 아니라 아빠가 여행에서 돌아오실 때 가져올 선물을 생각하면서 약간은 불안해지기도 한다.

도라의 히스테리 증상

도라는 여덟 살이 되면서 분명히 변하고 있었다. 야뇨증을 그만둔 것도 그때였고 자위행위도 그만두게 된다. 도라는 사내 아이였다가 이젠 여자 아이로 변모된 것이다. 다시 말해서, 말괄량이(tomboy)에서 점잖고 조용한 아이로 변한 것이다. 그러한 변화는 그 당시의 중류층 가정에서는 당연한 일이지만 도라에게는 오히려 그런 변화가 바로 노이로제의 발단이 되고 있다. 정상적인 소녀에게는 수동적 오이디푸스 콤플렉스가 점차 사라지기 마련이다. 왜냐하면 아빠의 성기를 기다린다는 것이 말짱 헛것이라는 것을 깨닫기 때문이다. 도라는 수동적인 소망을 병적으로 드러내 보인다. 이런 경우에는 자기 소망을 억눌러버리기 위한 어떤 전환이 필요해진다. 도라는 감정의 전환으로 바꿔버린다. 말하자면 쾌감을 불쾌로 바꿔버리는 것이다. 도라는 아빠가 성적으로 자극해주길 바라는 소망을 포기한다. 오히려 누가 됐든 성적으로 접근해오면 불쾌해지고 또 불안하기까지 하다. 아빠에 대한 기대가 컸던 만큼 욕구불만도 강렬하게 느낄 수밖에 없다.

아빠가 손가락 빨기를 그만두게 했을 때, 도라는 불안해지면서 다른 소망으로 대체하고 있었다. 도라가 여덟 살 때부터 보이기 시작한 발작적인 천식 증상도 마찬가지다. 이런 증상들은 몇 가지 이득을 가져다준다. 우선 대리만족을 구해다 준다. 가급적 원래의 소망과 비슷하게 닮은 그런 증상을 선택하게 된다. 주위 사람들한테 관심을 끌기도 하고, 또 심리적으로 지지해주는 그런 부수입(secondary gain)도 올린다. 뿐만 아니라 원래부터 가지고 있던 소망으로 인해 생긴 죄책감 때문에 그 증상으로 자신에게 벌을 내리기도 한다. 고통스런 증상을 앓게 됨으로써 죗값을 치르는 셈이다. 이렇게 본다면 어떤 증상을 내보인다는 것은 역시 타협하는 기능을 갖게 되는 것이다.

이러한 히스테리 환자가 선택하게 되는 증상은 그 나름대로 몇 가지 특징들을 보이기 마련이다. 우선 원래의 소망을 완전히 거꾸로 뒤집어버리든가 그 소망과 반대되는 쪽을 유난히 강조해서 나타내 보인다. 이런 방식을 '반동형성'(reaction formation)이라 부른다. 그렇게 해야만 원래의 소망을 철저히 감출 수 있기 때문이다. 그렇더라도 프로이트 같은 명탐정한테는 허술한 구석을 내보이기 쉽다. 그 부분을 헤집고 들어가 원인을 규명하는 작업이 그 당시의 정신분석이었다. 도라가 앓고 있는 히스테리 증상들 가운데 가장 특징적인 증상은 누군가를 닮아서 생긴 것이다. 이런 마음의 흐름을 '동일시'(identification)라고 부른다. 그러니까 집안 식구들 가운데 하나가 이미 도라의 기침과 같은 증상을 앓고 있었다는 이야기다. 그 사람이 바로 도라의 아버지였다. 사랑하는 사람을 닮는 것이다.

도라의 아버지는 폐결핵 때문에 등산이 금지되어 있었다. 담당의사의 권고였다. 도라는 아버지가 여행을 떠나 집에 안 계실 때 등산 갔다가 갑자기 기관지천식 같은 발작적인 기침이 터져 나오기 시작했다. 이때 도라의 나이는 여덟 살이었다. 이처럼 도라의 첫 번째 히스테리 증상은 다름 아닌 아버지의 기침을 동일시해서 생긴 증상이다. 이렇게 도라는 아버지와 똑같이 의사로부터 등산을 금지 당하게 된다. 그러니까 프로이트의 이론에 따르면, 도라는 부재중인 대상 또는 잃어버린 대상을 동일시했던 셈이다. 히스테리 환자는 아주 교묘하게 다른 환자의 증상을 흉내 내게 된다. 물론 환자 자신도 그런 사실을 알지 못한다. 어떤 경우에는 집안 대대로 대물림하는 수도 있다. 특히 어머니와 딸 사이에 더욱 그럴 수 있다.

도라의 기침에서 보는 것처럼 히스테리 증상이 사랑하는 사람의 증상을 동일시하는 것만은 아니다. 도라는 라이벌로 느끼고 있던 어머니라든가 K부인이 앓고 있던 증상의 특징까지도 동일시하고 있다. 어머니와 K부인은 각자 남편의 여행 일정과 일치해서 히스테리 증상을 내보이고 있었다. 남편들이 여행 중일 때는 아무런 증상도 보이지 않다가 그들이 집으로 돌아오기만 하면 갑자기 몸이 아파진다. 그 까닭이야 남편과의 부부관계를 피할 목적인 셈이다. 도라의 이러한 작전은 정반대의 방향으로 활용되고 있다. 마음속 깊은 곳에서 아버지 대신 사랑했던 K씨가 여행을 떠나고 없으면 목소리가 나오지 않는다. 이렇게 해서 K씨에게 보낼 편지를 쓰는 일에만 열중할 수 있다. 그랬다가 K씨가 돌아오면 언제 그랬냐싶게 목소리가 터지면서 말할 수 있게 된다. 히스테리 증상이 보여주는 참으로 오묘한 일치다.

도라의 기침이 발작적이면서도 리듬을 가지게 된 것은 열두 살 때부터였다. 프로이트는 리듬을 보이는 도라의 기침에 주목하면서 참으로 희한한 해석을 내린다. 그것이 바로 K부인을 닮았다는 설명이다. 그러나 정작 K부인은 기침을 하지 않았다. 그렇다면 무엇을 닮았단 말인가? K부인은 자진해서 도라의 아버지를 간호하겠다고 나섰다. 도라의 눈엔 그들 둘 사이가 처음부터 심상치 않아 보였다. 하지만 그 당시 도라의 아버지는 이미 정력이 쇠퇴해진 상태라서 정상적인 방법으로는 성관계를 갖기가 어렵다는 것을 도라도 알고 있었다. 그렇게 때문에 K부인이 입으로 도와줬을 거라는 추측이 가능해진다. 실제로 그런 일이 있었든 말든 프로이트는 아버지의 성기를 입안에 넣고 있을 K부인의 이미지를 도라가 욕망한 것으로 보았다. 이런 환상을 감추기 위해 도라는 어렸을 때 손가락을 빨던 기분 좋은 기억과 오빠의 귓볼을 만지던 즐거운 기억이 장막기억으로 되살아났다. 그렇다면 구강성교(fellatio)를 하는 K부인에 대한 환상이 발작적인 리듬의 기침을 일으켰다고 보는 일이 가능해진다. 마치 입과 목구멍 속에서 리드미컬하게 움직이는 음경의 흉내라는 설명이다.

증상은 그 증상을 앓고 있는 환자를 처벌하는 기능도 함께 가진다고 말했다. 따라서 도라의 기침은 성적인 욕망을 가진 도라를 처벌해주는 셈이고, 또 아버지와 함께 있는 K부인의 위치를 차지해보려는 도라의 소망에 대해서도 처벌하는 셈이다. 그로부터 2년이 지난 후에 K씨가 도라에게 달려들어 갑자기 키스를 하고 난 뒤로 도라가 오랫동안 음식만 보면 메스꺼워했던 증상과도 일맥상통하는 점이다. 뿐만 아니라 그 뒤로 또 2년 후의 일이지만, K씨가 도라에게 결혼하고 싶다고 말했을 때 도라가 K씨의 뺨을 후려치고 달아났었는데, 그때 마침 도라는 K씨가 줬던 담배 한 개비를 막 피우고 난 후라고 했다. 프로이트는 이런 일까지도 도라가 지니고 있는 구강성(orality)의 영향으로 보았다.

도라의 꿈 분석

프로이트가 도라 사례라는 정신분석을 출판해 보고 싶었던 까닭은 사실 꿈 해석이 정신분석에서 실제로 어떻게 쓰이는지를 보여 주고 싶었기 때문이다. 프로이트가 시행했던 꿈 해석은 분명히 일반사람들이 알고 있는 해몽과는 전혀 다른 것이다. 도라가 꾸었던 꿈 두 토막을 분석해 보면 도라가 지니고 있던 병적인 자료들을 찾아낼 수가 있다. 첫 번째 꿈은 여름방학 동안에 꾼 꿈이었다. 꿈 이야기는 이렇다.

집에 불이 났다. 아버지는 내 침대 곁에 서서 날 깨우고 있었다. 나는 재빨리 옷을 입었다. 어머니는 머뭇거리면서 보석 상자를 챙기고 있었다. 그때 아버지는, "나는 당신의 보석 상자 때문에 나와 두 아이들을 불에 타죽게 할 수는 없소"라고 말했다. 우리는 서둘러 아래층으로 내려왔다. 집 밖으로 나오자마자 나는 잠을 깼다.

도라는 어렸을 때 야뇨증이 있었기 때문에 아버지는 노상 도라의 침대 곁으로 와서 깨워주곤 했다. 더구나 동서양을 막론하고 "불장난하면 오줌 싼다"는 같은 말이 있다. 물과 불은 모두 성적인 것과 관련되어 있다. K씨가 도라에게 보석 상자를 선물한 적이 있었고, 아버지는 K부인에게 선물하기 위해 도라와 도라의 어머니에게도 선물을 사다주 곤 했었다.

도라는 여름방학 때 산정호수에 있는 K씨네 산장에 아버지와 함께 놀러갔었다. 그 산장은 목조건물이라서 피뢰침이 없는데, 그때 마침 폭풍우가 쏟아져 불 걱정을 했었다. 그 산장에서 어느 날 도라가 낮잠을 자고 있다가 깜짝 놀라 깨어보니 곁에 K씨가 와 있었다. 아침에 자고 일어나서도 K씨 때문에 도라는 옷을 빨리 입어야 했다. 방학이 되기 직전의 일로서, 오빠의 침실로 가려면 식당을 통과해야 하는데 밤에 식당 문을 잠그는 일로 도라의 부모가 말다툼을 벌인 일이 있었다. 이처럼 꿈을 더 잘 이해하기 위해서는 도라의 어린 시절에 관한 기억이 랄지 꿈꾸기 바로 전날 있었던 일들을 알아둬야 한다. 꿈이란 것은 무의식에 억압되어 있던 환상이 전날 있었던 일과 결합해서 나타나기 때문이다. 프로이트가 말한 몇 가지만 간추려 봐도 꿈이 만들어지는 과정을 금방 짐작할 수 있다.

도라의 이 꿈에는 '불난 집'이란 제목을 붙여줄 만하다. 아버지가 잠든 도라를 깨워 집밖으로 도망 나오려고 하는데, 어머니는 보석 상자를 챙기느라 머무적거리는 그런 꿈 내용이다. 꿈에는 두 가지 소망이 담겨져 있다. 무의식의 소망과 잠재의식의 소망이다. 무의식의 소망이란 꿈을 만들어내고 싶어 하는 '자본가'에 해당하고, 잠재의식의 소망은 꿈을 직접 만드는 '건축가'인 셈이다. 대개는 이 둘의 소망이 비슷한 법이지만 도라의 경우에는 서로 반대로 나타난다. 무의식에 억압되어 있는 도라의 소망은 아버지로부터 사랑을 받아내고 싶어

하는 수동적 오이디푸스 콤플렉스다. 반면에 잠재의식에 깔려 있는 도라의 소망은 이러한 무의식의 소망을 히스테리라는 옷을 입혀서 반대로 내보이고 있다. 잠재의식의 소망을 분석해내기란 그리 어려운 일이 아니다. 잠재의식에서 도라는 K씨가 성적으로 추근댈까봐 두려워하고 있다. 그래서 도망치고 싶다는 내용으로 나타난 것이다. 프로이트는 이 부분에 대해서 다음과 같이 자세히 설명해주고 있다. "이 집에서 빨리 도망쳐야 할 거야. 왜냐하면 여기에 있다간 내 처녀성이 위태로워질 거라는 것을 알았기 때문이지. 아빠가 가실 때 함께 떠나야겠어. 아침에 옷을 입을 때도 놀라지 않도록 조심해야겠지." 이것이 프로이트의 해석이다.

이처럼 꿈 소망이란 것은 꿈에 나타난 내용에서 충족되고 있다. 하지만 꿈 소망을 솔직히 보여줄 수 없기 때문에 다른 테마로 바꿔서 내보인다. 도라의 꿈에서는 강간당할지도 모른다는 위험이 불에 타죽을지도 모른다는 위험으로 바꾸어 나타났다. 그렇지만 반대로 나타난 것도 있다. 사실 남자들이 오염시키고 다니는 '성적인 공해'를 조심하라고 알려준 것은 다름 아닌 도라의 어머니였는데, 이 꿈에서 도라를 도와주는 역할을 맡은 사람은 도라의 아버지였다. 도라의 꿈속에서는 어머니의 역할을 아버지가 맡고 있다. 성적으로 추근대는 K씨의 위험으로부터 도라를 구하러 간 것도 아버지였고, 또 잠자는 동안 무슨 위험한 일이 벌어졌을 때 오빠가 빠져나올 수 있도록 식당 문을 열어두어야 한다고 주장한 사람도 아버지였다. 그러나 실제로 도라가 K씨에 대한 비밀을 털어놓은 사람은 엄마였다. 도라의 이야기가 꾸며낸 것이 아니라고 생각한 사람도 어머니 한 사람뿐이었다.

그런데도 도라의 무의식에 깊이 숨겨져 있는 수동적 오이디푸스 콤플렉스는 꿈속에서 달리 나타난다. 아버지와 딸은 한 통속이고 어머니가 오히려 그들을 불에 타죽게 하려고 한다. 꿈속이 아니라 실제로 도라는 아버지가 엄마에게 선물한 '물방울' 같은 진주를 무척 좋아했는데, 엄마는 그 선물을 헐뜯기만 했었다. 어머니는 그 '물방울'을 분비물이나 감염이랄지 더럽히는 것과 같은 부정적인 의미로 받아들인 것이라고 해석되었다. 왜냐하면 도라의 어머니는 아버지에게 옮은 성병을 앓고 있었기 때문이다. 그러나 도라에게는 그 물방울 같은 진주가 '받는다'는 뜻에서 긍정적인 의미를 가져다주고 있다. 어렸을 때 도라가 받은 것은 엄마의 젖이었지만, 이제 무의식 속에서는 여자들이 성교 중에 받는 남자의 정액 같은 것이다.

꿈속에서 도라의 침대 곁에 서서 잠든 도라를 깨웠던 사람은 도라의 아버지였다. 그러니까 도라의 소망을 충족시켜 주는 사람도 아버지란 뜻이다. 여기서 도라의 소망이란 꿈꾸기 전에 K씨가 도라에게 해줬던 그런 일, 다시 말해서, 보석 상자를 선물로 준 일이다. 도라는 그 선물에 대하여 성적으로 보답하고 싶어 했다는 뜻이 된다. 이처럼 꿈속에 나타나는 의미심장한 패러독스를 통해서 도라의 수동적 오이디푸스 콤플렉스를 확인할 수 있다. 꿈속에서 보이는 어머니의 태도는 두 방향으로 나타난다. 하나는 여성의 성기로 상징되는 보석 상자를 화제로부터 구하려는 행동으로 미뤄볼 때 여성 성기가 남자한테 망가지지 않도록 보호하려는 역할을 맡고 있다. 반면에 도라의 어머니는 보석 상자를 구하려다가 오히려 도라를 불에 타죽게 할지도 모른다. 한 가지 위험을 피하려다가 또 다른 위험에 노출될 수도 있다. 여성의 성에 대한 이러한 방어가 바로 노이로제의 원인이 되었다는 것이다.

도라는 첫 번째 꿈을 꾸고 난 몇 주 후에 두 번째 꿈을 꾸었다. 이 꿈을 분석하는 동안 치료가 중단되었다. 이 꿈은 첫 번째 꿈에 비해 훨씬 길지만 충분히 이해할 수 없는 꿈이다. 하지만 이 꿈을 통해서 몇 가지 증상이 생긴 연유를 깊숙이 알 수 있다고 한다. 두 번째 꿈 내용은 대략 이렇다.

도라는 낯선 도시를 걷고 있었다. 전에 살았던 집에는 아버지의 죽음을 알리는 어머니의 편지가 있었다. 도라는 기차 정거장으로 가려고 수백 번이나 물어보지만 역에 도달하지 못했다. 어떤 남자가 동행해주겠다고 제안하지만 도라는 거절했다. 집에 돌아와 보니 수위가 어머니와 다른 사람들은 이미 묘지에 갔다고 알려줬다. 도라는 슬프지 않았다. 자기 방으로 올라가서 두꺼운 책을 보려고 했다.

프로이트는 이 꿈에서 도라의 동성애와 관련된 능동적 오이디푸스 콤플렉스가 나타난다고 해석했다. 도라는 이제 자기 자신의 주인이 되어 있고, 아버지가 죽음으로써 공격성이 없어졌다고 했다. 도라는 자기가 읽고 싶은 책이 있으면 무슨 책이든 읽을 수 있게 되었다. 그게 성교육에 관한 책일지라도 그렇다. 뿐만 아니라 낯선 사람의 도움도 필요 없게 되었다. 동성애적인 소망이 노골적으로 나타나 있지는 않지만 자기가 읽고 싶은 책을 스스로 선택할 수 있다는 점으로 미뤄봐서 그 윤곽은 암시되어 있는 셈이다. 도라가 동성애를 느끼는 대상은 K부인이다. 도라는 K부인을 사랑했지만 K부인이 도라가 읽은 책을 남자들에게 말해버림으로써 도라를 실망시키고 말았다는 것이다.

아버지라는 사람은 도라가 접근했던 K부인과 어머니라는 두 여자와 도라 사이에 서 있는, 말하자면, 도라의 적이었다. 그래서 아버지는 살짝 제거되었다. 실제로 아버지는 도라가 손가락을 빨지 못하도록 도와준 사람이었고 또 나중에는 도라가 자위행위를 하지 않도록 도와줬다. 그렇게 해서 아버지는 도라가 병에 걸리게끔 만든 장본인이기도 했다. 이러한 아버지의 금지 덕분에 도라는 아버지를 자신의 수동적인 성적 소망의 새로운 대상으로 삼게 되었다. 하지만 아버지는 도라의 소망을 충족시켜 줄 수가 없었다.

프로이트의 실수

도라가 정신분석을 갑자기 중단하게 된 까닭은 두 가지였다. 첫째는 프로이트에 대한 불만이었고, 둘째는 마음속에서 프로이트를 아버지와 K씨로 보게 되는 동일시 현상 때문이었다. 프로이트 같은 대가도 처음엔 도라가 K부인에 대해 마음속에 품고 있는 동성애적인 사랑을 깨닫지 못했다. 이 사실을 알았을 땐 이미 너무 늦어 있었다.

프로이트가 도라를 오해했던 것은 도라가 보여준 수동적 오이디푸스 콤플렉스로의 퇴행이 치료가 잘된 만족스런 결과로 알았다는 점이다. 도라와 같은 히스테리 환자는 히스테리 증상을 포기하는 대가로 다시금 수동적인 여성의 성을 즐길 줄 알게 된다고 생각했기 때문이다. 프로이트는 앞으로도 도라가 매우 좋아지리라고 전망하고 있었다. 그러나 도라가 보이는 수동성은 사실 능동성에 대한 반발로서, 그 능동성을 거꾸로 뒤집어 내보인 것일 뿐이다. 오히려 도라의 치료는 능동적 오이디푸스 콤플렉스에 초점을 맞춰야 하는데, 이걸 프로이트 가 놓친 셈이다.

도라는 결혼도 하고 아들도 하나 두었지만 일생 내내 히스테리 증상을 보이며 살았다. 도라는 프로이트와 헤어지고 나서 24년 뒤에 프로이트를 잘 아는 펠릭스 도이치라는 의사에게 잠시 치료를 받았 다.[24] 그러나 도이치 박사로부터 이야기를 전해준 사람에 의하면, 도라는 의사들이 가장 싫어하는 히스테리 환자였다고 한다. 원래 1957년의 『*Psychoanalytic Quarterly*』라는 잡지에 실린 도이취의 이 논문에는 1930년대 초에도 도라가 기침과 쉰 목소리, 과도한 흡연에다 가 심한 편두통을 앓고 있었으며, 자신의 몸에 대한 강박적인 청결벽과 변비를 보여 항문기와 관련된 증상도 앓았던 것 같다.

라까니언들은 도라를 어떻게 볼까?[25] 실제로는 동일시가 히스테리 의 진단에서 중요한 역할을 해내고, 히스테리적인 동일시의 특수한 기제를 그 특징으로 삼는다. 그 동일시는 어떤 환자가 제3의 일반적인 리비도 대상과의 관계에서 다른 사람을 동일시하게 만든다. 이런 형태의 동일시는 히스테리적인 현상에 의해 잘 예시되는데, 특히 다른 사람의 성적인 대상에 대한 그 사람과의 동일시에 의해 두드러진 다. 설사 프로이트가 도라를 분석하던 시기에 히스테리적인 동일시를 실제로 이해하지 못했을지라도, 히스테리에 대해 프로이트가 가장 풍부하게 설명하는 도라 사례에서 그런 동일시는 매우 분명해진다. 프로이트가 이것을 바로 알게 된 것은 그런 형태의 동일시를『집단심리 학』에서 자세히 설명하고 난 뒤였다. 라깡의 「전이에 대한 개입」이란 논문에는 도라가 남녀관계에 흥미를 가질 수 있게 된 이유를 자세히 설명하고 있는데, 그녀가 그 관계로부터 대상으로서의 그 자신을 도피시킬 수 있고 따라서 성적인 파트너에 대한 자신의 욕망을 희생시키는 그런 조건에서다.[26]

프로이트는 상상적 동일시로부터 상징적 동일시로 미끄러져 가는데, 그때 그는 대상선택(K부인)을 히스테리적인 동일시의 대상(K씨)으로부터 구분하지 못하고 있다. 상징적 동일시는 순전히 리비도적인 부여를 넘어서 애증관계의 진정한 근원을 확대시켜 자아이상을 설정하기에 이른다. 도라 사례에서 이것이 의미하는 바는 그녀가 스스로를 사랑스러운 사람으로 보게 되는 장소와 자아이상을 낳게 했던 시니피앙들에 동일시할 수 있는 장소를 가리키는 것이다. K씨와 형성하는 도라의 이런 동일시는 남성적인 대상과의 동일시가 되며, 이런 이유로 그녀가 그 남자를 사랑하는 것으로 쉽게 잘못 생각할 수도 있는데, 그것이 프로이트가 피하지 못했던 오류이다. 그러나 도라의 역동에서 오직 그녀 자신이 K씨의 대상이 되지 않는 경우에만 K씨는 그녀를 대신하여 이 자리를 차지할 수 있다. 여기서 욕망이 대타자의 욕망이라는 라깡의 공식을 볼 수 있는데, 그 이유는 그녀가 K씨의 대상이 되는 것을 피할 수 있다면 도라가 욕망하는 것은 K씨가 아니라 그의 욕망이 되기 때문이다.

이러한 동일시는 그녀의 자아이상인 K씨와의 '남성적인' 동일시가 되고, 그것은 그녀에게 어떤 수단을 제공해 주는 그녀의 자아의 형성물로 이끌어 가는데, 그 수단에 의해 그녀는 자신의 사랑의 대상인 K부인과의 관계에서 '남자처럼 행동할' 수 있게 된다. 이상과의 이런 동일시는 오이디푸스 콤플렉스로부터 빠져나가는 출구를 상징화하려는 시도이다. 더욱이 그녀는 사랑의 대상으로 취급당하고 남근적인 시니피앙으로 취급당하는 것에 대해 그녀의 분노를 표현하는 상상적 경쟁 속에서 남자들에게 대항하고 있다. 그것이 그녀가 K씨와 맺는 관계의 본질이다. 만일 우리가 이제 K부인에게로 돌아가 본다면, 도라가 자신의 욕망을 충족되지 않은 채로 유지하고 있듯이, 도라는 자신의 여성성인 K부인의 신비를 벗겨낼 수 있는 그런 여자를 욕망하도록 하기 위해 한 남자를 유혹한다.[27] 사실상 그녀의 진정한 사랑의 대상이면서 '대리인'인 아버지를 통해 사랑하는 사람이 바로 K부인이다. 그녀는 K부인을 아버지에게 알선해 주기 위해 많은 일들을 처리하는데, 자신의 음모를 통해 아버지의 욕망에 대한 지지자로 행동하게 된다.[28]

그때까지 균형을 잡아왔던 비교적 안정된 평형상태는 K씨와의 사건으로 깨지게 되는데, 그녀가 그의 뺨을 때리는 사건으로 끝나게 된다. 자신의 아내가 자신에게 아무런 의미도 없다는 K씨의 말을 통하여 도라는 다음과 같은 결론을 내리게 된다. 즉 K씨는 도라를 대신하여 자신의 아내를 도라의 아버지에게 바쳤다는 것이고, 또한 이 일이 도라로 하여끔 자기 자신을 '추악한 교환'의 대상, 즉 물물교환의 대상으로 보게 했다는 것이다.[29]

도라 사례에서 프로이트의 오류는 훗날 그 자신이 깨닫게 되었듯이, "소녀들은 소년들을 위해 만들어진다"는 그의 '편견'이라고 라캉은 생각한다. 다시 말해, 프로이트는 소녀가 아버지에게 다정하게 기울어지고 따라서 아버지의 대리인이 되는 어떤 남자에게 기울어지는 것이 자연스런 일이라고 가정한다. 프로이트는 1925년에야 소녀한테서 오이디푸스 단계는 남근 시니피앙에 의해 이해되어야 한다는 것을 충분히 깨닫게 되는데, 그러한 남근 시니피앙은 어머니가 그녀에게서 빼앗아 갔으며 그녀는 다른 곳에서 찾아내야 하는 그런 것이다.[30]

프로이트가 맨 처음 원초적 대상인 어머니로부터 멀어져서 아버지에게로 향하는 이런 변화에 대해 분명하게 설명했던 것은 바로 1925년의 논문에서였다. 아버지에게로 향하는 이런 전환과 그 뒤의 동일시는 훗날의 신경증적 형성물들에서 인과론적 역할을 맡고 있다. 남성에게서 뿐만 아니라 여성에게서도 원래부터 대타자의 성(the Other sex)과 이루어지는 여성의 동일시가 히스테리의 결정에 중대한 요점이 된다. 다른 한편, 남성의 편에서는 부명父名의 매개물에 대한 동일시와 거세 콤플렉스의 상상적 효과들의 근원에 대한 동일시는 특히 강박신경증에 걸리기 쉽게 만들어줄 것이다.[31]

프로이트의 이론에서 세 가지 형태의 동일시 모두가 아비지와 관련되어야 한다는 것은 주목할 만한 일이다. 또한 동일시와 다른 현상들과 관련해서 라깡은 아버지의 문제가 프로이트에게서는 해결되지 않는 문제로 인식하게 된다. 다시금 그는 정신분석적인 논쟁을 프로이트의 문제에 집중시키면서 "도대체 아버지란 무엇인가?"라는 의문을 풀어가게 된다.

라깡의 해석

애초부터 라깡은 도라에 대해 논의할 때마다 프로이트의 치료에 대해 항상 비판적이었다. 그는 프로이트가 도라의 욕망의 대상이 여자인

K부인이라는 사실을 놓쳤다고 비판했다. 그러나 프로이트는 그녀의 실제적인 대상이 남자인 K씨였던 것으로 그 사례를 사정없이 몰아갔다. 프로이트의 관점으로 도라의 문제는 히스테리 환자로서 그녀가 이 남자에 대한 자신의 욕망을 알아차리지 못했다는 것이고, 만일 그녀가 이것을 진실로 인식하게 된다면 모든 것이 성공적으로 해결되었으리라는 것이다. 전반적인 분석 과정에 걸쳐 프로이트는 이 사실을 고집스럽게 반복해 가며 강조하고 있었다. 즉 도라가 욕망하는 사람은 K씨라는 것을 도라가 인정하지 않으려 한다는 것이다. 그러나 프로이트가 수년 뒤에 깨닫게 된 것처럼, 도라의 욕망의 대상이 여자인 K부인이라는 중대한 사실을 놓쳐버린 것이다.

공교롭게도 히스테리에 직면한 프로이트의 혼동은 거기서 끝나지 않았는데, 그가 역시 파악하지 못했던 것은 히스테리에서 욕망 구조의 장소와 중요성이었고, 특히 충족되지 않은 욕망에 대한 욕망에 의해 그 안에서 떠맡고 있던 역할이었다. 프로이트가 이것을 깨닫지 못했다는 것은 히스테리의 치료에서 히스테리의 욕망의 대상으로서 어떤 특별한 대상이나 다른 대상을 변함없이 찾으려고 했으리라는 것을 의미한다. 프로이트에게 이런 대상은 전형적으로 남자였고, 따라서 프로이트가 히스테리 환자에게서 여성의 중요성을 놓쳐버린 것도 사실이다. 히스테리의 욕망이 충족되지 않는 욕망이라는 것을 인식하지 못함으로써 히스테리 환자의 욕망의 대상에 대한 그의 탐구는 실패할 수밖에 없었다.

결여가 여성의 성에서 맡고 있는 중대하고도 더욱 본질적인 역할을 알아차리게 되는 것은 프로이트 덕분이다. 그러나 그의 결론은 한 여자가 남근을 받아들임으로써, 더욱이 아버지한테서 받음으로써 이러한 결여를 채울 때까지 결코 충분히 만족될 수 없다는 것이다. 여성의 결여에 대한 프로이트의 해결책은 모성이었고, 또한 이 해결책은 히스테리에 대한 그의 치료에서 계속 강조되고 있었다. 히스테리 환자가 아버지한테서 남근을 받아내려는 욕망을 지니고 있는 한에는 적절히 '치유되지' 않을 것이라고 그는 생각했다. 프로이트는 도라로 하여금 아버지의 대리가 되는 K씨에 대한 그녀의 욕망을 인정하도록 만들려는 노력을 냉혹하게 추구하는 모습을 보여 주었고, 결국 이것이 조기에 갑자기 치료를 중단하게 만든 이유가 된다. 여기까지는 분명하고, 또한 프로이트의 사례 이야기에 드러날 수 있다.[32]

그렇다면 이러한 아버지에 대한 도라의 태도는 어떠한가? 라깡은 도라의 아버지가 해내는 역할의 중요성을 강조하고 있다. 그녀에게 그의 성불능증은 여자를 마주대할 때 거세의 의미를 갖게 된다. 이제 라깡은 이런 사실이 그녀의 아버지를 결함있는 사람으로 보게 됨으로써 아버지의 상징적이고 이상적인 기능에서 그를 평가절하하게 된다고 생각한다. 아버지는 자신의 신분과 역할을 보여 주기도 하고 또한 직함을 갖거나 재직하는 사람이 된다. 그의 표현처럼, 그는 예전의 생식자(*ancien géniteur*)가 된다. 그러나 그는 '전력을 상실할' 때일지라도 여성과 관련하여 이런 위치를 유지하고 있다. 영어를 활용하여 아버지에 대해 이렇게 강조해볼 수도 있다. 즉 "아버지는 아버지가 된다"(The father fathers)는 중복어법에 의하여, 그는 자식을 보든가 생겨나도록 하는 사람이 된다. 또한 "아버지가 된다"를 의미하는 불어 동사인 *perrier*를 생각할 수도 있다. "아버지는 아버지가 된다"(The father fathers)는 말은 *Le père perrie*로 나타날 것이다.[33] 어쨌든 라깡은 아버지가 되는 아버지, 즉 자식을 보거나 생겨나게 하는 아버지를 '이상화된 아버지'라고 부르며, 그런 아버지는 히스테리 환자가 아버지와 맺고 있는 관계의 핵심에 위치한다.

정신분석에서 오이디푸스 신화의 소개는 히스테리 환자의 욕망을 아버지에게로 인도함으로써 히스테리 환자의 욕망이란 문제를 간단하게 풀어준다. 라깡은 이런 의미에서 오이디푸스 콤플렉스가 이상화된 아버지라는 인물에게 정합성을 부여하고 특히 임상적 배경에서 그렇게 된다고 말한다. 라깡의 결론은 히스테리 환자의 불만족 덕분에, 또한 프로이트가 '그녀의 연극'이라 부른 것 덕분에 프로이트는 오이디푸스 신화를 소개하게 되었다는 것이다.[34] 그런 신화의 역동이 아버지와 그의 죽음을 맴돌고 있는데, 그 신화에서 끌어내온 오이디푸스 콤플렉스는 단지 이상화된 아버지라는 인물에 정합성을 부여해 줄 뿐이다.

이제부터 우리는 프로이트가 정신·성 발달단계에 따라 도라의 증상들에 내린 해석을 간단히 살펴본 다음 발달개념에 대한 라깡의 비판과 라깡의 남근개념을 소개해 갈 것이다. 라깡의 남근개념에는 상상계·상징계·실재계에 대한 이해가 필요하며, 그런 이해를 바탕으로 프로이트에게 해결되지 않은 채로 남아 있는 아버지의 문제를 살펴보게 될 것이다.

3. 프로이트의 정신·성 발달단계와 라깡의 세 가지 범주

정신·성 발달단계

프로이트의 해석에 따라 도라의 증상이 갖는 성적인 의미를 살펴보면, 도라의 발작적인 기침과 K씨와 키스한 이후의 음식물혐오증, K씨가 줬던 담배 한 개비를 태운 일까지도 성적인 의미와 관련되고 있다. 특히 엄지손가락 빨기는 구강기와 관련된 증상으로 보았다. 항문기와 관련된 증상은 찾아볼 수 없었다고 하지만, 도라의 야뇨증은 남근기에 해당하는 증상이라는 것이다. 쾌락의 원천으로서 손가락 빨기를 대신하여 오줌 누기라는 자위행위가 나타났으리라는 추측이다. 또한 프로이트는 도라가 야뇨증 때문에 매일 밤 도라의 방에 들어오는 아빠의 발기된 성기를 보았을 거라고 추측했다. 남녀의 성 차이를 알게 된 도라는 누군가 성적으로 자극해 주길 바라는 '수동적 오이디푸스 콤플렉스'를 보일 수 있다고 생각했다. 이것은 남근기에 해당되는 셈이다.

이처럼 구강기·항문기·남근기·잠복기로 이행해 가는 단계를 정신·성 발달단계라 부른다.[35] 구강기는 리비도 발달의 첫 번째 단계로서 입이 쾌락의 주요 원천이 되고 경험의 중심이 된다. 구강기는 출생과 함께 시작되어 이유기에 끝난다. 구강수준에 고착된 사람은 의존성을 그 특징으로 삼는 구강인격을 보인다. 그런 사람에게는 입이 최우선의 성감대가 되기 때문에 견디기 어려운 스트레스를 받을 때마다 '입으로 풀게' 되어 줄담배를 피우든가 반복된 음주 행태를 보인다. 이런 사람들이 자주 앓게 되는 신체질환으로는 소화성궤양과 비만증, 알코올중독

과 마약중독을 들 수 있다. 항문기에 고착된 사람은 강박적인 항문인격
을 보인다. 이런 사람에게는 항문과 배변이 쾌락의 주요 원천이 되고
자의식의 중심을 형성하게 된다. 이런 인격의 소유자에겐 만성적인
적개심이 문제가 되고, 그 결과로 가학증과 피학증을 보이며, 정신생리
성 증상으로 고혈압, 편두통, 신경성 대장염, 두드러기를 앓게 된다.

정신·성 발달의 세 번째 단계는 남근기 혹은 유아성기기로서 우리가
흔히 오이디푸스기라고 부른다. 그러나 엄격한 의미로는 남근기와
오이디푸스기는 서로 구별된다. 남근기는 자신의 음경과 그 기능에
몰두하는 시기로서 항문기 다음에 오고 오이디푸스기보다 선행하는
시기이다. 오이디푸스기는 3-5세 사이로서 오이디푸스 콤플렉스가
출현하는 시기를 말한다. 그러나 멜라니 클라인은 출생 후 첫 해에도
오이디푸스의 증후들이 나타난다고 주장한다. 자신도 모르게 저지른
일이었지만 흔히 살부혼모殺父婚母라는 비극적인 사건의 주인공인
오이디푸스의 신화에서 따온 것이다. 프로이트에 따르면 오이디푸스
콤플렉스는 어느 문화권에서나 찾아볼 수 있는 보편적인 현상이다.
오이디푸스 콤플렉스의 해소는 동성의 부모를 동일시하고, 잠정적이
지만 이성의 부모를 포기함으로써 이뤄진다. 이 단계에 고착되면 흔히
자신의 부모를 닮은 배우자를 선택하게 된다. 신경증적 방어가 이
시기에 나타난다고 생각하여 임상에서는 이 시기를 중요하게 다룬다.

도라의 증상이 보이는 성적인 의미는 프로이트가 해석해 가는 도처
에서 볼 수 있기 때문에 따로 지적해 낼 필요도 없겠지만, 우선 몇
가지 독특한 것만 짚어본다면, 도라는 아버지의 친구인 K씨를 좋아한
다. 도라는 어릴 때부터 아빠 편이고, 아빠가 아플 때 병간호도 늘

도맡아 했다. 아버지의 폐결핵을 치료하기 위해 남쪽 휴양도시로 이사 와서 K부인이 아버지의 병간호를 자청했을 때부터 도라는 아빠가 K부인과 자신을 맞바꾸려 한다고 의심했다. 도라는 야뇨증을 보이고 기억에도 없는 도라의 자위행위를 감시하기 위해 아빠가 방으로 들어올 때 아빠의 발기된 성기를 봤을 거라는 암시로부터 성기를 기다리는 수동적 오이디푸스 콤플렉스에 이르기까지 프로이트의 성적인 해석이 곳곳에서 물씬 풍겨오고 있다.

또한 리드미컬한 발작적인 기침을 구강성교로 연상해 가는 부분에서는 의아스러울 수도 있다. 꿈 분석에서도 아버지가 어머니에게 선물한 '물방울' 같은 진주에서 그 물방울이 남자의 정액과 같은 분비물이나 감염으로 해석되고 있다. K씨가 도라에게 선물한 보석 상자에 대해 성적으로 보답하고 싶어 했을 거라는 추측과 보석 상자가 여성의 성기로 해석되는 부분에서 프로이트의 범성주의를 읽을 수 있다. 두 번째 꿈에서도 프로이트는 도라의 동성애와 관련된 능동적 오이디푸스 콤플렉스가 나타난다고 보았다.

발달개념에 대한 라깡의 비판

그러나 라깡의 정신분석에서는 남근에 대한 새로운 해석과 발달개념에 대한 비판으로 자칭 프로이트학파라는 분석가들과 확실한 거리를 두게 된다. 특히 라깡은 1950년대 초부터 발생론에 대해 극단적으로 비판하는 입장을 보이기 시작한다. 발생론은 성적인 발달에 자연적인 순서를 전제하고 있다면서, 인간의 성에 대한 상징적 표명에 대해 설명하지 않기 때문에 욕동과 본능 사이의 근본적인 차이를 무시하게

된다고 비판한다. 또한 발생론은 시간의 선형적 개념에 기초를 두고
있어서 시간에 대한 정신분석적인 이론과 맞지 않는다는 것이다.

　라깡은 발생론이 정상적이라고 가정하는 성(sexuality)에 대한 최종
적인 통합은 존재하지 않는다고 말한다. 라깡은 그 주체가 치료될
수 없을 만큼 분리되어 있고 욕망의 환유를 중단시킬 수 없기 때문에
최종적인 전체성과 성숙 상태가 불가능하다고 주장한다. 더구나 본능
적인 성숙의 진보된 단계에 상응하는 대상은 재발견되는 대상이기
때문에 성숙의 최종단계는 그 아이의 최초 만족대상과 조우하는 것일
뿐이다.[36]

　라깡은 프로이트의 발생론적 해석을 '본능적 성숙의 신화학'(myth-
ology of instinctual maturation)[37]이라고 부르면서 논박하였다. 구강기·
항문기·성기기와 같은 프로이트의 단계들이 자연적으로 발달하는
생물학적 현상이 아니라 '명백하게 더 복잡한 구조들'[38]이라고 주장한
다. 구강기와 항문기와 같은 전前성기기는 아동의 발달에 있어서
시간적 순서에 따라 정해진 단계가 아니며 사후적으로(nachträglich)
과거에 투사되는, 본질적으로 시간과는 무관한 구조들이다. "그것들
은 오이디푸스 콤플렉스의 사후작용에 의해 구성된다."[39] 우리가 원래
의 경험들을 사후적으로 파악해야만 하는 것은 성인의 경험에서 출발
하기 때문이다.

　라깡에게서 두 가지 커다란 단계들인 거울단계(stade du miroir)와
오이디푸스 콤플렉스는 어떻게 이해될 수 있을까? 우선 거울단계는
어린아이의 삶 속에서 6-18개월이란 특정한 시기에 생길 수 있는
사건과 분명히 관련되어 있다. 그러나 이 사건은 단지 그 본질상

시간과는 무관한 양자관계의 구조를 설명해 주고, 거울단계의 핵심을 구성하는 것도 바로 이 구조이기 때문에 라깡에게 관심사항이 되는 것이다. '단계'(*stade*)라는 불어에는 단계(stage)라는 의미뿐만 아니라 경기장(stadium)이란 뜻도 포함되어 있어서 시간과 공간이란 용어로 이해될 수 있다. 프로이트는 오이디푸스 콤플렉스를 3-5세라는 특정한 나이에 국한시키지만, 그 반면에 라깡은 오이디푸스 콤플렉스를 시간과 무관한 주체성의 삼각구조로 생각한다. 자아의 형성 시기와 오이디푸스 콤플렉스에 진입하는 시기에 대하여 여러 학파들 간에 많은 논쟁이 벌어지고 있지만 라깡은 그런 논의에는 관심이 없다. 라깡도 자아의 형성과 오이디푸스 콤플렉스의 형성에 특정한 순간이 있다는 것은 인정하는데, 그 순간이 일어나는 시기에 대해서는 관심을 두지 않는다. 아이가 언제 상징계에 들어가는지 그 시기에 대한 질문은 정신분석에서 부적절하다고 보는 것이다. 상징계에 진입하기 전에는 말을 할 수 없고, 정신분석에 접근할 수 없으며, 진입한 후에는 그 순간 이전의 모든 것이 상징적 체계에 의해 사후적으로 변형된다는 것이다.

프로이트가 기록한 정신·성 발달단계 중에서 성기기(genital stage)는 구강기와 항문기라 는 두 가지 전 성기기의 뒤에 오는 마지막 단계를 말한다. 성기기(남근기 혹은 유아성기기)는 3-5세 사이에 처음으로 나타나서 잠복기에 중단되다가 사춘기로 넘어가면서 '진정한 성기기'가 된다. 프로이트는 성기기를 리비도의 마지막 '완전성'으로 정의하는데, 전 성기기의 무질서한 '다형태의 성도착'을 종합한 상태라고 보는 것이다.[40] 라깡은 성기기라든가 마이클 밸린트의 성기애

(genital love)란 개념을 거부하고 있다. 라깡은 성기성(genitality)에는 조화로운 것이 아무것도 없다고 주장하면서, 이런 이론들을 '성기성의 화음에 대한 엉터리 찬가'라고 부른다. 라깡은 정신·성 발달단계를 생물학적 성숙의 자연적인 단계로 생각하지 않고 오히려 사후적으로 구조화된 요구(demand)의 형태로 생각한다.[41] 구강기와 항문기에서는 욕망이 요구에 가려지는데, 오로지 성기기에서 욕망은 충분히 구성된다. 그러나 이 단계에 대한 라깡의 논의는 프로이트의 남근기에 초점을 맞추고 있는데, 여기서 아이는 오로지 남성의 음경인 한 가지 성 기관만을 알고서 거세 콤플렉스를 통과하게 된다. 성기의 실현은 주체가 처음으로 자신의 거세를 받아들이는 조건하에서 이루어질 뿐이다.

라깡이 밸린트의 성기애를 거부하는 이유는 관능성과 애정이라는 두 가지 요소들이 완전히 통합되고 조화되어 이 용어가 더 이상 양가성이 없는 정신·성의 성숙을 가리키기 때문이다. 그러나 라깡에게 있어서 성기애란 용어가 의미하는 최종적인 정신·성의 성숙과 통합에 대한 개념은 "가장 완전한 사랑관계에서조차 흔히 볼 수 있는 장벽과 굴욕감 주기 (Erniedrigungen)"를 송두리째 간과하는 착각일 뿐이다. 양가성 이후의 대상관계와 같은 것은 존재하지 않는다는 것이다.[42]

라깡의 남근개념

프로이트는 남근이 아니라 음경에 대해 언급하고 있다. 남녀 아이들 모두 음경에 커다란 가치를 두고 있기 때문이다. 어떤 아이는 음경을 가지지 않았다는 것을 발견함으로써 중요한 심리적 결과를 초래한다.

256

오히려 남근이란 용어는 프로이트의 글에 거의 나타나지 않지만, 간혹 나온다 해도 음경과 같은 의미로 사용된다. 프로이트가 '남근적'이란 형용사를 사용하여 남근기에 대해 언급할 때에도 남근과 음경을 엄격히 구분하는 것은 아니다.[43]

라깡의 정신분석에서 강조하는 것은 남성의 생식기가 아니라 남근인데, 남근은 환상에서의 역할이라서 음경보다는 이 용어를 더 선호하게 된다. 라깡은 생물학적 기관을 위해서는 음경이란 용어를 사용하고, 이 기관의 상상적이고 상징적인 기능을 위해서는 남근이란 용어를 사용한다. 그러나 프로이트의 음경선망(penis envy)이란 개념에는 그가 실제적인 기관을 의미하지 않았다는 것이 확실해 보인다. 우리말로 번역할 때 흔히 '남근선망'이라고 번역되는 이유도 마찬가지일 것이다. 다만 남근에 대한 라깡의 독특한 용법 때문에 남근과 음경을 확실히 구별하기 위해 '음경선망'이라고 번역해 본 것이다. 이런 라깡의 용어상의 개혁은 프로이트의 글에서 이미 암묵적으로 존재하던 것을 라깡이 명확히 구분했을 뿐이다.

남근이란 용어는 50년대 이후 라깡의 담론에서 점점 더 중요한 위치를 차지하게 된다. 남근은 오이디푸스 콤플렉스와 성 차이의 이론에서 중심적인 역할을 해내고 있다. 남근은 전前 오이디푸스기를 구성하는 상상적 삼각관계의 세 가지 요소들 가운데 하나로서, 어머니와 아이라는 두 요소들 사이를 순환하는 상상적 대상이다.[44] 어머니는 이 대상을 욕망하고 아이는 자신을 남근이나 남근적인 어머니와 동일시함으로써 어머니의 욕망을 만족시키고자 한다. 오이디푸스 콤플렉스에서는 아버지가 아이를 거세시킴으로써 상상적 삼각관계에 네 번째 항목으로 끼어든다. 말하자면, 아버지는 아이가 상상적 남근과 동일시하는 것을 불가능하게 만든다. 그렇게 되면 아이는 자신의 거세를 받아들이거나 거부하는 행동 가운데 한 가지를 선택해야 한다.

라깡은 아이가 어머니의 남근이 될 수 있다는 가능성을 포기해야 한다는 의미에서 모든 아이들은 거세를 인정하게 된다고 주장한다. 남녀 모두 상상적 남근과의 동일시를 포기함으로써 각각의 성에 따라 서로 다른 상징적 남근과의 관계를 위한 통로가 마련된다. 남성은 상징적 남근을 가질 수밖에 없지만 여성은 갖지 않는다. 남성의 경우에 자신의 거세를 인정하는 조건하에서, 다시 말해, 상상적 남근이 되는 것을 포기함으로써 오로지 상징적 남근을 주장할 수 있다.

이처럼 라깡은 실재적 남근, 상상적 남근, 상징적 남근에 대해 말하고 있다. 라깡은 실제적인 생물학적 기관을 가리킬 때에는 '음경'이란 용어를 사용하고 이 기관의 상상적 및 상징적 기능을 가리킬 때에는 '남근'이란 용어를 사용하는데, 때때로 '실재적 남근'(real phallus)이라는 말로 생물학적 기관을 가리키기도 한다. 이런 실재적 남근은 실재적 아버지에게 위치하고 있다. '상상적 남근'은 거세에 의해 몸에서 떼어낼 수 있는 부분대상으로 상상되는 '음경'의 이미지이며 '남근'의 이미지이다.[45] 상상적 남근은 전 오이디푸스기에 어머니의 욕망의 대상으로 지각되는데, 어머니가 아이를 넘어선 그 이상으로 욕망하는 그런 대상이다. 따라서 아이는 이 대상과 동일시하려고 한다. 오이디푸스 콤플렉스와 거세 콤플렉스는 상상적 남근이 되려는 시도를 포기하는 일과 관련된다.

상상적 남근은 어머니와 아이 사이에 순환함으로써 어린아이의

258

일생 가운데 첫 번째 변증법을 시작하게 된다. 그것이 비록 상상적 변증법일지라도 상상적 요소가 시니피앙처럼 순환하기 때문에 상징계를 향한 길을 이미 마련해 놓는 셈이다. 이렇게 해서 남근은 시니피앙이 된다. 남근은 '대타자의 욕망의 시니피앙'[46]으로 기술되는데, 라깡의 1958년 논문인 「남근의 의미작용」에 가장 결정적인 형태로 묘사되고 있다.

> 프로이트의 학설에서 만일 우리가 환상을 상상적 효과로 봐야 한다면 남근은 환상이 아니다. '대상'이 어떤 관계에 관련된 현실을 평가하는 경향을 보이기 때문에 그것은 역시 그러한 대상(부분적인·내적인·좋은·나쁜·기타)도 아니다. 그것이 상징하는 기관—음경 또는 음핵—은 더 더욱 아니다. … 남근은 시니피앙이기 때문에… 그것은 전체로서 의미 효과를 지시하도록 예정된 시니피앙이기 때문에…. [47]

거세 콤플렉스와 오이디푸스 콤플렉스가 상상적 남근을 중심으로 맴돌고 있다면, 성 차이라는 문제는 상징적 남근을 중심으로 맴돌고 있다. 남근에 상응하는 여성적인 시니피앙은 존재하지 않는다. "남근은 상응하는 것이나 등가치적인 것이 없는 기호이다. 이는 시니피앙에 있어서 불균형의 문제이다."[48] 남성 주체와 여성 주체는 그 모두가 상징적 남근을 통해서 자신들의 성을 지니게 된다. 상징적 차원에서는 부재도 존재만큼 긍정적인 실체이기 때문에 어떤 의미로는 상징적 남근을 결여하는 여성도 그것을 소유한다고 말할 수 있다. 남성의 상징적 남근에 대한 가정도 오로지 자신의 거세에 대한 이전의 가정에 기초하여 가능해진다. 라깡은 드디어 1973년에 상징적 남근이 '시니피에를 갖지 않는 시니피앙'임을 진술하게 된다.[49]

라깡의 남근 개념에 대한 반론은 두 가지 중요한 그룹으로 나뉜다. 먼저 페미니스트들은 라깡이 남근에 우월한 위치를 부여함으로써 프로이트의 가부장적인 몸짓을 단순히 반복한다고 주장한다. 그러나 다른 페미니스트들은 남근과 음경에 대한 라깡의 구별이 생물학으로 환원될 수 없는 성 차이를 설명하는 방법을 제시해준다고 라깡을 변호한다. 두 번째 중요한 반론으로는 자크 데리다를 들 수 있다. 모든 시니피앙이 다른 시니피앙들과의 차이에 의해 정의된다면 어떻게 '우월한 시니피앙'이 존재할 수 있느냐는 것이다. 다시 말해, 남근은 로고스중심주의라는 현존의 형이상학을 다시 소개하게 되고, 따라서 라깡이 남근중심적인 사유체계를 만들어냈다고 비난받게 된다.[50]

상상계 · 상징계 · 실재계

남근의 개념에서 본 바와 같이 라깡의 정신분석에서는 정신분석 경험의 세 가지 범주들, 즉 상상계(l'imaginaire)와 상징계(le symbolique)와 실재계(le réel)에 대한 이해가 꼭 필요하다. 이 범주들에 대해서는 에반스의 『라깡 정신분석 사전』과 라플랑쉬와 퐁탈리스의 『정신분석의 어휘』에도 일부 소개되어 있지만, 필자가 가장 많이 참조하는 텍스트는 글로윈스키 등이 편집한 『라깡 정신분석의 핵심용어』[51]이다. 김형효는 일찍이 1989년의 저서에서 '라깡과 무의식의 언어학'을 소개하면서 '상상적인 것' 혹은 '상상적 질서'(ordre imaginaire), '상상적인 것의 단계'라는 용어를 사용하기 시작했다.[52] 일본의 신구와 스즈키 등이 번역한 쉬마마의 『정신분석사전』[53]에는 상상계·상징계·현실계 라고 번역되어 있다.

이 세 가지 계(ordre)들은 정신분석 경험의 각기 상이한 측면을 지칭하며 서로 이질적이다. 그런데도 세 가지 범주들을 계라고 지칭하는 이유는 그것들이 공통의 속성을 지니고 있기 때문이다. 라깡은 보로메오 매듭이란 위상수학을 매개로 하여 세 가지 계들이 공유하고 있는 문제를 탐구한다. 이 계들은 프로이트의 구조모델에서의 세 가지 기관과 같은 정신적인 세력(forces)들이 아니다. 이 계들은 정신기 능과 연관되고 정신분석의 모든 영역을 망라한다.[54]

상상계에 관한 논의는 그 대부분이 라깡의 거울단계에서 이루어진 다. 여기에는 게쉬탈트, 자아와의 동일시, 몰인식(méconnaissance), 빼쏜꼴(semblable), 대상, 편집증적 지식, 공격성과 같은 중요한 개념 들이 포함되어 있다. 상상적인 것은 프로이트의 개념이 아니지만, 라깡은 이것의 정교화에 게쉬탈트 개념과 동물행동학과 프로이트의 초기이론을 참조하고 있다. 암수 큰가시고기는 게쉬탈트에 의해 유혹 되어 서로의 보완적인 성적인 행동을 보이고 있다는 것이다. 인간은 구조적으로 미숙한 상태로 태어나기 때문에 동물과는 달리 단일 이미 지와의 동일시에 의해 성숙된다. "인간한테서 상상적인 것은 거울상에 게로 환원되고 특수화되며 집중된다."[55]

주체가 거울상을 자신의 것으로 인정한다는 가정은 실제적인 숙달 을 예상하는 것이다. 그 둘이 결합되어 착각적이고 소외되는 상상계의 특징을 보여준다. 거울상에 대한 이러한 인정이 상상적 관계의 외부에 있는 어떤 것, 즉 상징계의 기능이 된다는 것은 중요한 생각이다. 라깡의 견해로는 전체적인 통일체로서의 거울상이 자아의 원시적인 형태로 기능하는데, 그런 자아는 이상적인 이미지로 기능하는 게쉬탈트와의 동일시에 의해 구성된다. 자아는 상상적 숙달을 가능케 하는 상상적 기능이다. 자아의 구성을 타자와의 관계에 연결시키면서 자아는 타자와의 동일시로 정의된다. 이 말 속에는 대상과의 관계가 함의되어 있다. 따라서 거울상은 자아의 구조도 되고 대상도 된다.[56]

초기의 '조각난 몸'(corps morcelé)이라는 파편화와 통일된 이미지 사이의 관계에 포함되어 있는 긴장은 공격성의 근원이 된다. 또한 공격성은 자아가 그 자신과 닮은 다른 주체(빼쏜꼴)와 만나는 상황에서 나타나는데, 이러한 타자의 욕망의 대상에 대하여 욕망을 일으킨다. 다시 말해, 공격성은 언제나 빼쏜꼴의 대상이 되는 그 대상에 연결되고, 그에 따라 상상계의 논리로는 자아에 속하는 대상에 연결된다는 것이다. 이렇게 해서 "인간의 욕망은 타자의 욕망이 된다."[57]

라깡에 의하면, 상상계는 지식(connaissance)과도 연결된다. 이러한 연결은 현실에 대한 자아의 관계에 집중되고 몰인식과 편집증적 지식으로 그 특징을 삼게 된다. 자아는 비록 거울상의 인식에 그 기초를 두지만 "인식하지 않을 수 있는 능력," 즉 몰인식으로 생각된다. 따라서 몰인식은 오인이나 오해와는 다르다. 거울상은 거울 앞에 서 있는 자신과 좌우가 뒤바뀐 정반대이다. 이 말이 의미하는 바는 자아의 현실경험에 원초적인 왜곡과 몰인식이 존재한다는 것이다. 라깡은 거울단계에 관한 논문에서 인간의 지식을 외부적인 박해와 감시처럼 편집증적인 것이라고 말한다. 그러나 상상적인 것이 몰인식과 신기루와 본질적으로 연결되고 '허위현실'(false reality)에 연결된다 할지라도 그것은 '실증된 현실'(verified reality)이다.[58] 이처럼 상상적인 것이 없으면 인간의 현실이란 것도 있을 수 없다. 상상적인 것은 인간이 지니고 있는 유일한 정합성이다.

상징계는 인간주체에 대한 언어의 중요성을 알려준다. 그러나 라깡의 논의에서 계속 발전해가고 있는 점으로 미뤄본다면 상징계에 대해 말하기가 쉽지 않다는 것을 알 수 있다. "무의식은 언어처럼 구조화되어 있다"라든가 "주체는 언어에 의해 분할되어 있다"는 표현은 이런 맥락에서 쉽게 표명될 수 있다. 시니피앙의 연쇄로서의 상징계는 주요한 논리적 맥락을 구성하고 있다. 언어와 말의 최고 권위인 상징계는 주로 '로마강연'으로 알려진 「정신분석에서 말과 언어의 기능과 영역」(1953)이란 논문에 전면으로 부각되어 있다. 라깡은 상호 인정과 법칙의 질서 위에 세워진 상징적 관계가 자아의 구조적 이미지보다 앞서 정립된다고 말한다. 이 말은 상상적 경험이 생각보다 빨리 상징계의 영역에 기입된다는 뜻이다.

라깡은 말의 기능으로서 절대적이고 초월적인 대타자를 소개하기도 하는데, "말은 대타자의 존재 내에 세워지게 된다"고 말한다.[59] 이런 언급은 말과 대타자와 언어 사이의 밀접한 관계를 의미한다. 정신병에 관한 세미나에서 그는 대타자가 원래부터 상징적이라고 말하고, 그런 대타자는 무의식에도 연결되는데, "무의식은 대타자의 담론이다" 혹은 "무의식은 언어처럼 구조화되어 있다"는 유명한 격언들이 다듬어진 것도 이 시기이다. 이런 논의로부터 우리는 무의식과 주체와 법칙이 상호간 밀접하게 연결되어 있다고 추론할 수 있다.

프로이트는 『쾌락원칙을 넘어서』에서 끈이 달린 작은 실패를 가지고 노는 손자가 사랑하는 대상인 제 엄마의 현존과 부재를 숙달하는 모습을 묘사한 바 있다. 아이는 실패를 멀리 던졌다가 끌어당기면서 '가버려'라는 뜻의 *fort*와 '여기'라는 뜻의 *da*와 비슷한 소리를 내고 있었다. 라깡에 따르면, '포르트!'와 '다!'라는 경험이 현존과 부재라는 대조된 현상에 직면했을 때 단지 한 쌍의 상징들이 출현하는 것으로 보았는데, 부재는 현존 속에서 환기되고 현존은 부재 속에서 환기된다는 것이다.[60] 본래 '사물의 살해'로서의 상징에 대한 진술이 이런 문맥 속에서 자리를 잡게 된다고 한다. 이처럼 부재로 만들어진 현존으로서 상징의 정교화는 시니피앙에 대한 라깡의 표명에 대한 첫걸음으로 보일 수 있다.

시니피앙의 개념에는 라깡의 모든 저술에 걸쳐 상징계 차원의 기본을 이루는 역할이 주어진다. 또 한 가지 중요한 요소는 상징계와 죽음욕동의 연결이다. 상징계에서 주체는 그 자신을 '죽음에 대한 주체'로 구성하게 된다. 그와 동시에 상징계는 주체를 죽음의 저편에 위치시키는데, 그 까닭은 시니피앙이 이미 주체를 죽은 것으로 간주하고서 본래부터 그를 영속시키기 때문이다.[61] 라깡은 1960년대에 주체를 분할시키는 구조로서의 언어로 옮겨가게 된다. 이제 주체는 시니피앙에 복종하게 된다. 라깡은 시니피앙과 관련하여 부차적으로 구성되는 한 주체를 빗금친 주체($)로 상징화한다.[62]

실재계는 상징화에 저항하는 경험의 한계로 남아 있다. 이 말의 이면에는 상징계가 실재계를 이해할 수 있는 유일한 매개라는 사실을 알려주고 있는 것이다.[63] 상상계는 게쉬탈트의 특징을 지니고 상징계는 차이의 개념에 그 기반을 두지만, 실재계는 주로 부정적인 방식으로 정의된다. 즉 실재계는 상상적이지도 않고 상징적이지도 않아서 환상의 영역으로부터 제외되고 말에 관계하지도 않는다.[64] 따라서 실재계는 말의 경험인 분석치료의 범위를 넘어서는 것으로 이해될 수 있다.

라깡의 일곱 번째 세미나인 『정신분석의 윤리』는 프로이트의 물(物, *das Ding*)에 대한 정교화로 실재계의 역설적인 속성을 이해하는 데에 생산적인 텍스트가 된다. 또한 인간의 경험이 물 주위에 어떻게 구성되는지 설명하고 있는데, 그 물을 '제외된 부분'으로 묘사하거나 '친밀한 외재성'과 외심(*extimité*)으로 묘사하고 있다.[65] 물의 역설적 특성은 인간 경험으로는 존재하지 않지만 오이디푸스의 법을 통하여 사후적으로 정립된다는 것이다. 근친상간의 금지는 전혀 이용될 수 없는 대상에게로의 접근을 가로막는다. 소위 그 금지는 역설적으로 금지된 대상을 주관적인 경험의 중추적인 요소로 앉혀 놓은 것이다. 외심이란 용어는 접근할 수 없는 것과 친밀한 것, 두 가지를 묘하게 섞어 놓을 뿐만 아니라 내부와 외부에 관하여 물의 애매한 위치를 강조하고 있다.

실재계와 대상과의 관계는 욕망의 대상으로서의 타대상(objet petit *a*)과 욕동의 대상으로 이어진다. 여기서 욕망은 법의 측면인 대타자의 편에 있고, 욕동은 물의 측면에 속해 있다. 욕망의 실재적인 물이 향락이다. 이때부터 분할된 주체와 타대상 간의 관계인 '기본적인 환상'($ \$ \Diamond a $)은 실재계의 정의에 매우 중요하게 부각된다. 환상의 수준은 실재계와의 관계에서 작용한다. 실재계는 환상을 지지하고 환상은 실재계를 보호한다.[66] 환상은 실재계를 가리는 스크린으로 작용한다.

현실은 환상에 뿌리를 두고 있다.

열한 번째 세미나인 『정신분석의 네 가지 기본개념』에서 실재계는 '말하기가 불가능한 것'(*l'impossible à dire*), 말할 수 없는 것으로 소개되고 있다. 그러나 불가능한 것을 '줄일 수 없는 잔여'의 특성으로 제한하는 대신에 라깡은 그것을 새로운 어떤 것의 가능성으로 연상해간다. 상징계에서 결여를 생각나게 하는 것은, 즉 말하기가 불가능한 것으로서의 실재계는 상징계의 오토마톤(automaton)을 넘어서는 조우(*tuché*)의 우연성을 열어두게 된다. 라깡으로 하여금 조우에 의해 실재계에 접근할 수 있도록 이끌어주는 것은 반복의 개념이다. 우연히 벌어지는 이런 조우는 항상 놓쳐버리는데, 그 이유는 그 일이 너무 일찍 발생하든가 너무 늦게 발생하기 때문이다. 실재계는 달아나는 것이고 통달하거나 이해하기가 불가능한 것이라서 근본적인 외상의 효과를 두드러지게 만들어준다.

도라에 관한 프로이트의 실수와 라깡의 해석에서 이미 살펴봤듯이 라깡 정신분석의 이해에는 상상계·상징계·실재계에 대한 이해가 필요하다. 이를 다시 간단히 요약해 보겠다. 이미지와 상상, 기만, 유혹물의 영역인 상상계는 자아가 거울에 비친 자신의 모습처럼 자신과 빼닮은 '빼쏜꼴'을 동일시하여 양자관계를 형성한다. 따라서 자아가 스스로를 완전하게 통일되어 있고 자율성을 지닌 존재로 보는 착각도 상상계에서 비롯된다. 상징계 개념의 기초는 선물교환이다. 교환의 가장 기본적인 형태는 말의 교환이고 의사소통이며, 법과 구조의 개념도 언어 없이는 생각할 수 없기 때문에 상징계는 필연적으로 언어학적 영역이 된다. 이런 상징계가 모든 것을 포함하기 때문에

266

라깡은 상징을 우주라고 말한다. 상징이 나타나자마자 거기에는 상징의 우주가 존재하게 된다.

그러나 라깡도 실재계에 대해서는 별로 이야기하지 않아 그 개념은 처음부터 애매한 데다 가장 이해하기 어렵고 신비스러운 채로 남아 있다. 실재계는 모는 말이 멈추는 곳, 언어 밖 에 위치하고 상징화에 절대적으로 저항하는 것이다. 상상할 수도 없고 상징계에 통합될 수도 없으며 어떤 방법으로도 얻을 수 없기 때문에 실재계는 '불가능한 것'이 된다. 이런 실재계는 정신과 의사에게 아주 중요한 영역이 된다. 정신병에서 상징계에 통합될 수 없을 때 그것은 환청이나 환시 같은 환각의 형태로 실재계에 되돌아오기 때문이다.

파리7대학 심리학과 교수인 나지오는 아무것도 없는 '행성'에서 어떻게 한 존재인 주체가 태어나는가를 생각하고 있다. 실재계로부터 한 존재가 나타나기 위해서는 실재계에 구멍이 하나 뚫리고 그 속이 비워져 있어야 한다는 것이다. 그렇다면 실재계는 황량한 행성이 아니라 사물들과 존재들로 너무 꽉 차서 마치 공허처럼 보일 뿐이라고 상상할 수 있다. 실재계는 텅 빈 심연이란 의미로서의 공허가 아니라 무한히 꽉 차 있다는 의미에서 만물이 가능해지는 장소가 된다.[67] 이런 실재계의 개념은 우리를 11세기의 유학자인 장재張載의 기氣철학으로 인도해준다. 장재는 기의 충만함과 유행을 태허太虛라고 불렀다. 기 운동의 가장 원초적인 형태가 모이고 흩어지는 취산聚散이다. 태허 상태에서 기가 모이면 사물이 되고 흩어지면 다시 태허로 돌아간다는 것이다.[68]

실재계의 개념이 임상가에게 중요한 또 하나의 이유는 분석가의 해석이 바로 '실재계에 적중해야' 하기 때문이다. 환자가 말로 표현하지 못하고 그 주위를 맴도는 어떤 것에 도달해야 한다는 것을 의미한다. 환자의 담론 속에 나타나는 실재계는 환자로 하여금 반복해서 동일한 주제나 사건 혹은 개념으로 되돌아가게 하고 그 주위를 끊임없이 맴돌게 만드는 그런 것이다. 분석가는 해석을 통해 그것이 말로 표현되도록 도와줘야 한다. 실재계는 그때까지는 말로 표현되거나 구성되지 않았던 것이다. 실재계는 분석을 통해 상징화되고 말해져야 하며 시니피앙들로 옮겨져야 한다. 이것이 바로 '실재계에 적중하는' 해석이다.[69] 자크-알랭 밀레에 따르면, 분석은 점진적으로 실재계를 상징계로 '유출시키는' 일에 관련되어 있다.[70]

4. 프로이트에서 해결되지 않은 아버지의 문제

아버지와 관련된 세 가지 신화

라깡은 초창기부터 오이디푸스 콤플렉스가 중요하게 부각되는 이유를 이렇게 설명하고 있다. 아버지에게는 보호기능과 감시기능이라는 두 가지 서로 상충되는 기능이 있는데, 오이디푸스 콤플렉스가 아버지의 모습에서 이 두 기능을 결합하게 된다는 것이다. 또한 라깡이 아버지의 중요성을 강조하고 있는 이유는 클라인학파와 대상관계이론에 대한 반작용으로도 이해될 수 있다. 두 학파에서는 어머니와 아이의 관계를 정신분석 이론의 핵심으로 삼고 있는 경향을 보이기 때문이다.[71]

　라깡이 아버지의 역할을 계속적으로 강조하는 이유는 아버지가 제3항으로서 모아母兒 간의 상상적 이자관계를 중재하게 되어 아이를 정신병으로부터 보호하고 사회적 존재로의 진입을 가능케 해주기 때문이다. 따라서 아버지는 어머니의 사랑을 사이에 두고 경쟁하는 주체와의 단순한 경쟁자가 아닌 그 이상의 존재로 보는 것이다. 다시 말해, 아버지는 사회질서의 표상이고 주체는 오이디푸스 콤플렉스에서 아버지를 동일시함으로써 사회질서로 진입할 수 있다는 것이다. 아버지의 부재는 모든 정신병리 구조의 병인론에서 중요한 요인이 된다.

만일 우리가 오이디푸스적인 아버지로부터 『토템과 터부』에 나오는 원시종족의 아버지를 거쳐 『모세와 일신교』의 아버지에 이르기까지 아버지에 관한 프로이트의 작품들을 들여다보면, 제일 먼저 아버지의 기능이 애매하다는 것을 알아보게 될 것이다. 한편으로, 오이디푸스적인 아버지는 규범적인 기능을 갖는다. 남근의 소유자로서 그의 기능은 전능한 대타자인 어머니의 욕망을 규제시키는 일이다. 즉 그는 자아이상을 만들어내면서 주체의 동일시에 대한 지지자처럼 행동한다. 여기에 지불되는 대가는 어머니를 두고 아버지와 벌이는 상상적 경쟁이며, 그에 뒤이어 아버지의 죽음에 대한 욕망이 된다. 또 한편으로는 신경증에서 인과론적 역할을 해내는 병인病因으로서의 아버지의 기능이 있다.

아버지의 규범적인 기능과 병인적인 기능에 있어서 아버지의 이러한 애매성은 근본적으로 놀랄 만한 일이 아니다. 정신분석 이론에는 그러한 현상들이 수없이 존재하기 때문이다. 아버지에 관한 프로이트의 저서에서 두드러진 것은 아버지 기능의 양가성을 점차 강렬하게 강조하는 일인데, 아버지 신화의 다양한 버전들에서 세부사항의 차이점들을 찾아볼 수 있다. 예를 들어, 오이디푸스 콤플렉스의 아버지는 자신의 아이들에게 전달하는 법에 그 자신이 복종하게 되는데, 그와 대조적으로, 『토템과 터부』에서는 동일한 법에 하나의 예외가 되는 아버지라는 인물을 찾아볼 수 있다. 원시종족의 아버지는 '엄격한 아버지'(père sévère)이고, 자기중심적이며 질투심이 많고, 거세의 위협으로 아들들을 억제시키기도 하는 성적인 대식가이다. 이런 인물은 향락의 아버지가 되는데, 그 자신은 초월적인 질서의 법을 전혀 따르지 않는다. 더욱이 그의 죽음은 아들들에게 해방이 되지 못한다. 왜냐하면 금지시키는 그의 힘이 그의 실종으로 오로지 증가될 뿐이기 때문이다. 그의 죽음을 통하여 아들들은 그에 대한 자신들의 동일시의 형태로 되돌아오는 금지의 법에 훨씬 더 강력하게 구속되어 있다.

　오이디푸스 콤플렉스로부터 『토템과 터부』와 『모세와 일신교』에 나오는 아버지의 신화로의 발전은 매우 뚜렷하다. 처음부터 아버지의 기능은 분명히 어머니라는 인물의 전능함을 누그러뜨리고 규제하며 승화시키는 일인데, 어머니의 전능함은 프로이트가 '여성적인 성의 이해하기 어려운 힘'이라 불렀던 것이다. 그러나 결국에 아버지는 자신의 기능이 제일 먼저 사라지리라고 가정되었던 전능함과 불명료함과 잔인함을 떠맡게 된다.

상징적·상상적·실재적 아버지

라깡은 프로이트의 아버지 문제를 계속 추구함으로써 우리의 관심사에 대해 관찰해 왔던 사람이다. 라깡은 「신경증 환자의 개인적인 신화」라는 논문에서 아버지의 병인적이고 또한 규범적인 역할을 지적

해내고 있다.[72] 라깡은 상징적·상상적·실재적이란 구분을 소개함으로써 아버지의 문제를 철저히 규명해낸다.

상징적 아버지는 실질적인 존재가 아니라 하나의 위치나 기능이라서 '부성기능'(paternal function)이란 용어와 동의어이다. 이 기능은 오이디푸스 콤플렉스에서 법을 정하고 욕망을 통제하는 일이다. 어머니와 아이 사이에 꼭 필요한 상징적 거리(symbolic distance)를 만들어 놓기 위해 모아 간의 상상적 이자관계에 개입하게 된다. 상징적 아버지는 베일에 가린 방식으로 중재되는데, 예를 들어, 어머니의 담론에 의해 중재된다. 라깡에 따르면, 상징적 아버지는 죽은 아버지이다. 다시 말해, 아들들에 의해 살해된 원시종족의 죽은 아버지이다. 그는 역시 강박신경증의 환상 속에 구현되어 있다. 상징적 부채를 통하여 주체는 아버지 살해의 결과로서 법에 묶여 있게 되고, 『토템과 터부』는 신화적인 표현이 된다. 라깡의 표현대로, "상징적 아버지가 이런 법을 의미하는 한 그는 진정으로 죽은 아버지이다."[73]

또한 상징적 아버지는 부명父名으로 명명되기도 하는데, 거기서 라깡은 상징적 아버지가 그에 상응하는 아무런 표상도 없다는 의미에서 순수한 시니피앙이 된다고 주장한다. 이런 측면에서 부명은 모든 의미화 그물망의 최소한의 요소들 가운데 하나가 된다. 라깡은 프로이트처럼 부명을 '선사시대'에 위치시켜 둔다. 한 가지 관점에서 그는 그것을 '초험적'이라 부르는데, 그 어떤 의미화 연쇄의 가능성에 대한 조건이란 의미에서 그렇게 부른다.[74] 이러한 시니피앙을 초험적이라 부르면서 그는 그것이 그 어떤 표상에서도 상관물을 갖지 않지만 그런데도 표상의 기능성에 대한 조건이 된다고 주장한다. 거기에는 부성(父性, paternity)의 주관적인 표상이 없다. 순수한 시니피앙으로서 부명은 전반적인 상징적 체계를 지지해주고 있다. 즉 그것은 초석 혹은 고정점(*point de capiton*)이나 누빔점(quilting point)이 된다. 이런 의미에서 순수한 시니피앙은 그 동일성이 형식적인 체계 내에서 그 위치에 따라 정립되는 것이지 어떤 특수한 의미작용이 그것과 결합됨을 의미하는 것은 아니다.

부명과 남근 시니피앙과의 사이에는 밀접한 관계가 존재한다. 부명이 순수한 시니피앙이 되는 반면에, 오이디푸스 콤플렉스의 버전들은 '불순한' 것임을 보여 주고 있다. 주체가 오이디푸스 상황에서 되고 싶어 하는 상상적 대상, 즉 어머니의 욕망을 충족시켜 줄 남근은 부성은유의 작용에 의해 하나의 시니피앙으로 변하게 되는데, 그때 부성 시니피앙은 어머니의 시니피앙으로 치환되고 그럼으로써 남근의 의미가 되는 새로운 의미작용이나 의미(*Bedeutung*)를 만들어내게 된다.[75]

상상적 남근에서 남근 시니피앙으로의 이행은 상징적 거세에 의해 야기되는 부성은유로부터 나온 결과이다. 프로이트에 의해 오이디푸스 콤플렉스에 대한 설명에서 자세히 묘사되어 있는 상징적 거세의 상상적 결과들이 분명하게 존재하면서, 그와 동시에 상징적 거세는 자신의 성에 대한 질문(내가 남자인가 여자인가?)뿐만 아니라 자신의 실존에 대한 질문(나는 죽어 있나 살아 있나?)의 가정에 꼭 필요한 남근적인 의미작용에 접근할 수 있도록 허용해준다. 이런 질문들은 신경증 환자에 의해 제공된 대답이 라깡의 표현대로 '반응의 일종'이 되는 히스테리와 강박신경증에 다시 나타나게 된다.[76]

상상적 아버지는 이마고imago이다. 아버지라는 형상 주위에 주체가 환상으로 만들어 놓은 모든 상상적 구조의 합성물이란 뜻이다. 이러한 상상적 구조는 실제적으로 존재하는 아버지와는 아무런 관련도 없기 쉽다. 상상적 아버지는 이상적인 아버지로도 해석될 수 있고, 그 반대로 '자식을 못 쓰게 만든 아버지'로도 해석될 수 있다.[7] 전자의 모습은 종교에서 신의 형상의 원형이 되는 전능한 보호자이고, 후자의 역할은 무서운 아버지이자 박탈의 아버지이다. 다시 말해, 아들들한테 는 근친상간의 터부를 만들어 놓은 원시종족의 무서운 아버지이고, 딸한테는 상징적 남근을 빼앗거나 그의 등가물인 아이를 빼앗았다고 비난을 받는 박탈의 아버지이다. 이런 두 가지 모습에서 상상적 아버지 는 전능한 자로 보인다.

그처럼 상상적 아버지는 라깡이 '아버지의 형상들'이라 부른 것으로 다양하게 변장되어 나타난다. 이런 형상들은 부성은유에서 부명의 올바른 기능을 보증해주는 상징적 역할과 실재적 아버지 사이에서 생겨나는 부조화나 불일치의 결과로서 출현한다. 다시 말해서, 원초적 대상으로서의 대타자 혹은 어머니와 주체 간의 관계에서 출현한다. 상상적 아버지라는 형상의 모범적인 표현이 아버지의 책임회피 (*carence*) 혹은 태만(defaulting)이 되며, 그것은 오이디푸스 콤플렉스 의 아버지에게 병인적이면서도 단지 규범적이지 않은 역할을 부여해 주는 형상의 표현이 된다.

실재적 아버지에 대한 라깡의 언급은 다른 두 아버지의 개념에 비해 상당히 애매하다. 단 한 가지 애매하지 않은 라깡의 공식은 실재적 아버지가 상징적 거세를 수행하는 거세자라는 사실이다. 실재적 아버지는 어머니를 실제적으로 차지하고 있는 '위대한 성 행위자'로 묘사된다.[78] 실재적 아버지는 주체의 생물학적 아버지라는 의미가 내포되어 있지만, 주체의 생물학적 아버지라고 '언급된' 바로 그 사람을 가리킨다는 것이 좀더 정확할 것 같다. 그러니까 실재적 아버지는 언어의 효과이고, 생물학적인 실재(the real)보다는 언어적인 실재로 이해된다. 실재적 아버지는 오이디푸스 콤플렉스에서 중요한 역할을 맡는다. 아이를 거세하는 사람으로서 오이디푸스 콤플렉스에 개입하는 사람이 바로 실재적 아버지이기 때문이다.

자아이상과 초자아

지금까지 논의해 왔던 것은 라깡이 자아이상과 초자아 간의 구별을 해석하는 독특한 방식을 이해하는 데에도 도움이 된다. 자아이상은 부성은유에 의해 만들어진, 다시 말해, 상징적 아버지의 효과로서 만들어진 아버지와의 동일시의 결과이다. 그것은 프로이트가 『토템과 터부』에서 묘사한 '법의 내재화'의 침전물이다.[79] 다른 한편, 초자아는 약간 다른 역동에서 나온 결과이다. 우리는 프로이트가 후기 저술에서 점차 초자아의 현상에 몰두해갔음을 잘 알고 있다. 『문명과 그의 불만』에 나오는 유명한 구절에서 프로이트는 죄책감과 실제로 죄를 짓는 행위들과의 사이에 있음직한 비례관계를 부정하고서 그와 반대로 양심의 역설을 환기시켜 주었다. "어떤 사람이 더욱 도덕적일수록 초자아의 행동은 더욱 더 가혹하고 믿을 수 없어서, 결국엔 가장 심한 죄책감으로 스스로를 자책하는 사람들은 정확히 최고의 성인다움을 실행해 왔던 사람들이다."[80]

274

비록 현상학적으로는 이러한 견해가 완전히 정당한 것은 아닐지라도 여기에는 논의해 볼 만한 가치 있는 이론적 관점이 하나 있다. 공격성의 금지는 자아에게로 공격성을 되돌려서 자아가 다른 사람들에게서 충족시키려고 했을 동일한 공격성을 자아 스스로에게 내보인다.[81] 어떤 욕동이든 욕동 충족의 좌절이나 방해가 죄책감의 증가를 가져오게 되리라고 생각하기 쉬운데, 프로이트는 이런 견해를 반박하면서, 공격성은 에로틱한 충족의 금지에 책임을 지는 사람에게로 향해 간다고 주장한다. "본능적인 경향이 억압을 겪게 될 때 그것의 리비도적인 요소들은 증상으로 변하고, 그것의 공격적인 요소들은 죄책감으로 변하게 된다."[82]

프로이트가 아버지에게로 향한 공격성을 가혹한 초자아의 내재화된 공격성에 연결시켰고, 그와 비슷하게 죽음욕동이 점차 공격성의 현상들에 연결되어 나타나는데, 반복강박과는 보다 흔치 않게 나타난다. 이런 견해들은 라깡의 입장과는 반대되는 것처럼 보인다. 욕망과 결합하려는 상징적 아버지는 욕동 충족을 좌절시킴으로써 주체의 공격성을 초래한다. 아버지의 상상적 형상인 박탈의 아버지는 신경증, 특히 강박신경증의 원인론에 결정적으로 중요하다. 라깡은 박탈의 아버지가 상상적 아버지의 형상이라고 주장한다.

프로이트의 텍스트를 더 자세히 들여다보면, 상징적 아버지와 아버지의 다양한 상상적 형상들 사이의 구별이 프로이트의 이론적 핵심에 놓여 있는 난제를 극복하는 데에 꼭 필요하다는 것을 알게 된다. 이것을 설명하기 위해 두 가지 사례를 들어보자. 첫째, 프로이트가 『애도와 멜랑콜리』에서 애도에 대해 암시해 준 기제는, 대상상실이

퇴행을 가져온 다음 상실된 대상과의 자아 동일시를 만들어내서 그 이후부터는 초자아의 질책들이 자아 쪽을 향하게 된다는 것이다.[83] 그 대상의 그림자는 자아에게 드리워지고, 자아가 겪게 되는 자책들은 이전의 대상에게로 향했던 억제된 공격성에 그 근원을 두고 있다. 그러나 『자아와 이드』에서, 오이디푸스 콤플렉스의 해소에는 아이가 대상선택인 어머니를 포기하면서 아버지와의 동일시를 강화하는 것처럼 생각되기 쉬운데, 프로이트는 이것이 우리가 예상했던 정신분석 이론이 아니라는 것을 올바르게 인지하고 있었다. 왜냐하면 우리는 포기된 대상이 좌절시키는 행위자인 아버지라기보다는 오히려 자아에게 도입될 사람이라고 가정하기 때문이다.[84]

둘째, 『토템과 터부』와 『모세와 일신교』에 따르면, 원시종족의 아버지를 살해한 아들들에게 찾아오는 결과는 아들들이 기대했던 무제한적인 향락에의 접근이 아니라는 것이다. 그 까닭은 비워진 위치의 전능함을 아무도 차지하지 못하기 때문이다. 살해 이전의 금지들이 그 이후로도 강력하게 지속되는 이유는 아들들이 자기네들 사이에서 전반적이고 상호적인 파멸이 일어나지 않도록 예방하고 있기 때문이다. 『모세와 일신교』에는 이렇게 언급되어 있다. "각각의 개인들이 그들 스스로 아버지의 위치를 획득하고 어머니와 자매들을 소유하게 되는 자신들의 이상을 포기했다. 따라서 근친상간에 대한 터부와 족외혼에 대한 명령이 생겨나게 되었다."[85]

근친상간의 터부는 아버지의 위치를 획득하려는 이상과 관련하여 아버지에 대한 아들의 동일시에서 생겨난다. 더욱이 프로이트는 금지의 설정에서 중요한 역할을 최초의 아버지에 대한 아들들의 사랑에

둔다. "[최초의 아버지는] 금욕을 [아들들에게] 강요하고 그 결과로서 자신과 또 서로 간에 감정적 유대를 강요하게 되었는데, 그 유대는 그들의 성적인 목표에서 금지되었던 그들의 충동들에서 야기될 수 있다."[86] 대상관계에서 다정함과 감정이입으로 이끌어가는 목표-금지된 욕동에 관한 프로이트의 견해는, 어떤 대상과의 직접적인 성적 충족의 포기가 대상의 이상화를 초래하고 다정한 관계의 출현을 초래하게 되지만 좌절의 실제적인 매개물이 주체의 증오와 공격성을 스스로에게로 가져온다.[87] 여기서 '강요된 금욕'은 행위자와의 감정적 유대를 만들어내는데, 그 방식은 우리가 기대했던 것과 반대가 된다.

이 두 가지 사례가 동일시에 관한 프로이트의 견해에 벌어져 있는 이론적 틈새를 잘 설명해 주는데, 아버지와의 동일시는 아버지가 주체에게서 에로틱한 충족을 빼앗아 버리는 행위자가 되는 바로 그 순간에 일어난다. 라깡은 다음과 같이 말하고 있다. "아버지가 거세의 매개자가 되는 덕분에 사랑은 아버지와 관련된다. 아들들이 아버지를 사랑하게 되는 것은 그들이 여자들을 빼앗기는 한에 있어서 그러한데, 프로이트 같은 사람의 통찰에 의해 시인되는 깜짝 놀랄 만한 의견이다."[88] 라깡이 프로이트의 견해를 아버지의 기능 속에 위치시키는 이런 혁신적인 방식은 정신분석 치료의 종결에 관여한다. 치료를 성공적인 종결로 이끌어가는 기회들에 관하여 『문명과 그의 불만』에 표현되어 있는 프로이트의 부정적인 치료반응을 살펴보면 이렇다. 아버지의 증오와 아들들의 죄책감이 이 저술의 주된 테마가 된다. 아버지의 증오가 초자아에게로 전이될 때, 정신분석 치료의 효과에 대한 주요한 장애물이 되는데, 부정적인 치료반응의 형태로서 가장 어려운 증상들을 지지해주기 때문이다.

세르주 코테는 이런 부정적인 치료반응이 치료의 전망을 새로운 위험으로 경험하기 때문이라고 말한다. 이런 위험의 근원은 분명히 거세를 받아들이지 않으려는 거부이다.[89] 분석가는 아버지의 대리로 경험되고, 치료되지 않으려는 거부는 그에게 머리를 숙이지 않으려는 거부를 의미한다. 프로이트는 이것을 정신분석 치료의 효과에 대한 최종적이고 극복할 수 없는 장애로 간주했다. 그와 마찬가지인 도라의 경우에 프로이트가 실패했던 이유도 된다. 공격성이 사실상 오이디푸스 콤플렉스와 거세에 연결되어 있으며 아버지에게로 향하고 있다는 것은 누구나 인정한다.

그러나 라깡은 프로이트를 따라 다음과 같이 주장한다. 문제의 그 공격성이 오이디푸스 콤플렉스에 근원을 두지만, 당연히 오이디푸스 콤플렉스를 상징적·상상적·실재적 구분이란 맥락에서 본다면 초자아가 상징적 아버지와의 관계로부터 나오는 것이 아니라 박탈의 상상적 아버지와의 관계로부터 나온다는 것을 보여 준다. 이것은 자아이상과 초자아의 구별에 의해 더욱 지지를 받는데, 여기서 자아이상은 '법의 내재화'의 산물이면서 동시에 상징적 아버지에 의해 지지되는 동일시의 산물이다. 그러나 초자아는 법의 전달과 이해에서 결점의 유산, 즉 법을 임의적이고 무의미한 것으로 지각하는 유산이 된다.[90] 따라서 라깡은 초자아를 주체로 하여금 '내부의 도덕률'을 획득하게 만드는 기관으로 간주하기는커녕 오히려 초자아가 '음란하고 흉악한' 것이라고 주장하며, 초자아의 참화가 상징적 아버지에 의해 만들어지는 것이 아니라 아버지의 상상적 형상에 의해 만들어진다고 주장한다.

5. 무의식과 기억과 자유의지

본식과 기억

먼저 무의식과 기억과의 관계에 대해 고찰해 본 다음, 이어서 무의식과 자유의지와의 관계를 논의해 보겠다. 무의식은 상징계의 기능으로서 구조화되어 있다. 무의식은 상징계에 의한 주체의 결정이다. 그런 무의식은 일생 동안 주체를 결정해왔던 시니피앙의 상징적 역사라는 의미에서 기억의 일종이 된다. "우리가 주체에게 그의 무의식으로 인식하도록 가르치는 것은 바로 그의 역사이다."[91] 달리 말해서, 우리는 주체의 실존에서 이미 일정한 수의 '전환점들'을 결정해 왔던 최근 사실들의 역사화를 끝마칠 수 있도록 도와주게 된다. 이런 무의식은 내면적인 것이 아니다. 그와는 반대로 말과 언어는 주체상호적인 현상이기 때문에 무의식은 초개인적(trans-individual)이다. 다시 말해, 무의식은 외면적이다. 인간과의 관계에서 상징계의 이런 외면성이 바로 무의식의 개념이다. 만일 무의식이 내면적인 것으로 보인다면 그것은 라깡의 L도식에서 보는 바와 같이 주체와 대타자의 관계를 가로막고 대타자의 메시지를 뒤집어엎는 상상계의 결과이다.[92]

또한 무의식은 의미화 연쇄에서 시니피앙의 표명이 되기 때문에 일종의 지식, 상징적 지식, 본식(本識 savoir)이 되기도 하는데, 더 정확히 말해서, 그것은 '알려지지 않은 지식'이다. 라깡은 두 종류의 지식으로 구분한다. 상상적 지식(connaissance)은 자아의 지식이고, 상징적 지식(savoir)은 주체의 지식이다. 본식은 정신분석 치료가 목표로 삼는 지식이다. 주체의 상징적 우주, 즉 의미화 연쇄에서 이 지식은 단지 시니피앙의 분절일 뿐이다. 정신분석 치료는 이러한 지식을 주체에게 점진적으로 드러내주는 것을 목표로 삼는다. 상징적 지식은 사람의 무의식적 욕망에 관한 진실을 아는 지식이다. 이런 의미에서의 지식은 향락의 한 형태이다. 즉 "지식은 대타자의 향락이다."[93] 시니피앙의 개입은 대타자로 하여금 하나의 영역으로 나타나게 해준다. 상징적 지식은 어떤 특별한 주체 안에 거주하지 않으며, 대타(이것은 주체가 아니고 **장소**이다) 안에도 없으며, 상호주체적이다.[94]

주체가 자아를 구성하는 자신에 관한 상상적 지식(*me-connaissance*)에 주체가 이르게 되는 것은 오해 또는 몰인식(*méconnaissance*)에 의한다. 따라서 자아라는 것은 자기 통달과 통일성의 환상에 기초한 일종의 착각적인 자기-지식이다. 상상적 지식은 주체가 상징적 지식에 접하는 것을 방해하는 장애물이다. 따라서 정신분석 치료는 상징적 자기-지식을 드러내기 위하여 그것을 가로막는 주체의 상상적 자기-지식을 계속해서 전복시켜야 한다.

라깡을 거치면서 무의식의 개념이 변했다고 말한 바 있다. 그러나 무의식을 회피하려는 이 시대에서는 정신분석이 설 자리를 잃고 있다. 그 자리를 새로운 뇌과학이 차지하는 것처럼 보인다. 이처럼 혼동된 상태에서도 마음에 관한 가장 일관된 견해를 보이는 정신분석학이 신경과학자들에게 가장 적절한 이론적 출발점을 제공해 주리라는 주장이 제기되면서 새로운 시도가 모색되고 있다.

정신기구는 두 가지 방법으로 알아볼 수 있다. 내부적인 시각으로 마음을 연구하는 정신분석이 마음의 주관적인 인상을 얻을 수 있게 해준다. 반면에 뇌라는 신체기관은 마음에 관한 객관적인 시각을 제공해 준다. 마음을 두 가지 방식으로 볼 수 있다는 것이 심신문제의 기초가 된다. 이렇게 정신기구가 두 종류의 '원료'로 이루어져 있다는 착각을 일으킬 수 있지만, 그런 착각으로 얻어지는 이득도 있다. 서로 다른 관점에서 얻어진 결과를 비교해 봄으로써 정신분석과 신경과학이 공동연구를 시작하게 되었다.[95] 인지신경과학은 추상작용인 기억·의식·감정계통을 다루고 있지만 그런 계통들은 지각될 수 없다. 마음은 자연의 한 측면이고, '정신기구'는 그 뒤에 놓여 있는 추상작용이다. 정신기구에 대한 두 가지 시각은 각각 자연의 서로 다른 부분을 연구하고 정신기구를 두 종류의 요소로 나누어왔던 잘못된 이분법을 바로잡으려는 것인데, 이런 시도가 바로 신경·정신분석학(neuro-psychoanalysis)이다.[96]

신경과학의 지식이 정신분석적 지식보다 훨씬 더 확실해 보인다. 그러나 그런 불일치는 정신기구의 속성 때문이 아니라 두 학문들이 채택하고 있는 관찰 시각에 놓여 있다. 정신분석의 관점은 덧없고 순간적인 자료들이라서 고정시킬 수 없고 또한 측정될 수 없는 것이다. 무엇보다도 주관적인 경험은 주관적이기 때문에 주체 그 자신만이 관찰할 수 있을 뿐이다. 인지신경과학의 자료들은 '객관적'이다. 그것은 고정되고 측정될 수 있다. 그러나 정신의학이 정신분석 없이도 시행될 수 있는 것으로 믿고 싶어 하지만 그것은 중대한 실수다. 정신분석이 '객관적인' 관점에서 연구될 수 없는 정신기구의 내부작용에 접근할 수 있게끔 해주기 때문이다. 주관적 경험이라는 내부세계는 마음의 필수적인 부분이 되기 때문에 현대의 정신분석이 신경과학으로부터 많은 것을 얻는 것처럼 현대의 신경과학도 정신분석으로부터

그만큼 많은 것을 얻어내게 된다.[97]

의식이란 인간에게 특유한 심리적 활동의 총체이다. 철학사에서 의식과 물질의 관계는 철학의 근본문제였다. 꿈 연구는 인간의 의식에 관한 연구를 과학적 이론으로 이끌어간다. 의식은 뇌의 기능이고, 뇌의 상태는 우리가 경험하는 의식의 종류를 결정해 준다. 이렇게 꿈 연구는 수면과학에 연결되고 수면과학은 신경생물학에 연결된다. 인지과학자들이 정신기구의 기억 계통을 연구할 때 프로이트가 초심리학에 관한 저술 속에서 연구하고 기술하고 규정하려던 것과 동일한 것을 연구해 왔다. 프로이트의 『꿈의 해석』 제7장에 나오는 '꿈꾸는 마음'의 도식은 퇴행과 관련시켜 처음으로 정신기구라는 개념을 소개한 그림이다.

밝은 사람들 총서 제2권인 『나, 버릴 것인가 찾을 것인가』 327쪽에서 이 그림에 대해 설명했던 것처럼, 정신과정은 언제나 지각종말로부터 운동종말로 진행해간다. 주체가 받아들인 지각 자극들은 흔적을 남기는데, 그것이 바로 기억이다. 여기서의 기억들은 그 성질상 무의식적이다. 기억들은 무의식이 된다.[98] 정병조는 말나식에 대한 각주에, "Manas, 전5식을 조종하는 제6의식의 근원이다. 이것은 또 다시 제8 Alaya식에 의해 움직여진다. 『대승기신론』에서는 이 제7 Manas의 특징을 '나'라고 하는 의식(Ego)으로 파악한다"[99]라는 설명이 첨부되어 있다. 또한 무의식적 지식(savoir)을 아뢰야식의 또 다른 별칭인 '본식本識'[100]이라 불러볼 수 있다. 제6의식의 작용 상태에 따른 분류에서 몽중의식夢中意識은 꿈속에서의 의식 활동을 말한다.[101] 정신분석에서 중요한 개념 가운데 하나인 전이를 라깡은 '알 것으로 가정된 주체'(sujet *supposé savoir*: S.s.S.)로 정의하는데, 여기서도 아는 것은 다름 아닌 본식이다. 이처럼 유구한 지식체계인 유식은 현대 정신분석 개념들을 예기해주고 심화시켜 준다. 이런 개념들은 인간의 마음에 대한 신경과 학의 연구방향을 선도할 수 있을 것이다.

무의식과 자유의지

마지막으로 자유 혹은 자유의지의 문제를 무의식과 관련시켜 정신분 석적으로 해명해 보도록 하겠다. 그리그는 「욕망의 윤리」라는 논문에 서 라깡의 물物 개념을 설명하면서 라깡을 근본적인 칸트학파로 여겼 다.[102] 그리그는 또한 최신의 저서인 『라깡과 언어와 철학』의 제2부의 제목을 「분석하는 철학자들」이라 붙였다. 여기서는 제7장 「칸트와 프로이트」를 참고해보려고 한다.[103] 라깡은 칸트의 도덕법칙에 지대한 관심을 보이고 있다. 쾌락의 포기, 즉 도덕법칙 그 자체를 위해 도덕법 칙을 따르는 그 행위가 쾌락을 '덜 존경할 만한' 것으로 표현하고 여분의 만족을 만들어내는데, 그것은 칸트의 인식처럼 쾌락과 구별되 는 라깡의 향락(*jouissance*)이 된다. 칸트에게서 욕망의 목적처럼 보이 는 쾌락의 너머에 쾌락의 희생을 요구하면서 향락이라는 특별한 만족 을 만들어내는 법칙이 놓여 있다.[104]

프로이트는 칸트의 도덕률과 초자아 사이의 비교 외에는 칸트에 대해 언급하는 일이 매우 드물고 간결하다. 그러나 라깡은 「사드와 함께 칸트」라는 논문과 일곱 번째 세미나인 『정신분석의 윤리』에서 칸트철학의 매우 세세한 점까지 참조해 가면서 칸트에 대해 자세히 논의하고 있다. 칸트의 윤리학을 프로이트 발견의 필수적인 전제조건

으로 보았으며 칸트의 도덕철학이 정신분석의 출현에 중요하다고
생각했다.[105]

　그리그는 제8장을 이렇게 시작하고 있다. 칸트는 분명히 서로 모순
되는 두 가지 원칙들을 보유했던 것으로 유명하다. 첫째, 경험적인
현상계에서 일어나는 모든 것은 반드시 이전의 사건들에 의해 결정된
다. 둘째, 의지의 행위들은 자유롭게 행해진다. 칸트가 의지에 부여한
자유는 경험세계의 결정론과 상반되고 있다. 따라서 자유는 본체
세계에 놓여 있어야 하고, 그에 따라 선험적(a priori) 인과법칙의
지배를 받는 경험세계의 밖에 위치해 있어야 한다. 의지의 자유를
경험세계의 결정론에 일치시키려는 칸트의 시도가 성공적이지 못하다
는 것은 널리 알려져 있는 사실이다.[106]

　그렇다면 먼저 자유와 결정론을 일치시키려는 칸트의 시도에 대해
알아보자. 칸트는 경험상의 모든 것들이 인과법칙에 따라 일어난다는
첫 번째 원리를 받아들이기 때문에 이런 자유에는 아무런 경험적
근거도 있을 수 없다고 한다. 칸트는 이러한 근거들을 도덕법칙에
대한 우리의 인식에서 찾아낸다. 도덕법칙은 "우리에게 이러한 〔자유
의〕 개념을 강요하는데," 그럼으로써 그것이 도덕법칙에 관한 것이
아니라면, "자유를 과학에 도입시키려고 그 누구도 감히 시도하지는
않았을 것이다."[107]

　칸트는 이 점을 설명하기 위해 성적 쾌락의 경향성에 대한 그 유명한
사례를 제시하고 있다. 사랑스런 대상을 취할 기회가 찾아와서 그런
향락을 누린 직후에 그를 달아매기 위한 교수대가 설치되어 있다면,
그래도 과연 그가 그 경향성을 이겨내지 못할까?[108] 칸트는 "그가

284

어떤 대답을 할지 오래 궁리할 필요도 없다"고 쓰면서, 욕망의 본성을 설명하고 있다. 그 사람은 항상 가장 중심이 되는 욕망, 목숨에 대한 욕망을 따르게 될 것이다.

칸트는 이런 사태와 비교해보기 위해 또 다른 예를 들고 있다. 어느 군주가 한 정직한 사람에게 위증할 것을 부당하게 요구할 때, 자신의 목숨에 대한 사랑이 제아무리 크더라도, 그가 과연 그런 사랑을 능히 극복할 수 있을까? 도덕법칙이 아니었더라면 알 수 없었던 자유를 자신 안에서 인식하게 된다.[109] 자신의 행위가 죽음을 가져오더라도 자신이 믿는 바를 해내고 자신의 의무를 수행하려 할 것이다. 우리는 자유로운 행위라는 개념을 바로 이런 가능성의 인식으로부터 끌어온 다. 그렇다면 칸트에게 자유의지라는 것이 없다면 아무런 의무도 없고, 욕망에 입각한 행위와 의무를 위한 행위 사이에 아무런 대조도 없을 것이다. 그러나 라깡은 욕망과 의무의 대조에 관한 칸트의 분석에 동의하지 않는다. 욕망이 자신의 선을 위하지 않을 것이고 자신의 죽음까지 초래할 수 있다는 것을 알면서도 욕망에 따른 행위를 준비할 수 있다는 것이다. 정말로 칸트의 사례에서조차 인간은 가까이에 있는 교수대가 초래할 모험과 위험들이 위반의 매력에 첨가된다는 것을 알 수 있다.

6. 도라 사례는 위대한 문학작품이다

프로이트가 도라를 분석하던 시기에 이해하지 못했던 것은 히스테리 적인 동일시이다. 프로이트는 K부인이라는 대상선택을 히스테리적인 동일시의 대상인 K씨로부터 구분하지 못하고 있었다. 도라의 자아이 상인 K씨와 형성하는 동일시는 남성적인 동일시가 되며, 이런 이유로 도라가 K씨를 사랑하는 것으로 잘못 생각하게 되었는데, 이것이 프로 이트가 피하지 못했던 오류이다. 이런 프로이트의 오류는 가부장적인 편견에서 비롯된다. 도라의 진정한 사랑의 대상은 K부인이고, 아버지 라는 대리인을 통해 K부인을 사랑할 수 있도록 도라는 아버지의 욕망에 대한 지지자로서 행동하게 된다. 그 결과는 도라가 자신을 추악한 교환의 대상이자 물물교환의 대상으로 보게 했다. 영악한 도라가 제 꾀에 넘어간 셈이다.

소녀의 오이디푸스 단계는 남근 시니피앙에 의해 이해되어야 하는 데, 이런 남근 시니피앙은 어머니에게 빼앗기고 다른 곳에서 찾아내야 하는 것이다. 여성에게도 여성은 '대타자의 성'이다. 이런 대타자의 성과 이루어내는 동일시가 히스테리의 결정에 중요한 요점이 된다. 라깡은 프로이트가 도라의 욕망의 대상이 여자인 K부인이라는 사실을 놓쳤다고 비판한다. 이것이 히스테리 욕망의 특징인 '충족되지 않는 욕망에 대한 욕망'이다. 프로이트는 도라로 하여금 아버지의 대리가 되는 K씨에 대한 그녀의 욕망을 인정시키려고 끈질기게 강요했다. 결국 이것이 치료를 조기에 갑자기 중단하게 만든 이유이다.

히스테리 환자가 아버지와 맺고 있는 관계의 핵심에는 자식을 보거 나 생겨나게 하는 '이상화된 아버지'가 자리잡고 있다. 아버지는 자아이 상을 만들어내면서 환자의 동일시에 대한 지지자처럼 행동한다. 여기 에 지불되는 대가는 어머니를 사이에 두고 아버지와 벌이는 상상적 경쟁이고, 그에 뒤이어 아버지의 죽음에 대한 욕망이 따라온다. 상징적 아버지는 죽은 아버지이다. 이런 상징적 아버지는 '부명'으로 명명되는데, 그에 상응하는 아무런 표상도 없다는 의미에서 상징적 아버지는 순수한 시니피앙이 된다. 상징적 거세에 의해 상상적 남근으로부터 남근 시니피앙으로 이행해 가는데, 이런 상징적 거세는 "내가 남자인가 여자인가?"라는 자신의 성에 대한 질문을 제기하게 만들고, 이런 질문에 대한 대답이 히스테리라는 반응이다.

부정적인 치료반응은 거세를 받아들이지 않으려는 거부가 된다. 도라에게서 보는 바와 같이, 분석가는 아버지의 대리로 경험되고, 치료되지 않으려는 거부는 분석가에게 머리를 숙이지 않으려는 거부의 몸짓이 된다. 이처럼 공격성은 오이디푸스 콤플렉스와 거세에 연결되고 아버지에게로 향하고 있다. 따라서 초자아는 상징적 아버지와의 관계로부터 나오고 자아이상은 박탈의 상상적 아버지와의 관계로부터 나온다. 라깡은 이런 초자아를 '음란하고 흉악한' 것이라고 주장하면서, 아버지의 상상적 형상이 초자아의 참화를 만들어낸다고 말한다.

이러한 도라는 히스테리 증상의 괴로움을 향락으로 내보이고 있다. 향락을 영어로는 '고통스런 쾌락'이라 이해하는 이유를 짐작할 만하다.[110] 더구나 도라의 두 번째 꿈에서는 그녀의 사랑하는 대상이자 걸림돌인 아버지가 죽어 있다. 마치 죽음을 둘러싼 탐정소설 같은 이런 이야기를 이해하기 위해서는 향락과 법의 위반에 대해 알아볼 필요가 있다.

라깡의 「사드와 함께 칸트」라는 논문에 나오는 애매성(ambiguity)이라는 말은 욕망의 만족이 쾌락의 생성이라면 욕망은 항상 어떤 한계를 찾아내게 되고 그 한계를 넘어서면 쾌락이 생성되지 않는다는 것을 뜻한다. 욕망을 향락으로 생각하게 된다면 정신분석이 발견했던 것처럼 그 본질은 그것의 위반에 있다. 분명히 향락과 위반이 한 쌍을 이룬다. 다시 말해서, 위반 없이는 향락도 없다는 것이다.

위반이 법의 위반이라는 것은 분명해 보이고, 법의 문제와 향락과의 관계에 대한 문제는 정신분석에 긴밀히 관련되어 있다. 프로이트에게서 정신분석이 한 가지 법만을 인정할 뿐이라는 것은 의미심장하다. 그것은 모든 사회의 중심부에 놓여 있는 오이디푸스 법칙으로서 모든 주체들이 이미 항상 위반해 왔던 법칙이다. 그 다음에는 어떤 위반이라도 언제나 그 대체물일 뿐이다. 그런데 여기서 보이는 또 하나의 문제는 프로이트의 오이디푸스 콤플렉스가 법과 향락 간의 관계에서 명료한 것으로 보이지 않는다는 점이다.

프로이트는 향락과 법 사이의 관계에 대해 매우 상반된 견해들을 갖고 있다. 원시종족의 신화와 소포클레스에게서 빌려온 오이디푸스 신화는 둘 모두 아버지의 살해와 관련되어 있다. 두 경우에 이러한 살해의 결과는 각각의 경우에서 법이 차지하는 위치 때문에 정반대가 된다. 오이디푸스 신화에는 처음부터 법이 존재하고 저도 모르는 사이에 위반이 저질러질 때일지라도 처벌을 요구하는 냉혹한 법이다. 그 법은 향락을 앞지르게 되고 그때부터 향락은 위반의 형태를 취한다. 원시종족의 아버지에게는 겉모습만이라도 처음부터 향락이 존재하고 법은 그 뒤에 따라온다. 이 때문에 라깡은 오이디푸스의 신화를 『토템과 터부』로부터 분리시키는 분열(une schize)[111]이 있다고 말하게 된다. 그 이유는 오이디푸스 콤플렉스가 히스테리의 임상에 대한 프로이트

의 반응으로 만들어진 신화이고, 원시종족의 아버지 신화는 강박신경
증의 임상에 대한 프로이트의 반응이기 때문이다.

라깡은 『정신분석의 윤리』와 「사드와 함께 칸트」에서 안티고네와
관련시켜 향락과 법의 관계에 대해 논의하고 있다. 상식적으로는
위반 때문에 죄책감을 느끼리라고 생각한다. 그러나 프로이트는 죄책
감을 느끼기 때문에 위반하게 되는 경우를 추론하게 된다. 적어도
위반함으로써 죄에게 대상을 가져다준다. 따라서 무의식적인 죄책감
의 압박을 받고 그에 따라 자신도 모르게 무의식적으로 지니고 있는
죄가 실제적이고 특수한 대상을 찾아내려고 범죄행위를 저지르게
된다는 것이다. 그러나 죄와 위반에 대한 멜라니 클라인의 분석이
오이디푸스적인 역동을 거의 참조하지 않고서도 타고난 내부적인
공격성에 의지하고 있다는 사실은 주목할 만하다.[112] 프로이트가 죄와
위반에 대하여 말할 때 그 위반은 도덕적인 위반이 될 것이고 더욱이
오이디푸스적인 무의식의 죄에 상징적으로 연결되어 있다.

위반과 법이 관련될 수 있는 세 가지 방식들과 그에 상응하는 세
가지 유형들에 대한 논의는 다음과 같이 정리해 볼 수 있다. 첫째는
프로이트에 의해 기술된 것으로서, 위반이 무의식적 근원을 갖는
죄를 외면화하고 오이디푸스적인 상황에 관련된다. 둘째는 칸트에
의해 기술되고 안티고네에 의해 구체화된 것으로서, 위반이 도덕법칙
이란 이름으로 행해진다. 셋째는 라깡이 기술한 것으로서, 위반 그
자체가 향락의 근원이 되는 인물이다. 더욱이 이런 인물에게서는
상실과 처벌의 위험이 향락을 증가시켜 준다.

스티븐 마커스의 「프로이트와 도라: 이야기, 역사, 사례사」[113]라는

논문 제목 가운데 특히 "Story, history, case history"라는 부제에서 짐작할 수 있듯이, 프로이트는 위대한 작가이고 도라 사례는 위대한 문학작품이 된다는 것이다. 도라 사례는 많은 페미니스트들의 관심을 끄는 작품이지만, 마커스의 말로는 프로이트의 사례들이 문학비평의 관점에서 검토해 보기에 유용한 작품이라고 한다. 이 작품의 중심적인 등장인물이 도라라기보다는 오히려 프로이트 자신이라고 본다.

여기서 프로이트는 귀신같은 해석의 명수로 등장하는데, 그의 기교는 자신의 등장인물을 동일시하게 되어 프로이트는 도라가 되고 그 사례에 생긴 수많은 구멍들을 메우는 히스테리가 되어 있다고 보는 것이다. 프로이트가 도라의 치료를 실패하게 된 이유도 프로이트 자신의 연상에 따라 도라를 해석했기 때문이다. 특히 프로이트는 K씨의 남성적인 이미지에 무의식적으로 부착되어 있다라고 한다.

도라 사례는 '도라의 연극'을 관람했던 한 관객의 이야기가 된다. 프로이트는 도라의 연극 덕분에 오이디푸스 신화를 소개하게 되고, 도라 사례 덕분에 거세 콤플렉스를 마음속에 품게 되었다. 또한 라깡은 도라 사례에서 아버지의 문제를 풀어갈 수 있었다. 그런 프로이트의 마음을 정신분석적으로 읽어내는 라깡의 작업이 임상가에게는 중요할 수밖에 없다. 프로이트의 실패를 정신분석적으로 해석함으로써 프로이트가 해결하지 못했던 아버지의 문제를 비롯하여 임상에 유용한 라깡의 여러 개념들을 접할 수 있기 때문이다. 아마 지금도 세계 곳곳에서 임상가들과 페미니스트들과 철학자들과 문학하는 사람들이 그들 나름대로 도라 사례를 읽고 또 토론을 벌이고 있을 것이다.

뇌-몸-환경의 상호작용으로서 마음

이정모(성균관대 심리학과/인지과학협동과정)

서구에서의 마음에 대한 탐구는 고대 희랍부터 있었지만, 이러한 탐구가 하나의 체계화된 경험적 학문으로 형성된 것은 심리학이 19세기에 철학으로부터 독립하면서 시작되었다. 이후 심리학의 발전에 따라 마음 개념에 대한 여러 다른 개념화가 진행되었고, 20세기의 중반에 형성된 인지주의의 마음에 대한 관점은 수학과 논리학 전통의 정형주의에 기초하고 컴퓨터 은유에 터를 두고 있는 계산주의-표상주의의 정보처리적 패러다임의 개념이었다. 20세기를 넘어서 21세기에 들어선 현 시점에서 인지심리학, 인지과학에서의 마음의 개념은 철학의 영향과 사회과학, 자연과학 및 공학 등 경험과학의 영향을 받아 다시 재구성되고 있다. 이 글에서는 인지과학의 이러한 재구성의 흐름을 개관하고 그 의의에 대하여 생각해 보기로 하겠다.

1. 마음에 대한 고전적 접근 - 고대로부터 20세기 중반까지의 시도

희랍시대 호머의 서사시인 「일리어드」와 「오딧세이」에 나타난 바와
같이 '숨'의 개념으로서 시작되었다고 하는 서구의 '마음' 개념은 희랍의
여러 학자들과 중세의 기독교 및 그 이후의 철학자들, 그리고 이슬람의
이브센나Ibn Sina 등 자연과학자들의 체계적 생각에 의하여 가다듬어
져 왔다.[1] 서구의 이런 가다듬음의 역사는 영혼과 마음과 몸의 관계를
설정하는 문제와, 마음의 기능적 구조를 분할하는 문제에 초점이
주어졌다고 할 수 있다. 몸과 마음의 관계에 대하여는 희랍시대의
아리스토텔레스나 알크마이온Alcmaeon 등의 소수를 제외하고는 마음
을 몸과 독립적인 실체로 개념화하였다고 할 수 있다. 이러한 추세는
어거스틴Augustine, 아퀴나스Aquinas 등의 기독교 전통을 통해서 17세
기까지 이어졌고, 근대 이성의 획을 그은 데카르트에게도 살아 있다.
   이러한 선대 사조의 영향을 받은 데카르트는 인간의 신체를 동물과
연속선상에 있는 하나의 자동기계로 개념화하며, 마음과 몸을 이원론
적으로 구분하는 심리학적 체계를 제시하였다. 널리 알려진 바와
같이 그는, 몸은 동물적 기계로 보고, 마음과 영혼은 그것을 넘어서는
무엇으로 보았다. 그에 의하면 마음은 사고하는 실체(res cogitans)이나
외연을 지니지 않는 반면, 몸은 공간에서 기하학적으로 규정될 수
있는 외연(extension)을 지닌 실체(res extensa)이다. 또한 몸은 무한히
쪼갤 수 있으나, 마음은 그 다양한 능력, 기능과 심적 작용에도 불구하
고 분할 불가한 단일의 통일적 실체이다. 이러한 데카르트의 이원론적
입장에 대하여 비판적이고 수정론적인 입주이 이후에 있었으나, 서구

의 문화사에서는 심신 이원론적 주장이 지배적인 입장으로 그대로 유지되어 왔다고 할 수 있다.

데카르트 이후 17세기와 18세기의 학자들은 철학 내에서 인간의 영혼과 마음의 문제를 제기함에 있어, 심적 현상의 이해와 설명에 경험적이고 기계론적인 체계화를 시도하였다. 그리하여 심리현상의 연구에 기계적, 요소주의적, 연합적, 유물론적, 생리적 입장이 강조된 경험주의적 접근 방법을 가져왔다. 그리고 물리현상에는 수학을 적용할 수 있지만 심리현상에는 수학을 적용할 수 없기에 심리학이 과학이 될 수 없다는 칸트Kant의 관점을 논박하고, 이미 1810년대에 심리현상에 미적분의 수학적 등식을 적용하여 의식 내의 관념들 간의 역동을 수리적으로 제시하였던 J. 헤르바르트Herbart의 시도와(관념들이 결합하여 의식 수면 위와 아래에 존재하게 되는 심적 역동에 대한 수리적 공식 도출), 심리 세계와 물질세계를 연결시키려 하였던 스피노자Spinoza의 관점을 종합하여, 마음(psyche)과 물질(physio)의 관계를 수리적이고 경험과학적인 틀로 구성하려 한 것이 19세기의 G. 페흐너Fechner의 시도였고 정신(심리)물리학(psychophysics)의 출발이었다. 이러한 정신물리학의 기본 개념화 과정을 바탕으로 하여 의식의 내용 요소를 분석하는 것을 심리학의 주과제로 하여 19세기 후반에 심리학을 실험과학으로 독립시켜 출발시킨 W. 분트Wundt는 마음의 개념을 전개함에 있어서 감각과 의식에 초점을 두었다고 할 수 있다.

그런데 실험심리학으로서의 과학적 심리학을 출발시킨 분트는 그러한 의식경험의 내용을 분석하면서도 객관적 실험법에 의하여 심리학의 연구문제를 모두 다룰 수 있다고는 생각하지 않았다. 그는 심리학의 연구 문제는 일반적으로 의식을 요소로 분석하는 것, 이 요소들 사이의 연결 양식을 결정하는 것, 그 연결 법칙을 결정하는 것, 그리고 그 요소들이 보이는 다양한 형상을 보여 주는 것이라고 생각하였다. 이러한 분석에 주로 실험실 실험법을 적용하였다. 그러나 그는 이러한 실험적 분석 방법은 마음의 하위 과정 연구에는 적절하나 상위 현상(언어, 사고 등)의 연구에서는 충분하지 않으며, 이러한 상위 과정에는 사회적·문화적·역사적 방법을 적용하여야 한다고 보았다. 그에게 마음은 수동적 요소가 아니고 고정되어 있지 않으며, 역동적이고 과정적인, 활동적이고 통합적인 실체라고 생각되어졌다. 따라서 객관적·경험적 방법에 의한 심적 요소로의 분석도 중요하지만, 주관적 직접 경험도 중요하며 이들의 통합(synthesis)적 특성을 밝히는 것도 중요하다고 분트는 생각한 것이다.

이후의 여러 심리학 사조들에서도 심리학의 주제인 마음·의식의 개념의 가다듬음과 그에 대한 과학적 접근의 재구성 시도가 끊임없이 계속 이루어져 왔다고 할 수 있다. 이후의 심리학 내의 마음 개념의 접근에 대한 개념적·방법론적 틀의 변천 역사를 그러한 변화의 추세의 특성들을 단순화하여 범주화한다면 다음의 7개로 묶어 볼 수 있을 것이다.

1) 구성주의적 접근(Structualism)

분트의 제자였던 E. B. 티취너Titchener 등은 심리학의 핵심 주제가 의식의 기본적 구성 요소를 분석해 내는 데에 있다고 보고, 의식의 요소라고 볼 수 있는 심적 과정의 특징과 이 요소들이 지니는 속성을,

훈련되어 가다듬어진 내성법을 통하여 탐구하는 구성(구조)주의적 심리학 접근을 발전시켰다. 그런데 이들이 의식의 요소를 분석하는 데에 있어서 자극을 제시하는 방법은 실험실 실험법을 사용한 엄격한 실험 통제 하에서 진행하되, 자극에 대한 의식 내용의 분석에는 주관적 분석법인 내성법을 사용하였다.

2) 심리역동적 접근(Psychodymamic approach)

의식 경험에 대한 실험적 접근과는 달리 독일에서 프로이트에 의하여 출발된 심리역동적 접근은 구성주의 심리학에서 강조한 바인 명시적으로 관찰, 분석할 수 있는 의식 내용의 분석보다는, 의식화되지 않은 무의식적 충동이 마음의 구조와 역동을 결정한다고 보고, 이를 (주로 꿈에 대한) 내성법과 해석학적 방법에 의하여 접근하여 그 구조와 역동을 규명하려고 하였다. 그러나 이러한 접근은 그 해석학적 접근 방법의 객관성 문제 등의 이유로 이후 과학적 심리학에서는 비판되거나 무시되었다.

3) 행동주의적 접근(Behaviorism)

내성법을 그 기본 방법으로 삼아 의식을 요소로 분석하였던 구성주의와는 달리, 미국에서 기능주의 심리학을 배경으로 형성된 행동주의 심리학은, 심리학에서 의식이라든가 마음이라는 개념을 사용하는 것을 배격하고 객관적으로 관찰 가능한 외적인 자극-반응의 연결 관련 행동에 대한 객관적 기술만이 심리학이 할 일이라고 주장하였다. 따라서 마음이나 인지 등의 개념을 심리학에서 배제하였으며, 행동을 자극과 반응 연결의 조건 형성의 메커니즘에 의하여 설명하려 하였다.

4) 고전적 인지주의적 접근(Classical Cognitivism)

방법론적 객관성을 강조한 행동주의 심리학이 심리학에서 마음, 인지, 심적 능력 등의 개념을 배제하고 설명력이 극히 제한된 '자극-반응' 연결의 객관적 기술에 그치는 접근을 하는 데에 대한 반발에서 고전적 인지주의는 출발하였다. H. 사이몬Simon 등의 인지과학 창시자들에 의하여 1950년대 후반에 등장하여 1970년대부터 심리학과 인지과학 에서 그 입지를 확고히 한 고전적 인지주의(Classical Cognitivism)는 심리학에 '마음', '인지' 개념을 되살려 놓았다. 또한 인간과 컴퓨터를 유사한 정보처리적 원리를 지닌 시스템으로 보고, 이 정보처리시스템 의 정보처리 과정과 구조를 밝힘을 통하여 마음의 문제에 접근할 수 있다고 보는 인지과학을 출현시켰다. (정보처리적 패러다임의 인지주 의에 대하여는 2절에서 다시 상세하게 논하겠다.)

그러나 이 접근은 철학의 기능주의에 기초하고 있었기에 기능주의 철학에서 강조하는 다중구현원리(multiple realization)의 철학적 관점 을 따라서 그 이론틀을 전개하였다. 즉, 추상적 정보처리 원리의 중요성을 강조한 나머지 그 정보처리 원리가 구현되는 물리적 실체는 중요하지 않다고 보아 정보처리체계가 구현되는 실체가 뇌이건, 전자 칩이건 별로 중요하지 않다는 입장을 전개하였다. 그리고 마음의 작동 원리를 논리적 형태의 규칙 도출과 같은 형식적 접근에 의하여 계열적인 과정으로 기술할 수 있다고 보았다. 모든 심적 현상은 상징 (기호적) 표상(representation)의 형성, 저장, 활용과 같은 계산

(computation)적 정보처리라는 기본 입장이 고전적 인지주의의 핵심을 이루었다.

5) 인지주의적 접근(Connectionism)

마음 구현의 신경적 기초를 무시하는 고전적 인지주의가 드러내는 한계점을 극복하기 위하여 1980년대 중반에 대두된 연결주의(connectionism)는 고전적 인지주의와는 달리, 마음의 작동이 그 신경적 기반 구조인 뇌의 특성에 의하여 결정된다고 보고, 뇌의 기본 단위인 세포들 간의 연결 강도의 **조절**을 중심으로 마음의 작동 특성을 개념화하였다. 연결주의는 고전적 인지주의처럼 미리 내장된 알고리즘적 규칙이나 지식표상을 전제하지 않으며, 신경망적·분산적, 병렬적·확률적 계산에 의한 상징(기호)이하 수준에서의 정보처리 메커니즘을 강조하였다.[2] 그런데 연결주의는 실제의 뇌의 특성을 중심으로 이론적 모델을 전개하였기보다는 추상화·이상화한 이론적 뇌의 특성을 중심으로 마음의 작동 메커니즘을 모델링하였다는 한계점을 지니고 있었다.

6) 인지신경과학적 접근

연결주의적 접근의 등장 이후에 심리학의 보는 틀의 중심 위치를 점유한 것은 인지신경과학적 접근이었다. 인지신경과학적 접근은 앞에서 언급한 여러 보는 틀이 심리적 기능과 과정의 측면에 대한 접근인 것과는 달리, 마음을 뇌의 신경생물적 구조와 과정에 기초하게 하는 존재론적 측면을 중심으로 한 접근이기에 앞의 접근들과는 다른 차원의 접근이라고 할 수 있고 별도의 접근으로 범주화하는 것 자체가 부적절할 수 있다.

하여간 인지신경과학적 접근은 연결주의가 지니고 있는 제약점, 즉 연결주의가 실제의 뇌보다는 이상화된 이론적 뇌를 상정하여 놓고 이를 모델링한다는 측면과 상징이하(subsymbolic) 수준에서의 처리를 이야기하고는 있지만, 기본적으로 고전적 인지주의와 같은 형식적 계산주의의 입장을 벗어나지 못하고 있다는 측면의 결함을 보완하려 는 접근이다. 또한 이것은 연결주의 이전 기존의 모든 접근이 지닌 존재론적 가정의 미흡함을, 마음의 작동 원리를 생물적·신경적 바탕 에 기초하도록 하는 환원주의적 접근에 의하여 보완하려는 접근으로 서, 현재의 자연과학적 심리학이나 인지과학의 대세적인 접근으로 자리잡고 있다.

2. 고전적 인지주의에서 보는 마음: 인지과학, 인지심리학의 관점

1) 인지적 접근 - 정보처리적 패러다임

연결주의적 접근이나 인지신경과학적 접근이 1980년대 이후에 대두 되었지만 최근까지 인지과학과 인지심리학의 마음 관점을 지배하여 온 관점은 고전적 인지주의의 정보처리 패러다임의 관점이다. 1-4)에 서 설명한 바와 같이 이 관점의 핵심은 인간의 마음을 정보처리 체계로 본다는 것이다.

일반적으로 마음의 본질을 탐구하는 심리학이나 인지과학에서는 마음을 눈으로 보거나 손으로 만져볼 수 없기에, 연구자들은 어떤 상황조건을 설정하여 놓고, 그 조건 하에서 마음이 어떻게 드러나는가를 관찰하여 마음의 본질을 추정할 수 있다. 마음을 드러나게 하는 상황 조건들을 자극(stimulus), 또는 마음에 작용하여 어떤 영향을 끼친다는 점에서 입력(input)이라 하고, 이에 대해 마음이 작용하여 그 작용의 양상을 통해 마음의 본질이 어떠한 종류로 밖으로 나타내어진 형태를 반응(response), 또는 출력(output)이라고 본다면, 인지과학자들은 자극과 반응 또는 입력과 출력 사이의 관계에서 마음의 내용을 추론하여 찾아내야 한다. 자극과 반응 사이에 이루어지는 심적 과정을 정보처리적 과정으로 보려고 하는 것이 정보처리 패러다임의 요점이다.

정보처리적 패러다임의 인지주의는 마음과 두뇌와 컴퓨터의 본질과 상호 관계성을 규명하며, 이들의 공통분모를 찾고, 거기서 얻어지는 개념적 틀에 의해 인간과 세상을 설명하는 방식을 재구성하려는 노력에서 이루어진 새로운 과학적 인식틀이다. 인지적 패러다임은 인간과 마음에 대해 S. 프로이트Freud처럼 '억압된 무의식적 충동 이론'으로 설명하려는 것도 아니며, 행동주의 심리학자였던 J. B. 왓슨Watson나 B. F. 스키너Skinner처럼 '인간을 이해하는 데 있어서 마음을 배제하고 인간의 외적 행동만 기술하자는 지나친 객관주의를 표방하는 것'도 아니다. 인지적 패러다임은 인간을 앎의 특성, 즉 지적 특성을 중심으로 설명하자는 것이다. 데카르트가 인간 존재의 바탕을 앎(cogito)에 두었듯이, 인간이, 그리고 동물이 어떻게 앎을 획득하고 활용하는가, 그리고 이것이 컴퓨터의 지능과 어떻게 연관되는가를 중심으로 인간의 마음을, 인간을 설명하자는 것이다.

인지주의에서는 인간이라는 존재를 다음과 같이 생각한다. 인간이란, 끊임없이 자극을 제공하는 환경에서 능동적으로 적응하며 각종 의미 정보를 파악하여 알고, 앎을 획득하여 이를 저장, 활용하는 존재이다. 그리고 그러한 앎을 가능하게 하는 심적 인지 과정들과 인지 구조의 내용을 설명함으로써 인간을 이해하고 설명하고자 한다.

이전에는 심리 현상은 비물리적 현상이므로 과학적으로 접근할 수 없다고 생각했는데, 인지과학과 20세기의 심리학은 이러한 낡은 과학관을 버린 것이다. 인지과학은 다른 자연 현상과 마찬가지로 인간의 뇌, 마음, 행동 현상을 자연화하여 과학적으로 연구할 수 있고, 또 연구하여야 한다는 자연주의적 입장을 지니고 있다. 이것이 곧 인지주의 패러다임의 기본 입장이다.[3]

실제 현실에 있어서 마음에 작용하는 물리적 또는 심리적 조건인 자극 또는 입력을 'I'라 하고, 이 자극 또는 입력을 받아 이에 작용하는 인간의 마음을 'M'이라 하며, 그 경험의 결과로 인간이 어떠한 형태의 반응 또는 출력을 내어놓는 것을 'O'라 한다면, 인지주의적 접근의 과제는 $M = f(I \times O)$라는 관계를 설정하고, 마음의 내용 'M'을 $(I \times O)$의 관계에서 간접적으로 추론하는 것이라고 하겠다.

$$I \longrightarrow \boxed{\begin{array}{c} \text{인간의 마음(M)} \\ = \text{정보처리체(IPS')} \\ = \sum [\text{정보처리구조(S')} \times \text{정보처리과정(P'P)}] \end{array}} \longrightarrow O$$

인간의 마음: 정보를 해석하고 조직하며
결정하고 스스로를 점검(모니터)하는
역동적인 상징(기호)조작체계

〈정보처리 패러다임의 마음에 대한 관점〉

이와 같이 추론함에 있어서, I와 O 사이에 있는 마음 M은 어떤(물리학의 상대성이론이나 생물학의 진화론과 같은) 과학적인 보는 틀, 즉 패러다임을 지니고 접근해야 한다. 고전적 인지주의는 인간의 마음을 정보처리적 목적체계로 보는 정보처리적 보는틀의 접근이다. 즉 마음을 입력 I와 출력 O 사이에서 해석하고 조직하며 결정하고 스스로를 모니터링하는 상징조작체계(기호조작체계: symbol manipulation system)로 보는 것이다. 고전적 인지주의의 정보처리적 패러다임에서는 마음을 이러한 정보처리체계(Information Processing System: IPS)로 보고, 어떤 입력정보(I′)와 그에 따른 출력반응(O′) 사이에 개재하는 정보처리체계(IPS′)의 특성에서 마음의 특성을 추론하려는 것이다. 정보처리 접근은 한 걸음 더 나아가서 마음이라는 정보처리체계(IPS)를 여러 개의 처리구조(structure)와 처리과정들(processes)의 통합체로서 본다. 인간의 심리적 내용을 입력과 출력 사이의 관계에서 나타나는 정보처리체계의 구조(S′)와 처리과정(P′)들의 상호작용 관계의 총합으로서 보자는 것이다.[4]

이러한 배경 위에서 정보처리적 패러다임의 인지과학이나 인지심리학은 인간의 앎의 심리적 과정, 즉 인지과정(cognitive processes)을 중심으로 수행해 나간다. 그 까닭은 정보처리의 본질이 자극의 의미를 파악하거나 부여하며 이를 정보로서 활용하고 그 결과를 내어놓는 과정, 곧 각종 앎을 획득하고 활용하는 과정이기 때문이다. 따라서 정보처리적 인지심리학은 "인간은 어떻게 아는가?" 하는 물음에 중점을 두고 심리현상 전반의 문제들을 이와 연관시켜 기술, 설명하려고 한다.

2) 인지과학과 인지심리학 - 분야 간의 관계

일반적으로 과학이 무엇인가, 그리고 그 과학의 하위 분야들 각각이
무엇인가, 그리고 그들 간의 경계가 어디에 있는가에 대한 엄밀한
개념적 규정을 하기 어렵다. 왜냐하면 이러한 학문들이 다루고 있는
현상 자체가 명료히 규정될 수 없거나 중첩되기 때문이다. 이러한
문제점을 인식한 채, 앞으로의 논의를 위하여 인지과학, 인지심리학을
편의상 다음과 같이 단순화하여 규정하여 보기로 한다.

인지과학

"인지과학은 기본적으로 앎의 과학이다. 그런데 앎이 인간의 마음
작용에서부터 비롯되는 것이기 때문에 인지과학을 좀더 넓게 정의한
다면 '마음의 과학(the science of mind)'이 된다.[5] 그런데 컴퓨터나
동물과 같은 행위체(agency)도 인간의 앎, 마음과 유사한 지능(知;
intelligence)을 보인다. 그래서 조금 달리 정의한다면, 마음과 지知에
대한 다학문적인 학제적 연구가 인지과학이라고 할 수 있다.……
인간, 동물 및 기계(컴퓨터)에서 나타나는 知(intelligence)의 본질과
인간의 지적 활동의 산물인 각종 인공물(각종 도구, 문화 체계, 기타
문화적 산물들, 가상현실 등)에서 이러한 知가 어떻게 구현되는가 하는
문제를 연구하는 종합과학적 학문이 인지과학이다."[6]

인지과학에서는 인간 마음의 주 특성을 인지(認知: 앎: cognition)라
고 본다. 인간은 일상생활에서 각종 대상을 인식하고, 주의하고, 기억
하고, 학습하고, 언어를 사용하고, 생각하고, 느껴서 감정을 갖게
되고, 문제들을 해결하고, 여러 가지 숙련된 행위를 해낸다. 이러한

모든 것이 어떤 형태로든 앎과 관련되어 있다. 이러한 앎이란, 다른 말로 표현한다면 환경에 대한 '지식', 또는 '정보'의 문제라고 할 수 있다. 인지과학은 인간과 동물, 그리고 컴퓨터의 인공지능시스템과 같은 인공물에서 세상에 대한 각종 앎을, 정보를 어떻게 얻는지, 어떻게 낱개의 단편적인 정보가 조직화된 지식으로 변환되는지, 그리고 어떻게 각종 정보가 기억에 저장되어지며, 그 지식이 사고와 행동을 결정짓는 데 어떻게 쓰여지는가를 다루는 '앎'의 학문이라고 할 수 있다.

전통적으로 고전적 인지과학은 그 핵심이 경험과학적 접근이지만, 심적 또는 지적 구조나 과정을 기술함에 있어서 철학, 논리학, 언어학, 수학 등에서 이어져 내려온 형식적(formal) 접근에 강조를 둔다. 예를 들어 마음의 내용 구조의 특성을 기술함에 있어서, 언어화될 수 있는 지식이 기억에 표상으로 저장되는 형식적 구조를 강조하는 경향이(특히 언어학이나 인공지능에서) 그 한 예이다. 인지과학의 구성 하위 학문을 보면, 심리학, 철학, 언어학, 신경과학, 인공지능, 인류학 등의 핵심 하위학문과 사회학, 경제학, 커뮤니케이션학, 교육학, 로보틱스 등의 주변 관련 학문들로 이루어진다. 인지과학은 신경과학의 측면에서부터 사회과학의 측면까지 여러 학문들을 연결하여 포괄적인 접근을 제시한다고 볼 수 있다. 인지심리학은 인지과학의 한 하위 학문이라고 볼 수 있다.

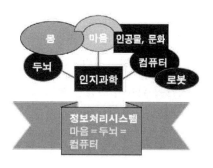

〈인지과학의 영역과 기본적 관점〉

　인간이나 동물이나 인공지능시스템이 앎·정보를 다룬다고 할 때,
실제 대상을 그대로 우리 머릿속으로 가져와서 다루는 것이 아니다.
그보다는 실제 대상을 우리의 뇌가 다룰 수 있는 어떤 상징(기호)이나
다른 형태로 변환하여, 재구성·재표현하여 다룬다. 이러한 점에서
우리의 마음이 다루는 이러한 앎, 정보를 '표상(表象; representations)'
이라 한다. 다시 말하여 실물 자체를 우리 머릿속에 가져오는 것이
아니라, 다시(re-)-나타낸(presentation) 결과가 우리 마음의 내용이기
때문이다. 예를 들어 우리가 사랑하는 사람을 생각한다고 할 때,
우리의 마음속에 사랑하는 사람 실물이 들어 있는 것이 아니라, 그
사람에 대한 심상(image)이라든가 다듬어진 생각이나 언어화된 일화
나 감정에 대한 기억이 들어 있는 것이다. 즉 실제의 대상이 아니라
다시-나타내어 추상화되어진 어떤 내용이 상징(기호적) 표상으로 우
리 마음의 내용으로 들어 있는 것이다. 그러하기 때문에 인지과학이
마음과 관련하여 다루는 핵심적 주제는, 첫째는 마음의 내용인 심적
표상이며, 둘째는 이 표상을 정보처리의 기본 자료로서 다루는 과정(인

간의 심적 과정이건 인공지능시스템의 정보처리 과정이건)인 계산
(computation; 수리적 계산이 아니라 정보의 변환이라는 의미이다) 과정이
다. 표상과 계산이 고전적 인지과학의 핵심 주제임을 고려한다면,
고전적 인지과학의 접근이 위에서 언급한 형식적(또는 정형적) 접근을
강조하여 온 이유를 이해할 수 있을 것이다.

인지심리학

인지심리학은, 넓은 의미로 정의하자면 '인간의 마음이 어떻게 작용하
는가'를 연구하는 학문이다. 그러나 이러한 정의는 너무 포괄적이어서
심리학 또는 인지과학 전체의 연구 문제들을 모두 지칭하는 의미를
지니게 된다. 이러한 정의보다는 더 좁은 의미의 정의가 일반적으로
받아들여지고 있다. 좁은 의미에서의 인지심리학은 인간의 마음이
어떻게 환경과 자신에 대한 앎을, 지식을 갖게 되는가, 그런 지식이
뇌 속에 어떤 양식으로 표상되며, 그리고 그렇게 표상된 지식을(의식
적, 하의식적, 정서적, 신체적 정보 포함) 어떻게 활용하여 생활 장면에서
직면하는 각종의 과제들을 수행해 내는가 하는 문제를 다루는 심리학
의 한 분야이다. 이러한 인지심리학은 인지과학의 한 핵심 분야라고
할 수 있다.

　마음에 대하여 세포 수준의 미시적 현상으로부터 사회적 현상의
거시적 수준에 이르기까지, 신경과학적 접근에서부터 철학적 접근,
인류학적 접근 등까지 모두 포괄하며 형식적 기술의 측면을 강조하여
온 인지과학과 대비하여, 인지과학의 한 하위 학문인 인지심리학의
특성을 살펴본다면, 인지심리학은 인간의 인지(넓게는 마음)와 행동의

작동 특성 등에 대해서 실험실 실험(신경계에 대한 인지신경과학적 실험 포함)을 통해 얻어진 경험적 자료의 측면을 강조하는 것이 그 특성이라고 할 수 있을 것이다.

  인지심리학이 실험실 실험에서 얻어진 경험과학적 자료를 그 논의의 근간으로 간주하기에, 그러한 실험적 자료 자체를 넘어서서 확장된 개념적 의의의 논의, 특히 인문학적·사회과학적 개념적 의의에 관한 추상적 논의는 경험과학으로서의 인지심리학의 본령을 벗어나기 쉽다. 모 학문인 인지과학의 철학적 접근 등을 통해서야 비로소 그 상위 수준의 이론적 의의를 논할 수 있는 경우가 많다.

  바로 그러한 것이, 이 글에서의 마음 개념의 논의가 인지심리학적 논의를 넘어서 인지과학적 수준에서 논의될 수밖에 없는 까닭이기도 하다. 생물 현상을 신경생물적 수준으로 환원하여 보려는 환원주의 입장에서는, 인간의 마음은 뇌의 신경적 현상이라고 간주되기에 인지심리학은 신경과학 또는 생물학의 한 하위 학문이라고 규정하는 입장도 가능하다.[7] 그러나 인지심리학자들의 지니는 한 입장은 이러한 환원주의적 접근이 마음의 본질을 설명함에 있어서 한계가 있다고 보는 입장이라고 할 수 있다.[8] 여기에서 바로 인지과학의 심리철학적 논의에 연결되게 된다.

3) 고전적 인지주의의 과학적 성과 - 인지심리학을 중심으로

인지주의가 1950년대 후반에 하나의 과학 패러다임의 혁명으로 등장한 이래 이론적으로나 경험과학적으로나 많은 성과가 있었다. 인지과학 내에서의 이러한 성과를 언급하려면 신경과학적 연구성과로부터 철학적, 또는 인류학적 성과에 이르기까지 모두 언급하여야 하지만 그러한 언급은 이 글이 다룰 수 있는 범위를 넘어선다. 그렇기에 여기에서는 고전적 인지주의에 바탕하여 추구된 경험과학으로서의 인지심리학이 이루어낸 학문적 성과의 일부분만 언급하는 것으로 대신하려 한다. 심리과정들을 감각, 대상인식의 지각과정, 주의, 기억, 언어 이해 및 산출, 문제해결, 추리, 판단결정 등의 과정들로 나누어, 지난 40여 년 간의 인지심리학의 주요 연구 성과를 선별적·개괄적으로 살펴보면 다음과 같다.[9]

먼저, 외적 자극이 감각자극으로 입력된 후에 감각기관에서 처리되어 심적 자료가 형성되는 과정인 감각기억의 존재와 그 정보처리 특성의 규명이 이루어졌다. 시각적 영사기억(iconic memory)과 청각적 반향기억(echoic memory)을 중심으로 한 감각기억이 존재함과 그것의 순간 지각적 특성 및 일차적 중요성을 지닌 정보의 추출 특성들이 밝혀졌다.

다음으로, 자극 대상의 정체를 파악하는 인지과정인 형태지각, 즉 재인과정에 대하여는 1960년대에는 D. H. 후벨Hubel과 T. N 위젤 Wiesel 등이 제시한 특질탐지기(feature detector) 이론이 신경생리학적 지각이론으로 제기되었다. 형태를 지각하는 것은 형태의 세부특징들을 판독하는 탐지기 세포가 시각중추에 있어서 이들이 형태를 기계적으로 분석하고 종합한다는 이론이다. 80년대에 이르러 D. 마Marr는, 형태지각이란 여러 단계의 계산을 통해 여러 수준의 표상들을 형성하며 이를 점진적으로 가다듬는 과정이라는 계산적 이론을 제시하였다. 이러한 계산이론은 신경생리학, 컴퓨터과학, 지각심리학, 인지심리학 등의 연구가 수렴될 수 있는 배경을 제공했다. 1980년대 후반에 부상한 연결주의적 모형은 알고리즘을 도입하지 않고도 대상의 형태 지각을 설명할 수 있는 개선된 모형을 제공했다. 이외에도 입력된 자극의 특성이, 전체 정보가 우선 처리되어 그 자극의 정체가 파악되는가, 아니면 낱개 세부 정보가 먼저 처리되고 이들이 종합되어서 그 자극의 전체적 정체가 파악되는가에 대한 여러 가지 이론과 경험적 자료들이 축적되었다.

주의 과정에 대하여는 주의의 선택적 특성과 관련한 병목 및 필터 모형이 초기에 우세했으나 대안적 이론의 강력한 도전을 받았고, 1970년대 전후로는 심리적 노력과 관련하여 제한된 정보처리-심리적 능력 또는 심적 자원의 분배 특성을 중심으로 한 주의이론이 제기되었다. 1970년대 이후에는 연습에 의해 자동화되는 측면과 주의 실수에 관한 이론들, 주의의 억제기제, 주의의 지속화 등에 대한 이론이 강조되었고, 주의와 의식의 관계가 강조되었으며, 병목 비유보다는 스폿라이트spotlight 비유가 더 적절한 것으로 인식되고 있다. 또한 인지신경심리적 연구 결과에 의해 뇌에 세 개의 상이한 신경망이 주의 과정을 담당하고 있다는 것 등이 밝혀졌다.

마음의 내용(표상)이 저장되어 있는 기억의 구조 및 과정에 대해서는 단기, 장기 저장고로 이분화하여 단순화시킨 초기의 이론이 복잡한 하위 구조와 과정들을 지닌 작업기억의 이론에 의해 대체되었고, 작업기억 이론은 뇌 손상 환자들에 대한 신경생리학적 연구들에 의해 지지되었다. 또한 기억 체계를 다원적 체계로 보는 입장이 강조되었다. 기억의 과정에 대해서는 입력시의 정보처리과정에 강조를 두어 정보처리 수준의 깊이와 덩이짓기 과정, 정교화 과정 등에 대한 이론이 제기되었던 초기와는 달리, 출력 과정, 즉 기억에서 정보를 인출하는 과정의 세분화와 이에 영향을 주는 요인들에 대한 이론들이 발전되었다. 또한 신경생리적 연구에 기초하여 기억체계를 암묵적 기억, 명시적 기억 등으로 다원화, 세분화하는 이론들이 시도되었고, 기억상실증 등의 기억 이상자의 연구를 통해 기억구조 및 과정의 특성들이 보다 명확히 규명되었으며, 이를 배경으로 하여 암묵적 기억에 대한 경험적·이론적 연구가 부상하였다.

또한 마음의 자리인 기억에서의 각종 정보들의 심적 표상 구조에 대해서는, 지식의 구조가 논리적 범주관계 형태로 조직화되어 표상된다는 모형들이 초기에 제시되었으나, 곧이어 원형적 개념 중심으로 이루어진 연상적 지식들의 연결망 형태로 지식이 표상된다는 입장으로 바뀌어졌다. 또한 서술적 지식 표상을 강조하던 초기의 입장에서부터 절차적(how-to) 지식 표상의 중요성도 인정하는 입장으로 이론적 모형들이 발전하였다. 표상구조의 기본 양식에 대하여는, 아날로그 표상 양식인 심상 표상이 언어적 표상에 가까운 표상인 명제적 표상과 별도로 존재하는 이중 양식의 체계이냐, 단일 체계이냐의 초기의 논쟁은 이중 체계를 인정하는 방향으로 가다듬어졌다.

언어 이해 과정에 대하여는, 언어 이해가 낱개 단어들의 의미와 문법적 규칙을 분석하고 이들을 단순히 종합함으로서 이루어진다는 단순한 언어학적 이론의 부적절성이 제기되고, 언어학적·통사적 이론의 심리적 실제성의 단순한 검증보다는 통사적 처리의 심리적 세부 과정의 분석과 어휘 의미의 분석 과정의 연구가 강조되었다. 또한 배경지식을 활용하는 추가 해석을 통해 언어 자극에 대한 대단위적, 상위수준적 의미 이해가 이루어지는 과정에 대한 연구가 강조되었고, 이해 과정의 온라인적 모형들이 제시되었다. 나아가 뇌 손상 환자들을 중심으로 난독증, 실어증 등이 연구되고, 이와 관련하여 언어 이해와 언어 산출(말과 글)의 하위과정들에 대한 인지심리학적 이론이 보다 정교화되었다.

사고 과정의 기초 형태인 개념적 사고에 대하여는, 범주 개념의 속성을 이루는 의미적 세부 특질을 찾는 연구로부터 범주 개념이 원형(prototype) 중심으로 표상된다는 연구로 발전되고, 이것이 다시 예기반(exemplar-based)이론 연구로 발전되었다. 또한 언어적 범주와 시각적 범주의 범주화 과정의 유사성과 차이점이 연구되고, 뇌 손상에 따른 범주와 능력의 손상이 자연 범주와 인공 범주에 따라 달리 일어나는 현상도 연구되었다. 이러한 모든 연구들에서 계속 거론된 것은 범주와 예, 예와 예 사이의 유사성 계산이 범주적 사고의 핵심이라는 점이었고, 이러한 유사성이 어떻게 계산되느냐 하는 문제가 규칙·규준 중심의 계산 이론과, 연합적·확률적 특성 중심의 계산 이론으로 나뉘어 진행되었다.

다소 복잡한 사고 과정인 문제해결 과정에 대해서는, 잘 규정된 문제상황 내의 가능한 대안들로 이루어진 문제공간 표상 형성과 그 표상 내 해결책을 탐색하는 문제공간이론이 먼저 제기되어 대부분의 문제해결 상황에 적용될 수 있는 보편적인 이론으로 전개되었다. 그러나 일부 영역에서의 이러한 연구 접근의 성공에도 불구하고, 이러한 접근의 한계가 노출되기 시작하였다. 이후, 그보다는 특정

영역에 제한된 문제 중심의 연구들이 이루어졌고, 규정이 잘 안된 (ill-defined) 복잡한 상황에서의 숙련가와 비숙련가의 문제해결 정보 처리의 차이와, 그들이 지니는 심적 모형의 차이들을 중심으로 문제해결 과정을 접근하는 연구들이 이루어졌다. 그리고 단일한 문제공간 표상이 아니라 다원적 문제공간 표상과, 이의 계속된 재구성의 문제가 거론되었다. 그에 따라, 과제 환경과 맥락이 문제해결에 어떠한 영향을 주는가가 연구의 초점으로 떠오르고, 맥락 의존적 문제해결, 상황적 문제해결의 측면이 강조되었으며, 이는 자연히 문제해결 연구를 다른 인지과정들에 대한 연구와 보다 긴밀한 연결, 통합을 추구하게 하였다.

흔히 논리적 사고의 바탕을 이루는 과정이라고 상식적으로 생각되어 온 추리과정에 대하여는, 인간의 추리가 논리학자나 철학자들이 생각하듯이 논리적 규칙에 의한 형식명제 논리형태로 진행되기보다는, 구체적 사례에 대한 지식이나 논리 주제에 대한 심리적 모형 또는 이해 틀이 추리의 정확성과 오류를 결정한다는 연구가 진행되었다. 판단과 결정 과정에 대한 연구에서는, 인간의 판단과 결정에 수많은 오류가 있는데, 이는 합리적 규칙의 조합에 의해 결정이 이루어진다는 논리학이나 경제학의 규준이론이 부적합하며, 그보다는 인간 나름대로 자신의 지식·동기 등에 의해 편파가 개입되며, 합리적 규칙이 아닌 여러 유형의 편의법(heuristics)이 사용됨이 밝혀졌다.[10] 이 연구를 이루어 낸 공로로 인지심리학자 D. 카네만Kahneman은 2002년에 노벨경제학상을 수상하였는데, 기존의 사회과학 및 일반인들이 전통적으로 지니고 있던 생각, 즉 인간은 (합리적) 이성적 동물이라는 통념을 실험적 증거를 통하여 밑바탕부터 무너뜨리고 경제학에서 행동경제학, 인지경제학이라는 분야가 출발할 수 있는 바탕을 제공하였다. 고위 수준의 인지과정과 관련하여서는, 창의성이나 지능 개념과 아울러 지식과 기억에서 인출의 측면이 강조되어 정보처리적 요소 체계의 개념으로 재구성되었다.

흔히 '무의식'이라 지칭되는 인지과정의 측면에 대한 인지심리학적, 인지과학적 연구는 프로이트의 외디프스컴플렉스와 같은 비과학적·가설적 개념을 상정하여 목적적으로 '설명'을 하려 하지 않았다. 인지심리학을 비롯한 인지과학에서는 무의식이라는 개념 대신에 단순한 기술적(descriptive) 개념인 '의식적이 아닌(non-conscious) 것' 또는 '자각되지 않은 것(unaware)'이라는 개념을 사용하여 경험과학적으로 이 현상을 탐구하였다. 인지심리학적 실험적 연구는 환경 자극에 대하여 인간이 의식(자각)하지 못한 채, 자동적으로 정보처리하는 측면을 탐색하였고, 그 결과, 사람들이 사건의 발생 빈도와, 다른 사건이 그 사건과 함께 발생한 여부에 대하여는 나이나 성격이나 지능에 관계없이 자동적으로(의식적이 아닌) 일정한 수준까지 처리가 됨을 밝혔다. 주의를 하여 의식하지 않은 수준에서도 자동적으로 지각적 정보, 의미적 정보, 정서적 정보가 어느 정도 처리되어 기억에 저장되고(특히 무엇을 어떻게 하는가에 대한 절차적 지식의 비의식적 자동성), 이것이 후에 다른 심적 과정에 영향을 줌을 발견하였다. 하지만 인지심리학자들은 프로이트처럼 무의식적 동기, 억압 등의 가설적·이론적 개념을 동원하지 않고 비의식적 과정을 일종의 자연적 인지의 정보처리 과정의 특성으로 실험 증거에 의한 기술을 하는 데에 그치고 있다. 최근에는 이러한 주의, 대상지각, 기억 등에서

'의식적이 아닌' 자동적 처리 인지 과정의 신경적 바탕을 밝히는 연구들이 이루어지고 있다.

자체 내에서의 이러한 학문적 성과를 이룬 인지주의 심리학은 심리학의 다른 분야나 심리학 이외의 인접 학문 분야에 상당한 영향을 주어 관련 학문 영역에서 새로운 관점 또는 이론들을 형성하게 하였다.

신경생리, 생물학과 연결된 인지적·지각적 정보처리 과정의 연구는 신경과학의 발전을 촉진시켰고, 인지 발달에 관한 연구는 교육학 및 동물행동학에서의 이론 재정립에 영향을 주었으며, 지각적 정보처리의 계산적 측면을 강조한 연구들은 컴퓨터 과학, 특히 기계 시각과 기계 형태지각의 연구를 촉진시켰다. 또한 주의에 관한 연구들은 인간공학 연구와 뇌신경생리학의 연구에, 기억에 관한 연구들은 교육심리학·인공지능학·뇌병리학 등의 연구, 언어 이해와 산출의 연구들은 인공지능학·언어학·커뮤니케이션학에 영향을 주었고, 뇌와 언어의 관계에 대한 연구들은 신경과학과 인지심리학의 연결을 촉진시켜 인지신경심리학이 형성되는 데에 결정적 역할을 하였다. 이외에, 문제해결 및 추리 과정에 대한 연구들은 언어 이해의 연구와 함께 각종 인공지능 연구에 영향을 주고받았고, 인지교수법이나 인지공학이라는 새로운 분야를 탄생하게 했다. 판단과 결정 과정의 연구는 다른 연구와 함께 경제학·행정학 등에서 종래의 행위이론을 대폭 수정하게 했으며, 인지 사회이론과 함께 정치학·행정학·경제학·매스컴 이론 등에 계속 영향을 주고 있다.

또한 별개 정보처리를 독립적으로 수행하는 정보처리 단원들의 집합으로서 심리적 구조를 개념화한 인지심리학적 연구 결과는, 이전에는 심리학 관련 학문이나 상식적 관점에서 통일된 단일체로서 존재한다고 간주하여 왔던 종래의 '자아'라는 개념이 부적절함을 제기하였고, 정서 및 적응 과정에 대한 인지신경생리학적 및 인지심리학적 이론적 접근은 임상심리학을 징검다리로 하여 정신병리학이론(프로이트 이론을 비롯하여)들이 수정되도록 하였다. 또한 지각, 기억, 추리, 의사결정 등의 인지과정에 대한 경험적 결과의 축적과 인지심리학의 패러다임적 기본 이론들과 개념들은 전통적 인식론, 과학이론, 세계관을 재정립하게 하였다.

이러한 인지심리학이 고전적 인지주의의 과학적 패러다임 아래, 인공지능 연구, 언어학, 철학, 신경과학, 인류학 등의 학문과 서로 밀접히 연결되어 형성한 학제적 과학인 인지과학은 인간의 마음의 문제를 다학문적 입장에서 분석 설명하려는 노력들의 결집이다. 인지과학은 인문사회과학 대 자연과학이라는 고전적·이분법적 학문 분류체계가 마음을 설명하는 데에는 부적합한 분류임을 보였으며, 마음 또는 인지라는 현상을 여러 분야의 연구자들이 여러 수준에서 접근하여 기술하고 설명하여야 함을 드러내 주었고, 마음, 뇌, 인공지능 등에 대하여 여러 경험적·이론적 연구 결과들을 축적하였다.[11]

3. 마음 개념의 재구성 시도 - 1980년대 이후의 인지과학

그러나 이러한 고전적 인지주의가 지니고 있는 이론적 문제점이 있었으며, 따라서 고전적 인지주의를 표방하여 온 인지과학은 1980년 중반부터 다른 패러다임의 가능성을 탐색하여 변화하기 시작하였으며, 그에 따라 '마음'에 대한 개념적 재구성 작업이 여러 가지로 진행되게 되었다. 1-5)와 1-6)에서도 일부 언급되었지만 1950년 이래 50여년이 경과한 지금까지 고전적 인지주의가 변화한 단계를 살펴보면 다음과 같은 4단계를 거쳐 왔다고 할 수 있다.[12]

제1단계는[1-4)의 내용] 심리학에서 마음을 제거하였던 행동주의의 반反심성주의로부터 탈피하여, 디지털 컴퓨터 유추에 바탕한 물리적 기호(상징)체계(physical symbol system) 중심의 정보처리 접근의 고전적 인지주의를 형성한 것이었다.

제2단계는[1-5)의 내용] '컴퓨터 은유' 중심의 이러한 고전적 정보처리 접근에 바탕한 인지과학의 이론적 개념화의 한계를, '뇌 은유'의 신경망 연결주의 접근에 의하여 상징이하(subsymbolic) 체계의 계산주의를 통해 극복하려 한 것이었다.

제3단계는[1-6)의 내용] 연결주의 움직임의 영향과 인지신경과학의 연구기법의 급격한 발전에 의해 이루어진 뇌의 재발견을 통해, 마음에 대한 접근을 신경과학의 기초 위에 놓으려는 움직임이었다.

제4의 단계는, 1980년대 후반부터 그 영향이 드러나기 시작한 체화적(embodied), 사회문화적 접근에 의한 변혁이라고 할 수 있다. 이 입장은 인간의 마음이 구체적 몸의 활동에 의하여 물리적·사회적 환경에 적응하는 순간순간의 상호작용 행위 활동상에서 비로소 존재하게 되는, 즉 문화·역사·사회의 맥락에 의해 구성되고 결정되는 그러한 마음이며 인지임을 강조하는 접근이다.

심리학과 인지과학에서 '뇌의 되찾음'으로 명명할 수 있는 '아래로의 끌음'에의 변화는[13] 이 네 단계 중 2 및 3 단계에 해당하는 것으로,

1980년대 전반의 신경망 모델을 강조하는 연결주의의 떠오름과, 뇌영상기법의 발전을 기반으로 하여 1990년대 초에 이루어진 인지신경과학의 형성에서 뚜렷이 그 모습을 드러내었다. 인지신경과학적 접근의 대두는 전통적 인지주의가 신체를 무시한 채, 그리고 뇌의 중요성을 경시한 채 추상적인 표상체계로 마음을 개념화하였던 데카르트적 관점에, 몸의 부분인 뇌라는 물리적 구체성을 되찾아준 것이다. 이전의 전통적 인지과학에서는 인지과정이나 표상체계에 대한 개념, 이론, 가설적 예언 등은 인지실험실 내에서의 인지과정 실험에 의해 그 타당성을 검증 받고 세련화되었었다. 그러나 인지신경과학적 접근이 도입되고 확산되면서 하위 인지구조와 단계적 과정을 제시한 인지과학이론들, 특히 언어, 기억, 주의 등에 관한 인지이론들과 개념들은 그 이론적 구성 개념의 타당성과 예언의 타당성이 신경생리학적, 신경생물학적 기반(neural correlates)에 의해 검증되고, 재구성되고 있다. 이제는 마음의 과정과 구조에 대한 이론적 아이디어가 있으면 최종 확인과 검증을 인지신경실험을 통해 확인하는 절차가 추가되거나 그것으로 대치되고 있는 것이다. 마음에 대한 개념화와 설명이 신경적 바탕에 터를 잡게 된 것이다.

고전적 인지주의의 다른 한 변화는 인간의 마음이나 인지의 본질에 대한 체화적이고 사회-문화적인 재구성과 아울러 진화생물학을 통한 이론적 재구성이라는 '밖으로의 끌음' 변화이다. 1980년대 후반 이래로 생물학, 특히 진화생물학·사회생물학의 이론적 틀이 심리학에 도입되고, 서유럽의 사회과학적·인문학적 사조의 유입으로 인해, 인지과학에서도 마음과 인지의 진화역사적 결정인자의 측면, 사회문화적 결정

영향의 측면, 활동과 행위로서의 마음, 환경과 분리될 수 없는 구조로서의 마음의 개념의 중요성 등이 재인식되어, 마음의 개념적 기초를 변화시키고 있다. 일찍이 유럽 대륙의 철학이나 사회과학 이론을 부분적으로 받아들이고 있던 사회심리학 및 발달심리학은 마음이 사회적 산물이며, 사회적 요인들에 의해 결정됨을 주장하였다. 이러한 주장들이 인지과학, 인지심리학에 삼투되고, 이에 마음의 활동성 이론, 진화심리학 이론 등의 영향이 가하여지면서, '뇌라는 그릇' 속에 환경과는 독립된 표상적 정보처리체계로서 개념화했던 종래의 마음에 대한 이론적 틀을 수정하여, 문화적·사회적·진화역사적 환경에 체화되어서 환경과 함께 작동하는 실체로서의 마음으로 개념화하고 설명하는 접근이 떠오르게 되었다.

그러나 이러한 새 움직임들은 하나로 결집되지 못한 채 산만한 움직임들로 이루어져 왔다. 그리고 이러한 움직임은 인지과학에서는 시초부터 철학자 J. 설Searle의 인지과학 비판을 비롯하여, 언어학자 G. 라코프Lakoff의 은유와 스키마 개념, 바렐라Varela와 톰슨Thompson과 로쉬Rosch의 '인지생물학' 및 '체화된 마음(embodied mind)' 개념, R. 하레Harré와 길버트Gillet 등의 '담화적 접근(discursive approach)', 클랜시Clancy 등의 '상황인지(situated cognition) 접근', L. 비고츠키Vygotsky의 이론틀에 기초하는 '매개된 행위(mediated cognition) 접근' 및 버취Wertsch 등의 행위적 접근 등의 사회인지적 입장에 기초하여 출발하였다고 할 수 있을 것이다.

이러한 움직임을 한마디로 요약하여 표현하자면, 그동안 인지심리학을 지배해온 데카르트적 존재론의 틀을 벗어나려는 움직임이라고 할 수 있다. '제3의 인지과학(the third kind of cognitive science)', '체화된-몸에 바탕한 인지과학 (embodied-embedded cognitive science)'이라고도 불리는 이 움직임의 요점은 마음이 뇌의 신경적 상태에 국한되는 것이 아니라, 뇌의 신경적 상태를 비롯하여 비신경적 신체, 환경 등의 전체 상에서 이루어지는 실시간적 활동으로 개념화되어야 한다는 것이다.

즉 이것은 마음과 뇌를 별개의 실체로 개념화한 데카르트적 심신이원론, 생물적 뇌가 부가하는 제약적 속성을 무시한 채 인간의 마음을 정보처리체계로 개념화한 고전적 인지주의, 그리고 생물적 뇌의 속성이 인지와 심적 경험의 속성을 특징지으며 모든 심적 현상은 생물적·신경적 상태와 과정으로서 설명할 수 있다는 신경과학적 접근의 환원주의적 유물론 등에 반발하는 움직임을 전개하는 것이다. 뇌의 생물적 특성을 무시한 정보처리적 표상주의이건, 환원주의적 인지신경과학적 접근의 '뇌 = 마음'의 심신동일론이건, 마음의 본질과 특성을 충분히 설명할 수 없다는 것이다. 마음을 뇌 내부의 신경적 상태만으로 환원하는 것은 실제의 역동적인 마음과는 다른, 거리가 있는 부족한 개념화이며, 뇌, 신체, 그리고 환경 세계가 연결된 집합체 상의 현상으로 개념화하여야 한다는 주장이다.

마음 개념과 이론을 이와 같이 뇌 밖으로 이끌어 낸 몇 개의 주요 흐름이 있었다. 그 흐름들에 대하여 간략히 살펴보면 다음과 같다.

생태학적 접근: 1970년대 및 1980년대에서 기성 인지주의 심리학의 관점에 대한 강력한 대안적 관점을 제기하였던 생태지각심리학자

J.J. 깁슨Gibson[14]에 의하면, 유기체와 환경을 이원론적으로 구분 지을 수 없다. 따라서 심리학은 인간 마음 내의 표상, 계산 등의 연구에 초점을 맞출 것이 아니라, 유기체가 살아 움직이고 또 상호작용하는 환경, 즉 자극세계의 생태적 본질에 초점을 맞추어야 한다. 심리학이 해야 할 일이란 환경자극들의 변화 속에 내재하는 특성(invariant properties)을 탐지하는 것이다. 또한 자극은 유기체에게 외부에서 부과되는 것이 아니라, 유기체의 행위에 의해 비로소 산출되고 획득되는 것이다. 따라서 마음이란 수동적으로 외부자극을 수용하고 낱개 정보를 표상으로 저장하는 것이 아니라, 유기체가 환경에서 무언가 활동을 하여, 그 결과에 따라 심적 경험 내용이 획득되는 것이다. 외부 자극에서 의미를 추출하는 것은 환경에 대한 유기체의 행위이다.

동역학 체계적 접근: 켈소Kelso[15] 등은 기존의 인지주의 전통이 심적 상태를 어느 정적인 시점에 고정되어 있는 것으로 쪼개고 나누어 이론을 세워 온 것에 반反하여, 심적 상태가 시간에 따라 어떻게 변하는가 하는 역동을 연구하는 것이 인지과학과 심리학 이론의 핵심이 되어야 한다고 주장하였다. 동역학적 체계(dynamic system)의 활동으로서의 심적 활동을 강조하는 이 입장에서는 마음의 내용인 내적 표상의 전제(고전적 인지주의의 대전제)를 불필요한 것으로 본다. 심적 활동이란 마음속에서 일어나는 것이 아니라, 마음 밖의 환경과 분리될 수 없이 환경에 체화된(embodied) 마음이 환경과의 상호작용 실實시점에서 비로소, 그리고 상황 특수적으로, 환경에서 주어진 단서 구조들과의 상호작용에서 일어나는 비표상적 역동체계적 활동이라고 보는

것이다.

발견법-편향 연구: 데카르트의 인식론에 바탕하여 마음을 논리적 규칙이 지배하는 합리적 정보처리체로 간주했던 전통적 인지주의의 관점을 수정하게 한 인지심리학적 연구 흐름으로, 인간의 각종 판단과 추리의 오류가 고전적·논리적 합리성으로는 설명이 불가능하며 실용적(정보처리의 효율성 위주의) 합리성에 기초한 발견법 중심이라는 입장이다.[16] 이 입장에 의하면 인간이 감정을 갖고 있기 때문에 비합리적 존재라는 것이 아니라, 인간의 인지적 특성의 본질 그 자체가 '제한된 합리성(bounded rationality)'이며[17], 논리적 합리성 원칙의 체계가 아닐 수 있다는 것이다. 마음은 완벽한 계산을 논리적으로 전개하는 그러한 체계가 아니라 생태적 합리성 원리에 의하여 환경에 적합한 단순하고, 빠르고, 검약한 휴리스틱스를 생성하는 체계라는 것이다.[18] 이는 인간 이성의 비합리성을 주창하여온 포스트모더니즘 등의 유럽의 인문학적·사회과학적 관점을 경험적으로 지지하는 것이다. 이 연구는 인간의 판단과 결정, 그리고 추리 과정의 논리적 합리성에 대한 본질적 회의를 제기하여 마음 개념의 다른 측면의 재구성을 촉진시켰으며, 최근에 진화심리학적 연구와 연계를 지니면서 그 논지에 무게가 더 실려지고 있다.

진화심리학적 접근: 코스마이즈Cosmides와 투비Tooby[19] 등이 중심이 되어 제기된 진화심리학적 접근은 심리학 전반과 인지과학을 재구성하는 또 하나의 대안적 틀을 제공하고 있다. 진화심리학에서는 진화의

320

자연선택 과정들에 대한 설명을 통해 마음의 진화적 특성을 밝히고, 그것이 주는 의의를 찾는다. 마음은 다른 신체적 체계와 마찬가지로 진화 단계에서(특히 원시 수렵채집 시대에) 인류의 선조들이 그 당시에 당면하였던 환경에서의 중요한 정보처리 문제들을 해결하거나 어떤 특정한 기능을 수행하도록 자연선택에 의해서 조성된 것이다. 그러한 단계에서 습득된 심적 특성이 오늘날의 인간에게서 그대로 나타나고 있는 것이다. 진화심리학의 최근 입장에서 본다면 고전적 인지주의 틀의 마음 개념은 수정되어야 하는 것이다.

상황적 접근: 행위로서의 마음 : 이것은 인간의 마음을 '상황지워진 (situated)' 관점에서 재구성하려 한다. 이 접근은 환경 속에서 상호작용하며 살아가는 인간의 행위로서 마음의 작용을 설명하고자 하며, 환경이 인간의 심적 특성과 한계를 규정 제약하고 거꾸로 인간의 심적 구조가 환경을 규정하고 변화시키는 그러한 상호작용의 관계 속에서 마음을 연구하고자 한다. 따라서 외부 환경과 고립된 개인 내부에서 일어나는 심적 과정과 그것에 의해 의미를 지니는 표상을 마음의 본질로 보는 데카르트적 고전적 인지주의 관점과는 다른 입장을 제시한다. 즉 세상 속에서 적응하고 활동하는 존재이자 세상의 일부로서 한 개인이 사회적 상호작용 속에서, 그리고 물리적 환경의 자연물과 인공물과의 상호작용 속에서 이루어지는 담화에 의해 구성되고 의미를 지니며, 구체적인 신체에 구현된 실체로서의 인간 마음, 환경 내의 다른 인간의 마음이나 각종 인공물에 분산 표상된 마음, 문화적·사회적·역사적으로 상황지워진 마음, 행위로서의 마음(mind as activities) 등을 인간의 본질로 보려는 것이다.[20]

마음은 뇌 속에 캡슐화되어 있는 것이 아니라, 인간과 환경(물리적, 사회적)과의 상호 작용 속에서 구현된다. 고로 환경으로부터 독립된 마음이란 불가능하다. 뇌를 넘어서 환경의 인공물, 외적 표상이 일상의 마음의 작용 과정에서 흔히 사용되기에, 마음과 환경은 불가분의 관계에 놓여 있다. 인간의 지식은 경험되는 상황 또는 일련의 범위의 상황들과 완전히 괴리되거나 탈맥락화 될 수는 없다. 마음속에는 항상 어떤 문화적 맥락이 있다. 관련된 입장의 하나로 볼 수도 있는 **인지생물학 입장**[21]에서는 인지의 마음의 뿌리가 인간 존재의 생물학적 바탕에 뻗어 있다고 본다. 따라서 생물적 삶과 심적 행위, 심적 내용이 하나로 얽혀져 있다고 보는 것이다.

다른 한 접근인 **담화적 접근**의 관점은 다음과 같다.[22] 인간은 능동적 이고 사회적으로 의미있는 관계와 에피소드를 구성해 나아가는 존재 이다. 사회적 세계는 담화적 (discursive) 구성인 것이다. 따라서 인간의 마음은 사회 문화적 집단에 의해 형성되고 구성되는 담화에 의해 규정되는 것이다. 세상을 한 개인에게 의미있게끔 하는 기술과 기법의 영역이 마음이다. 따라서 데카르트식의 마음의 개념은 버려야 한다. 마음이란 개인을 넘어서는 여러 외적 영향들이 마주치는 점이다.

매개된 행위(mediated cognition) 접근: 비고츠키Vygotsky의 이론틀[23]에 기초하는 이 접근에서는 문화 사회적 상황 맥락에서 인간 개인과, 매개 수단으로서의 문화적 도구가 하나의 단위를 이루어 상호작용하 는 것에 초점을 둔다. 인간의 마음이 인류 역사적·문화적·제도적 맥락에 의하여 형성되었기에, 인간의 마음은 이러한 환경 맥락에서의 발달 역사를 고찰함으로써 이해될 수 있다는 것이다. 이러한 입장에서는 문화적 도구(언어를 포함)와 개인을 별개의 독립적 단위로 떼어놓아서는 인간의 마음을 이해할 수 없다고 본다. 이상에서 언급한 마음의 '밖으로 끌어냄'을 지향하는 이러한 접근들의 개념과 이론, 그리고 실제 연구 수행의 관행들은 인지과학의 패러다임적 특성을, 그리고 개념적·기초적 생각들과 방법론들을 점차 변화시키고 있다.

4. 계속되는 탈-데카르트적 추세 : 21세기의 철학과 인지과학의 움직임들

1) 인지과학 일반에서 '마음＝뇌' 동일시 관점의 비판

앞서 언급하였듯이 심리학과 인지과학에서 뇌의 중요성을 되살려 놓은 '아래로의 끌음'[1-5), 1-6)의 내용]의 움직임은 엄격히 이야기하자면 기존의 데카르트적 존재론의 틀을 벗어나지 못한 채 전개되고 있는 틀이다. 뇌의 중요성을 강조하고, 마음은 다름 아닌 뇌의 신경적 상태일 뿐이라고 하는 입장의 저변에는 마음에 작용하는 외적 환경 요인의 계속된 역동적 영향이, 그리고 개별 상태의 집합이 아닌 연속적 역동으로서의 마음의 개념이 배제되어 있다. 또한 마음이 뇌의 신경적 상태에 의하여 결정된다는 입장을 전개하였지만, 뇌가 아닌 나머지 몸의 역할에 대하여는 이론적 주의를 주지 않았다.

뇌와 마음을 동일시한다든지, 몸의 기타 부분이나 환경요인을 경시하는 이러한 기존의 인지과학적, 신경과학적 관점들에 대한 비판적 견해가 철학에서는 옛부터 있어 왔으나, 주로 현상학적 입장의 학자들

중심으로 전개되었기에, 실험적 경험자료를 중시하는 일반 심리학이나 인지과학계나 신경과학계에서 큰 영향을 미치거나 주류를 이루지는 못하였었다. 하지만 21세기 초의 이 시점에서 기존 고전적 관점을 재구성하여야 한다는 비판적 목소리가 철학에서, 그리고 인접학문에서 다시 점차 커지고 있다.

최근의 인지과학적 논의들은 전통적 관점인 환원주의적 심신동일론뿐만 아니라 주체-개체 이분법의 데카르트적 존재론을 벗어나려하고 있다.[24] 마음을 뇌 내에서 일어나는 신경적 과정으로 보는 '뇌=마음'이라는 관점에서 벗어나, 인간의 마음이 물리적·사회적 환경에 확장되어 있으며(심적 현상은 단순히 뇌의 활동에서 출현하는 것이 아니라, 뇌, 몸, 환경의 상호작용적 총체에서 출현한다[25]), 환경에 신체로 체화된(embodied) 개체가 환경과 상호작용하는 행위상에서 일어나는 것임을 거론하고 있다.

이러한 새 입장의 연원을 거슬러 올라가면, J. Dewey, R. Rorty 등의 실용주의 철학자들과 하이데거Heidegger, 메를로퐁티Merleau-Ponty 등 대륙의 현상학적 철학자들에서 그 뿌리를 찾을 수 있을 것이다. 표상주의와 계산주의를 추종하여온 인지과학에 반대하여 이러한 대안적 관점의 타당성을 1980년대와 1990년대 초에 강하게 부르짖은 것은 H. 드레이퓌스Dreyfus나 J. 설Searle, A. 클라크Clark 같은 일부 인지과학 철학자, 언어학자들이었다. 그러나 이들의 주장은 일반 경험주의 과학자들에 의해 중요하게 수용되거나 새로운 주류틀로 발전되지 못하였다. 이러한 정체 상황이 변하기 시작한 것은 1990년대에 철학이 아닌 경험과학의 도움을 받게 되면서부터이다.

20세기 중반의 인지주의 형성 이전에, 마음과 뇌의 신경적 상태를 동일시하고 환경적 요인을 경시하는 것에 대한 비판적 관점을 제기한 것은 경험과학인 심리학에서 찾자면 W. 제임스James, K. 르윈Lewin, 그리고 J. J. 깁슨Gibson 등을 들 수 있을 것이다. 이 중에서 이미 위에서 언급한 바와 같이 지각심리학자 깁슨은 유기체와 환경을 이원론적으로 구분 지을 수 없으며, 심리학은 인간 마음 내의 표상, 계산 등의 연구에 초점을 맞출 것이 아니라, 유기체가 살아 움직이고 또 상호작용하는 환경, 즉 자극세계의 생태적 본질에 초점을 맞추어야 하며, 마음은 자극들의 변화 속에 내재하는 특성을 탐지하는 것이라고 보았다. 자극은 유기체에게 외부에서 마음으로 또는 뇌로 일방적으로 부과되고 표상되는 것이 아니라, 유기체의 행위에 의해 비로소 산출되고 획득되는 것이다. 마음이란 수동적으로 외부자극을 수용하는 것이 아니라, 유기체가 환경으로 무언가 활동을 하여, 그 결과에 따라 심적 경험 내용이 획득되는 것이라고 보았다. 한편 텔렌Thelen과 스미스Smith[26] 등의 발달심리학 연구자들은 어린아이가 걷기를 학습하는 행동 등을 뇌 내의 내적 표상 개념이 없이 동역학체계(dynamic system)적 틀을 적용하여 설명하는 것이 더 적절함을 보였다.

철학 이 외에서 전통적인 관점을 비판한 주장이 제기된 것은 심리학 외에도 인류학, 인공지능, 로보틱스, 신경과학 연구의 일부를 생각할 수 있다. 인지인류학자인 E. 허친스Hutchins[27]는 몇 사람이 함께 협동하여 움직여 나가는 요트 항해와 같은 실제 예에서, 모든 정보가 개인의 뇌 내에 표상으로 저장되어 있는 것은 아니고 환경에 분산 저장되어 공유되고 있음을 보여 주었다.

인공지능학자 R. 브룩스Brooks[28]는 그 당시 인지과학 전반을 풍미하던 접근인 내적 표상 조작 중심의 인공지능시스템 관점이 한계를 지니고 있으며, 바퀴벌레와 같이 뇌 내의 정보 표상이 없는 (nonrepresentation) 지능시스템이 앞으로의 로보틱스 연구가 지향하여야 할 방향임을 설득력 있게 보여 주었다.

깁슨Gibson, 텔렌Thelen, 허친스Hutchins, 브룩스Brooks 등 학자들의 공통점은, 마음이란 특정 지식이 정형적 표상으로 뇌에 미리 내장됨이 없이, 환경과 괴리되지 않은 개체인 인간이 환경에 주어진 단서구조들과 상호작용하는 실시점의 인간 행위에서 일어나는 비표상적·역동적 활동이라고 본 것이다.

한편 신경과학에서 R. 멜작Melzack 등은 뇌와의 연결이 단절된 척추체계가 통증 감각과 학습에서 일종의 인지적 반응을 보인다는 것과, 신경계가 아닌, 전신에 퍼져 있는, 홀몬 관련 세포 수용기들이 정서반응에 중요한 역할을 한다는 것을 보임으로써, 정서적·의식적 사건이 뇌만의 사건이 아닐 가능성을 보여 주었다. 즉 '마음=두뇌' 식의 단순화된 생각의 문제점을 제기하였다. 또한 유명한 신경심리학자인 M. 파라Farah[29], 신경지각심리학자 W. 우탈Uttal[30] 등도 마음과 뇌를 동일시하여, 뇌의 어떤 부위에서 어떤 심적 기능을 담당한다는 뇌기능 국재화(localzation) 탐구가 곧 마음의 속성을 밝혀주는 것처럼 생각하는 단순한 관점이 지닌 위험을 제기하였다.[31] 마음과 뇌를 동일시하는 것은 범주오류라는 지적도 나왔다.

그렇기는 하지만 인지과학 내의 경험과학에서의 이러한 새 관점의 가능성에 대한 논의는 인지과학적 철학이 연계되어 묶여지기 이전에

는, 학계를 지배하고 있는 데카르트적 틀의 고전적 인지주의에 대한
비조직적 산발적 압력 제시 수준에 머물 수밖에 없었고, 인지과학,
신경과학, 심리학의 기반에 놓여 있는 데카르트적 존재론을 무너뜨리
지 못하였다.

2) 철학에서 마음 개념 재구성의 시도

그런데 이제 21세기 초, 현재의 시점에서 인지과학적 철학이 이러한
움직임에 적극적으로 다시 가담하기 시작한 것 같다. 앞서 언급한
바 있는, 인지과학의 경험과학적 연구의 새 변화들이 어떤 하나의
새로운 패러다임으로 묶여질 수 있는가 하는 철학적·개념적 기초
작업이 다시 이루어지기 시작한 것이다. 마음과 뇌가 동일한 것이
아닐 수 있으며, 마음은 뇌를 넘어서, 비신경적 신체, 그리고 환경,
이 셋을 포함한 총체적인 집합체에서 일어나는 그 무엇으로 개념화하
여 인지과학의 기초를 재구성하는 작업이 부활된 것이다.

　앞서 언급한 바와 같이, 이전에 현상학 철학자들에 의해 논의된
입장이 1980년대에 인지과학 철학자들에 의해 이미 논의되었고, 이것
이 21세기 지금 시점에서 다시 힘을 얻는 이러한 작업들은 다음과
같은 논저들에서, 그리고 학술모임 등에서 드러나고 있다.

　최근의 관련 저서로서는 신경과학자와 철학자가 공동작업하여,
신경과학의 철학적·개념적 기초가 박약함을 주장한 책인 베네트
Bennet와 하커Hacker의 저서[32], 지각도 사고도 감각-운동적 신체적
행위(act)에 바탕하고 있다는 철학자 노어Noe의 저서[33], 마음은 뇌
자체도, 기계 속의 도깨비도 아니다라는 주제로 강하게 '마음=뇌'

관점을 비판한 철학자 T. 록웰Rockwell의 저서[34], 뇌 속의 마음이 아니라 몸과 괴리되지 않으며 세상과 괴리되지 않은 마음으로 인지로 재개념화하여야 한다는 철학자 휠러Wheeler의 저서[35], 몸 이미지가 아닌 몸 스키마의 개념을 사용하여 '몸이 마음을 어떻게 조형하는가' 하는 주제를 다룬 철학자 갤러거Gallergher의 저서[36], 철학 밖에서, 몸을 배제한 체화되지 않은 상호작용의 개념으로는 인간간의 상호작용을 설명할 수 없다는 컴퓨터과학자 두리쉬Dourish의 저서[37], 마음은 뇌 안에 있거나 개인 안에 있는 것이 아니라, 뇌를 넘어서, 개인을 넘어서 있다는 윌슨Wilson의 저서[38] 등이 있다. 이 외에도 여러 관련 논문들이 있으며, 최근에 개최된 학술모임으로는 2006년에 유럽 등에서 개최된 '확장(외연)된 마음', '확장된 인지', '상황적 인지', '체화된 인지' 등이 있다.

이러한 논저나 학술모임에서 학자들은 고전적 인지주의나 신경과학의 주장을 넘어서서, 몸, 그리고 환경과 괴리되지 않은 행위로서의 마음의 측면을 강조하고 있다. 뇌나 몸과는 괴리된 계산적 정보처리적 마음을 논한 *고전적 인지과학의 마음 개념을 인지신경과학이 뇌 속으로 넣어주었다면, 이제는 그 뇌를 몸으로, 그리고 다시 그 몸을 환경으로 통합시키는 작업을 하여야 한다*'는 입장이라고 볼 수 있을 것이다. 마음은 뇌 속에서 일어나는 신경적 상태나 과정이라고 하기보다는, 신경적 기능구조인 뇌, 뇌 이외의 몸, 그리고 환경의 3자가 괴리되지 않은 총합체(nexus) 상에서 이루어지는 행위 중심으로 재개념화되어야 한다는 것이다.

3) 21세기 초 현재 인지과학의 마음 개념 재구성의 시사

자연과학적 인지과학과 인문학의 철학을 연결하여 새로운 틀을 이루어 내려는 이러한 작업은, 이미 언급한 바처럼 지난 20세기 초에, 마음의 문제를 협소한 주관적 차원에 국한하지 않고 개념화한 고전적 실용주의 철학의 계승이라고도 볼 수 있으며, 주체와 객체가 괴리되지 않은 세상속의 존재로서의 인간의 일상적 인지를 강조한 현상학적 재구성이라고도 할 수 있을 것이다. 심하게 말하자면 '*데카르트적 틀의 관에 하이데거적 못을 박는 작업이라도 할 수 있을 것이다.*'[39] 이러한 관점의 논의는 국외에서나 국내에서나 현상학 철학자들에 의하여 많이 논의되어 왔던 것인데, 이제 인지과학 일반과 경험과학인 심리학에서 그 논의를 진지하게 다시 고려하기 시작한 것이다.

다시 이야기하자면, 본질적인 물음, "내 몸은 나에게 과연 무엇인가? 몸은 내 마음에 어떠한 의미를 지니는가?" 하는 물음과 관련하여 전통적 서구사상의 심신이원론과 환원주의적 일원론을 넘어서서 인지과학의 '제3의 흐름(the Third Movement)', '확장된 마음(Extended Mind)', '체화된 마음(Embodied Mind)' 등의 이름으로 불리며 많은 논의가 현재 진행되고 있는 것이다. 물론 이러한 입장에 대한 비판적인 입장을 주장하는 인지과학자들이 상당히 있으며, 인간의 마음이 뇌를 넘어서서 밖에 있을 수 있다는 가설이 경험적 입증을 강조하는 현재의 인지과학적 논쟁의 전개에서 가까운 시일 내에 성공하기는 그리 쉽지 않은 듯하다.

그렇기는 하지만 이러한 마음 개념 재구성의 새 흐름이 과학적 논의 과정에서 당장 성공하건 아니건 간에 21세기 초의 심리학, 인지과

학, 신경과학, 인공지능 및 로보틱스, 그리고 주변 인문학 및 사회과학
과의 연결에 어떠한 형태로건 (기초이론적으로, 그리고 구체적 응용
연구와 적용의 형태에) 영향을 주리라고 본다.

재구성된 마음 개념의 입장에 의하면, 인간의 고차적인 마음, 심리
과정, 인지과정은 환경과의 상호작용에 바탕하여서 비로소 가능해지
는 것이고, 그러한 환경과의 상호작용 능력은 몸과 마음이 하나인
'체화(육화)된 마음'이 환경과 (감각운동적으로) 엮어져 들어감으로써
(engagement) 비로소 가능한 것이다. 따라서 몸을 떠난, 몸과 괴리된,
몸에 바탕하지 않은 마음이란 이론적으로 존재할 수 없는 것이고
근거가 없는 것이며, 환경과는 독립적으로 따로 존재하는 마음이란
가능하지 않은 것이다. 머리, 두뇌 속에 미리 따로, 개별적 심적 자료로,
개별적 심적 과정으로서 들어 있고 그냥 나오기만 하면 되는 그러한
마음이 아니라, 몸과 마음이 하나로 작동하는 체화된 마음이 환경자극
과 역동적으로 새롭게 또는 다시 엮어져 들어갈 때에 그때에 비로소
내 마음, 내 마음의 내용이 활동으로서의 마음이 존재하는 것이다.
내 몸 따로, 내 마음 따로, 내 환경 따로 존재하는 것이 아니다라는
주장이다.

이러한 주장이 철학자들의 추상적·개념적 주장에만 머물고 있는
것이 아니라 경험적 연구를 하는 심리학자들의 실험 연구와 이론적
모델 전개에서도 그런 관점을 반영한 경향이 점차 나타나고 있다.
이미 1990년대 초반부터 발달심리학을 중심으로 전개되어온 동역학
체계적 접근은 감각운동에 바탕한 심적 행위의 비선형 변화 모형을
중심으로 하여 기존의 인지과학적, 신경과학적 접근의 대안을 제시하

330

여 왔다.

심리학적 연구와 철학의 '확장(연장)된-체화된' 마음 개념이 연결되는 최근의 심리학적·경험과학적 탐구의 예를 들자면, 스피비Spivey[40]의 시각 및 언어에 대한 연구나 즈반Zwaan 등의 언어 연구[41]의 연구를 언급할 수 있을 것이다. 이 연구들에서 공통적으로 제기되는 주제는, 뇌가 환경자극을 개별적 상징(기호)으로서, 비연속적 신경상태로 내재화하여 표상으로서 저장하는 것이 아니라, 몸과 환경의 자극과, 지각, 운동, 인지, 행위가 하나의 통합적 바탕에서 엮어져 전개되는 연속적 역동적 활동으로서 마음의 내용과 과정이 개념화되는 것이다.

5. 마음과 몸, 환경의 연결: 체화된 마음 접근

그러면 인지과학, 심리학의 제3의 대안이라는 '체화된 마음' 접근의 핵심적 주장을 어떻게 정리할 수 있을까? 전통적 인지주의에 대한 대안 관점으로(post-cognitivism) 제시된 '체화된 마음(Embodied Mind)' 접근의 중심 주장을 다음과 같이 다시 정리할 수 있을 것이다.

1) 체화된 마음 접근의 요체

"마음이 제대로 작용하기 위해서는 몸 또는 환경의 개입이 필수불가결하다는 의미에서 마음은 몸과 환경에 체화되어 있다고 한다. 우리는 마음이 체화되었다는 주장을 존재론적 차원과 인식론적 차원에서 분석할 수 있다. 먼저 존재론적 차원에서 보면 그 주장은 마음이 뇌를 포함한 몸에 구현되어 있다는 것을 의미한다. 체화된 마음 이론에 따르면 마음은 몸과 분리될 수 없고(실체이론과 대립), 마음은 뇌와 동일하거나 뇌의 인과적 기능도 아니며(동일론, 기능주의와의 대립), 다른 한편 마음이 체화되었다는 주장은 인식론적으로 보았을 때 마음을 몸 또는 환경과의 관계에서 고려함으로써 그것을 더 잘 이해할 수 있다는 것을 의미한다(이영의, 2009)."[42]

체화된 마음의 보는 틀은 "미시적, 신경적 또는 생물적 단위 수준에서 모든 것을 설명하려는 연결주의와 같은 낮은 설명 수준의 접근이 지니는 한계, 그리고 그보다 한 수준 위에서 명제 중심으로 논리적 체계에 의해 설명하려는 고전적 인지주의의 정보처리 접근이 지니는 제한점을 벗어나려 한다. 즉 환경과는 독립적으로 한 개인 마음 내부에서 일어나는 정보의 인지적 표상이나 처리가 아니라, 환경 속에서 살며, 이와 상호작용하며 살아가는 인간의 행위로서 인지를 설명하고자 하며, 환경이 인간의 인지의 특성 및 한계를 규정, 제약하고 인간의 인지구조가 환경을 규정하고 변화시키는 그러한 상호작용의 관계 속에서의 인지를 연구하고자 한다. 세상 속에서 적응하며 활동하는 존재이며 세상의 일부로서의 한 개인이 사회적 상호작용 속에서, 그리고 물리적 환경의 자연물과 인공물과의 상호작용에서 이루어지는 담화에 의해 구성되고 의미를 지니는, 그리고 구체적인 신체에 구현된(embodied) 실체로서의 인간 마음, 그리고 환경 내의 다른 인간의 마음이나 각종 인공물에 분산 표상된 마음, 문화적·사회적·역사적으로 상황지워지며 행위로 구성되는 마음으로서 보려는 것이다.[43]

체화된 인지를 다룬 반디즉van Dijk 등[44]과 비카드Bickhard[45]의 글에서 '마음' 개념 일반보다는 '인지' 개념 중심으로 체화된 인지 입장의 요점을 보면, 뇌라는 것은 마음이나 인지의 특성을 결정하는 여러 요소들의 하나일 뿐이며, 고차적 마음 특성은 단순히 그러한 심적 기능과 관련된 뇌의 부위를 규정함을 통하여 제대로 나타낼 수 없다. 더 나아가서 캘보Calvo와 고밀라Gomila[46]에 의하면 '체화된 마음'의 요체는 체화됨(embodiment)보다는 상호작용성(interactivism)과 역동성(dynamicism)이며, 이 관점은 다음과 같은 핵심 주장을 전개한다.

체화된 마음 접근에 의하면, 환경과의 심적·역동적 상호작용은 몸에 의존하며, 따라서 감각운동적 측면이 인지의, 마음의 핵심이 되며, 고차 심적 기능도 이러한 기초의 제약과 허용 틀에서 이해되어야 한다. 또한 지각은 능동적이고, 행위는 지각에 의해 인도되며, 신경계·몸·환경 요인이 실시간 상에서 상호작용하는 것을 이해함을 통하여 과학적 설명이 주어진다. 전반적 계획이나 통제가 없이 분산된 단위들의 지엽적 상호작용에 의하여 자가조직적으로, 창발적으로 출현하는 것이 심적 현상이며, 마음은 환경에 확장된(extended), 상황 지워진(situated) 것으로 분석, 이해되어야 한다. 자연적·생태적 상황에서의 맥락이 고려되어 이해되어야 하고, 전통적·논리적·형식적 접근보다는 역동적 시간 경과와 상호작용성을 다루기에 적절한 형식적 접근을 통하여 탐구되어야 하며, 신경생물학적 가능성(plausibility)이 반드시 고려되어야 하고, 현상의 과정이 어떻게 (주관적으로) 체험되는가 하는가에 대한 현상학적 접근도 설명적 구성요소로 반드시 들어가야 한다.

즉, ①뇌를 포함하는 몸과, ②환경(각종 물리적, 사회적, 심리적)과, ③그리고 이 둘이 연결되는 상호작용적 활동(interactivity)의 세 측면이 서로 괴리되지 않고, 하나의 역동적 전체로서, 표상의 존재를 전제함이 없이 개념화되는 그러한 접근을 하여야 하는 것이다

2) 체화된 마음 접근의 두 형태

체화된 마음을 주장하는 입장은 그 접근의 강력함 정도에 따라서 다음 두 개의 접근으로 나눌 수 있다. 하나는 약한(온건한) 체화된 마음 입장이고, 다른 하나는 강한(급진적) 체화된 마음 입장이다.[47]

약한(온건한) 체화된 마음 입장은 기존의 고전적 인지주의 관점을 기본 틀로 인정하고, 단지 그에 더하여 심적 표상이 어디에서 오는가 하는 표상의 원천(source)을 인지주의에서 강조하는 형식적(정형적, formal)·명제적 상징(기호)이 아니라, 감각운동(sensory-motor)적 기반에 근거함, 즉 몸이 환경과 상호작용하는 활동 정보에 근거함을 강조하려는 입장이다. 고전적 인지주의나 인지신경과학적 접근의 주안점인 마음의 본질이 표상을 형성하고 저장하고 이를 활용하는 계산(computation) 과정임을 인정하되 심적 표상의 바탕을 몸의 활동에서 찾는 입장이다.

반면 강한(급진적) 체화된 마음 입장은 기존의 고전적 인지주의의 전반적 문제점, 특히 특정 시점의 정적인(static) 표상, 그리고 추상화된 표상, 통사적 언어적 명제적 표상을 강조하는 문제점을 지적하고, 이러한 기존의 고전적 인지주의 틀로서는 실제로 일어나는 인간 활동의 역동적인 측면에 기초한 인간 마음의 본질을 살릴 수 없고, 이론적으로 접근할 수 없다고 보며 고전적 인지주의의 관점을 부정한다. 특정한 시점에서의 마음의 표상이 아니라, 이어지는 연속된 시점 상에서

역동적으로 변화하는 궤적을 그리는 환경과 몸을 통해 상호작용하는 역동적 활동으로서의 마음으로 보아야 한다는 것이다. 즉 마음(mind) 을 역동적 체계(dynamic systems)로 보아야 한다는 것이다.

6. 마음 개념의 재구성과 환경자극의 역할

이상의 논의는 전통적인 서구적 과학의 입장과는 다른 관점에서 마음 의 개념을 재구성하여야 할 필요성들을 제시하고 있다. 환경과 독립된 채, 뇌 속에 자리잡은 추상적 표상체계로서의, 상징표상의 조작 정보 처리로서만의 마음이라는 데카르트 전통의 고전적 인지주의가 마음에 대한 충분한, 적절한 설명을 줄 수 있는 것이 아님이 드러났고, 환경과 괴리된 실체로서의 뇌 속에 신경적 활동으로 존재하는 마음을 벗어나 서 밖으로의 재 개념화가 이루어져야 함이, 그리고 환경자극의 연속적 이고 역동적인 역할에 눈을 돌려야 함이 분명해진다.

　현재 진행되고 있는 마음 개념의 재구성 작업에 의하면, 마음은 뇌 속에 캡슐화되어 있는 것이 아니라, 인간과 물리적 혹은 사회적 환경과의 상호작용의 역동선상에서 자연환경을 비롯하여 인공물 환경 에 확장, 분산되어진 마음이다. 이러한 마음에서는 많은 내용을 기억 속에 명시적으로 표상하지 않으며, 암묵적 상태로 환경에 내재화하게 내버려둔다. 분산된 표상, 확장된 인지의 특성이 강한 것이다. 따라서 환경자극의 주 역할은 표상의 지표적 표상(indexical representation) 저장 및 재구성의 역할을 하게 되는 것이다. 상황이 주어지면 이러한 환경자극 맥락 단서에 근거하여 최대한으로 즉석에서 변통하여 내는

(ad lib) 전략을 활용하는 체계인 것이다.

세상을 지나치게 정적 구조로 표상화하고 모형화하여 저장하는 것을 피하고, 실시간의 감각운동-행동-산출 체계의 요구에 맞도록 세상에 대한 모형화를 시도하며, 어떤 특정한 체계(동물이건, 사람이건, 로봇이건)의 요구나 생활양식과 그 체계들이 반응해야 하는 정보를 포함한(information bearing) 환경 구조의 적합한 짝을 찾아내는 것에 초점이 주어진 체계이다. 심적 계산 과정이 외적으로 시공간에 확산·확장되어 있고, 사고가 환경에 내재되어 있다는 것이다. 즉 행동, 활동과 괴리된 심적 표상이 아니라, 무슨 활동을 내어놓아야 할지를 가리키는 지표로서의 단서적 표상이 외적 환경에 심어져 주어지는 것이다. 그리하여 활동과 환경적 단서가 밀접히 연결되는 것이다. 인공물[48]과 같은 매개적 도구와 이와 상호작용하는 매개적 행위는 사회문화적으로 상황지워진 것이며, 매개적 수단(도구)은 그 나름대로 '사용가능성의 제공(affordance)'과 제약(constraints)을 지니고 있다. 비고츠키Vygotsky 등의 입장을 따르자면, 상황적 행위자와 매개적 도구와의 관계는 행위자가 그 도구를 어떻게 사용하는가를 알게 되는 '행위로서 습득하는(knowing how)' 과정과, 그와 더불어 도구 사용의 사회적 속성을 '제 것으로 삼기(appropriation)' 과정에 의해 이루어진다고 볼 수 있다. 환경자극과 마음이 별개인 것이 아닌 것이다.

마음의 개념을 몸을 넘어서 환경으로 확장하고 또한 환경자극의 역할 개념을 위와 같이 재개념화한다면, 인간의 몸과 마음을 둘러싸고 항상 영향을 주고 있는 환경자극의 대부분인 온갖 인공물과 마음의 관계도 재정립되어야 할 것이다.

인간이라는 종의 진화는 순수한 신체적 진화, 마음의 진화의 역사라고 하기보다는 인간의 마음과 몸이, 인간이 만들어낸 인공물과 공진화해 온 역사라고 볼 수 있다.[49] 단순히 인간이 인공물을 만들고 활용한다는 일방향적인 활동에 의하여 인간의 진화가 이루어졌기보다는, 인공물이 인간의 신체적·심리적 활동을 확장시키고 또 제약하기도 하는 쌍방향적 상호작용 과정으로 진행되어 왔다고 볼 수 있다. 인공물과 인간 마음이 오랜 세월에 걸쳐 공진화하였다면, 그 과정에서 인간의 마음속의 어떤 내적 표상 구조, 특히 외부 세계와 자신의 문제 상황 간의 관계에 대한 가설적 구성개념들이 외현화되고 물리적 환경에 구현되어 인공물이 도구가 되었을 것이다. 그리고 이러한 외현화 및 구현 과정 속에서 인간의 뇌와 마음, 특히 인지는 끊임없이 외부 세계의 역동적 변화와 상호작용하며 외부세계와 인간의 마음, 그리고 그것을 연결해주는 표상체계를 재구성 내지 창안해 가며 변화되었을 것이다.

그렇다면 인간 마음의 진화란, 인간 마음속의 생각을 외현화하여 인공물에 구현하고, 인공물을 활용하는 활동을 통하여 다시 그 도구의 어떤 특성이 마음속으로 내재화되고, 그 결과로 그 인공물에 대한 개념이 변화하고, 이것이 다시 외현화되어 인공물을 변화시키고, 이것이 다시 마음으로 되먹임(피드백)되고 하는 마음과 인공물을 오가는 끊임없는 '되돌이 고리'에 의한 것으로 볼 수 있다. 그리고 그 되돌이 고리는 지금 현재에도, 그리고 미래에도 그치지 않고 되풀이될 것이며, 그를 통하여 우리의 심적 능력과 특성의 변화, 삶의 변화가 초래될 수 있다.

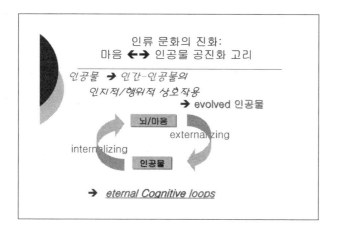

인간의 삶은 인공물과의 상호작용을 빼놓고는 생각하기 힘들다. 따라서 인간의 마음 작용의 본질을 탐구하고 이해하는 데에 인공물(넓게는 환경의 모든 대상)과 인간과의 관계, 특히 인간의 마음과의 관계에 대한 적절한 재개념화가 필요하다. 더구나 테크놀로지의 가속적 발달 단계를 분석하여 볼 때에, 인공물의 정수인 컴퓨터가 인간의 지적 능력을 넘어서고 기계와 인간의 경계가 애매하여지는 특이점이 2030년대 내지 2050년 이내에 도래할 수 있다는 최근의 논의를 고려한다면, 인간의 마음, 지적 능력에 대한 개념화에서 세상(환경)의 대부분을 차지하는 인공물을 도외시한다는 것은 문제가 있다.

그런데 1990년대 전반까지의 인간-인공물 상호작용의 연구는 전통적인 데카르트적 인식론에 기초한 이론에서 벗어나지 못했었다. 인간의 마음은 환경과는 독립적으로 존재하고, 독자적인 표상을 지닌다는 것이 데카르트적 인식론의, 그리고 전통적인 심리학의, 인지심리학의 중요한 부분이었다. 하지만 이러한 입장에 바탕하여, 표상화된 개별

지식의 전달과 이를 표상으로 수용하는 것으로 인지적 활동과 인간-인공물 상호작용을 개념화했던 전통적 심리학, 인지과학의 관점은 '인공물에 의하여 매개된 인간-인간 상호작용'의 일부 현상을 설명할 수 있으나, 역동적인 인간-인공물 상호작용(사이버 공간에서의 역동적 인지 현상 포함)을 설명하기에는 부적절하였다.

고전적 인지주의의 마음 관점은 환경과 마음의 상호작용의 본질에 대한 부족한, 내지는 잘못된 개념화를 제시함으로써 인간의 심적 특성에 부합되지 않은 인공물 환경을 생산하고 활용하게 하였으며, 그러한 인공물의 사용성(usability)의 빈약으로 인해 인공물 사용자에게 불편을 초래하였고, 인공물의 제작 목적이 왜곡되거나 극히 일부분만 활용되게 하였다. 이로 인하여 인간의 마음과 인공물의 상호작용은 부조화를 일으키고, 어떤 면에서는 진화의 방향과는 어긋나는 방향으로 심적 적응이 전개되게끔 하였다. 인간의 마음이 뇌 속에 갇힌 인지가 아니라 능동적으로 환경과 상호작용하는 활동 과정상에서, 그리고 역동적 시간 궤적상에서 나타나는 것인데(예, 동역학심리학의 입장), 이러한 상호작용적 활동성을 무시하고 정적인 상징표상의 저장으로서의 마음으로 개념화함으로써, 인지활동의 상황의존성, 맥락의존성, 사회문화 요인에 의한 결정성 등이 무시되었고, 실제 장면에서 여러 가지 문제를 유발하는 인공물을 디자인하게 하였다. 즉 인간과 환경 인공물 간의 변증법적 통일성 측면을 파악하지도, 살리지도 못하였다.

그러나 이제 앞 절에서 제시된 마음의 새로운 개념, 즉 뇌와 몸과 환경이 하나로 엮어진 통합체에서의 능동적 활동으로 재구성된 '체화

된 마음' 개념틀을 도입한다면, 인공물이, 그리고 이들이 구성하는
현실공간이나 사이버공간이 '확장된 마음', '확장된 인지'로서, 그리고
'체화된' 마음의 특성을 형성·조성하는 기능 단위 또는 공간, 대상
및 사건으로서 작용하며, 마음과 인공물이 하나의 통합적 단위를
형성한다고 볼 수 있다. 그렇게 마음과 인공물의 관계를 재구성한다면,
인간 마음의 작동 특성의 본질에 대한 심리학적, 인지과학적 탐구는
물론, 인간의 각종 적응·부적응의 이해와 이의 변화에 대한 각종
응용심리학적 적용실제(practice), 그리고 각종 인공물(하드웨어적 및
각종 문화제도 등을 포함한 소프트웨어적 인공물)의 사용자 중심의 디자
인 및 활용에 대한 새로운 좋은 틀을 이루어 낼 수 있을 것이다.[50]

더구나 R. 커즈와일Kurzweil 등이 주장하듯이 인간과 인공물의 신체
적 그리고 심리적(지적) 경계가 무너지는 특이점(the Singularity)이
(비록 완벽한 형태가 아니라 약소한 형태이더라도) 언젠가는 도달하게
될 수도 있다는 미래 가능성을 고려한다면, 데카르트 류의 존재론에서
개념화한 환경의 물질적인 대상이나 도구와의 상호작용을 넘어서,
인간과 더불어 (또는 인공물끼리) 사회적, 문화적 관계를 창출해 낼
행위대행자·주체자로서의 인공물과의 새로운 유형의 심적·행위적
상호작용이 전개될 것을 예측하고 이에 대한 개념화가 이루어져야
할 것이다.

신체적으로 그리고 심리적 과정 측면에서 인공물과 인간의 경계가
무너지는 가능성 등을 생각한다면 마음에 대한 개념화와 탐구에서
인간 마음과 공진화해 갈 새로운 형태의 인공물과의 새로운 형태의

상호작용에 대한 심리학적, 인지과학적 개념적 재구성 작업이 필요하게 된다. 여기에서 과거에 '신 중심에서 인간 중심으로'의 필요성을 깨달았던 17세기의 제1의 계몽시대를 넘어서, 이제 '인간 중심 관점에서부터 인간 존재와 인공물 존재의 개념의 벽이 허물어지는 관점으로 가는' 제2의 계몽시대의 가능성이[51] 제기될 수도 있다.

7. 인지과학에서 서구적 마음 개념 재구성의 지향점

인지과학에서의 전통적 마음 개념의 재구성 움직임과, 이러한 움직임이 인지과학의 외연 확장에 시사하는 바를 살펴보았다. 이러한 마음 개념 재구성의 논리가 앞으로 인지과학 전반과 주변 학문에 기초 개념적 이론틀의 재구성은 물론 상당한 응용적 변화를 가져올 것이다.

마음의 본질에 대한 이러한 개념적 재구성이 타당하다면, 자연히 뒤따라 거론되는 것은 마음 연구의 분석 단위의 문제이다. 마음이 단순히 뇌 내의 과정에 그치는 것이 아니라, 몸 전체와 환경에 확장, 분산된 과정이라면, 마음 연구의 기본 분석단위는 '뇌-몸-환경 상호작용'이 되어야 한다. 이는 과거에는 뇌를 무시하고 '인지적 마음'만을 탐구하던 전통적 인지과학을 넘어서고, 뇌 내의 신경적 활동으로서 마음을 개념화한 인지신경과학적 접근도 넘어서고, 이제는 뇌를 넘어서, (비신경적) 몸과, 또한 그 몸이 체화되어 있는 환경을, 그리고 뇌의 작동 과정의 분석과 함께 분석단위로 삼아야 마음에 대한 충분한 설명을 제공할 수 있음을 시사한다.

인지과학에서 분석단위의 이러한 재구성은 자연히 존재론적 재구성을 의미한다. 과거의 전통적 심리학과 인지과학이 기반하여 온 데카르트적 존재론을 벗어나서, 주체와 객체, 마음과 몸과 환경이 임의적 경계선으로 구획되어지지 않는 통합체로 보는 새로운 존재론 위에 인지과학, 심리학을 다시 세우는 것이다. 탈 데카르트적 패러다임 을 이루어내는 것이다.

물론 아직도 고전적 인지주의 접근의 설명적, 이론적, 경험적, 연구의 학문적, 응용구현적 위치와 역할은 건재하다. 마음 개념 재구성 의 새 틀에 대한 고전적 입장의 철학자들이나 심리학자들의 날카로운 비판이 여전히 계속 제기되고 있으며, 새로이 재구성된 '체화된 마음' 개념의 입장은 아직도 인지과학에서 소수의 급진적 입장이라고 할 수 있다. 아직은 실증적 자료의 강조에 바탕을 둔 고전적 인지주의 입장이 급격하고 완전히 제거되거나 대치될 수 있는 것이 아님이 체화적 마음 접근을 강조하는 대부분의 학자들도 인정하고 있는 것 같다.

그런데 심리현상이란 것 자체가 다원적 차원의 현상들로 구성된 복합적인 실체라면, 우리는 일찍이 K. Craik이 언급한 바와 같이[52] 다원적 설명 접근의 필요성을 수용해야 할 것이다. 과거에는 탈 데카르 트적 존재론 접근이 심리현상에 대한 적절한 설명 접근이 되지 못한다 고 하여 배제되어 왔다. 최근의 마음 개념 재구성의 움직임은 이와는 반대로 전통적인 데카르트적 전통이 '충분한' 설명을 주지 못한다는 점을 주로 비판하고 있다. 적절성과 충분성의 어느 한 준거에 의하여 인지과학 연구와 응용을 추구하기에는 심리현상은 너무나 역동적이고 복잡하고 다원적이며, 인지과학의 이론적 세련화 수준은 아직도 어리다고 할 수 있다.

   그러한 점을 고려하여 재고하여 본다면, 아직은 전통적 접근과
탈 데카르트적 접근을 병행하여 시도하는 것이 심리현상, 인지현상의
설명에서 좋은 연구 전략이라고 볼 수 있다. 상위 인지과정인 고차적
사고과정의 이해와 설명에서는 새로운 재개념화된 마음 개념 틀이
효율적 접근이 아닐 수 있다. 반면, 의식되지 않는(non-conscious)
주의나 대상 지각과정이나, 감각과 운동을 통합하는 등의 상위 지각과
정이나, 언어 활용 과정에 대한 설명에는 뇌-몸-환경의 통합체적
접근이 보다 효율적 접근일 수 있다. 또한, 인간이 다른 사람과 역동적
으로 긴 시간계열 상에서 상호작용하는 과정의 이해와 설명에는 전통
적인 데카르트 식의 접근이 비효율적이고 부적절하며, 반면 새로운
마음 개념의 접근이 더 적절하거나 효율적일 수 있다. 인지현상의
추상성·복잡성 수준에 따라서, 그리고 몸의 감각운동적 활동이 환경
자극과 얼마나 밀접히 엮어져 들어가는가 하는 수준에 따라서, 다원적
접근의 틀을 유지하는 것도 좋은 학문적 전략이라고 생각된다. 다른
접근의 타당성 또는 적절성에 대하여 개방적인 마음을 유지하며,
자신의 접근 틀에 다른 접근 틀의 접목 가능성에 대하여 마음을 열어놓
고 학문적 탐구와 응용의 실제를 추구하여 가는 태도가 필요하다고
본다. 최근에 신경과학, 인지과학, 사회과학이 연결된 '사회신경과학'
이 각광받는 새로운 학제적 분야로 떠오르고 있다. 마음의 문제는
문화-사회적으로 결정되는 주관적 체험과 의미의 문제를 그 중심에
지니고 있으며, 이는 신경과학적 설명과는 다른 수준의 추가적 설명을
요하는 것이겠지만, 이와 같이 서로 다른 설명수준이 수렴되어 보다

충분한 설명을 함께 모색하는 틀은 앞으로 모델로 삼을 수 있는 좋은
본보기라고 할 수 있다.

지금까지의 논의를 정리하자면, 데카르트는 몸과 마음에 대하여,
전자는 공간적 외연(확장)을 지니는 실체로(res extensa), 후자는 외연
이 없는 생각하는 실체로(res cogitans) 개념화하였다. 공간적 외연(확
장)이 없다는 것이 그의 마음 개념의 요체였다.

그런데 이 글에서 제기한 '체화된 마음' 개념으로의 재구성의 움직임
은 철학의 현상학 전통을 따라서 마음을 공간적 외연(확장)이 있는
마음(The Extended Mind)로 개념화하고 있다. 체화된 마음 입장에
의하면 마음과 뇌가 동일한 것이 아니며 마음은 '뇌를 포함하는 몸'과
'환경'의 집합체상에서 일어나는 어떤 활동으로 개념화해야 한다는
것이다. 환경에 연장이 된(extended) 몸이 있는, 그에 바탕한 체화된,
확장된 마음 개념을 재구성하여야 하는 것이다. 마음은 한 사람의
뇌 속에만 갇혀 있는 그 무엇, 한 개인의 그 무엇이 아니라, 환경과
통합되며 여러 다른 사람의 마음, 그리고 다른 인공물들에 의하여
지원을 받거나 상호작용하면서 그들과 함께 조형되고, 진화되며,
사회적으로 구성되고 공유되는 것에 의해 특징지어지는 활동으로서의
마음인 것이다.

마음의 본질에 대한 개념을 이와 같이 재개념화한다면, 과거부터
서구의 마음 개념보다 포괄적인 마음 개념을 제시하여 온 동양적
마음 개념과의 연결이 21세기 인지과학의 전개에서 하나의 중요한
과제로도 떠오를 수 있을 것이다. 일찍이 마음에 대한 논의에서 몸과

344

사회적 측면에 주의를 하였던 동양적 마음 개념 전통과, 또한 그와 비슷한 강조를 하였던 서구의 현상학적 전통을 연결하여, 이제는 데카르트의 틀을 넘어선 마음 개념 재구성의 작업이 '체화된 마음'의 인지과학적 탐구에서 전개될 수도 있을 것이다. 국내에서 동양적 마음 개념의 가다듬음 작업은 김형효, 한자경, 한전숙, 양해림 등의 철학자들이 전개하였고, 최근에 철학자 정대현[53]에 의해서 이 연결성의 재정리 시도가 이루어진 것으로 알고 있다. 마음은 지각적 바탕에서 나오며, '신체적이며 공동체적으로 구성된 내용의 개인적 체험의 장이다.'라는 측면에 대한 동양적, 서양적 관점의 연결 및 종합이 인지과학의 '체화적 마음' 접근의 떠오름과 함께 이루어지기 바라는 마음이다. 그 과정에서 인문학, 사회과학, 자연과학, 테크놀로지 사이의 연결고리는 물론, 마음 개념에 대한 서구의 생각과 동양 생각의 연결고리가 인지과학에서 찾아질 수도 있다고 본다. 물론 기존의 경험과학적 전통의 비판이 지적하는 문제점들을[54] 어떻게 극복할 수 있는가가 미래의 인지과학의, 철학의 큰 과제로 남는다고 하겠다.

참고문헌

PTS Pāli Texts의 약어는 Critical Pāli Dictionary(CPD) Vol. I 의 약어(Abbreviation) 기준을 따랐다. 단,『청정도론』은 아래의 HOS본을 사용했다. Visuddhimagga of Buddhaghosâcariya, Ed. Henry Clarke Warren, (Boston : Harvard Oriental Series, Vol. 41, 1950), 'Vism. III. 5'『청정도론』제3장 5번 단락을 의미함.

팔리 원전류

Aṅguttaranikāya, 5vols. ed. R. Morris and E. Hardy, London : Pali Text Society[PTS], 1985-1990

Abhidhammatthasaṅgaha and Abhidhammatthavibhāvinī-ṭīkā, Ed. Hammalawa Saddhātissa, Oxford : PTS, 1989

Dīghanikāya, 3 vols, T.W. Rhys Davids, J.E. Carpenter and W. Stede, London : PTS, 1890-1911

Dhammapada, ed. O. von Hinüber and K.R. Norman, Oxford : PTS, 1994

Dhammasaṅgaṇi, ed. E. Mülla, London : PTS, 1885/1978

Dhammasaṅgaṇi Commentary (Atthasālinī), ed. E. Mülla(1897), revised ed. London : PTS, 1979

Itivuttaka ed. Erst Windisch, London : PTS, 1884/1975

Itivuttaka Commentary (Paramatthadīpanī), 2 vols, ed. M.M. Bose, London : PTS, 1934-1936, Combined reprint in 1977

Kathāvatthu,, ed. A.C. Taylor, London : PTS, 1894-1897

Majjhiamanikāya, 3 vols. ed. V. Trenkner and R. Chalmers, London : PTS, 1948-1951

Paṭṭhāna, PTS본은 생략한 부분이 많아 CS CD-R(version1.1, 1997)을 사용했음.
Myanmar I. 368

Saṃyuttanikāya, 6 vols. ed. M. Leon Feer, London : PTS, 1884-1904

Suttanipāta, ed. Dines Andersen and Helmer Smith, London : PTS, 1913, reprinted in 1990

Vibhaṅga, ed.Mrs. Rhys Davids, London : PTS, 1904, reprint in 1978

Vibhaṅga Commentary (Sammohavinodanī),ed. A〉P. Buddhadatta Thero, London : PTS, 1923, reprint in 1980

영역 및 영어 문헌

Andrew Newberg, Eugene D'aquili, and Vince Rause, *Why God Won't Go Away: Brain Science and Biology of Belief*, New York : Ballantine Books, 2001

Bodhi, Bhikkhu, *The Middle Length Discourses of the Buddha: A New Trans of the Majjhima Nikāya*(Original translation by bhikkhu Ñāṇamoli, 1960), Boston : Wisdom Publications, 1995

Goenka, S. N. *Discourses on Satipaṭṭhāna Sutta*, VRI, Igatpuri : VRI, 1999

James H. Austin, *Zen and Brain,* Boston : The MIT Press, 1998

Mahasi, *Satipaṭṭhāna Vipassanā Meditation: Criticisms and Replies*, Rangoon : BuddhaSasana Nuggaha Organization, 1979

Nyanasatta, *The Foundation of Mindfulness*, 5th impression, BPS, Kandy, 1993

Ñāṇamoli, *Mindfulness of Breathing (Ānāpānasati)* 5th edition, Kandy : BPS, 1982

The Path of Purification, 5th edition, Kandy : BPS, 1991

Nyanaponika, *The Heart of Buddhist Meditation*, Reprint, Kandy : BPS, 1996

Pa-Auk Sayadaw, *Light of Wisdom: Meditation in Pa-Auk Forest Monastery*, Rangoon : *Pa-Auk Forest Monastery*, 1996

Rupert Gethin, "Bhavaṅga and Rebirth According to the Abhidhamma", *The Buddhist Forum*, Vol.III, Ed. Tadeusz Skorupski & Ulrich Pagel, London : SOAS, 1994

Silananda, U, *The Four Foundations of Mindfulness*, Boston : Wisdom Publications, 1990

Soma Thera, *The Way of Mindfulness,* 5th revised edition, Kandy : BPS, 1981

Walshe, Maurice *Thus have I Heard* ; A New Translation of the Dīgha Nikāya,

London : Wisdom Publications, 1987

Wan Doo Kim(미산스님), *The Theravādin Doctrine of Momentariness: A survey of its Origins and Development*, D.Phil Thesis, Oxford : Oxford University, 1999

한글역

각묵, 『네 가지 마음챙기는 공부』, 초기불전연구원, 2003

각묵, 『디가니까야』 1~3권, 초기불전연구원, 2006

대림, 『청정도론』 1~3,권, 초기불전연구원, 2004

대림·각묵, 『아비담마 길라잡이』, 초기불전연구원, 2004

대림·각묵, 『앙굿따라니까야』 1, 초기불전연구원, 2007

한역류

「雜阿含經」, 『大正新脩大藏經』 第二卷 阿含部 下, 東京 : 大正新脩大藏經 刊行委員會, 1924/1962

『增一阿含經』 『大正新脩大藏經』 第二卷 阿含部 下, 東京 : 大正新脩大藏經 刊行委員會, 1924/1962

『阿毘達磨俱舍論』 『大正新脩大藏經』 第二九卷 毘曇部 四, 東京 : 大正新脩大藏經 刊行委員會, 1924/1962

『大乘成業論』 『大正新脩大藏經』 第三十一卷 東京 : 大正新脩大藏經 刊行委員會, 1924/1962

단행본 및 연구논문

김열권, 『보면 사라진다』, 불광출판부, 2001

김재성 옮김, 『붓다의 말씀』 니야나틸로카 엮음, 고요한소리, 2002/ 2006(3판)

_____, 「남방상좌부불교의 수행 체계」, 『불교평론』 4-4(통권13호), 2002

_____, 「순관(純觀, suddha-vipassanā)에 대하여」, 『불교학연구』 4, 2002

_____, 「부파불교의 선정론 –『청정도론』을 중심으로」, 『불교학연구』 11, 2005

_____, 「마하시 수행법과 대념처경」, 『대념처경의 수행이론과 실제』, 근본불교수행도량 홍원사, 2005

_____, 「입출식념경에 나타난 수행법」, 『입출식념경의 수행이론과 실제』
          제2회 근본불교 국제학술대회 자료집, 근본불교수행도량 홍원사, 2005

권오민, 『아비달마불교』, 민족사, 2003

미산, 「남방상좌불교의 심식설과 수행계위」, 『한국불교학결집대회논집』,
          제1집 下卷, 2002

_____, 「대념처경을 중심으로 본 초기불교 수행법」, 『불교평론』 2003년 봄 14호

_____, 『불교의 이해와 신행』, 조계종출판사, 2004

_____, 「대념처경의 주석서에 대한 이해」, 『대념처경의 수행이론과 실제』,
          근본불교수행도량 홍원사, 2005

_____, 「입출식념경의 수행이론과 실제」, 『입출식념경 주석문헌의 이해』,
          제2회 근본불교 국제학술대회 자료집, 근본불교수행도량 홍원사, 2005

_____, 「상좌불교의 위빠사나」, 『수행법 연구』, 대한불교조계종 교육원
          불학연구소, 조계종출판사, 2005

이평래, 「初期·部派佛敎에 있어서의 心體論의 硏究」, 『철학』, 한국철학회 36, 1991

일중, 「스리랑카 승가의 교학체계와 수행체계 조사연구」, 『세계 승가공동체의
          교학체계와 수행체계』, 가산문고, 1997

_____, 「고엔카 수행법과 大念處經」, 『대념처경의 수행이론과 실제』,
          근본불교수행도량 홍원사, 2005

임승택, 「초기불교의 경전에 나타난 사마타와 위빠싸나」, 『인도철학회
          제12회 춘계 학술발표대회 자료집』 인도철학회, 2001

_____, 「사띠(sati)의 의미와 쓰임에 관한 고찰」, 『제39차 보조사상연구
          발표회 자료집』, 보조사상연구원, 2001

_____, 「마음지킴(sati)의 차제적 성격에 관한 일고찰」, 『한국불교학결집대회
          논집』 제1집 下卷, 2002

지산, 『붓다의 길 위빠사나의 길』, 도서출판 한길, 2005

정준영, 「대념처경에서 보이는 수념처受念處의 실천과 이해」, 『불교학연구』
          제7호, 2003

_____, 「사마타止와 위빠사나觀의 의미와 쓰임에 대한 일고찰」, 『불교학연구』
          제12호, 2005

_____, 「욕망의 다양한 의미」, 『욕망, 삶의 동력인가 괴로움의 뿌리인가』, 운주사,
          2008

_____, 「나라고 할 만한 것이 있는가」, 『나, 버릴 것인가 찾을 것인가』, 운주사,
        2008

조준호, 「초기불교에 있어 止·觀의 문제」, 『韓國禪學』 제1호 한국선학회, 2000

_____, 「Vipassanā의 인식론적 근거: Pāli 경전을 중심으로」, 『제39차 보조사상
        연구발표회 자료집』, 보조사상연구원, 2001

_____, 「초기불교경전에 나타난 수행에 관한 용어와 개념의 검토(I):
        止·觀을 중심으로」, 『韓國禪學會 제16차 월례발표회 자료집』,
        한국선학회, 2001

최장식, 『사랑하는 당신 마음은 안녕하십니까』, 한언, 2001

유식불교에서 마음의 전개 | 마음 활동의 두 층위

『해심밀경』(『대정신수대장경』, 권16)

『유가사지론』(『대정신수대장경』, 권30)

세친, 현장 역, 『아비달마구사론』(『대정신수대장경』, 권29)

무착, 현장 역, 『섭대승론』(『대정신수대장경』, 권31)

세친, 현장 역, 『섭대승론석』(『대정신수대장경』, 권31)

세친, 현장 역, 『유식삼십송』(『대정신수대장경』, 권31)

세친, 현장 역, 『유식이십론』(『대정신수대장경』, 권31)

호법 등, 현장 역, 『성유식론』(『대정신수대장경』, 권31)

규기, 『성유식론술기』(『대정신수대장경』, 권43)

선불교에서 마음의 전개 | 마음을 가져와라

원전

*원전에 대해서는 저자나 편찬자 이름을 명기하지 않았음.

「江西馬祖道一禪師語錄」, 『四家語錄』(『續藏經』 권119)

『高峰大師語錄』(『續藏經』 권122)

『古尊宿語錄』(『續藏經』 권118)

『勸修定慧結社文』(『韓佛全』 권4)

『懶翁和尙語錄』(『韓佛全』 권6)

『大般涅槃經』(『大正藏』 권12)

『大方廣佛華嚴經(60권)』(『大正藏』 권9)

『大方廣佛華嚴經(80권)』(『大正藏』 권10)

『大梵天王問佛決疑經』(『卍續藏』 권 87)

『大乘起信論』(『大正藏』 권32)

『大慧普覺禪師書』(『大正藏』 권47)

『牧牛子修心訣』(『韓佛全』 권4)

『無門關』(『大正藏』 권48)

『四家語錄』(『續藏經』 권119)

『禪宗無門關』(『大正藏』 권48)

『信心銘』(『大正藏』 권48)

『圓頓成佛論』(『韓佛全』 권4)

『維摩詰所說經』(『大正藏』 권14)

『中阿含經』(『大正藏』 권1)

『黃檗斷際禪師宛陵錄』(『大正藏』 권48)

『黃檗山斷際禪師傳心法要』(『大正藏』 권48)

Saṃyutta-nikāya (相應部)

원전 번역 · 편찬 / 법어

김달진 역주, 『보조국사전서』(고려원, 1987)

백련선서간행회 옮김, 『馬祖錄 · 百丈錄』(장경각, 1987)

_____ 옮김, 『山房夜話』(장경각, 1986)

_____ 옮김, 『趙州錄』(장경각, 1989)

보조사상연구원 엮음, 『普照全書』(불일출판사, 1989)

성철, 『禪門正路』(장경각, 1981)

一指 譯註, 『傳心法要』(세계사, 1993)

현대불교신문사 엮음, 『禪 너는 누구냐』(여시아문, 2004)

연구서 · 논문(한국어)

대니얼 골먼(Daniel Goleman) 엮음, 『마음이란 무엇인가』, 김선희 옮김(씨앗을 뿌리는 사람, 2006)

김진무, 「중국불교의 돈점 논쟁」, 『불교평론』 20(2004 가을)

김태완, 『조사선의 실천과 사상』(장경각, 2001)

두몰린, 하인리히(Heinrich Dumoulin), 『禪과 깨달음』, 박희준 옮김(고려원, 1988)

박성배, 『깨침과 깨달음』, 윤원철 옮김(예문서원, 2002)

박재현, 『깨달음의 신화』(푸른역사, 2002)

야나기다 세이잔(柳田聖山), 『달마』, 김성환 옮김(민족사, 1991)

———, 『선의 사상과 역사』, 추만호·안영길 옮김(민족사, 1989)

옹, 월터(Walter J. Ong), 『구술문화와 문자문화』, 이기우·임명진 옮김(문예출판사, 1995)

윤원철, 「선종의 역설적 성격」, 서울대학교 종교문제연구소 엮음, 『신화와 역사』(서울대학교 종교문제연구소, 2003), pp.329~342.

———, 「현대사회의 종교적 변동과 간화선의 대중화」, 『僧伽敎育』 7(대한불교조계종 교육원, 2008)

윤이흠, 「신념유형으로 본 한국종교사」, 『한국 종교 연구』 권I: 종교사관·역사적 연구·정책 (집문당, 1986), pp.9~43.

이리야 요시타카(入矢義高), 『傳心法要·宛陵錄』(東京: 筑摩書房, 1969)

컴스탁, 리차드(W. Richard Comstock), 『종교의 탐구: 방법론의 문제와 원시종교』, 윤원철 옮김(제이앤씨, 2007)

에드워드 콘즈(Edward Conze), 『한글세대를 위한 불교』, 한형조 옮김(세계사, 1992)

연구서·논문(외국어)

沖本克己(오키모토 카츠미), 「中國禪よりみたる心」, 佛教思想研究會 編, 『心』(京都: 平樂寺書店, 1984), 439~461貝.

水谷幸正(미즈타니 코오쇼오), 「自性淸淨心·發菩提心·度衆生心·發願心―如來藏說と心性論をめぐって」, 佛教思想研究會 編, 『心』(京都: 平樂寺書店, 1984), 253~276貝.

Mircea Eliade, *The Sacred and the Profane*, trans. by Willard Trask(San Diego, CA: Harcourt, 1959)

Faure, Bernard, *The Rhetoric of Immediacy: A Cultural Critique of Chan/Zen Buddhism*

(Princeton, NJ: Princeton University Press, 1991)

_____, *Chan Insights and Oversights: An Epistemological Critique of the Chan Tradition* (Princeton, NJ: Princeton University Press, 1993)

Jaspers, Karl, *The Origin and Goal of History* (London: Routledge, 1953)

Wright, Dale S., *Philosophical Meditations on Zen Buddhism*(Cambridge: Cambridge University Press, 1998)

서양철학에서 마음의 전개 | 생명의 능동적 운동

베르크손, 『의식에 직접 주어진 것들에 관한 시론』, 최화 역, 아카넷, 2002.

_____, 『물질과 기억』, 박종원 역, 아카넷, 2005.

_____, 『창조적 진화』, 황수영 역, 아카넷, 2005.

최화, "베르크손은 일원론자인가", 철학 98, 2009, 봄.

박홍규, 『형이상학강의1』, 민음사, 1995.

_____, 『형이상학강의2』, 민음사, 2004.

_____, 『베르그송의 창조적 진화 강독』, 민음사, 2007.

정신의학에서 마음의 전개 | 무의식을 통한 마음의 흐름

김종주, 『사랑 경쟁역』(민, 1994)

김종주, 「무의식 또는 상상계와 상징계 속의 자아」, 김종욱 편집, 『나, 버릴 것인가 찾을 것인가』(운주사, 2008), pp.269-336.

김충렬, 「송대 태극론의 제문제」, 한국동양철학회 편, 『동양철학의 본체론과 인성론』(서울 : 연세대학교 출판부, 1991), pp.77-94.

김형효, 『구조주의의 사유체계와 사상: 레비-스트로쓰, 라깡, 푸꼬, 알뛰쎄르에 관한 연구』(인간사랑, 1989)

민성길 『최신정신의학』(일조각, 1992)

운허 용하, 『불교사전』(동국역경원, 1986)

정용환, 『장재의 철학』(경인문화사, 2007)

太田久紀, 佛教の 深層心理(東京: 有斐閣, 1982). 정병조 역, 『불교의 심층심리』(현음 사, 1983)

Aldrich C.K. *An Introduction to Dynamic Psychiatry* (New York: McGraw-Hill, 1966), 김종주 역, 『역동정신의학』(하나의학사, 1986)

Chemama R. *Dictionaire de la psychanalyse.* (Paris: Larousse,1993). 小出浩之, 加藤敏, 新宮一成, 鈴木國文, 小川豊昭 역, 『精神分析事典』(東京 : 弘文堂, 1995).

Cottet S. *Freud et le desir de l'analyse.* (Paris : Navarin, 1982).

Deutsch F. A footnote to Freud's "Fragment of an analysis of a case of hysteria." In *Dora's Case: Freud-Hysteria-Feminism.* ed. by C. Bernheimer & C. Kahane (New York : Columbia University Press, 1985), pp.35-43.

Evans D. *An Introductory Dictionary of Lacanian Psychoanalysis.* (London: Routledge, 1996), 김종주 외 옮김, 『라깡 정신분석 사전』(인간사랑, 1998)

Fink B. *A Clinical Introduction to Lacanian Psychoanalysis: Theory and Technique.* (Cambridge : Harvard University Press, 1997)

Freud S. *The Interpretation of Dream.* trans. by J. Strachey (London : Penguin Books, 1976)

Freud S. *Fragment of an Analysis of a Case of Hysteria. The Standard Edition of the Complete Psychological Works of Sigmund Freud.* trans. by J. Strachey (London : Horgath Press, 1966), vol. 7 (이하 "*S.E.* 7:"로 약칭함) pp.1-122.

Freud S. *Papers on Metapsychology. S.E.* 14: pp.105-336.

Freud S. "The unconscious"(1915), *S.E.* 14: pp.161-216.

Freud S. "Mourning and melancholia." *S.E.* 14: pp.237-260.

Freud S. *Group Psychology and the Analysis of the Ego. S.E.* 18: pp.67-143.

Freud S. *The Ego and the Id. S.E.* 19: pp.1-62.

Freud S. "Some psychical consequences of the anatomical distinction between the sexes." *S.E.* 19: p.243-258.

Freud S. *Inhibitions, Symptoms, and Anxiety. S.E.* 20: pp.75-173.

Freud S. *Civilization and its Discontents. S.E.* 21: pp.57-145.

Freud S. *Moses and Monotheism.* S.E. 23: pp.1-137.

Freud S. *An Outline of Psycho-Analysis. S.E.* 23: pp.139-207.

Glowinski H., Marks T. & Murphy S.(ed.) *A Compendium of Lacanian Terms.*

(London: Free Association Books, 2001). 김종주 역, 『라깡 정신분석의 핵심용
어』(하나의학사, 2003)

Grigg R. "Ethics of desire," *Analysis*. 3(1991): pp.29-35.

Grigg R. *Lacan, Language and Philosophy*(Albany : State University of New York
Press, 2008).

Kant I. *Kritik der praktischen Vernuft*(1788). trans. by M.J. Gregor, *Practical
Philosophy* (Cambridge : Cambridge University Press, 1996). 백종현 옮김, 『실천이
성비판』(아카넷, 2002)

Klein M. "Criminal tendencies in normal children." In Love, Guilt, and Reparation
and Other Works, 1921-1945, ed. by R. Money-Kyrle(London : Virago, 1975),
pp.170-185.

Lacan J. *The Seminar. Book I. Freud's Papers on Technique. 1953-1954*. trans.
by J, Forrester(Cambridge : Cambridge University Press, 1988).

Lacan J. *The Seminar. Book II. The Ego in Freud's Theory and in the Technique
of Psychoanalysis. 1954-1955*. trans. by S. Tomaselli(Cambridge : Cambridge
University Press, 1988).

Lacan J. *The Seminar. Book III. The Psychoses. 1955-1956*. trans. by R. Grigg(New
York : Norton, 1993).

Lacan J. *Le Séminaire. Livre IV. La relation d'objet. 1956-1957*. ed. by J.-A.
Miller(Paris : Seuil, 1994).

Lacan J. *The Seminar. Book VII. The Ethics of Psychoanalysis. 1959-1960*, trans.
by D. Porter(London : Routledg, 1992).

Lacan J. *Le séminaire. Livre VIII. Le transfert. 1960-1961*. ed. by J.-A. Miller(Paris
: Seuil, 1991).

Lacan J. *The Seminar. Book XI. Four Fundamental Concepts of Psychoanalysis*(1964).
trans. by A. Sheridan (New York : Norton, 1977).

Lacan J. *The Seminar. Book XVII. The Other Side of Psychoanalysis. 1969-1970*,
trans. by R. Grigg (New York : Norton, 2007).

Lacan J. *Le séminaire de Jacques Lacan. Livre XVIII. D'un discours qui ne serait
pas du semblant. 1970-1971*.(unpublished).

Lacan J. *The Seminar of Jacques Lacan. Book XX. Encore: On Feminine Sexuality, the Limits of Love and Knowledge. 1972-1973*. trans. by B. Fink(New York : Norton, 1998).

Lacan J. *Le séminaire de Jacques Lacan. Livre XXIII. Le sinthome. 1975-1976*. (Paris : Seuil, 2005).

Lacan J. "Presentation on transference."(1951) In *Écrits*, trans. by B Fink (New York : Norton, 2006) (이하 "『에크리』(2006)"으로 약칭함), pp.176-185.

Lacan J. "The function and field of speech and language in psychoanalysis."(1953) 『에크리』(2006), pp.197-268.

Lacan J. "The freudian thing"(1955), 『에크리』(2006), pp.344-363.

Lacan J. "Psychoanalysis and its teaching"(1957), 『에크리』(2006), pp.364-383.

Lacan J. "The instance of the letter in the unconscious, or reason since Freud"(1957), 『에크리』(2006), pp.412-441.

Lacan J. "On a question prior to any possible treatment of psychosis"(1957), 『에크리』(2006), pp.445-488.

Lacan J. "The direction of the treatment and the principles of its power"(1958), 『에크리』(2006), pp.489-542.

Lacan J. "The signification of thr phallus"(1958), 『에크리』(2006), pp.575-584.

Lacan J. "The subversion of the subject and the dialectic of desire in the Freudian unconscious"(1960), 『에크리』(2006), pp.671-702.

Lacan J. "The neurotic's individual myth." *Psychoanalytic Quarterly*, 48(1979): pp.405-425.

Laplanche J. & Pontalis J.-B. *Vocabulaire de la psychanalyse*. (Paris : Presses Universitaires de France, 1967). trans. by D. Nicholson-Smith, *The Language of Psycho-Analysis*(New York : Norton, 1973).

Marcus S. "Freud and Dora: Story, history, case history." *In Dora's Case: Freud-Hysteria-Feminism*. ed. by C. Bernheimer & C. Kahane, pp.56-91.

Muller J.p.& Richardson W.J.(ed.) *Purloined Poe : Lacan, Derrida & Psychoanalytic Reading*(Baltimore : The Johns Hopkins University Press, 1988).

Nasio J.-D. *Cinq Leçons sur la Théorie de Jacques Lacan*(Paris : Payot, 1994).

Olsen O.A. & Køppe S. *Freud's Theory of Psychoanalysis*. trans. by J.-C. Delay & C. Pedersen(New York : New York University Press, 1988).

Rycroft C. *A Dictionary of Psychoanalysis.* (London : Penguin Books, 1968).

Solms M. & Turnbull O. *The Brian and the Inner World: An Introduction to the Neuroscience of subjective Experience.* (London : Other, 2002). 김종주 옮김, 『뇌와 내부세계』(하나의학사, 2005)

Strawson G. *Mental Reality.* (Cambridge : MIT Press, 1996). M. Solms & O. Turnbull의 『뇌와 내부세계』, p.103에서 재인용함.

인지과학에서 마음의 전개 | 뇌-몸-환경의 상호작용으로서 마음

이정모, 『인지심리학: 형성사, 개념적 기초, 조망』, 아카넷, 2001

이정모, 『인지과학: 학문 간 융합의 원리와 응용』, 성균관대학교출판부, 2009

이정모 외 (공저), 『인지심리학』(3판), 학지사, 2009

이정모, 「인지로 모인다: 인지과학의 전개와 미래 융합학문」, 김광웅 엮음, 『우리는 미래에 무엇을 공부할 것인가: 창조사회의 학문과 대학』, 생각의 나무, 2009

이정모, 이건효, 이재호. 「사이버 인지심리학의 개념적 재구성: 인공물과 인지의 공진화」, 한국심리학회지: 실험. 16, 4, pp.365-391.

이영의, 「마음에 대한 새로운 이해: 철학적 접근」, 동덕여대 지식융합연구소 2009년 심포지엄(1);『지식융합 2.0 - 마음에 대한 새로운 이해』. 심포지엄 자료집, pp.4-19.

정대현, 『심성내용의 신체성』, 아카넷, 2001

M.R. Bennet & P.M.S. Hacker(2003). *Philosophical foundations of neuroscience.* Oxford: Blackwell.

Bickhard, M.H.(2008) 'Is embodiment necessary?' In P. Calvo & A. Gomila (Eds.). *Handbook of cognitive science: An embodied approach.* Amsterdam: Elsevier.(pp.29-40)

R.A. Brooks.(1991) Intelligence without representation. *Artificial Intelligence,* 47, pp.139-159.

Calvo, P. & Gomila, T.(2008) *Handbook of cognitive science: An embodied approach.* Amsterdam: Elsevier. (pp.12-13)

A. Chemero, (in press). *Radical embodied cognitive science*. MIT Press.

A. Clark.(1997) *Being there: Putting brain, body, and world together again*. Cambridge, MA: MIT Press.

A. Clark & D. Chalmers.(1998). The Extended Mind. *Analysis*, *58*, pp.10-23.

A. Clark.(2008) Supersizing the mind: Embodiment, action, and cognitive exgtension. Oxford: Oxford University Press.

A. Clark (in press). 'Memento's Revenge: Objections and Replies to the Extended Mind' to appear in R. Menary (ed) *Papers On The Extended Mind*.

W.J. Clancy.(1997) *Situated cognition: On human knowledge and computer representations*. Cambridge: Cambridge University Press.

L. Cosmides & J. Tooby.(1992) 'Cognitive adaptations for social exchange'. In J. Barkow, L. Cosmides, & J. Tooby (Eds.), *The adapted minds* (pp.163-228). New York: Oxford University Press.

K. Craik.(1943) *The nature of explanation*. Cambridge: Cambridge University Press.

P. Dourish.(2001) *Where the action is: The foundations of embodied interaction*. MIT Press.

M.J. Farah.(1994) Neuropsychological inference with an interactive brain: A critique of the "locality" assumption. *Behavioral and Brain Sciences, 17*, pp.43-104.

S. Gallagher.(2005) *How the body shapes the mind*. Oxford: Oxford University press.

H. Gardner. *The mind's new science: A history of the cognitive revolution*. (New York: Basic Books, 1985)

J.J. Gibson.(1979) *Ecological approach to visual perception*. Boston: Houghton Mifflin.

G. Gigerenzer.(2000) *Adaptive thinking. Rationality in the Real World*. Oxford: Oxford University Press.

A. Goldman & F. de Vignemont, 'Is social cognition embodied?' *Trends in Cognitive Science*, 2009, 13, 4, pp.154-159

R. Harré, & G. Gillett.(1994) *The discursive mind*. London: Sage.

E. Hutchins.(1995) *Cognition in the wild*. Cambridge, MA: MIT Press.

D. Kahneman, P. Slovic, & A. Tversky (Eds.). (1982). *Judgment under uncertainty:*

Heuristics and biases. New York: Cambridge University.

J. A. S. Kelso.(1995) *Dynamic patterns: The self-organization of brain and behavior.* Cambridge, MA: MIT Press.

J. H. Leahey. *A history of psychology: Main currents in psychological thought.* (Upper Saddle River: Prentice Hall, 2000)

H. R. Maturana, & F. G. Varela.(1980) *Autopoiesis and Cognition.* Dordrecht, Netherlands: Reidel.

H. R. Maturana, & F. J. Varela.(1988) *The Tree of Knowledge: The Biological Roots of Human Understanding.* Boston: Shambhala.

A. Noe.(2004a) *Action in perception.* Cambridge: MA.. A. Noe (2004b). Experience without head. In T. Szabo & J. Hawthorne (Eds.). *Perceptual experience.* Oxford: Oxford University Press.

T. Rockwell.(2005) *Neither Brain nor Ghost: A nondualist alternative to the mind-brain identity theory.* Cambridge, MA: MIT Press.

H. Simon.(1957) "A Behavioral Model of Rational Choice", in H. Simon (Ed). *Models of Man, Social and Rational: Mathematical Essays on Rational Human Behavior in a Social Setting.* New York: Wiley.

W. R. Uttal.(2001) *New phrenology: The Limits of localizing cognitive processes in the brain.* Cambridge, MA: MIT Press.

J. van Dijk, Kerkhofs, R., van Rooij, I., & Haselager, P.(2008) 'Can there be such a thing as embodied embedded cognitive Neurosciernce?' *Theory and Psychology,* 18, 3, pp.297-316.

F.J. Varela, E. Thompson, & E. Rosch (1991). *The embodied mind: Cognitive science and human experience.* Cambridge, MA: MIT Press.

L.S. Vygotsky.(1978) *Mind in Society: The Development of higher psychological processes.* Cambridge, MA: Harvard University Press.

M. Wheeler.(2005) *Reconstructing the cognitive world: The next step.* MIT Press.

Thelen, E. & Smith, L.(1994) *A dynamic systems approach to the development of cognition and action.* Cambridge: MIT Press.

R.A. Wilson.(2004) *Boundaries of the Mind: The Individual in the Fragile Sciences: Cognition.* New York: Cambridge University Press.

M. Spivey, M.(2006) *The continuity of mind.* NY: Oxford University Press.

R.A. Zwaan & C.J. Madden.(2005) Embodied sentence comprehension. In D. Pecher & R.A. Zwaan (Eds.)(2005). *Grounding cognition: The role of perception and action in memory, language, and thinking.* N.Y.: Cambridge University Press.

초기불교와 상좌부불교에서 마음의 전개 | 변화무쌍한 마음을 어떻게 바로잡아야 하는가?

1 최장식, 『사랑하는 당신 마음은 안녕하십니까』(한언, 2001), pp.150-151.

2 부파불교의 심식설에 관해서는 이평래, 「初期·部派佛教에 있어서의 心體論의 研究」, 『철학』(한국철학회) 36, 1991, pp.3-26; 남방 상좌부의 심식설에 관한 글은 각묵, 「초기불교에서 본 마음」, 초기불전연구원 카페 cafe.daum.net/chobul 참조.

3 S. II. 94: yaṃ ca kho etaṃ bhikkhave vuccati cittam iti pi mano iti pi viññāṇaṃ iti pi.

4 M. I. 292: vijānāti vijānātīti.

5 S. V. 451: manasā dhammaṃ vijānāti.

6 DhsA. 63: cittan ti ārammaṇaṃ cintetīti cittaṃ; vijānātīti attho.

7 ItA. I. 9: ārammaṇaṃ vijānāti.

8 권오민, 『아비달마불교』(민족사, 2003), p.68.

9 필자가 공동 집필한 『불교의 이해와 신행』(조계종출판사, 2004), pp.41-91에서 발췌하여 재구성함.

10 S. II. 24-25; IV. 214; M. I. 500.

11 어느 현대학자는 의근을 두뇌라고 하기도 하며, 상좌부에서는 의근의 의지처를 심장토대[hadayavatthu]라 하기도 한다.

12 12처에서 의처는 전적으로 정신작용으로써 18계의 '전5식계+의계+의식계'를 모두 포함하는 개념이다. 그래서 마음과 의처와 식은 동의어로 생각할 수 있다. 이는 18계에서 의근=의계(=받아들이는 마음 또는 오문전향)와 혼동하지 말아야 한다. 상좌부 주석문헌들에서는 의처가 일어나는 것을 지원해 주는 물질적인

토대로써 안, 이, 비, 설, 신과 심장토대를 언급한다.

13 S. III. 38

14 M. I. 259.

15 M. I. 295: Imesaṃ kho āvuso pañcannaṃ indriyānaṃ nānāvisayānaṃ nānāgocarānaṃ na aññamaññassa gocaravisayaṃ paccanubhontānaṃ mano ca nesaṃ gocaravisayaṃ paccanubhotīti.

16 Vibh. 88: sabbadhammesu vā pana paṭhamasamannāhāro ······ ayaṃ vuccati manodhātu.

17 PTS본은 이 부분을 생략했으므로 CS CD-R(version1.1, 1997)을 사용했음. Myanmar I. 368.

18 일묵 스님, cafe.daum.net/jetavana 참조.

19 S. II. 96; 『잡아함경』(『大正藏』 2권, 82上)

20 Nate 백과사전 '마음' 참조.

21 이평래, 「初期·部派佛教에 있어서의 心體論의 硏究」, 『철학』(한국철학회) 36, 1991, pp.3-26.

22 A. I. 10; Pabhassaram idaṃ bhikkhave cittaṃ, tañca kho āgantukehi upakkilesehi upakkiliṭṭhanti. Pabhassaramidaṃ bhikkhave cittaṃ, tañca kho āgantukehi upakkilesehi vippamuttanti. Pabhassaramidaṃ bhikkhave cittaṃ tañca kho āgantukehi upakkilesehi upakkiliṭṭhaṃ. Taṃ assutavā puthujjano yathābhūtaṃ nappanājāti. Tasmā assutavato puthujjanassa cittabhāvanā natthīti vadāmīti. Pabhassaramidaṃ bhikkhave cittaṃ tañca kho āgantukehi upakkilesehi vippamuttaṃ. Taṃ sutavā ariyasāvako yathābhūtaṃ pajānāti. Tasmā sutavato ariyasāvakassa cittabhāvanā atthīti vadāmīti.
대림, 『앙굿따라니까야』 1, 초기불전연구원, 2006, pp.87-89 참조.

23 『증일아함경』(『大正藏』 2권, 573下)

24 『잡아함경』(『大正藏』 2권, 69下)

25 이 경들은 거의 동일한데, 단지 『대념처경』(D. II. 290-315)엔 사성제의 교설이 있으나 『염처경』(M. I. 55-63)엔 빠져 있다. 사념처를 간략한 형태로 설한 경전들은 다음과 같다. D. III. 58, 141, 221, 276; M. I. 339-340; S. V. 141-192 passim;

294-306 passim. A. IV. 457-458. Satipaṭṭhāna에 대한 직접적인 언급이 없이 기본형태만 나오는 경전들: D. II. 94-95, 100; M. III. 136, 251; S. IV. 211; A. II. 256; IV. 300-301. 4부 니카야 이외의 출처들: Nidd. I. 9, 19, 244, 347, 399, 475; Paṭis I. p. 41; II. 15, 18; Vibh. 105, 236. 우리말 번역: 각묵, 『네 가지 마음챙기는 공부』(초기불전연구원, 2003)

26 '사념처 수행에서의 마음작용'은 필자의 논문 「대념처경을 중심으로 본 초기불교 수행법」, 『불교평론』 2003년 봄 14호에 실린 글을 재구성하였음.

27 D. II. 290.

28 D. II. 291-297.

29 D. II. 297-299.

30 D. II. 299-300.

31 대림·각묵, 『아비담마 길라잡이』(초기불전연구원, 2004), pp.89-181.

32 일묵스님, cafe.daum.net/jetavana에 마음의 양상에 대한 종합적인 도표 참조.

33 지산, 『붓다의 길 위빠사나의 길』(도서출판 한길, 2005), pp.165-175쪽.

34 위의 책, pp.176-188.

35 Wan Doo Kim, The Theravādin Doctrine of Momentariness: *A survey of its Origins and Development*, D.Phil Thesis(Oxford : Oxford University, 1999), 필자의 논문 중의 일부를 활용함.

36 『雜阿含經』22(『大正藏』2권, 153하). 諸行無常 是生滅法 生滅滅已 寂滅爲樂.

37 『俱舍論』13(『大正藏』29권, 67하)

38 앞의 책과 같음.

39 앞의 책과 같음.

40 권오민, 『아비달마불교』(민족사, 2003), pp.96-106 참조.

41 Kv XXII.8, 620

42 상좌부 찰나설의 문헌사적 기원과 발전에 대한 논문 참조(Wan Doo Kim[미산], *The Theravadin Doctrine of Momentariness-A Survey of its Origins and Development*, D.Phil Thesis, Oxford University, 1999)

43 한역 有分識은 bhava(有)+aṅga(分)+viññāṇa(識)를 직역한 것인데, 사실상 bhavaṅga의 의미를 선명하게 드러내지 못하는 번역어라 생각된다. 현장玄奘이

651년에 번역한 바수반두Vasubandhu의 『대승성업론(大乘成業論, *Karmasiddhi-prakraṇa*)』에는 bhavaṅga vijñāna를 직역하여 有分識(유분식)이라 했다.(『大正藏』 31권, 785上)

44 팔리어 bhavaṅga-citta에 대한 번역어로 '잠재의식' 혹은 '무의식'이란 말은 본래 뜻을 온전히 드러내지 못하고 오히려 상좌부의 전통적인 해석을 오해할 수 있으므로 사용하지 말하야 한다고 Rupert Gethin이 주장하고 있다. Bhavaṅga에 대한 서양의 연구 성과에 대한 자료는 Rupert Gethin 의 논문에 잘 정리되어 있다. Rupert Gethin, "Bhavaṅga and Rebirth According to the Abhidhamma", *The Buddhist Forum*, Vol.III, Ed. Tadeusz Skorupski & Ulrich Pagel, London : SOAS, 1994, pp.11-35 참조.

45 존재지속심存在持續識은 팔리어 bhavaṅga-citta에 대한 우리말 번역어이다. bhava 는 존재(existence)란 뜻이고, aṅga란 부분, 지분支分, 사지(四肢)의 뜻 외에도 요인 (factor), 원인, 연결, 특성 등의 의미가 있다.

46 Vism XIV, 114.

47 Vism IV, 33.

48 Vism IV, 157.

49 1찰나는 약 0.013초(=1/75초). 필자의 학위논문 p.75, fn. 171 참조.

50 '선정수행에서의 마음의 변화' 부분은 필자의 논문 「남방상좌불교의 심식설과 수행계위」, 『한국불교학결집대회논집』 제1집 下卷(2002)과 「상좌불교의 위빠사나 이해」, 『수행법 연구』(대한불교조계종 교육원 불학연구소, 조계종출판사, 2005), pp.772-775를 재구성하여 게재하였음.

51 James H. Austin, *Zen and Brain*(Boston : The MIT Press, 1998).

52 Andrew Newberg, Eugene D'aquili, and Vince Rause, *Why God Won't Go Away: Brain Science and Biology of Belief*(New York : Ballantine Books, 2001).

53 Vism. IV, 99.

54 김재성, 순관(純觀, suddha-vipassanā)에 대하여: 「남방상좌불교 수행론의 일고찰」, 『불교학연구회 제10차 학술발표회 자료집』(불교학연구회, http://www. bulgyohak. org 2002), pp.33-45.

55 Vism. IV, 74-75: ······ manodvārâvajjanaṃ uppajjati. tato tasmiṃ yev'ārammaṇe

364

cattāri pañca vā javanāni javanti. tesu avasāne ekaṃ rūpâvacaraṃ, sesāni kāmâvacarāni pakaticittehi balavatara-vitakkavicāra-pītisukhacittekaggatāni …… agahitagahaṇena pan'ettha paṭhamaṃ parikammaṃ, dutiyaṃ upacāraṃ, tatiyaṃ anulomaṃ, catutthaṃ gotrabhū. paṭhamaṃ vā upacāraṃ, dutiyaṃ anulomaṃ, tatiyaṃ gotrbhū. catutthaṃ pañcamaṃ vā appanācittaṃ. catuttham eva hi pañcamaṃ vā appeti. tañ ca kho khippâbhiññā-dandhâbhiññāvasena. tato paraṃ javanaṃ patati, bhavaṅgassa vāro hoti.

56 *Abhidhammatthasaṅgaha and Abhidhammatthavibhāvinī-ṭīkā*, Ed. Hammalawa Saddhātissa, Pali Text Society, Oxford, 1989, p.114.

57 Vism. IV, 131-137.

58 Vism. IV, 132-136: paṭhamajjhānato vuṭṭhāya paṭhamaṃ vitakkaṃ āvajjayato bhavaṅgaṃ upacchinditvā uppannâvajjanânantaraṃ vitakkârammaṇān'eva cattāri pañca vā javanāni javanti. tato dve bhavaṅgāni, tato puna vicārârammaṇaṃ āvajjanaṃ, vuttanayān'eva javanānī ti evaṃ pañcasu jhānaṅgesu yadā nirantaraṃ cittaṃ pesetuṃ sakkoti, ath'assa āvajjanavasī siddhā hoti.

59 Vism. IV, 137; Venerable Pa-Auk Saydaw, *Mindfulness of Breathing and Four Elements Meditation*, W.A.V.E., Kuala Lumpur, 1995, p.14.

60 M. I. 147-148.

61 Vism. I, II.

62 Vism. III-XI.

63 순수 위빠싸나에 대한 국내의 최근 연구는 김재성(2002b) 참조.

64 Vism. XVIII.

65 Vism. XIX.

66 Vism. XX.

67 Vism. XX 105-128.

68 Vism. XXI.

69 Vism. XXII.

70 일묵스님, cafe.daum.net/jetavana 참조.

71 D. I. 156, II. 92, 252; M. I. 432; S. V. 61,69; A. I. 232.

72 S. V. 61; A. V. 17; Th. 2, 167.

73 M. I. 34.

74 Vism. XIV, 108; 아비담마 길라잡이 상, p.134.

75 Dhp. p.10.

유식불교에서 마음의 전개 | 마음 활동의 두 층위

---

1 인간은 감각능력으로서 5근을 다 가지고 있지만, 안근이 없거나 이근이 없는 동물들도 있다. 그렇지만 동물인 한 반드시 가지고 있는 기본적인 근은 신근이다. 신근은 촉감의 근이며, 대표적 촉감은 고통의 감각이다. 따라서 동물이 근을 가졌다는 것은 곧 동물은 고통을 느끼는 존재라는 말이다. 지렁이도 밟으면 꿈틀하는 것은 밟히면 고통스럽기 때문이다. 그래서 불교는 동물을 감정을 느끼는 존재라는 의미에서 '有情'이라고 한다. 그렇다면 식물은 어떤가? 불교는 식물을 근을 가진 유정으로 파악하지 않는다. 그래서 불살생계도 동물에게만 적용시킨다. 그렇지만 식물도 생명체로서 고통의 감각이나 일정한 의사소통 능력을 갖고 있다는 반론이 제기되기도 한다. 요즈음 학계에서는 식물도 주인이 정성과 사랑으로 보살피면 더 잘 자란다고 하여, 감정의 소통능력이 주장되기도 한다. 어느 존재까지 근을 가진 유정으로 인정할 것인가는 앞으로 더 밝혀져야 할 문제라고 본다.

2 이와 같이 인간은 인식능력으로서 안이비설신 오근과 제6의근을 갖고 있다. 유식은 오근을 그 대상인 오경과 마찬가지로 물리적인 색법으로 분류하고, 의근은 심법으로 분류한다. 따라서 색법의 오근과 심법의 의근을 갖춘 유근신으로서의 몸은 개별자라는 뜻에서의 몸이지 그 자체 물리적 존재인 것은 아니다. 몸 '신'자는 여러 의미로 쓰이고 있다.

유근신	=	안·이·비·설·신근	+	의근
(개별자:색+심)		(색법:물리적 존재)		(심법:심리적 존재)
		신(몸)		심(마음)

3 여기서 더 밝혀져야 할 문제는 전5식과 제6의식의 관계이다. 이는 식의 작용으로 보면 감각과 사유의 관계이며, 식의 대상으로 보면 자상(감각자료)과 공상(개념)의

관계이다. ①기세간을 자상으로 포착하는 것이 전오식이고, 공상으로 파악하는 것이 의식이란 점만 보면, 전오식은 의식의 범위를 넘어선 더 넓은 식인 것처럼 보인다. ②그러나 의식이 함께 해야지만 전오식이 비로소 작동한다는 것을 보면, 즉 의식이 눈으로 가야 눈의 안식이 성립하고, 의식이 귀로 가야 귀의 이식이 일어난다는 것을 보면, 우리의 전오식은 이미 제6의식에 의해 제한된 식일 뿐이다. 의식되지 않은 전오식이란 있을 수 없기 때문이다. ①에서 생각된 '의식 너머의 전오식'은 무의식적 감각에 해당하고, ②에서 생각된 '의식에 의해 제한된 전오식'은 의식적 지각에 해당한다고 볼 수 있다. 문제는 우리의 일상적 지각에 해당하는 '의식적 지각'(이발지각) 너머에 '무의식적 감각'(미세지각, 미발지각)이 과연 존재하는가 하는 것이다. 이와 같이 유식에서의 아뢰야식에 대한 논의는 결국 무의식적 감각에 대한 논의와 연관된다고 본다.

4 『성유식론』, 권7(『대정신수대장경』, 권31, 39중), "現量證時不執爲外. 後意分別妄生外想."

5 분별적 의식이 없는 동물은 주객분리가 없기에 자신의 의식을 채우는 의식내용을 자기 자신과 분리하지 않을 것이다. 그런 존재는 장미를 보면 자신이 곧 장미가 되고, 부드러움을 느끼면 자신이 곧 부드러움이 되는 그런 방식의 삶을 살 것이다. 우리도 감정적 측면에서는 아직 그 능력을 갖고 있다. 즉 누가 슬퍼하든 슬픔을 보면 스스로도 슬퍼지고, 누가 기뻐하든 기쁨을 보면 스스로도 기뻐지는 공감능력이 그것이다.

6 불교는 의근을 자기 자신을 스스로 자각할 수 있는 의식성의 존재로 본다. 따라서 심법으로 분류한다. 그렇기 때문에 자기의식인 말나식이 제6의식인 대상의식보다 더 기저에서 활동하는 식으로 간주되고 대상의식의 전제로 간주되는 것이다. 제7말나식은 직접적 자기의식이다. 만일 의근을 스스로의 자각성 내지 의식성이 없는 물질적 존재인 색법으로 간주한다면 직접적 자기의식의 주장은 불가능해진다. 색은 심작용이 없기 때문이다. 따라서 의근을 두뇌 등 물질적 존재로 여기면, 그런 의근에 근거한 의식은 주장할 수 있어도, 意 자체의 자기식의 주장은 불가능해진다. 이때 자기의식은 대상의식의 기반에 놓인 자기의식이 아니라, 오히려 제6의식인 대상의식으로부터 반성적으로 얻어지는 이차적인 것으로 간주된다. 이런 자기의식은 더 이상 일차적이고 직접적인 자기의식이 아니라 오히려 간접적이고 반성적인 자기의식에 그칠 뿐이다. 의식의 활동을 신체나 두뇌 등 물리적 존재로

환원하여 설명하려는 대부분의 현대철학이 자기의식을 직접적 자기의식이 아닌 간접적이고 이차적인 반성적 의식으로만 인정하는 것이 바로 이 때문이다.

7 이것은 다시금 의근이 의식과 마찬가지로 일종의 심적 존재라는 것을 말해준다. 意에 대한 이상의 두 가지 측면을 『섭대승론』은 意의 두 가지 의미로 설명한다. "의에는 두 가지가 있다. 하나는 등무간연이 되어 의지처가 되는 성품이다. 간격 없이 멸하는 식이 능히 의식을 일으키는 의지처가 된다. 다른 하나는 염오의로서 네 가지 번뇌와 항상 상응하는데, 아견, 아만, 아애, 무명이 그것이다. 이것이 식이 잡염이 되는 의지처이다."(意有二種. 第一與作等無間緣所依止性. 無間滅識能與意識作生依止. 第二染汚意與四煩惱恒共相應. 一者薩迦耶見, 二者我慢, 三者我愛, 四者無明. 此卽是識雜染所依.)" (『섭대승론』, 권상(『대정신수대장경』, 권31, 133하). 본문에서 아견, 아애, 아만의 말나식이 염오의로서의 의를 뜻하며, 의식을 일으키는 소의근으로서의 의는 등무간연으로서의 의를 뜻한다.

의
1. 등무간연으로서의 의: 대상의식을 일으키는 근거로서의 의
2. 염오의로서의 의: 자기의식으로서의 의

8 이처럼 우리 의식에 단절이 있다는 사실이 우리로 하여금 의식보다 더 심층의 마음에 대해 생각하게 만든다. 서양철학에서 의식보다 더 심층의 마음활동으로 무의식적 지각(미세지각)의 존재를 주장한 라이프니츠의 경우도 그러하다. 그는 데카르트가 인간 영혼의 본질을 명료한 제6의식으로 규정하자, 그런 의식이 끊어지는 깊은 잠이나 기절의 경우를 들어, 영혼에는 의식보다 더 심층의 무의식적 활동이 있음을 논하였다.

9 마음의 현상을 설명하는 과정에서 궁극적으로 정보저장소를 언급하는 것은 유식이나 현대과학이나 마찬가지이다. 즉 현대과학에서의 두뇌와 유식에서의 아뢰야식은 둘 다 현재에 이르기까지 수없는 지난 생의 의식내용들을 모두 다 담고 있는 정보저장소로 간주되고 있다. 다만 현대과학은 정보저장소를 두뇌 자체로 보며 두뇌를 사유를 일으키는 최종근거로 간주하는데 반해, 유식은 정보저장소를 제8아뢰야식으로 보며 두뇌의 활동을 아뢰야식에 기반하여 가능한 것으로 간주한다는 차이점을 보인다. 한마디로 현대과학은 모든 의식활동의 최종근거를 물리적 두뇌로 여기고, 유식은 물리적 두뇌도 심적 존재인 아뢰야식에 의거한 것으로 본다. 결국 현대과학은 마음활동을 물리적인 것으로 환원하여 설명하는 유물론이고,

368

유식불교는 인식의 근과 경 모두를 심층 아뢰야식에 의거하여 설명하는 유심론이라고 할 수 있다. 이러한 유물론과 유심론의 차이, 다시 말해 정보가 두뇌에 남는다고 보는 것과 아뢰야식에 남는다고 보는 것의 차이는 죽음을 생각할 때 보다 더 분명해진다. 두뇌는 개체가 죽으면 함께 소멸한다. 개체는 두뇌를 포함한 유근신으로 존재하기 때문이다. 다만 두뇌세포 내 정보가 유전자를 통해 다음 세대로 유전함으로써 여러 세대의 정보가 두뇌에 계속 축적될 수는 있다고 본다. 반면 아뢰야식은 개체의 유근신이 죽어 소멸해도 그것으로 끝나지 않고 다시 또 그 다음 유근신을 형성할 수 있는 업력(종자)을 간직한 업식業識으로 남겨진다. 따라서 아뢰야식에 의거한 윤회가 성립하게 된다.

10 『섭대승론』, 권상(『대정신수대장경』, 권31, 134하-135상), "緣起於大乘中極細甚深. 又若略說有二緣起. 一者分別自性緣起. 二者分別愛非愛緣起. 此中依止阿賴耶識諸法生起, 是名分別自性緣起. 以能分別種種自性爲緣性故. 復有十二支緣起, 是名分別愛非愛緣起. 以於善趣惡趣能分別愛非愛種種自體爲緣性故."

11 『성유식론』, 권2(『대정신수대장경』, 권31, 7하), "果能變謂前二種習氣力故有八識生現種種相. 等類習氣爲因緣故八識體相差別而生. 名等類果, 果似因故. 異熟習氣爲增上緣感第八識. 酬引業力恒相續故立異熟名. … 果異因故." 이에 이어 이숙습기에 의해 초감되는 것으로서 이숙과 구분되는 이숙생을 설명한다. "전6식을 불러오는데, 만업에 따르며 이숙을 좇아 생겨나므로 이숙생이라고 부르고 이숙이라고 부르지 않는다. 간단이 있기 때문이다. 이숙이나 이숙생을 이숙과라고 한다.(感前六識. 酬滿業者從異熟起名異熟生不名異熟. 有間斷故. 卽前異熟及異熟生名異熟果)." 이숙습기가 이숙과를 이끌어오는 인업(총보업)으로 작용한 결과가 이숙(제8아뢰야식)이고, 다시 그 결과를 충만하게 하는 만업(별보업)으로 작용한 결과가 이숙에 의거한 이숙생(제6의식)이다. 어떤 몸으로 태어나는가가 총보인 아뢰야식이고, 그 식이 어떤 의식으로 살아가는가가 별보인 의식이라고 할 수 있다.

12 『섭대승론』, 권중(『대정신수대장경』, 권31, 137하-138상), "何者依他起相. 謂阿賴耶識爲種子虛妄分別所攝諸識. … 此中若身身者受者識, 彼所受識, 彼能受識 … 此由名言熏習種子. … 此中身身者受者識, 應知卽是眼等六內界, 彼所受識, 應知卽是色等六外界. 彼能受識, 應知是眼等六識界." 여기서 무착은 종자와 그에 따른 연기를 세 종류로 구분한다. 그리고 각 종자에 따른 세 종류의 연기 결과가

모두 식이라는 것, 따라서 일체가 식일 뿐이라는 '유식'을 강조한다. 종자와 그로부터의 연기결과는 다음과 같이 정리된다.

> 1. 명언훈습종자 → 신식, 신자식, 수자식, 피소수식, 피능수식, 세식, 수식, 처식, 언설식
> 2. 아견훈습종자 → 자타분별식
> 3. 유지훈습종자 → 선취악취사생식

유지훈습종자로부터 선취악취사생식으로의 연기는 12지연기인 분별애비애연기(전변2)에 해당한다. 선취악취사생식이 결국 제8 아뢰야식인 셈이다. 아견훈습종자로부터 연기하는 자타분별식은 아견, 아애, 아집의 제7말나식의 분별작용을 뜻한다고 볼 수 있다. 명언훈습종자로부터 연기하는 것 중 본문에서 언급한 6근, 6경, 6식에 포함되지 않고 남겨진 世識은 시간의 의식, 數識은 수의 의식, 處識은 공간의 의식, 言說識은 개념적 의식을 뜻한다.

13 『성유식론』, 권2(『대정신수대장경』, 권31, 10상), "此識行相所緣云何. 謂不可知執受處了. 了謂了別卽是行相. 識以了別爲行相故. 處謂處所卽器世間. 是諸有情所依處故. 執受有二. 謂諸種子及有根身."

14 아뢰야식의 상분을 근에 해당하는 유근신과 경에 해당하는 기세간 둘로만 구분했으면 간단할 텐데, 유식은 인용에서 보듯이 그 외에 종자를 든다. 『성유식론』은 종자에 대해 "종자는 본식 중 친히 자과를 내는 공능차별을 뜻한다"(種子謂本識中親生自果功能差別)(권2, 『대정장』31, 8상)라고도 하고, 또 "제종자는 이숙식에 유지되는 일체 유루법 종자이다. 그 식의 성에 포섭되므로 식의 소연이다"(諸種子者謂異熟識所持一切有漏法種. 此識性攝故是所緣)(권3, 『대정장』31, 11상)라고도 설명한다. 종자를 공능차별로 규정하는 것은 종자를 본식 안에 함장된 잠재적 세력으로 보는 것이지만, 종자를 아뢰야식의 상분(소연) 중의 하나로 규정하는 것은 견상이 이미 종자의 현행이므로 이때 종자는 단지 현행화 이전이 잠재태로서의 종자를 뜻하는 것일 수 없다. 그렇다면 이때 종자는 아뢰야식의 상분이되 유근신이나 기세간과는 구분되어야 하므로, 사유대상으로서의 종자, 즉 '명언' 내지 '개념'으로서의 종자를 뜻한다고 해석해 볼 수 있겠다. 이 경우 종자는 제6의식의 대상인 법경을 의미하고, 기세간은 그렇게 개념적으로 사량 분별되기 이전의 세계, 즉 전오식의 대상을 뜻한다고 볼 수 있다. 그러나 우리 일상 범부의 의식차원에서는 전오식과 제6의식이 확연히 구분되어 있지 않으며 오히려 전오식이 의근의

염오성과 제6의식의 사량분별에 물들어 있어, 기세간도 순수 전오식의 대상으로 주어지지 않고 오히려 의식의 사량분별에 의해 제한적으로만 주어진다. 한마디로 기세간은 존재론적으로는 색계이되 우리 일상 범부의 의식차원에서는 욕계로 주어진다. 따라서 여기에서도 기세간을 일단은 오경과 법경을 포함한 육경과 같은 의미로 이해하기로 한다.

15 이처럼 식에서 육입처로의 이행은 12지연기(전변2)로도 설명되고 아뢰야연기(전변1)로도 설명되지만, 그러나 그 두 설명에서 그 과정이 동일한 것을 지시하는 것은 아니다. 12지연기는 어떻게 과거의 업에 의해 현재의 나의 몸(유근신)이 형성되는지 그리고 그 몸이 어떻게 세계와 관계하며 다시 업을 쌓아 미래의 보를 낳게 하는지를 시간 흐름에 따라 단계적으로 보여 주는 것인데 반해, 아뢰야연기는 개체적 유근신 안에서 다시 심층마음인 아뢰야식을 발견하고는 그 심층 아뢰야식이 어떻게 매순간 표층 현상인 유근신과 기세간으로 변현하는지를 보여 주는 것이다. 12지연기는 각각의 지가 시간 흐름에 따라 어떻게 발생하게 되는가를 보여 주는 것이므로, 각각의 지를 인과 과로 연결하면 이때 인과는 선후로 이어지는 異時的 인과가 된다. 반면 아뢰야연기는 아뢰야식의 전변활동과 그 활동결과의 식소변이 동시에 존재하므로, 이때 인과는 同時的 인과이다.

〈전변1〉 등류습기: 인연 ——(아뢰야연기)—→ 등류과: 제법(8식) : 동시적 인과
〈전변2〉 이숙습기: 증상연 ——(12지연기)—→ 이숙과: 이숙(제8식) : 이시적 인과

이처럼 아뢰야연기에서 식과 명색 내지 유근신이 동시 인과를 이루기에, 12지연기 상에서도 식과 명색의 관계가 다른 지들과 달리 상호 인과의 관계로 해석되는 것이 가능해진다.

16 『섭대승론』, 권상(『대정신수대장경』, 권31, 137중하), "此識有共相有不共相. 無受生種子相有受生種子相等. 共相者謂器世間種子. 不共相者謂各別內處種子. 共相卽是無受生種子. 不共相卽是有受生種子. … 復有有受盡相無受盡相. 有受盡相者謂已成熟異熟果善不善種子. 無受盡相者謂名言熏習種子, 無始時來種種戲論流轉種子故."

17 『성유식론』, 권2(『대정신수대장경』, 권31, 10하–11상), "所言處者, 謂異熟識由共相種成熟力故變似色等器世間相. 卽外大種及所造色. … 有根身者, 謂異熟識不共相種成熟力故變似色根及根依處. 卽內大種及所造色." 여기서는 유근신과 기세간

이 단지 오근 오경에 그치는 것이 아니라 의근과 법경을 포함함에도 불구하고 모두 내외대종 및 그 소조색인 색법으로 설명되고 있다. 이때 색법은 '가시적으로 현상화한 세계를 이루는 개별자들'이라는 가장 넓은 의미의 색법으로 해석되어야 할 것이다.

18 경이 근을 떠나 있는 것이 아니라는 것을 정확히 파악하기 위해서는 오근과 제6의근을 구분하고 전오식의 경과 제6의식의 경을 구분해서 이해할 필요가 있다. 아뢰야식의 전변 결과인 기세간을 있는 그대로 自相으로 포착하는 것은 전오식이지 염오의 의근에 제한된 제6의식이 아니기 때문이다. 제6의식은 기세간을 사량분별하여 共相으로 파악한다. 그런데 우리 일상 범부의 전오식은 이미 제6의식에 의해 제한됨으로써 전오식이 그 자체로 의식되지 않고 이미 제6의식의 작의와 사량분별을 거쳐서만 의식된다. 안근과 색경이 함께 하여 안식이 일어나고 그 근경식 셋이 화합하는 순간 우리는 기세간의 자상을 포착할 수 있지만, 그러나 전오식의 대상이 되는 자상은 우리 제6의식에 그대로 의식되지 못한다. 전오식의 근경식이 촉하는 순간과 그 경을 제6의식이 의식하는 순간은 서로 다른 순간이며, 자상은 찰나적으로 생하고 곧 멸할 뿐이어서 의식은 그 한 찰나의 자상을 포착하지 못하기 때문이다. 우리의 의식은 찰나적으로 생멸하는 자상에 주목하지 못하고 의식 스스로 설정하는 자기동일적 개념인 공상을 가지고 기세간을 분별한다. 따라서 우리가 안식 대상의 색경으로 포착하는 것은 순수 전오식의 소연으로서의 색성향미촉의 자상이 아니라, 이미 제6의식의 사량 분별 작용에 따라 분별된 것, 대상의 속성으로 파악된 성질인 것이다. 따라서 제6의식의 사유를 따라 공상으로 분별되지 않은 자상은 아예 의식에 떠오르지 않는다. 그러므로 우리는 공상으로 포착한 세계는 의식이 그린 의식세계이고 의식이 포착하지 못하는 자상의 세계는 의식 너머 객관적으로 존재하는 세계 자체라고 여기게 된다. 따라서 우리가 제6의식의 관점에 매여 있는 한, 우리는 법집을 벗어나기 힘든 것이다. 반면 유식이 강조하는 것은 그러한 자상으로서의 기세간이 아뢰야식의 식소변이지 그 너머의 것은 아니라는 것이다. 결국 의근의 염오성이 제거되어 아집이 사라지고 그에 기반한 의식의 사량분별도 멈추게 된다면, 그때 비로소 전오식이 기세간을 자상 그 자체로 포착하게 될 것이다. 이렇게 보면 유식성의 자각은 곧 스스로 표층적인 제6의식의 관점 내지 그 한계를 벗어나는 것이라고 볼 수 있다. 그때 비로소 심층 아뢰야식의 활동성을 자각하게 되며, 전5식 또한

그 자체로 자각될 수 있을 것이다.

19 『섭대승론』, 권중(『대정신수대장경』, 권31, 138상), "此諸識皆唯有識都無義故. 此中以何爲喩顯示. 應知夢等爲喩顯示. 謂如夢中都無其義獨唯有識. 雖種種色聲香味觸舍林地山似義影現, 而於此中都無有義."

20 『성유식론』, 권7(『대정신수대장경』, 권31, 39하), "色等境非色似色非外似外. 如夢所緣不可執爲是實外色. … 唯言但遮愚夫所執定離諸識實有色等."

21 『섭대승론』, 권중(『대정신수대장경』, 권31, 138상중), "如從夢覺便覺夢中皆唯有識. 覺時何故不如是轉. 眞智覺時亦如是轉. 如在夢中此覺不轉. 從夢覺時此覺乃轉. 如是未得眞智覺時此覺不轉. 得眞智覺此覺乃轉." 현장이 "眞智覺"이라고 번역한 것을 진제는 "眞如智"이라고 번역하였다.

22 꿈이 꿈임을 아는 순간 우리는 꿈에서 깨어나며 더 이상 꿈꾸지 않게 된다. 이미 꿈에서 깨어난 자에게 그것이 꿈이었음을 확인시킬 필요가 없듯이, 이미 진여지각을 얻은 자에게는 일체가 식소변이고 마음이 그린 영상이라는 유식을 논할 필요가 없을 것이다. 유식을 논하는 것은 아직 진여지각을 얻지 못한 우리 일반 범부에게 敎와 理를 통해 추리적 앎인 比知를 일으키기 위한 것이다. 敎證은 경전의 가르침을 통해 증명하는 것이며 理證은 이치적으로 증명하는 것이다. 불교에서는 어떤 사항을 논할 때에 반드시 교와 리를 들어 논한다. 『섭대승론』에서는 교증으로 『십지경』의 "三界皆唯有心"이라는 구절과 『해심밀경』의 수행 중 영상이 마음과 다르지 않다는 구절을 인용한다. 그리고 지금까지 우리가 인용한 식전변에 관한 모든 논의는 유식을 논증하는 리증에 해당한다. 물론 진여지각 자체는 定觀(선정중의 깨달음)으로서 현량인데 반해, 比知는 추론적인 간접적 인식인 비량일 뿐이다. 이렇듯 본고에서 시도되고 있는 것은 아직 진여지각이 없는 자, 아직 꿈꾸고 있는 자가 추론적으로 유식을 논하는 것일 뿐이며, 따라서 아직 꿈속의 말일 뿐이다. 그러나 아직 증득이 없다 해도 일체가 식이라는 유식성을 여실하게 解悟하게 되면, 마치 꿈이 꿈임을 알면 깨어나게 되듯, 언젠가 생사의 긴 잠에서 깨어나게 되지 않겠는가?

23 『성유식론』, 권2(『대정신수대장경』, 권31, 10하), "所言處者, 謂異熟識由共相種成熟力故變似色等器世間相. … 雖諸有情所變各別, 而相相似處所無異, 如衆燈明各遍似一."

24 『섭대승론』, 권상(『대정신수대장경』, 권31, 137중하), "共相者謂器世間種子. 不共相

者謂各別內處種子. … 對治生時唯不共相所對治滅. 共相爲他分別所持但見淸
淨. … 無受盡相者謂名言熏習種子. 無始時來種種戲論流轉種子故."

25 『성유식론』, 권2(『대정신수대장경』, 권31, 10하), "如是處處 說唯一心."

26 중생 각각의 아뢰야식을 '하나의 우주적 마음'이라고 보는 것에 대해 반론이
있을 수 있다. ①일과 다의 관계: 아뢰야식은 중생 각각을 윤회하게 하는 식으로서
서로 상이한 식인데, 이를 하나의 식이라고 할 수 있는가? 답: 각각의 식이지만
그 식의 변현 결과가 하나의 기세간이 되기에 하나의 식이라고 말할 수 있다.
아뢰야식 내 공종자가 결국 그 식을 하나의 식이게 하는 것이다. 우리는 무비판적
으로 '세계는 一이고 식이나 마음은 多'라는 통념을 받아들이지만, 이에 대해
불교는 화엄이 강조하듯 '일즉다, 다즉일'을 주장한다. 세계의 一보다 더 우선
확보되어야 하는 것이 실은 그 세계를 바라보는 마음의 一이다. 마음이 일이
아니라면, 그 마음에 의해 보여진 세계가 일이 될 수가 없기 때문이다. 일체
마음이나 생명 또는 중생의 성이 궁극적으로는 분리되지 않은 하나라는 것이
대승정신의 핵이라고 본다. ②진과 망의 관계: 아뢰야식은 윤회하는 생멸식이고
업식이며 결국 버려야 할 부정적 식인데, 이를 하나의 우주심 또는 불생불멸의
일심 등 긍정적으로 볼 수 있는가? 답: 우리가 흔히 '우주는 참된 존재이고,
식은 버려야 할 허망한 것'이라고 생각하여 진과 망을 객관과 주관으로 이원화하는
데, 이것은 근거가 없다. 불교는 오히려 진망이 둘이 아니라고 본다. 연기하는
의타기성에서 변계소집의 집착만 제거하여 유식성을 깨달으면, 그것이 곧 원성실
성이 되는 것이다. 진과 망은 연기에 관한 자각 유무에 달린 것이지 연기 자체가
망이 되는 것은 아니다. 아뢰야식의 우주로의 변현 자체가 망은 아니다. 불교가
지향하는 것은 그렇게 변현된 우주인 우리의 기세간을 떠나는 것이 아니라,
우리의 기세간을 번뇌와 고통이 없는 평등한 세계로 만드는 것이다. 이것이
대승 보살정신의 핵이라고 본다.

27 『섭대승론』, 권중(『대정신수대장경』, 권31, 138중), "識所緣唯識所現."

28 『섭대승론』, 권중(『대정신수대장경』, 권31, 138중), "云何此心還取此心"

29 『섭대승론』, 권중(『대정신수대장경』, 권31, 138중), "如質爲緣還見本質. 而謂我今見
於影像. 及謂離質別有所見影像顯現. 此心亦爾. 如是生時相似有異所見影現."

30 물고기가 물을 분별하여 알기 위해서는 물을 떠나보아야 할 것이다. 그러나
물고기에게 물을 떠난다는 것은 곧 죽음을 의미한다. 이렇듯 우리가 전체를

374

알기 위해, 전체 바깥으로 나가본다는 것은 곧 자기 마음 바깥으로 나가본다는 것, 다시 말해 시간 흐름 바깥으로, 삶 바깥으로 나가본다는 것을 의미한다. 그러므로 진정으로 근본무분별지 또는 진여지각에 이르고자 하면, 살아서 죽는 수행이 요구될 것이다. 유식을 확립한 자들이 요가수행자라는 것, 그들이 깊은 수행을 거쳐 비로소 심층 아뢰야식을 여실하게 자각하게 되었다는 것이 바로 이 때문일 것이다. 그러므로 실제 유식성은 근본무분별지를 거치고 난 이후 후득지 차원에서만 여실하게 논해질 수 있을 것이다.

31 이 아뢰야식의 견분인 료의 활동은 염오의와 제6의식에 의해 제한받지 않는 전오식의 활동과 일치하리라고 본다. 의근의 염오성이 청정한 정문훈습종자로 대치되고 다시 근본무분별지를 통과하고 나면, 무분별후득지에서는 전5식과 제8식의 활동이 서로 구분되지 않을 것이다.

32 유근신과 기세간, 자아와 세계가 공이라는 것, 그 아공과 법공의 두 가지 공을 밝히기 위해 쓰여진 논서가 바로『성유식론』이다. "지금 이 논서를 짓는 이유는 두 가지 공에 대해 미혹하고 오류가 있는 자로 하여금 바르게 이해하도록 하기 위해서이다. 바르게 이해하도록 하는 것은 두 가지 무거운 장애(번뇌장과 소지장)을 끊게 하기 위한 것이다. 아집과 법집으로 인해 두 가지 장애가 함께 일어난다. 두 가지 공을 증득하면 그 장애도 따라서 끊어진다. 장애를 끊는 것은 두 가지 뛰어난 증과(해탈과 보리)를 얻기 위해서이다. 번뇌장을 끊음으로서 해탈을 증득하고, 소지장을 끊음으로써 보리를 증득한다."『성유식론』, 권1,(『대정신수대장경』, 권31, 1) 유식의 관점에서 보면 소승불교는 〈전변2〉인 12지연기만을 논하며 아공을 증득하여 아집의 번뇌장을 극복한 심해탈을 추구할 뿐이다. 반면 대승 유식은 법집의 소지장을 극복한 혜해탈을 이루고자 법공의 증득을 주장한다. 그리고 이것이 바로 아뢰야식의 〈전변3〉에 대한 통찰, 즉 우리가 세계 자체라고 생각하는 기세간이 우리 자신의 아뢰야식의 식소변에 지나지 않는다는 법공의 깨달음이다. 유식의 관점에서 보면 소승불교는 〈전변2〉인 12지연기만을 논하며 아공을 증득하여 아집의 번뇌장을 극복한 심해탈을 추구할 뿐이다. 반면 대승 유식은 법집의 소지장을 극복한 혜해탈을 이루고자 법공의 증득을 주장한다. 그리고 이것이 바로 아뢰야식의 〈전변3〉에 대한 통찰, 즉 우리가 세계 자체라고 생각하는 기세간이 우리 자신의 아뢰야식의 식소변에 지나지 않는다는 법공의 깨달음이다.

아뢰야식 내 종자 ──〈전변〉──→	형행	극복대상	실현목표
┌ 불공상종자　〈전변2〉	유근신 ──	번뇌장:아집	아공의 증득:해탈
└ 공상종자　〈전변3〉	기세간 ──	소지장:법집	법공의 증득:보리

선불교에서 마음의 전개 | 마음을 가져와라

---

1 인물의 생몰연대는 확실하거나 설이 정립된 경우에만 기재함.

2 "達磨大師. 從南天竺國. 來至中華. 傳上乘一心之法. 令汝等開悟. 又引楞伽經. 以印衆生心地. 恐汝顚倒不信. 此一心之法. 各各有之. 故楞伽經. 以佛語心爲宗. 無門爲法門. 夫求法者. 應無所求. 心外無別佛. 佛外無別心." 「江西馬祖道一禪師語錄」, 『四家語錄』(『續藏經』 권119, 811上). 한글번역은 백련선서간행회 옮김, 「마조록四家語錄」, 『馬祖錄 ·百丈錄』(서울: 장경각, 1987), p.23. 「江西馬祖道一禪師語錄」은 이후 『馬祖語錄』으로 약칭함.

3 "恭聞. 人因地而倒者. 因地而起. 離地求起. 無有是處也. 迷一心而起無邊煩惱者. 衆生也. 悟一心而起無邊妙用者. 諸佛也. 迷悟雖殊. 而要由一心. 則離心求佛者. 亦無有是處也."(『韓國佛敎全書』 권4, 698上) 『韓國佛敎全書』는 이후 『韓佛全』으로 약칭함.

4 "唯傳一心更無別法."(『黃檗山斷際禪師傳心法要』에 대한 裵休의 序, 『大正藏』 권48, 379中) 『黃檗山斷際禪師傳心法要』은 이후 『傳心法要』로 약칭함.

5 "弟子心未安. 乞師安心. 磨云. 將心來. 與汝安. 祖云. 覓心了不可得. 磨云. 爲汝安心竟."(『禪宗無門關』 41則 「達磨安心」, 『大正藏』 권48, 298上) 한글번역은 야나기다 세이잔(柳田聖山), 『달마』, 김성환 옮김(민족사, 1991), p.53. 보리달마와 관련해서 가장 오래된 자료로서 돈황에서 발견된 『이입사행론장권자二入四行論長卷子』에서는 이 대목이 혜가와 그의 어느 제자 사이에 오고 간 문답인데, 지거智炬의 『대당소주쌍봉산조계보림전大唐韶州雙峰山曹溪寶林傳』 이래 보리달마와 혜가 사이의 대화로 되었다는 것이 야나기다의 지적이다.

6 야나기다 세이잔은 다음과 같이 말한다. "중요한 것은 달마의 대답이 단순한 돈지頓智나 상대의 의표를 찌르는 궤변, 또는 재치있는 카운셀링이 아니었다는 점이다. 여기에는 그러한 것들을 모두 포함하면서도 그와는 다른 무엇인가가

있다. 달마가 이 나라 불교에 기여한 가장 특색 있는 공헌이 이 문답에 함축되어 있다."(같은 책, p.53) 여기에서 "이 나라"는 중국을 가리키며, 달마가 중국불교에 기여한 "가장 특색 있는 공헌"이라 한 것은 그 인물의 이미지가 선불교 형성의 빌미가 되었다는 점을 가리킨다.

7 야나기다 세이잔, 같은 책, pp.53~54.

8 배휴裵休가 『전심법요』 서문에서 언급한 "마음이라는 것이 또한 공하여 그 어떤 조건에도 해당치 않는다"(心體亦空萬緣俱寂)는 황벽 희운(黃蘗 希運, ?~850)의 가르침도 이 점을 말한다.(『大正藏』 권48, 379中)

9 "問急切處請師道. 師云. 尿是小事. 須是老僧自去始得."(『古尊宿語錄』 권14, 『續藏經』 권118, 322上) 한글번역은 백련선서간행회 옮김, 『趙州錄』(장경각, 1989), p.119.

10 Dale S. Wright, Philosophical Meditations on Zen Buddhism (Cambridge: Cambridge University Press, 1998), p.30.

11 "今時人只欲得多知多解. 廣求文義. 喚作修行. 不知多知多解翻成壅塞. 唯知多與兒酥乳契. 與與不消都總不知. …… 所謂知解不消. 皆爲毒藥."(『大正藏』 권48, 382下) 한글번역은 백련선서간행회 옮김, 「전심법요」, 『禪林寶典』(장경각, 1986), pp.264~265.

12 졸고, 「선종의 역설적 성격」, 서울대학교 종교문제연구소 엮음, 『신화와 역사』(서울대학교 종교문제연구소, 2003), p.335.

13 "豪釐有差 天地懸隔."(僧璨, 『信心銘』, 『大正藏』 권48, 376中)

14 "從佛至祖. 並不論別事. 唯論一心."(『黃蘗斷際禪師宛陵錄』, 『大正藏』 권48, 348中) 『黃蘗斷際禪師宛陵錄』은 이후 『완릉록』으로 약칭함.

15 "卽心是佛. 上至諸佛. 下至蠢動含靈. 皆有佛性. 同一心體. 所以達摩從西天來. 唯傳一心法. 直指一切衆生本來是佛."(『大正藏』 권48, 386中) 한글번역은 백련선서간행회 옮김, 「완릉록」, 『禪林寶典』(장경각, 1986), p.300.

16 "(중생의 진정한) 정체는 여래장이다. 모든 중생이 불성을 가지고 있다는 게 바로 그런 뜻이다. 그런데 그 진정한 정체가 워낙에 늘 수많은 번뇌로 덮여 있어 그런 까닭에 중생이 이를 보지 못하는 것이다."(我者卽是如來藏義. 一切衆生悉有佛性. 卽是我義. 如是我義從本已來常爲無量煩惱所覆. 是故衆生不能得見.) 『大般涅槃經』 권5 「如來性品」(『大正藏』 권12, 407中). 『大般涅槃經』은 이후 『涅槃經』으로 약칭함.

17 여래장은 산스크리트어 Tathāgata-garbha를 번역한 말로, '장'이라고 번역한 garbha는 원래 '태胎'라는 뜻이다.

18 '견성성불'이라는 말은 선불교에서 처음 나온 것이 아니라 『대반열반경집해大般涅槃經集解』에 이미 나온다. 야나기다는 다음과 같이 말한다. "그러한 '견성성불'이라는 불교학의 전통적인 과제에 대해서, 종래의 사고방식을 비판하고, 그 의미를 한층 구체화하기 위하여 특별히 생각해낸 것이 '직지인심'이라는 네 글자였다." (『선의 사상과 역사』, 추만호·안영길 옮김, 민족사, 1989, p.131) 즉 선 특유의 포인트는 '직지인심'에 있는 것이다.

19 "깨달음이란 수행을 빌려서 되는 것이 아니다. 다만 지금의 자기 마음을 알아서 **자기의 본래 성품을 보는 것**이요, 결코 달리 구하지 말라."(達摩從西天來. 唯傳一心法. 直指一切衆生本來是佛. 不假修行. 但如今識取自心見自本性. 更莫別求) 『宛陵錄』, 386b. 한글번역은 백련선서간행회 옮김, 「완릉록」, p.300. **강조**는 필자.

20 본각, 불각, 시각에 대해서는 『大乘起信論』(『大正藏』 권32), 576中 참고.

21 "以始覺者卽同本覺."(『大乘起信論』, 『大正藏』 권32, 576中)

22 "佛是自性作. 莫向身求."(『南宗頓敎最上大乘摩訶般若波羅蜜經六祖惠能大師於韶州大梵寺施法壇經』, 『大正藏』 권48, 341中) 한글번역은 백련선서간행회 옮김, 「돈황본단경」, 『禪林寶典』, p.107.

23 "祖曰. 來此擬須何事. 曰來求佛法. 祖曰. 自家寶藏不顧. 抛家散走作什麼. 我這裡一物也無. 求甚麼佛法. 珠逡禮拜. 問曰阿那箇. 是慧海自家寶藏. 祖曰. 卽今問我者. 是汝寶藏. 一切具足. 更無欠少. 使用自在. 何假向外求覓."(「江西馬祖道一禪師語錄」, 『四家語錄』, 『續藏經』 권119, 813上) 한글번역은 백련선서간행회 옮김, 「마조록四家語錄」, 『馬祖錄·百丈錄』(장경각, 1987), p.32 참조.

24 『勸修定慧結社文』(『韓佛全』 권4, 699下, 703上, 705中); 『牧牛子修心訣』(『韓佛全』 권4, 710中); 『圓頓成佛論』(『韓佛全』 권4, 726上, 727下, 729中, 729下) 등.

25 Karl Jaspers, The Origin and Goal of History (London: Routledge, 1953), p.1; 리차드 컴스탁, 『종교의 탐구: 방법론의 문제와 원시종교』, 윤원철 옮김 (제이앤씨, 2007), pp.231~236.

26 박성배는 『깨침과 깨달음』 15장과 16장에서, 깨달음이란 주객主客의 구도를 비롯한 분별심分別心과 아집我執을 깨버리는 것이며 유식唯識사상에서 말하는 전의轉依도 그처럼 개아個我는 죽고 연기법의 구현체로서 "몸"을 바꾸는 것으로

설명한다.

27 특히 페르디낭 드 소쉬르(Ferdinand de Saussure, 1857-1913)에서 비롯되는 근대 구조주의 언어학의 성과이다.

28 "若見緣起便見法 若見法便見緣起."(『中阿含經』 권7, 「象跡喩經」, 『大正藏』 권1, 467上)

29 Saṃyutta-nikāya 22, §87, Vol. 3, p.120.

30 『구술문화와 문자문화』, 이기우·임명진 옮김(문예출판사, 1995), p.125.

31 문수사리가 유마힐에게 불이법문에 대해 설해달라고 하자 유마힐은 아무 말도 하지 않는다. 이에 문수사리는 언어문자 없음이야말로 진실로 불이법문에 들어가는 것이라고 찬탄하였고, 이때 그 자리의 대중 5천 명의 보살이 모두 불이법문에 들어 무생법인無生法忍을 얻었다.("文殊師利. 問維摩詰. 我等各自說已. 仁者當說. 何等是菩薩入不二法門. 時維摩詰默然無言. 文殊師利歎曰. 善哉善哉. 乃至無有文字語言. 是眞入不二法門. 說是入不二法門品時. 於此衆中五千菩薩. 皆入不二法門得無生法忍."『維摩詰所說經』 卷中, 「入不二法門品」 第九, 『大正藏』 권14, 551下)

32 부처님이 자리에 앉아 갑자기 꽃을 들어 대중에게 보이자 아무도 그 뜻을 알아차리지 못하고 침묵하는데 오직 마하가섭만이 이를 보고 미소를 짓고는 자리에서 일어나 합장을 하고 바로 서서 침묵하였다.("爾時世尊著坐其座 廓然拈華示衆 會中百萬人天及諸比丘 悉皆默然 時於會中 唯有尊者摩訶迦葉 卽見其示 破顔微笑 從座而起 合掌正立 有氣無言."『大梵天王問佛決疑經』, 『卍續藏』 권 87, 326-327)

33 해인사 방장이며 조계종 종정이었던 혜암스님은 다음과 같이 표현하였다. "팔만대장경? 그거 깨친 사람에게는 다 똥닦개에 불과한 거야."

34 『大乘起信論』(『大正藏』 권32, 576上)

35 예를 들어 『전심법요』에 "어떻게 역대 조사들께서는 서로 이어받았습니까?"라는 질문에 황벽은 "이심전심"이라고 대답한다.(『大正藏』 권48, 383上)

36 "一切法皆是心法 一切名皆是心名 萬法皆從心生 心爲萬法之根本."(「마조어록」, 『四家語錄』, 『續藏經』 권119, 812上) 한글번역은 백련선서간행회 옮김, 「마조록(四家語錄)」, 『馬祖錄·百丈錄』, p.28.

37 "一切唯心造."(『大方廣佛華嚴經(80권)』, 『大正藏』 권10, 102中)

38 "三界虛妄 但是心作."(『大方廣佛華嚴經(60권)』, 『大正藏』 권9, 558下)

39 "心生則種種法生 心滅則種種法滅."(『大乘起信論』,『大正藏』권32, 577中)

40 The Rhetoric of Immediacy (Princeton, NJ: Princeton University Press, 1991), p.33.

41 에드워드 콘즈,『한글세대를 위한 불교』, 한형조 옮김(세계사, 1992), pp.272~273.

42 김진무,「중국불교의 돈점 논쟁」,『불교평론』20(2004 가을), p.391.

43 "道不屬脩."(『四家語錄』,『續藏經』권119, 811上)

44 "道不用脩但莫汗染."(같은 글, 812上)

45 "若言脩得. 脩成還壞. 卽同聲聞. 若言不脩. 卽同凡夫."(같은 글, 811上) 한글번역은 백련선서간행회 옮김,「마조록四家語錄」,『馬祖錄·百丈錄』, p.25.

46 "又問. 作何見解. 卽得達道. 祖曰. 自性本來具足. 但於善惡事中不滯. 喚作脩道人."(같은 글, 811上) 한글번역은 백련선서간행회 옮김,「마조록四家語錄」,『馬祖錄·百丈錄』, p.25.

47 "何以漸頓. 法卽一種. 見有遲疾. 見遲卽漸. 見疾卽頓. 法無漸頓. 人有利鈍. 故名漸頓."(『大正藏』권48, 342中)

48 "法無頓漸. 人有利鈍. 明卽漸勸. 悟人頓修."(같은 글, 338下)

49 "但將妄想顚倒底心. 思量分別底心. 好生惡死底心, 知見解會底心, 欣靜厭鬧底心. 一時按下. 只就按下處看箇話頭."(『大慧普覺禪師書』,「答富樞密」제2서,『大正藏』권47, 921下)

50 "此一字子. 乃是摧許多惡知惡覺底器仗也. 不得作有無會. 不得作道理會. 不得向意根下思量卜度.…… 不得颺在無事甲裏. 不語向擧起處承當. 不得向文字中引證. 但向十二時中四威儀內. 時時提撕. 時時擧覺. 狗子還有佛性也無. 云無. 不離日用. 試如此做工夫看. 月十日便自見得也."(같은 글, 921下)

51 "若謂著實參禪 決須具足三要. 第一要 有大信根, 明知此事 如靠一座須彌山. 第二要 有大憤志 如遇殺父冤讐 直欲便與一刀兩段. 第三要 有大疑情 如暗地做了一件極事."(『高峰大師語錄』,『續藏經』권122, 708中)

52 "如狗子見熱油鐺相似. 要舐又舐不得 要捨又捨不得."(『懶翁和尚語錄』,「工夫十節目」,『韓佛全』권6, 722下)

53 鄭性本,『선의 사상과 역사』(불교시대사, 1994), p.470.

54 圓融,『간화선: 禪宗 頓法思想의 바른 이해』(장경각, 1993), p.138.

55 박성배, 앞의 책, pp.147~148.

56 같은 책, p.150.

57 같은 책, p.157.

58 "纔涉有無 喪身失命."(『無門關』, 『大正藏』 권48, 293上)

59 종림, 「간화선의 방법론적 구조—비교의 입장에서」, 『선우도량』 5(1993. 8), p.43.

60 "公府之案牘. 法之所在."(中峰 明本, 『山房夜話』, 백련선서간행회 옮김, 장경각, 1986, p.240)

61 『無門關』(『大正藏』 권48, 292下); 圓融, 위의 책, p.74.

62 "日月常名. 只爲雲覆蓋上名下暗. 不能了見日月西辰. 忽遇惠風吹散卷盡雲霧. 萬像參羅. 一時皆現. 世人性淨. 猶如淸天. 惠如日. 智如月. 智惠常名[明]. 於外看敬著境. 妄念浮雲蓋覆自姓. 不能明."(『大正藏』 권48, 339上) 한글번역은 『禪林寶典』, p.80.

63 『禪門正路』(장경각, 1981), p.7.

64 거울의 비유가 선불교의 창작은 아니다. 예를 들어 『解深密經』 「心意識相品」 제3에서도 거울의 비유가 동원된다. 앞에 무엇이 있느냐에 따라 온갖 모양이 거울에 비치지만, 그 비치는 모양이 거울 자체는 아니라는 비유이다.("如善淨鏡面. 若有一影生緣現前唯一影起. 若二若多影. 生緣現前有多影起. 非此鏡面轉變爲影. 亦無受用減盡可得."『대정장』 권16, 692下)

65 신수의 게송은 "몸은 보리의 나무요 / 마음은 밝은 거울과 같나니 / 때때로 부지런히 털고 닦아서 / 티끌과 먼지 묻지 않게 하라"(身是菩提樹 心如明鏡臺 時時勤佛拭 莫使有塵埃 또는 勿使惹塵埃]. 『六祖壇經』, 돈황본, 『大正藏』 권48, 337下; 『六祖大師法寶壇經』, 『大正藏』 권48, 348中; 한글번역은 백련선서간행회 옮김, 「돈황본 단경」, 『禪林寶典』, p.63)이다. 혜능의 게송은 돈황본 『六祖壇經』에는 "보리는 본래 나무가 없고 / 밝은 거울 또한 받침대 없네. / 부처의 성품은 항상 깨끗하거니 / 어느 곳에 티끌과 먼지 있으리오"(菩提本無樹 / 明鏡亦無臺 / 佛性常淸淨 / 何處有塵埃)와 "마음은 보리의 나무요 / 몸은 밝은 거울의 받침대라 / 밝은 거울은 본래 깨끗하거니 / 어느 곳이 티끌과 먼지에 물들리오"(心是菩提樹 身爲明鏡臺 明鏡本淸淨 何處染塵埃)라는 두 수가 나오고(338上; 백련선서간행회 옮김, pp.66~67), 『六祖大師法寶壇經』에는 "보리는 본래 나무가 없고 / 밝은 거울 또한 받침대 없네 / 본래 한 물건도 없거니 / 어디에 먼지가 끼리오"(菩提本無樹 明鏡亦非臺 本來無一物 何處惹塵埃)라는 한 수만 나온다(349上).

66 "妄盡心澄 萬像齊現 猶如大海 因風起浪 若風止息 海水澄淸 無像不現."(『圓頓成佛論』, 『韓佛全』 권4, 727中)

67 "用從體發. 用不離體. 體能發用. 體不離用. 約此不相離理故非異也. 如水以濕爲體. 體無動故. 波以動爲相. 因風起故. 水性波相. 動與不動故非一也. 然波外無水. 水外無波. 濕性是一. 故非異也. 類上體用一異可知矣."(『眞心直說』, 「眞心體用一異」, 『韓佛全』 권4, 717下)

68 『대승기신론』에서는 "대승大乘"의 법체法體

69 『大正藏』 권48, 338下. 한글번역은 『禪林寶典』, p.74 참조.

70 "無者無何事. 念者何物. 無者離二相諸塵勞. 眞如是念之體. 念是眞如之用. 姓性起念. 雖卽見聞覺之[知]不染萬鏡而常自在."(같은 글, 338下) 한글번역은 『禪林寶典』, p.76 참조.

71 "道不用脩. 但莫汙染. 何爲汙染. 但有生死心. 造作趨向. 皆是汙染. 若欲直會其道. 平常心是道. ,何謂平常心. 無造作. 無是非. 無取捨. 無斷常. 無凡無聖. 經云. 非凡夫行. 非聖賢行. 是菩薩行. 只如今行住坐臥. 應機接物. 盡是道. 道卽是法界. 乃至河沙妙用. 不出法界."(『四家語錄』, 『續藏經』 권119, 812上) 한글번역은 백련선서간행회 옮김, 「마조록四家語錄」, 『馬祖錄 · 百丈錄』, pp.27~28.

72 圓融, 위의 책, pp.86~87. 필자의 강조.

73 Mircea Eliade, *The Sacred and the Profane*, trans by Willard Trask (San Diego, CA: Harcourt, 1959), pp.14f. & *passim*.

74 같은 책, pp.11f. & passim.

75 졸고, 「현대사회의 종교적 변동과 간화선의 대중화」, 『僧伽敎育』 7(대한불교조계종교육원, 2008), p.266의 도표를 약간 변형하였다.

76 雪靖, 「단박 깨침이란 무엇인가」, 현대불교신문사 엮음, 『禪 너는 누구냐: 선원장 스님들의 사자후』(여시아문, 2004), p.265.

77 각주 52.

서양철학에서 마음의 전개 | 생명의 능동적 운동

---

1 『파이드로스』, pp.245c~246a.

382

2 여기가 '제법무아諸法無我'를 주장하는 불교와 서양철학이 근본적으로 다른 곳이다. 플라톤부터 오늘에 이르기까지 서양철학은 '나'의 존재를 포기하지 않는다. '만물이 흐른다(panta rhei)'고 했던 헤라클레이토스마저도 다른 한편으로는 '만물은 하나(ta panta hen einai)'라는 사상을 가지고 있었다. 설일체유부와 매우 유사한 원자론자들도 영혼의 존재에 관해서는 일률적으로 말하기 어려울 정도로 애매한 입장이다.

3 베르크손을 포함한 모든 실용주의자들의 특징은 질(qualité)을 기능(생명)의 함수로, 즉 생명에 종속된 것으로 생각하는 것이다.

4 기억은 신체적 기억과 정신적 기억으로 나뉜다. 신체적 기억은 운동습관으로서 우리 신체에 남는 기억을 의미한다. 가령 우리가 어렸을 때 수영을 배웠다면 한동안 수영을 하지 않더라도 다시 수영할 기회가 생기면 굳이 배울 때의 기억을 정신적으로 떠올리지 않더라도 자연스럽게 수영할 수가 있다. 그것은 기억이 정신적으로만 남아 있는 것이 아니라 몸에도 남아 있다는 것을 의미한다. 그것이 신체적 기억이다. 베르크손은 그것을 특히 '습관으로서의 기억souvenir-habitude'이라 부른다. 베르크손에게 기억은 기본적으로 우리 존재의 자기 동일성을 보장해 주는 장치이므로 정신적 기억과 신체적 기억은 합하여 우리의 과거 전체를 보존한다.

5 들뢰즈 이후 베르크손에 대한 일원론적인 해석이 유행하였다. 즉 물질도 지속한다면 베르크손의 철학은 결국 지속의 일원론이 아니냐는 것이다. 베르크손의 저술 속에 이렇게 오해할 여지가 있는 것도 사실이다. 그러나 그것은 어디까지나 오해이다. 이 문제에 관해서는 졸고, "베르크손은 일원론자인가?"(철학 98, 2009, 봄, pp.193-216) 참조.

6 『창조적 진화』, pp.201-209.

7 같은 책, pp.209-217.

8 같은 책, pp.217-221.

9 『물질과 기억』, p.78.

10 같은 책, p.115.

11 같은 책, p.169.

12 같은 책, pp.180-181.

13 같은 책, p.171쪽.

1 M. Solms & O. Turnbull, *The Brian and the Inner World: An Introduction to the Neuroscience of subjective Experience.* (London: Other, 2002). 김종주 옮김, 『뇌와 내부세계』(하나의학사, 2005), pp.71-72.

2 G. Strawson, *Mental Reality.*(Cambridge: MIT Press, 1996). M. Solms & O. Turnbull의 위의 책, p.103에서 재인용함.

3 太田久紀, 佛敎の 深層心理(東京: 有斐閣, 1982). 정병조 역, 『불교의 심층심리』(현음사, 1983), p.98.

4 M. Solms & O. Turnbull의 앞의 책, pp.103-104.

5 C. Rycroft, *A Dictionary of Psychoanalysis.* (London: Penguin Books, 1968), pp.23-24.

6 S. Freud, *The Standard Edition of the Complete Psychological Works of Sigmund Freud.* trans. by J. Strachey (London: Horgath Press, 1966), vol. 14 (이하 S.E. 14:으로 약칭함). *Papers on Metapsychology*(1915)에서 특히 「무의식」이란 논문을 보면, p.172에서 시작되는 "무의식의 다양한 의미―지형학적 관점"에는 의식과 무의식을 Cs.와 Ucs.라는 약자로 사용하면서 논의하고 있다.

7 S. Freud의 위의 논문, p.172.

8 D. Evans, *An Introductory Dictionary of Lacanian Psychoanalysis.* (London: Routledge, 1996), 김종주 외 옮김, 『라깡 정신분석 사전』(인간사랑, 1998), pp.312-313.

9 J. Lacan, *The Seminar. Book II. The Ego in Freud's Theory and in the Technique of Psychoanalysis.* 1954-1955.(이하 *Seminar II*로 약칭함) trans. by S. Tomaselli (Cambridge: Cambridge University Press, 1988), p.117.

10 J. Lacan의 위의 책, p.177.

11 S. Freud, "The unconscious"(1915), S.E. 14: p.161.

12 J. Lacan, "The instance of the letter in the unconscious, or reason since Freud" in Écrits, trans. by B Fink (New York: Norton, 2006) (이하 『에크리』 2006으로 약칭함), p.428.

13 J. Lacan의 위의 논문, p.413.

14 J. Lacan, *The Seminar. Book III. The Psychoses.* 1955-1956. trans. by R. Grigg

(New York: Norton, 1993), p.170.

15 J. Lacan, "The function and field of speech and language in psychoanalysis" 『에크리』(2006), p.211.

16 J. Lacan의 「무의식에서 문자의 심급 혹은 프로이트 이래의 이성」, 『에크리』(2006), p.428. 원문의 번역은 다음과 같다. "정신분석 경험이란 무의식이 우리의 어떤 행동들도 그의 영역 밖에 남겨두지 않는다는 것을 설정하는 것에 다름 아니다."

17 S. Freud, *The Ego and the Id.* (1923), S.E. 19: p.23. 여기 각주에 그로데크는 '그것'이란 개념을 니체의 실례를 따른 것이라 되어 있다. 니체는 "무인격적인 것, 말하자면, 우리의 존재 속에 본성으로 필수불가결한 것"을 가리킨다. 우리말에 서 그 비슷한 말을 찾다가 '거시기'로 번역해보기도 했음.

18 J. Laplanche & J.-B. Pontalis, *Vocabulaire de la psychanalyse.* (Paris: Presses Universitaires de France, 1967). trans. by D. Nicholson-Smith, *The Language of Psycho-Analysis.* (New York: Norton, 1973), pp.197-199.

19 소쉬르에 의하면 언어는 기호로서, 기표(記標, signifiant, 시니피앙)와 기의(記意, signifier, 시니피에)로 구성되어 있다. 의미가 음성이나 문자로 표시된 것을 언어라 고 할 때, 그 음성이나 문자가 시니피앙이라면, 그때 의미는 시니피에이다. 즉 언어나 기호에 의미를 갖게 하는 형식이나 표식이 시니피앙인데, 라깡은 이런 시니피앙이 시니피에를 지배하고, 이런 시니피앙이 무의식과 연결된다고 본다.

20 J. Lacan, *Le Séminaire. Livre IV. La relation d'objet. 1956-1957.* ed. by J.-A. Miller (Paris: Seuil, 1994), p.19.

21 J. Lacan, "The subversion of the subject and the dialectic of desire in the Freudian unconscious" (1960), 『에크리』(2006), p.678 ; "The freudian thing"(1955), 『에크리』 (2006), p.347.

22 O. A. Olsen & S. Køppe, *Freud's Theory of Psychoanalysis.* trans. by J.-C. Delay & C. Pedersen (New York: New York University Press, 1988), p.276.

23 도라의 사랑 이야기는 필자의 『사랑경쟁력』(민, 1994), pp.83-99에 나온 글이며, 이 글은 주로 O. A. Olsen과 S. Køppe의 *Freud's Theory of Psychoanalysis*, pp.276-286을 참고하여 재구성한 것임. S. Freud의 원문은 *Fragment of an Analysis of a Case of Hysteria*(S.E. 7: pp.15-63)에서 찾아볼 수 있음.

24 F. Deutsch, "A footnote to Freud's 'Fragment of an analysis of a case of hysteria.'"

In *In Dora's Case: Freud-Hysteria-Feminism.* ed. by C. Bernheimer & C. Kahane (New York: Columbia University Press, 1985), pp.35-43.

25 도라 사례에 대한 이하의 글은 R. Grigg, *Lacan, Language and Philosophy.* (Albany: State University of New York Press, 2008), pp.26-29에서 발췌 인용한 것임.

26 J. Lacan, "Presentation on transference." 『에크리』(2006), pp.176-185.

27 J. Lacan의 위의 논문, p.179.

28 R. Grigg의 앞의 책, p.28.

29 S. Freud, *Fragment of an Analysis of a Case of Hysteria. S.E.* 7: p.34.

30 S. Freud, "Some psychical consequences of the anatomical distinction between the sexes." *S.E.* 19: p.248.

31 S. Freud, *Inhibitions, Symptoms, and Anxiety. S.E.* 20: p.143.

32 우리가 이렇게 생각할 수 있는 것은 우연하게도 이 사례에서 프로이트가 중요한 것을 놓쳐버릴 때일지라도 그 흔적이 텍스트에 여전히 남아 있다는 것을 암시해 준다고 Grigg 교수는 강조하고 있다.

33 이 말은 "아버지가 죽다"(*le père perit*)와 동음이의어가 된다.

34 J. Lacan, *Le séminaire de Jacques Lacan. Livre XVIII. D'un discours qui ne serait pas du semblant. 1970-1971.* 미출간. 1971년 6월 9일의 강의.

35 C. Rycroft의 『정신분석사전』과 Aldrich의 *An Introduction to Dynamic Psychiatry* (New York: McGraw-Hill, 1966), 김종주 역 『역동정신의학』(하나의학사, 1986)을 참조하여 재구성했음. 민성길의 『최신정신의학』(일조각, 1992) pp.73-74에는 각 학파별로 일목요연하게 비교하여 도표로 정리되어 있음.

36 D. Evans, 『라깡 정신분석 사전』, pp.137-140.

37 J. Lacan, "The function and field of speech and language in psychoanalysis"(1953), 『에크리』(2006), p.218.

38 J. Lacan, "The direction of the treatment and the principles of its power"(1958). 『에크리』(2006), p.504.

39 J. Lacan, "On a question prior to any possible treatment of psychosis"(1957). 『에크리』(2006), p.462.

40 S. Freud, *An Outline of Psycho-Analysis*(1940), *S.E.* 23: p.155.

41 J. Lacan, *Le séminaire. Livre VIII. Le transfert. 1960-1961.* ed. by J.-A. Miller(Paris: Seuil, 1991), pp.238-246.

42 J. Lacan, "The direction of the treatment and the principles of its power"(1958). 『에크리』(2006), p.507.

43 I). Evans, 『라깡 정신분석 사전, p.87.

44 J. Lacan, *Seminar III.* p.319.

45 J. Lacan, "The subversion of the subject and the dialectic of desire in the Freudian unconscious"(1960), 『에크리』(2006), p.696-697.

46 J. Lacan, "The signification of thr phallus." 『에크리』(2006), p.583.

47 Lacan의 위의 논문, p.579.

48 J. Lacan, *Seminar III.* p.176.

49 J. Lacan, *The Seminar of Jacques Lacan. Book XX. Encore: On Feminine Sexuality, the Limits of Love and Knowledge. 1972-1973.* trans. by B. Fink(New York: Norton, 1998), p.81.

50 J. Derrida "Le facteur de la vérité"(1975). D. Evans의 『라깡 정신분석 사전』, p.93에서 인용한 것임. 데리다의 글은 *Purloined Poe : Lacan, Derrida & Psychoanalytic Reading*(ed. by J.p.Muller & W.J. Richardson, Baltimore: The Johns Hopkins University Press, 1988), pp.173-212에 나와 있으며, 여기서 인용된 글과 가장 가까운 표현은 이 책에 실려 있는 J.p.Muller와 W.J. Richardson의 논문 "Lacan's seminar on 'The purloined letter' : notes to the text." p.92에 나온다. "This will have relevance for Derrida's critique of 'phallogocentrism' and its presumed 'metaphysics of presence'."

51 H. Glowinski, T. Marks, S. Murphy, ed. *A Compendium of Lacanian Terms.* (London: Free Association Books, 2001). 김종주 역, 『라깡 정신분석의 핵심용어』(하나의학사, 2003).

52 김형효, 『구조주의의 사유체계와 사상: 레비-스트로쓰, 라깡, 푸꼬, 알뛰쎄르에 관한 연구』(인간사랑, 1989), pp.227-298.

53 R. Chemama, *Dictionaire de la psychanalyse.* (Paris: Larousse,1993). 小出浩之, 加藤敏, 新宮一成, 鈴木國文, 小川豊昭 역, 『精神分析事典』(東京: 弘文堂, 1995).

54 D. Evans, 『라깡 정신분석 사전』, p.52.

55 J. Lacan, *The Seminar. Book I. Freud's Papers on Technique. 1953-1954.* trans. by J, Forrester (Cambridge: Cambridge University Press, 1988), p.282.

56 J. Lacan, *Seminar II.* p.166.

57 J. Lacan, *Seminar I.* p.177.

58 J. Lacan, *Seminar II.* p.244.

59 Lacan의 위의 책, p.244.

60 J. Lacan, *Seminar I*, p.174.

61 J. Lacan, "On a question prior to any possible treatment of psychosis." 『에크리』 (2006), p.461.

62 J. Lacan, *Seminar XI*, p.141.

63 J. Lacan, *Seminar II*, p.97.

64 J. Lacan, *Seminar I*, p.74.

65 J. Lacan, *The Seminar. Book VII. The Ethics of Psychoanalysis. 1959-1960*, trans. by D. Porter (London: Routledg, 1992), pp.101, 139.

66 J. Lacan, *Seminar XI*, p.41.

67 J.-D. Nasio, *Cinq Leçons sur la Théorie de Jacques Lacan.* (Paris: Payot, 1994), pp.104-105.

68 김충렬, 「송대 태극론의 제문제」, 한국동양철학회 편, 『동양철학의 본체론과 인성론』(연세대학교 출판부, 1991), pp.90-91 ; 정용환, 『장재의 철학』(경인문화사, 2007), pp.125-127.

69 B. Fink, *A Clinical Introduction to Lacanian Psychoanalysis: Theory and Technique.* (Cambridge: Harvard University Press, 1997), pp.47-9. 핑크는 잔느라는 사례에서 자신의 해석과 그 의미를 pp.145-60, 특히 pp.158-9에서 설명해주고 있음.

70 J.-A. Miler의 "Orientation lacanienne"에 나오는 밀레의 이 표현은 "조이데르의 바닷물을 배수시켜 말린다"(draining away)는 프로이트의 표현과 동일하다.

71 D. Evans, 『라깡 정신분석 사전』, pp.225-226. 이어서 논의하게 될 상징적·상상적·실재적 아버지에 대해서는 pp.226-229를 참조할 수 있음.

72 J, Lacan. "The neurotic's individual myth." *Psychoanalytic Quarterly*, 48(1979):

388

pp.405-425.

73 J. Lacan, "On a question prior to any possible treatment of psychosis." 『에크리』(2006), p.464.

74 백종현 교수가 번역한 칸트의 『실천이성비판』(아카넷, 2002)에 첨부된 용어해설 (pp.518-534)에서 '단적으로 모든 경험으로부터 독립해서'를 의미하는 'a priori'를 '선험적'이라 번역하고, 'transzendental'은 '초월적'으로, 'transzendent'는 '초험적'으로 번역하는데, '초험적'이란 감각 경험을 벗어나 있다는 의미에서 그렇다고 함.

75 J. Lacan, "On a question prior to any possible treatment of psychosis." 『에크리』(2006), p.464.

76 J. Lacan, "Psychoanalysis and its teaching." 『에크리』(2006), p.376.

77 J. Lacan, *Seminar I*. p.156 ; *Seminar VII*. p.308.

78 J. Lacan, *Seminar VII*. p.307.

79 J. Lacan, *Seminar I*. p.184.

80 S. Freud, *Civilization and its Discontents*. in *S.E.* 21: pp.125-126.

81 Freud의 위의 책, p.129.

82 Freud의 위의 책, p.139.

83 S. Freud, "Mourning and melancholia." in *S.E.* 14: pp.243-258.

84 S. Freud, *The Ego and the Id*. in *S.E.* 19: pp.28-39.

85 S. Freud, *Moses and Monotheism*. in *S.E.* 23: pp.82.

86 S. Freud, *Group Psychology and the Analysis of the Ego*. in *S.E.* 18: p.124.

87 S. Freud, *Civilization and its Discontents*. p.102.

88 J. Lacan, *Le séminaire de Jacques Lacan. Livre XXIII. Le sinthome. 1975-1976.* (Paris: Seuil, 2005), p.150.

89 S. Cottet, *Freud et le desir de l'analyse*. (Paris: Navarin, 1982), pp.157-164.

90 J. Lacan, *Seminar I*, p.198.

91 J. Lacan, "The function and field of speech and language in psychoanalysis." 『에크리』(2006), p.217.

92 김종주, 「무의식 또는 상상계와 상징계 속의 자아」, 김종욱 편집, 『나, 버릴 것인가 찾을 것인가』(운주사, 2008), p.335.

93 J. Lacan, *The Seminar. Book XVII. The Other Side of Psychoanalysis. 1969-1970*, trans. by R. Grigg (New York: Norton, 2007), p.15.

94 D. Evans, 『라깡 정신분석 사전』, p.94. 원문을 참조해 보면, "Symbolic knowledge does not reside in any particular subject, nor in the Other(which is not a subject but a locus), but is intersubjective." 특히 대타자가 주체가 아니라 장소라고 하는 설명이 인상적이다. 필자는 대타자의 이런 속성 때문에 '**대타**'라는 용어를 선호한다.

95 M. Solms & O. Turnbull, 『뇌와 내부세계』, pp.343-5.

96 M. Solms & O. Turnbull, 『뇌와 내부세계』, pp.365.

97 M. Solms & O. Turnbull, 『뇌와 내부세계』, pp.369-370.

98 S. Freud, *The Interpretation of Dream*. trans. by J. Strachey (London: Penguin Books, 1976), pp.684-691.

99 太田久紀의 앞의 책. p.80. 정병조 교수의 각주 19번 및 Y.S. Haketa가 영어로 번역한 *The Awakening of Faith*. (New York: University of Columbia Press, 1967), p.17에는 manas를 ego-conscious mind에 상응시키고 있음.

100 운허 용하, 『불교사전』(동국역경원, 1986), p.311에, "본식: 제8식識, 이 식이 일체 제법의 근본이 되므로 이렇게 이름"이라 되어 있음.

101 太田久紀의 앞의 책. p.103.

102 R. Grigg, "Ethics of desire," *Analysis*. 3(1991): pp.29-35. "to regard Lacan as fundamentally Kantian."

103 R. Grigg, *Lacan, Language, and Philosophy*. pp.95-107.

104 Grigg의 위의 책, p.106.

105 Grigg의 위의 책, p.95.

106 Grigg의 위의 책, p.109.

107 I. Kant, *Critique of Practical Reason*. trans. by T.K. Abott (Amherst: Prometheus Books, 1996), p.45. Grigg가 인용하는 M.J. Gregor의 번역본인 *Practical Philosophy*(Cambridge: Cambridge University Press, 1996)와는 약간의 차이가 있음. 여기서는 백종현 역의 『실천이성비판』(아카넷, 2002)을 참고하였음.

108 Kant의 위의 책, p.45.

109 Kant의 위의 책, pp.45-46.

110 D. Evans, 『라깡 정신분석 사전』, p.431.

111 Grigg는 *Lacan, Language, and Philosophy*에서 Lacan의 1971년 6월 9일의 강의인 *D'un discours*를 참조하라고 되어 있음. 불어로 된 http://gaogoa.free.fr/를 찾아 볼 수 있음.

112 M. Klein, "Criminal tendencies in normal children." In *Love, Guilt, and Reparation and Other Works, 1921-1945*, ed. by R. Money-Kyrle (London: Virago, 1975), pp.170-185.

113 S. Marcus, "Freud and Dora: Story, history, case history." In *In Dora's Case*, ed. by C. Bernheimer & C. Kahane, pp.56-91. 특히 pp.56-57을 참조할 것.

인지과학에서 마음의 전개 | 뇌-몸-환경의 상호작용으로서 마음

---

1 J. H. Leahey. *A history of psychology: Main currents in psychological thought.*(Upper Saddle River: Prentice Hall, 2000)

2 이정모, 『인지심리학: 형성사, 개념적 기초, 조망』, 아카넷, 2001.

3 이정모, 『인지과학: 학문 간 융합의 원리와 응용』, 성균관대학교출판부, 2009, pp.33-34.

4 이정모, 앞의 책(2009), p.158.

5 H. Gardner. *The mind's new science: A history of the cognitive revolution.*(New York: Basic Books, 1985)

6 이정모, 위의 책(2009), p35, 41.

7 인지과학이나 인지심리학을 거론함에 있어서, 신경과학, 인지신경과학, 신경심리학 등의 영역 구분을 논하지 않을 수 없다. 이 분야들에 대하여 다음과 같이 간단한 영역 규정 소개를 제시한다.

신경과학은 중추신경계 및 말초신경계를 포함하는 신경계 전체에 대한 체계적인 과학적 탐구를 하는 분야로, 실험적 접근과 이론적 접근을 모두 포함한다. 따라서 생화학적 접근, 유전학적 접근에서부터 인지과학의 지각 표상에 대한 뇌영상적 접근, 계산적 접근까지의 탐구와 분자수준, 세포수준, 시스템수준의 모든 영역의 연구를 포함한다. 최근에는 사회과학과 연결된 사회신경과학에까지 그 영역이 확장되고 있다. 환원주의의 입장에서 본다면, 마음은 뇌의 기능에 의하기에 심리학은 신경과학의 한 하위 영역이 되기도 한다. 그러나 비환원주의 입장에서 본다면 마음은 신경적 과정과는 독립적일 수 있으며 따라서 심리현상은 신경과학에 의해 부분적으로 설명될 수 있지만, 신경적 설명을 넘어서는 부분이 있기에 심리학은 신경과학과는 독립적일 수 있다고 본다. 뇌기능에 대한 탐구가 신경과학의 중심이라고 볼 수 있기에 노벨생리학상 수상자인 E. Kandel 교수는 일찍이 '인지심리학'이 신경과학에서 뇌를 이해하는 데에 중심축 학문 중의 하나이라고 말한 바 있다. 인지심리학의 이러한 자연과학적 측면이 국내 과학계, 교육계에서는 아직 충분히 이해되고 있지 않아서 한국 신경과학의 진정한 발전에 걸림돌이 되고 있다.

인지신경과학은 심적(넓은 의미의 인지적) 과정 및 그것이 행동으로 나타내어지는 것의 생물적 기반을 탐구하는 과학이다. 인지신경과학은 심리학의 그리고 동시에 신경과학의 하위 분야라고 볼 수 있다. 인지신경과학은 인지심리학, 심리생물학, 신경생물학에 걸쳐 있는 분야라고 할 수 있다. fMRI 등의 뇌영상기법이 발전되기 전에는 인지신경과학은 인지심리생리학이라고도 불렸다. 인지신경과학자들은 인지심리학이나 생리심리학과 같은 실험심리학이나 신경생물학, 정신의학, 신경학, 물리학, 언어학, 수학 분야 등의 전공 배경을 지니고 있을 수 있다. 현재의 인지신경과학자들은 과거에는 인지심리학 연구라고 불리던 여러 주제들을 뇌영상기법 등을 사용하여 연구하고 있기에 인지심리학과 인지신경과학의 경계를 짓기 어렵다.

신경심리학은 동물과 인간의 신경계의 손상을 중심으로 동물의 신경계의 구조와 기능을 연구하는 분야이다. 자연히 신경심리학은 인지심리학, 신경과학, 심리철학, 정신의학, 컴퓨터과학 등과 중첩 내지는 연결된다. 인지신경심리학은 뇌의 구조와 기능을 뇌의 손상이나 질병을 중심으로 연구하는 분야이다. 그러한 연구를 통하여 정상적 동물이나 인간의 인지적(심리적) 기능에 대한 이론을 추론해 내려는 분야이다.

8 뇌의 신경적 구조와 과정을 탐구하여 마음의 특성을 밝히려는 인지신경과학적 접근의 한계에 대한 논의는 앞서 언급한 문헌(이정모, 2009)의 7장 '뇌와 인지'의 15절 '인지신경과학 연구의 성과와 문제점' 중에서 pp.302-310을 참조.

9 자세한 것은 이정모 외 (공저), 『인지심리학』(3판)(학지사, 2009)를 참조.

10 D. Kahneman, P. Slovic, & A. Tversky(Eds.).(1982) *Judgment under uncertainty: Heuristics and biases*. New York: Cambridge University. (11, 12장 참조)

11 인지과학의 특성, 업적 등에 대한 자세한 논의는 앞의 이정모 책(2009) 참조.

12 이정모, 앞의 책(2001).

13 고전적 인지주의가 마음에 대한 접근과 관련하여 거쳐 온 중요한 개념적 틀의 변화를 단순화하여 두 가지로 요약하면 다음과 같다. 첫 흐름은 기능주의 철학의 다중적 구현(multiple realizability) 틀에 기초하였기에 뇌를 경시한 채 추구되었던 인지심리학으로부터 마음의 물리적 구현 기관인 신체, 좁게 말하여 "'뇌'의 되찾음"이라는 변화였다. 다음으로는 그러한 마음과 뇌가 현실적으로 몸을 통해 구현되고, 또 영향을 받는 바탕인 물리적, 사회적, 문화적, 진화 역사적 '환경'의 되찾음이라는 변화이다. 전자는 연결주의, 인지신경심리학, 인지신경과학의 떠오름과 함께 이루어졌고, 후자는 진화론, 동역학적 접근, 현상학 등 다양한 영향의 유입에 의하여 이루어졌다. Bechtel, Abrahamson, & Graham(1998)은 이 둘을 "뇌 기반으로의 '아래로의 끌음(downwards pull)'적 변화"와, "문화적, 사회적, 진화역사적 환경에 심어져서 환경과 함께 작동하는 실체로서의 마음으로 개념화하고 설명하는 '밖으로의 끌음(outwards-pull)'적 변화"를 인지주의가 겪은 것이라고 표현하였다. 이 두 변화 흐름은 단순히 뇌 대 환경이라는 차원을 넘어서 존재론적 문제가 걸린 차이를 지니고 있다. 전자는 데카르트의 존재론 내에서의 전개이고 후자는 데카르트의 존재론 틀을 넘어서려는 움직임의 일환이라고 할 수 있다.

14 J.J. Gibson.(1979). *Ecological approach to visual perception*. Boston: Houghton Mifflin.

15 J.A.S. Kelso.(1995) *Dynamic patterns: The self-organization of brain and behavior*. Cambridge, MA: MIT Press.

16 D. Kahneman, P. Slovic, & A. Tversky (Eds.). (1982). 앞의 책.

17 H. Simon.(1957) "A Behavioral Model of Rational Choice", in H. Simon (Ed). *Models of Man, Social and Rational: Mathematical Essays on Rational Human Behavior in a Social Setting*. New York: Wiley.

18 G. Gigerenzer.(2000) *Adaptive thinking. Rationality in the Real World*. Oxford: Oxford University Press.

19 L. Cosmides & J. Tooby.(1992) Cognitive adaptations for social exchange. In

J. Barkow, L. Cosmides, & J. Tooby (Eds.), *The adapted minds* (pp. 163-228). New York: Oxford University Press.

20 W. J. Clancy.(1997) Situated cognition: *On human knowledge and computer representations.* Cambridge: Cambridge University Press.

21 H.R. Maturana & F.G. Varela.(1980) *Autopoiesis and Cognition.* Dordrecht, Netherlands: Reidel.

H.R. Maturana & F.J. Varela.(1988) *The Tree of Knowledge: The Biological Roots of Human Understanding.* Boston: Shambhala.

F.J. Varela, E. Thompson & E. Rosch.(1991) *The embodied mind: Cognitive science and human experience.* Cambridge, MA: MIT Press.

22 R. Harré & G. Gillett.(1994) *The discursive mind.* London: Sage.

23 L. S. Vygotsky.(1978) *Mind in Society: The Development of higher psychological processes.* Cambridge, MA: Harvard University Press.

24 A. Clark & D. Chalmers.(1998) The Extended Mind. *Analysis, 58,* pp.10-23.

A. Clark.(1997) *Being there: Putting brain, body, and world together again.* Cambridge, MA: MIT Press.

A. Clark.(2008) *Supersizing the mind: Embodiment, action, and cognitive exgtension.* Oxford: Oxford University Press.

A. Clark (in press). Memento's Revenge: Objections and Replies to the Extended Mind" to appear in R. Menary (ed) *Papers On The Extended Mind.*

25 T. Rockwell.(2005) *Neither Brain nor Ghost: A nondualist alternative to the mind-brain identity theory.* Cambridge, MA: MIT Press.

M. Wheeler.(2005) *Reconstructing the cognitive world: The next step.* MIT Press.

26 Thelen, E. & Smith, L. (1994) *A dynamic systems approach to the development of cognition and action.* Cambridge: MIT Press.

27 Hutchins, E.(1995) *Cognition in the wild.* Cambridge, MA: MIT Press.

28 Brooks, R. A.(1991) Intelligence without representation. *Artificial Intelligence, 47,* pp.139-159.

29 M. J. Farah.(1994) Neuropsychological inference with an interactive brain: A critique of the "locality" assumption. *Behavioral and Brain Sciences, 17,* pp.43-104.

394

30 W. R. Uttal (2001). *New phrenology: The Limits of localizing cognitive processes in the brain.* Cambridge, MA: MIT Press.

31 각주 **8** 참조

32 M.R. Bennet & P.M.S. Hacker.(2003) *Philosophical foundations of neuroscience.* Oxford: Blackwell.

33 A. Noe (2004a). *Action in perception. Cambridge:* MA. A. Noe.(2004b) Experience without head. In T. Szabo & J. Hawthorne (Eds.). *Perceptual experience.* Oxford: Oxford University Press.

34 Rockwell.(2005) 위의 책.

35 Wheeler.(2005) 위의 책.

36 S. Gallagher.(2005) *How the body shapes the mind.* Oxford: Oxford University press.

37 Dourish, P.(2001) *Where the action is: The foundations of embodied interaction.* MIT Press.

38 R. A. Wilson.(2004) *Boundaries of the Mind: The Individual in the Fragile Sciences: Cognition.* New York: Cambridge University Press.

39 Wheeler.(2005) 위의 책

40 M. Spivey, M.(2006) *The continuity of mind.* NY: Oxford University Press.

41 R.A. Zwaan & C.J. Madden.(2005) Embodied sentence comprehension. In D. Pecher & R.A. Zwaan (Eds.)(2005). *Grounding cognition: The role of perception and action in memory, language, and thinking.* N.Y.: Cambridge University Press.

42 이영의. 「마음에 대한 새로운 이해: 철학적 접근」, 동덕여대 지식융합연구소 2009년 심포지엄(1); 지식융합 2.0 - 마음에 대한 새로운 이해l. 심포지엄 자료집, p.17.

43 이정모, 앞의 책(2001), pp.643-644; 일부 내용 삭제 및 보완함

44 van Dijk, J., Kerkhofs, R., van Rooij, I., & Haselager, P.(2008) Can there be such a thing as embodied embedded cognitive Neurosciernce? Theory and Psychology, 18, 3, pp.297-316.

45 Bickhard, M. H.(2008) Is embodiment necessary? In P. Calvo & A. Gomila

(Eds.). *Handbook of cognitive science: An embodied approach*. Amsterdam: Elsevier. (pp. 29-40)

46 Calvo, P. & Gomila, T.(2008) Handbook of cognitive science: An embodied approach. Amsterdam: Elsevier. (pp.12-13)

47 Chemero, A. (in press) *Radical embodied cognitive science*. MIT Press.

48 이하에서 지칭하는 '인공물'에는 정치체제, 경제체제, 교육체제, 언어 등의 소프트 인공물과 컴퓨터, 핸드폰, 내비게이션 기기, 건물 등의 하드 인공물을 모두 포함하여 지칭하지만, 논의의 편의상 대표적 인공물인 컴퓨터를 중심으로 논의를 전개한다.

49 이정모, 이건효, 이재호 (2004). 사이버 인지심리학의 개념적 재구성: 인공물과 인지의 공진화. 한국심리학회지: 실험. 16, 4, 365-391.

50 몸에 구현된 마음이 환경과 상호작용함의 특성을 규명하고자 함에 있어서, 인간과 (다분히 수동적 물질인) 자연물과의 상호작용은 Gibson류의 생태심리학이 다룰 수 있지만, '인간'과 '의도를 지닌 행위 주체로서의 다른 인간' 또는 '행위 주체로서의 다른 동물과 인공물(로봇, 인공시스템)'과의 상호작용은 Gibson류의 기존의 생태심리학이 충분한 이론적 틀을 제공하여 주지 못한다. '인간-일반 물질적 대상'의 상호작용은 생태심리학적 접근이, '인간-인간'의 상호작용은 인지심리학, 인지신경심리학, 사회심리학과 인지인류학 등의 인지과학이, '인간-동물'의 상호작용은 동물심리학, 인지심리학, 사회심리학, 인지인류학, 동물행동학, 인지신경과학이 다룬다면, '인간-수동적 대상인(도구, 기기 등) 일반 인공물 일반(Artifacts 1)'과의 상호작용과, 그리고 '인간-행위 주체자의 역할을 하는 인공생물시스템 또는 인공인지시스템으로서의 로봇이나 다른 인공물(Artifacts 2)'과의 상호작용의 본질에 대한 개념화의 정리, 재구성이 필요하게 된다.

인간의 마음의 작용의 환경을 이루는 것이 상식적으로 생각할 수 있는 일반 인공물뿐만 아니라, 행위를 스스로 낼 수 있고 인간과 쌍방향적으로 상호작용할 수 있는 미래의 로봇이나 다른 인공인지시스템(ACS) 같은 행위주체자/대행자(agents)들도 포함된다면, 인간을 포함한 이 행위 주체자/대행자들 사이의 쌍방향적, 사회적, 문화적 상호작용의 측면의 중요성을 고려하지 않을 수 없다. 체화된 마음이 전개하는 상호작용 상황은 과거의 생태지각심리학적 접근이 주로 다루어 온 물리적 세상 상황을 넘어서는 것이다. 체화된 마음의 접근이 데카르트의 존재론을 넘어서고(데카르트 틀의 부족함 측면은 리쾨르가 잘 지적하고 있다), Gibson의 생태심리학적

이론틀을 넘어서서 정립되어야 하는 필요성이 여기에서 제기된다.

51 이정모, 「인지로 모인다: 인지과학의 전개와 미래 융합학문」, 김광웅 엮음, 『우리는 미래에 무엇을 공부할 것인가: 창조사회의 학문과 대학』, 생각의 나무, 2009, pp.118-119.

52 K. Craik.(1943) *The nature of explanation.* Cambridge: Cambridge University Press.

53 정대현, 『심성내용의 신체성』, 아카넷, 2001.

54 인지과학자로서 많은 경험적 연구를 해온 A. Goldman은 '체화된 인지' 접근에 대한 분석적 논의를 전개하면서(A. Goldman & F. de Vignemont, Is social cognition embodied? *Trends in Cognitive Science*, 2009, 13, 4, pp.154-159) 고전적 인지주의가 설명 못하는 마음의 특성 한 부분을 비록 '체화된 인지' 접근이 설명할 수는 있지만, 현재 진행되고 있는 '체화된 인지' 또는 '체화된 마음' 개념이 너무 산만하게 개념화되어 있고, 이러한 개념의 부분들 중에는 경험적 증거에 의하여 반증 또는 입증될 수 없는 부분들이 있다고 비판하고 있다. 그에 의하면 체화된 마음 개념에는 다음의 5개 수준의 요소가 있을 수 있다. ①몸이 그 해부학적 특성으로 인해 마음(인지)에 인과적 역할을 할 수 있다. ②몸이 그 활동적 또는 다른 몸-관련 특성으로 인해 마음에 인과적 역할을 할 수 있다. ③신체적 내용을 지닌 마음 내용(표상)이 마음에 인과적 역할을 할 수 있다. ④신체적 부호(codes, formats)로 된 심적 표상이 마음에 인과적 역할을 할 수 있다. ⑤이 넷에 포함 안 된 부분들이 인과적 역할을 할 수 있다. Goldman 등에 의하면 ④의 개념으로서 의 체화된 마음 접근은 경험과학적 타당성을 제공할 수 있지만, 다른 수준의 '체화된 마음(인지)' 개념은 그렇지 못하다고 본다. Goldman 등이 분석한 '체화된 마음' 개념이 다소 단순하고 협소한 개념화이기는 하지만, '체화된 마음' 접근은 이러한 비판에 대한 반론의 논리적, 실증적 증거를 제시하여야 하는 부담이 있다.

■ 책을 만든 사람들

박찬욱 (밝은사람들 연구소장)

김종욱 (동국대학교 불교학과)

미 산 (중앙승가대학교 포교사회학과)

한자경 (이화여자대학교 철학과)

윤원철 (서울대학교 종교학과)

최 화 (경희대학교 철학과)

김종주 (반포신경정신과의원 · 라깡정신분석연구소)

이정모 (성균관대학교 심리학과/인지과학협동과정)

'밝은사람들연구소'에서 진행하는 학술연찬회에 관심이 있으신 분은
전화(02-720-3629)나 메일(happybosal@hanmail.net)로 연락하시면
관련 소식을 받아보실 수 있습니다.

마음, 어떻게 움직이는가

초판 1쇄 발행 2009년 6월 5일 | **초판 3쇄 발행** 2014년 12월 3일
집필 미산 외 | **펴낸이** 김시열
펴낸곳 도서출판 운주사
　　　　(02832) 서울시 성북구 동소문로 67-1 성심빌딩 3층
　　　　전화 (02) 926-8361 | **팩스** 0505-115-8361
ISBN 978-89-5746-227-0 94100　 **값** 20,000원
http://cafe.daum.net/unjubooks 〈다음카페: 도서출판 운주사〉